擁有勇氣、信念與夢想的人，才敢狩獵大海！

獵海人

「文革」牢獄之拍案驚奇錄

項德寶 著

莫名其妙話「敏感」
——卷首語

造化弄人時政莫測好事多磨。

本書原擬香港出版。二〇一四年中發稿二、三周後，出版社電郵：書籍可以出版，然而內容較「敏感」。這是我第一次聽聞，文稿屬於「敏感」，按大陸雅稱即「禁書」也。接著編輯先生將書編好目錄及四百三十頁頁數，完成封面、底頁設計，題上書名讓我過目，我以為萬事俱備。過十多天後，繼獲電郵，因該書「敏感」，估計出版量不多！我敝帚自珍，沈思：出版量多寡，主要由讀者；很多友好閱後，多說它反映「十年文革」中鮮為人知的事實，有一定歷史價值，故而並不擔心出版份數。又過幾日接電郵，書中「敏感」部分，需修改。儘管心不甘情不願，但這是編輯部「權限」，亦無法提出異議，唯能聽之任之，同時油然而生「被敏感」的直覺。

今年四月初收到關門落鎖的電郵，因目前香港形勢變化，本書過於「敏感」，不敢頂風而上，決定不予出版。

我凝思，香港回歸僅僅過了十七年，千變萬化如此驚人。北京在《中英聯合聲明》、《基本法》中，不是向世界信誓旦旦保證：香港「保持原有資本主義制度和生活方式，五十年不變」嗎？中共無數次教訓日本要「以史為鑒」，需對侵華罪行深刻反省、道歉！然而萬家墨面人妖顛倒的「十年文革」，為什麼中共「十年文革」對人民犯下的滔天罪責，迄今四十九年來，就不需要「以史為鑒」，就不需要反省、道歉？相反文過飾非，或使用專政手段，塵封歷史逼使人民必須噤若寒蟬，只字不准提。

「十年文革」中，我兩次身陷囹圄，共六年八個月。「刑滿」後，頭戴「反革命帽子」，在專設的僅次於監獄，主要是對期滿的勞動教養人員強迫勞動的「工廠」，繼續「監督勞動」兩年餘，前後漫長九年，過著似人非人的生涯。

一九九五年，我們全家遠渡重洋，現定居雪梨系澳籍華人。期間，多年在中文媒體工作。朋友中獲悉我在慘絕人寰的「十年文革」中苦難經歷，鼓勵我將神州大地人間地獄最底層九年中的所見所聞親歷親為，實事求是撰寫成書，希望兩岸三地和海外年輕一代明白事實真相！特別是當前華夏種種跡象，第二次「文革」似乎要死灰復燃捲土重來！回憶牢獄生活，猶如結疤的傷口被重新撕裂，心中鮮血汩汩在流。但始料不及的是，幾年痛苦筆耕，竟在以自由、民主著稱於世界的香港，被橫加「敏感」之罪，使他胎死腹中。

「雨傘運動」以來，名句應運而生：今日之香港，或是明日之台灣。令人欣慰的是，今時今日之台灣，絕不是今日今時之香港。兩岸三地中碩果僅存寶島台灣，尚乃享有言論、出版等等，如同人人需要須臾不可缺失呼吸空氣的民主、自由！明年（二〇一六年）乃「文化大革命」五十周年，感謝台灣秀威出版社既具真知灼見，又願成人之美，沒因本書的「被敏感」，而拒之門外，讓他有幸呱呱墜地，呈現在讀者面前，瀏覽他的「被敏感」。

二〇一五年九月十五日於雪梨

序

孤介生

拜讀了德寶兄新著《「文革」牢獄之拍案驚奇錄》，情不自禁地也拍了一下案，驚了一下奇！

德寶兄早年畢業於北京政法學院（今中國政法大學），是我深為敬重的資深法學專家，其生涯波瀾起伏窮通交替。來澳洲後，在雪梨和香港多家媒體上發表了一系列法學論文。其立論之深刻，論據之堅確，邏輯之嚴密，辭鋒之犀利，引人注目影響頗大。然而，本書是一部紀實文學書籍，文學與法學畢竟風馬牛不相及，形象思維與邏輯思維也決不是孿生兄弟。沒有想到他舞慣了法學尖利長槍，居然會改弦更張，以三寸小刀精雕細刻出一部高質量的文學書籍。

之所以說是一部高質量的文學書籍，原因如下：

首先是題材獨到。回顧十年浩劫「文化大革命」中慘怛遭遇的書籍不在少數，注目牢獄生活的亦有多宗。但作者以自身經歷為經，以獄友案情為緯，縱橫交錯、相互映襯。既寫出了囹圄生活的慘不容睹，更析射出社會形形色色人物的眾生相，還融入不少專業人士的獨特之秘。所以此書既真實地寫出了牢獄生活的普遍性，又映射出「文革」這一怪誕時代的特殊性；既有史料價值，更富奇聞異趣。

其次，作者深諳文學的形象性特徵，書中絕少概念化概括，淺表性的描述，而是處處捕捉細節，刻劃人物的動態神情，特別是深入觸及人物的複雜心理活動。細膩描寫特定環境，人物之間相互關係，所以書中人物形神俱備，鮮活生動。

再則，書中語言華美豐縟，大有詞源倒卷三峽水之勢，更常有名人經典警句國學典故穿插其中，筆底瀾翻，淋漓酣暢。

最後，盡管寫的是獄中至慘至痛之事，但作者出之於冷峭嘲噱，嘻笑譏刺之筆，閱讀時常會忍俊不禁，然而緊接著會更深刻地體驗到滿紙荒唐言後的一把辛酸淚。可以說這是大陸式的黑色幽默，地獄中的苦中作樂。

預祝德寶兄大作一紙風行，為歷史留下真實的見證。

二〇一五年五月於雪梨

目次

眉宇間的「倒八字」——或是殺人犯一大「特徵」

無限感慨嘆「絕食」

一生難得一餐之「飽」

《英國間諜》

嚴刑峻法「防擴散罪」

「四朝元老」

提籃橋之「萬寶全書」

「江湖」中稱坐牢監吃官司為：「進宮」、「入廟」、「上梁山」、「敲合（音GE）子」；公安幹警的花名：「條令」、「條子」、「阿條」；東窗事發或生擒活捉叫「豁散」「豁邊」；偷皮夾子切口謂「開怪」、「吊怪」等等，百花齊放眾說紛紜。據曰「宮」同公安局的「公」諧音；「廟」，因進看守所和入監獄者，與和尚修行相仿，在監房裏天天從清早眼睛張開，到夜晚倒下睡覺之前，要盤膝「打坐」十幾個鐘頭，判了刑個個都要落髮剃光頭，更似出家人；「梁山」的含意人所共知；牢中三餐都放在「合子」內，進餐時筷子碰撞「合子」發出敲打響聲，因而得名。誠然，此乃文革期間的「黑話」，長江後浪推前浪，時代發展新人輩出，每個時期又會有新的詞滙「切口」更迭，創造，繼往開來發揚光大。

在萬家墨面人妖顛倒的十年「文革」中，我有幸身陷囹圄六年八個月之久，我兩次「進宮」，一次「入廟」，曾置身名聞遐邇的遠東第一大監獄——上海提籃橋監獄。更幸運地與社會上不少難得一見的三百六十行中能人奇士為伍，特別是有緣識荊在英國佬、小日本、國民黨、共產黨，「四個不同的朝代」蹲過提籃橋，名聞遐邇的「四朝元老」同監房，使我能耳濡目染涉獵樊籠生活的「萬寶全書」并深受教誨，增添了許多我在中國政法大學中，聞所未聞鮮為人曉的奇聞軼事，十年浩劫共產黨「文化大革命」時期地獄最底層中駭人聽聞的知識。一九七六年五月刑滿釋放後頭戴反革命帽子，發落到上海勞動電焊機廠，由勞改局主管的勞動教養工廠「就業」，繼續被監督勞動兩年多，每兩周才能回家一天。所謂「自由」，只是活動的牢房，比監獄大些而已。

人說提籃橋

提籃橋監獄由上海公共租界工部局（即租界政府），始建於清朝光緒二十七年（公元一九〇一年），系英國駐新加坡工程處設計，光緒二十九年（一九〇三年）啟用，佔地33285平方米，當時建築面積七萬多平方米，四千多間囚室，大於印度孟買監獄和日本的巢鴨監獄，號稱遠東第一大監獄。

辛亥革命推翻了滿清皇朝，中華民國一九一二年元旦創建以來，提籃橋監獄先後由英國佬、小日本、國民黨、共產黨管治。至今建築物發揚光大舊貌換新顏，究竟增添了幾多囚房，確切數字因孤陋寡聞不了解「國家秘密」無可奉告。憑直覺提籃橋監獄與時並進常興土木，名副其實今非昔比鳥槍換了炮。由於時代的變遷，提籃橋現因身處虹口區長陽路舟山路鬧市區，屬上海寸土尺金的地段，據媒體報導，提籃橋監獄在不久的將來欣逢喬遷之喜。

古代，新犯人初來乍到服刑地，先要打殺威棒，來個下馬威。「四朝元老」娓娓道來：「文革」中新犯人從看守所判刑後到提籃橋監獄，當然不會遵循古制被棒打一頓，只是在關押和伙食上，製造些「麻煩」而已。提籃橋一般監房都是兩米兩長，一米五寬，面積約三點三平方米，通常是三人一間。因始建於清朝，監房內沒有衛生設備，所以每個監房內都有一隻比普通百姓家用大很多的，可供三、四個犯人一天二十四小時使用的馬桶。白天黑夜上廁，如小便時，約定俗成只可掀便桶蓋之一角，以減少臭氣蔓延。但在三點三平方米，三面圍牆又無窗門，唯有一處牢房鐵門鐵欄杆可通風的囚室內，必然污染空氣異味流溢，然而日久天長年年月月，吃喝拉撒人睡于斯，坐于斯，身陷囹圄生活于斯的犯人們，真應了古話，「入鮑魚之肆，久而不聞其臭」了。

提籃橋監獄一幢幢五層的牢房，頂層是玻璃，白晝採用自然光線，有時陽光可以直接射進少數監房，當然乃「多乎哉，不多也」。囚犯們盡可能讓難能可貴的陽光，落在自己的身體上，像向日葵跟著陽光轉。每層樓面中間設置鐵欄桿，形成橢圓形走廊，全部鐵欄杆空檔處，都安裝粗實繩索編織成的網。樓層每格樓梯間隔高度也與民居不同，特別低、寬、平，而且每層高度僅有兩米多，估計都為防止犯人從樓梯上跳下自盡。據老犯人經驗之談，監房長闊的兩米兩及一米五，也是防止犯人撞牆而死，長度有限地方狹窄，頭撞牆時因衝力不夠，只會受傷也不至於撞死；萬一犯人有行動，同監其他兩名囚犯亦容易發現，便於及時阻止和相救。一切的一切，可見監獄設計者之棋高一著遠見卓識，對罪犯所思所想瞭如指掌，處處預作防範之良苦用心。

提籃橋犯人間稱謂

「四朝元老」如數家珍不急不徐地說：共產黨時期，犯人間一律稱「同犯」或「編號」，嚴禁互稱「難友」。據說是當年共產黨人和「良民百姓」被關押，是因中、外反動派迫害遭難受苦，所以互稱「難友」；而今坐牢的犯人，是對人民犯罪後接受無產階級專政，不是「落難」，乃與人民為敵而「咎由自取」。自古以來對監獄管理人員，稱獄卒、牢頭、看守等等，現在則尊為「政府隊長」，他們一舉一動所言所行都代表政府。凡此種種遣詞造句之精准，可見諸一斑。共產黨信誓旦旦三令五申向全世界宣稱：新中國沒有「政治犯」，牢監裏關的只是「反革命犯」，一九九七年後，新刑法把他改稱「危害國家安全犯」。然而幾十年來以言治罪以文囚禁的事實究竟幾多，民諺：「陌生人吊孝，只有死人肚裏自得知。」

對新犯人的留難

提籃橋一是囚室眾多，二乃此地主要是犯人「中轉站」，故從來不會出現「人滿為患」的情況。同做任何事一樣，熟能生巧，政府隊長管教犯人，應用了愛因斯坦「相對論」。所以對新犯人存心先給些苦頭吃吃，刻意將關三個犯人的監房，把四名新犯人關押一間，於是一點五米寬度監房，每人睡覺空間，平均僅零點三七五米寬度，連擺正身體也不夠。四個人晚上一邊是頭一邊是腳而睡，大家只能側身貼在一堆，半夜起身用廁後，很難再找到睡處，一定要叫醒身邊犯人讓出睡處。犯人體弱腎虛，日中又喜歡飲水充饑，到了睡眠時間此起彼伏需要如廁，於是整夜整夜擾人不得安寧。白天則故意不給勞動，同看守所相仿佛，讓新到的犯人，無所事事從天亮坐到夜晚。所以糧食按當年「定糧供應」，乃成年人最低標準每月二十五市斤。

大約在一周十天後，才結束「初來乍到」的窘況，改為三人一間，與前不同就有了比較和鑑別，第一夜睡覺時就給人產生一種「舒舒服服」的感受；同時開始拆紗頭勞動，定糧立刻增加四斤，成每月二十九斤，人的手腳有機會稍稍活動了，肚子也「飽」了些，從心底感覺監獄生活好過看守所。順便一提，無論在看守所和監獄，犯人夜晚起身上廁所，政府規定與看守所一樣要先喊「報告」！所以每個晚上「報告」聲，遠遠近近此起彼伏永不消停，年年歲歲如一晚。可能是習慣成自然，我「刑滿釋放」後回到家裏，半夜睡眼惺忪起身小便亦不忘喊「報告」，引得老母親淚濕衣襟唏噓不已。

每天凌晨的「交響樂」

無論刮風下雨嚴冬寒暑，幾十年如一日鐵打不變的是，每天凌晨五時許，起身的叫子一響，犯人就要抓緊時間洗面漱口。接著政府隊長手持五寸以上長長的銅鑰匙，打開由英國製造的每間囚室的門鎖，發出清脆動聽的金屬碰撞聲，「鏘、鏘、鏘」音響自下而上由遠及近，是提籃橋不同凡響富有特色聲音之一絕。前已提及，提籃橋監獄乃大清朝建造，沒有可能為犯人在牢房中安裝當年達官貴人府中都沒有的抽水馬桶，所以日日要把馬桶拿出拿進，因此留下了牢門天天要開開關關的「後遺癥」。政府隊長天朦朦亮開啟牢門後，接著每間監房拿出了便桶，由幾個樓面勞動犯，兩個人一組，提走集中，隨即整個提籃橋此起彼伏奏起了刷便桶和銅鑰匙開關牢門的「交響樂」。於此同時犯人們開始了牢房的「內勤」，由值日者將每人睡被、行李物品，方方正正有棱有角的折疊好，放整齊，地板擦抹得一塵不染，據說要求比軍隊營房的標準還嚴格。這是每一個在提籃橋監獄服刑犯人都必須具備的「基本功」，新犯人則有專人示教。據說監房內注意衛生，可以預防疾病，特別預防傳染病。在送進馬桶及開早餐前，大家抓緊時間，作各種各樣自編自導自演自強的體能鍛煉，有抬腳提手的也有閉目養神運用氣功的，動作快慢疾徐悉聽尊便，少有激烈的，多屬溫和的，八仙過海各顯神通。總之，失去自由的人們，明白生命在於運動，自己唯一擁有的只存自己身體，所以更加重視健康注意衛生珍惜生命，防止體質在監獄中過度損害，以便「恢復自由」後，還能接近「正常人」體能，過正常人的生活。

犯人「喜歡」提籃橋

禍福好壞的標準之一，是比較，這是犯人心中的愛因斯坦「相對論」。大上海生活在社會上的人士，談及或路過提籃橋，誰都對進監獄「吃官司」心有餘悸，個個認為在提籃橋裏「度日如年」。但是在新中國，上海市被判刑的犯人，幾乎個個「喜歡」棲身在提籃橋這一方寶地。首先，提籃橋在上海的市區，有多種公共車輛可到達，每月家屬「接見」、送物品比較方便。其次，犯人最怕押解到青海、新疆等邊疆「勞改場所」，方圓百十里地，周圍荒無人煙，西出陽關無故人，遠離上海幾千里，三年五載家屬親人很難相見，接濟物品更是不易。加上青海、新疆邊疆地區「勞改農場」，天高皇帝遠，政府隊長權力超過皇帝，執掌生殺大權，犯人在他們手裏如糯米團，要你方不能圓，令你長就不准短。勞改農場都是在窮山惡水的不毛之地，土質貧瘠大都是百十年從未開墾的處女地，產量低下，加上餐風露宿「勞動」繁重生活堅苦。即使捱到刑期屆滿，也只能一輩子呆在青海、新疆，上升作「留場新人」，依舊回不得家鄉，見不了爹娘，人稱為「魂靈」的戶籍，也不准再落戶於上海。

而提籃橋犯人居住在「高樓大廈」裏，淋不到雨刮不著風，每天的勞動，拆拆紗頭（搽機器用的回絲），比勞改農場絕對輕鬆；「同犯」間還可輕聲細語談天說地，「開開無軌電車」。三餐食品乾淨數量又有保障，犯人廚房中既有服刑前曾任醫生的「醫務犯」專人對食品質量查看負責，還有政府的衛生人員監管檢查；因食物如有不潔，嚴重的會造成「傳染病」，群居一起的犯人身體抵抗力弱，一傳十，十傳百，政治後果不堪設想。再則提籃橋服刑的每個犯人，如「戶口」在上海，刑滿釋放後原住當地的，有可能留在上海，我在刑滿後戶口就在上海。犯人中另一怕是外地勞改農場的「獄霸監頭」，各路「英雄好漢」及黑社會人物，每時每刻處在人間地獄，勞改場所內的欺凌侮辱弱小犯人從古至今代代流傳。據「四朝元老」敘說，及我提籃橋監獄身歷其境，尚未「遇到過」獄霸監頭」。提籃橋三個犯人一間囚房，賴以維持基本生命的三餐人人一樣，油水本身就有限。而且三兩個月犯人要「調整」監房，想當「獄霸監頭」的犯人，難以「坐大」和拉幫結派，如果有人遭受欺負，一張「條子」報告政府隊長，馬上及時打擊。所以我既未目睹亦無耳聞更沒接觸過「獄霸監頭」。而就此一點，提籃橋也遠勝看守所及外地勞動改造農場。

至於社會人士「想當然耳」的認為提籃橋生活「度日如年」，正應了「沒有吃過梨子的人，不知道梨子的滋味」。他們絕對無法理解：我雖不能誇張謂監獄生活「度年如月」，自認為一生中時間過得最快的日子，可以說是六年八個月的關押生涯時，包括二年在提籃橋的生活。渾渾噩噩糊裡糊塗，總而言之，今天和昨天一樣，明天與今天相仿，日子卻感到過得很快。

然而，即使美輪美奐好吃好住，孟嘗君招賢納士建造之「梁園」，尚有「梁園雖好，終非久留之地」的真知灼見。判刑勞改的提籃橋監獄再好，更非久留之地。可是被剝奪政治權利、人身自由，淪為階下囚而言，那裏還有選擇的權利。提籃橋監獄又是絕大多數犯人的「中轉站」。最使人忐忑不安無可奈何的是，在提籃橋服刑多年，臨近「刑滿釋放」之期，突然被叫上名字，押送到遙遠的青海、新疆勞動改造農場渡過殘生；稍近一點，解到安徽白茅嶺、軍天湖勞改農場的，已經是比上不足，比下有餘，該燒高香的了。

因監房眾多，提籃橋監獄男女囚犯除了分樓關押外，我們這幢樓房專關「反革命」犯和十五年以上重刑的普通刑事犯。使我有幸在這幢「藏龍臥虎」的牢監裏，與多位「文革」前和「文革」中含冤負屈毒打成招申訴無門的芸芸眾生；笑傲江湖身懷絕技猶如「四朝元老」等奇人異士；指揮千軍萬馬與日寇血戰沙場的國民黨軍官；及怙惡不悛喪盡天良的人類渣滓；特別引起人神共憤的是，為求自保檢舉揭發劃清界限，竟將親生父母送上刑場，結果自身還是淪入監倉的人形禽獸。我有幸與無奇不有形形色色人士，朝夕相與共處一室，又上了一次刻骨銘心的社會大學。

「四朝元老」其人其事

提籃橋監獄，除了政府制定監規外，犯人間盜亦有道，另有不少約定俗成相互遵守的「條條框框」。俗話說：「先入廟門為大」。我的這位同監犯「四朝元老」，按照論資排輩「江湖規矩」，在遠東第一監獄的提籃橋「一哥」地位，絕對是名副其實無人能出其右。

首先，是他「進廟修行」歷史悠久，先後在英國佬、小日本、國民黨、共產黨四個「朝代」管治下，統統蹲過提籃橋，即使在提籃橋監獄幾千犯人中，亦屬絕無僅有鳳毛麟角，所以他當仁不讓被眾多「同監犯」尊稱為：「四朝元老」。更使人嘖嘖稱奇佩服得五體投地的，是他入廟之早出道之先。他在三歲髫髮之齡，就有上海多種報紙為證：因「三隻手」進入提籃橋「廟門修行」。有些人因父母關押在監獄出生，或襁褓之年隨父母羈押監房，并不是孩子自身犯了罪，而是因為父母判刑才被拖累關進監房。不同凡響的是「四朝元老」三歲時因自身犯了偷竊罪，才進入提籃橋，兩者相比不可相提並論，絕非一個「檔次」。再則，其最後一次判刑乃「遙遙」之期，提籃橋人將成語「遙遙無期」中，取「遙遙」兩字作無期徒刑之稱。他并非十惡不赦殺人放火血債累累的江洋大盜，卻只是單純因偷竊扒拿能刑列「遙遙」，綽綽證明他系「樑上君子」中數一數二之「老行尊」，出類拔萃之極品異才，傳奇式的江湖人物。凡此種種前無古人抑或後無來者，技壓群雄的驕人經歷，無人夠膽敢與他爭「一哥」名銜。

沒媽的孩子像顆草

他的貴姓大名連同自己在內，可說是人人都不知，個個均不曉。他撫今追昔感慨萬千的說，從二歲多，就被所謂「拍花黨」，即是以往舊社會專用迷藥將孩童迷昏後擄走的拐子，俗稱「拍花黨」的拐走後，從此再沒有見到過親生爺娘。人世間最珍貴的父憐母愛，同他遠離十萬八千里。「沒媽的孩子像顆草」，憶及幼齡蒙童起的受苦受難生涯，猶若寒天吃冰水，點點滴滴在心頭。所以他的尊姓大名就是自己都無法知道，只記得在「師父」棒頭加拳頭「教育」下，沒日沒夜練就偷竊扒拿「三隻手」的十八般武藝，「順理成章」地使他早早便入了門進了行，為「師父」細水長流源源不斷提供了生財之道。一般小孩三、四歲，要大人抱著，可以任性撒嬌年月，而他三歲就成了上海灘名聞遐邇的小「三隻手」。古人曰：三歲定八十，他從今之後一生的命運，早就在「師父」教誨下鐵定終身。由於離開爺娘後，實在姓名編得太多，每抓一次他報一個，長年累月「名字」多得如一把亂頭髮，連他自己也「忘記」姓啥名甚了。就在莊嚴肅穆法院法官宣讀判決書上的「名字」，亦是別人的。好在「籠子裏」隱姓埋名者比比皆是，何況大家在公開場合都以「編號」、花名、綽號相稱，平時也相安無事。

當然金無足赤，人無完人，即使聰明似未卜先知的諸葛孔明，也有少見缺識敗失街亭之事；故「四朝元老」儘管是監獄生涯的「萬寶全書，但他有自知之明，謙稱為「萬寶全書缺只角」。

順手牽羊探囊取物

三、四十年代的年青人或成年人中產階級和知識份子，常喜歡穿「中山裝」和「長衫」，大家通常習慣左上袋外邊及長衫右邊別一、二支鋼筆，口袋裏裝錢或皮革子。他由「師父」抱著，小手剛剛夠著中山裝和長衫。他「開工」時，迎合社會上「只重衣衫不重人」的風氣，行頭穿著光鮮，頸上套著金環，環上一把金鎖，期望驅邪避災，保佑「小少爺」長命百歲，兩隻小手各掛一隻金鈴，儼然示意標榜「小少爺」尊貴身份，耐人尋味的是他的金鈴所以永遠都不會響，為的是防他「動手」時被人聽見鈴聲引起警覺。他擠在熙熙攘攘摩肩接踵人流中，左右開弓頻頻旗開得勝手到擒來，小手專「拿」中山裝左上袋和長衫的鋼筆、錢和皮夾子。當然，下邊兩隻口袋，「小少爺」拉著「父母」的手，在地上行走時，也會兼而顧之順手牽羊「探囊取物」。

如果說「小少爺」像叫化子吃死蟹那樣，認為隻隻都是好的，凡是鋼筆都「拿」，口袋都「摸」，實在也低看了「小少爺」的鑒賞品味，及「師父」對他的教育和期望了。對於國產的鋼筆如金星牌、愛國牌等普通鋼筆，他是視而不見「不屑一顧」的，因為使用這類國產鋼筆的人，一般都屬「藍領」工薪階層，窮知識份子，「囊中羞澀」錢款有限。他青睞鍾情的「獵物」，是佩帶當年價值不菲號稱「四大名筆」的公子哥兒，千金小姐，白領人士。所謂「四大名筆」即派克金筆、犀飛利金筆、愛佛利釋金筆、華托門金筆，均是令人神往高貴典雅的「泊來品」金筆，是名人雅士達官貴人富商巨賈的身份象徵。這「四大名筆」的筆尖，都含有白金或黃金，有14k、18k、22k的不等的含金量，特別是美國出品的四大名筆之首派克金筆，傳說它的筆套不同凡響都是鎏金的。所以它們的主人，皮革子一定是鼓鼓囊囊的。

「拋頂功」

「小少爺」另一種功夫叫「拋頂功」，當年中產階級以上，不少人頭上戴一頂氈呢精製的「禮帽」，就是周潤發在電視劇《上海灘》中演許文強戴的那款帽子。當頭戴禮帽的人，坐在無軌電車靠窗口的位子，車上人多天熱，車窗打開無軌電車停在十字路口紅燈前，待等交通警察手持開關轉換器，把紅燈轉成綠燈，無軌電車起步慢駛逐漸加速行進。「師父」立時三刻「忽令子」（發暗號）給他，說時遲那時快，「小少爺」兩隻小手，將靠窗坐的人頭上「禮帽」隨手輕巧拿下。被竊帽子者突然發覺頭上帽子不翼而飛了，回身轉向車窗外，邊伸手邊探頭邊罵賊，然而無軌電車已經叮叮噹噹隨著綠燈信號快速向前行駛。電車上人多聲雜，司機即使聽見乘客喊聲，亦不可能為了乘客一頂帽子十字路口中途停駛，或朝後倒開，影響交通流程，讓警察抄牌罰鈔票了。而「小少爺」將帽子套在「師父」頭上後，則輕搖小手，同他作「拜拜」的手勢，這種明偷暗搶禮帽的行徑，上海灘稱「拋頂功」。

做戲做全套

雖說人人都懂得「小心行得萬年船」，但「人為財死鳥為食亡」也是古人的經驗與總結，做賊骨頭千日河邊走，難免不濕鞋，怎可能天天平安無事一帆風順。「小少爺」偶一失手「豁散」，被當場「人贓俱獲」「生擒活捉」時，抱他的「老爸」馬上反應敏捷邊打邊罵，「小赤佬手這麼賤做啥，家裏大把鈔票你不要，介許多玩具你不稀奇，卻跑到馬路上『拿』人家鋼筆、鈔票、帽子來『尋開心』，到底這有啥好『白相』，臺都給你坍光了」。「老爸」同時一而再三的向人賠禮打照呼：「對不起對不起，三歲小囡不懂事體，怪我當爺娘的沒教育好」。這時他馬上「接令子」，做戲做全套，立時三刻大哭小叫，眼淚鼻涕一串一串，似乎受了無限的委屈冤枉。這一招「苦肉計」萬試萬靈百發百中。世界上常見的是「以小人之心度君子之腹」，好心人怎麼可能用「君子之腹去度小人之心」呢，啥人會想得到穿著華貴講究，年僅三、四歲天真無邪文質彬彬的小孩會做賊！受害者反而勸加害方「息事寧人」，不要發脾氣，小囡小「不懂事體」絕對不是存心的，何必打他罵他。據心理學家分析：世界上的君子永遠不會理解小人的想法；而小人對君子的一些所思所想卻耳熟能詳瞭如指掌。

然而回到「家裏」，「師父」就對他的「豁散」失手，「不客氣」了，一頓拳打腳踢讓他接受教訓刻骨銘心，又痛罵他學藝不精丟人現世。在一次次棍棒「教育」和誨偷誨竊的馬路實踐雙管齊下，他的「三隻手」技術早進晚長日新月異。

「捕快賊出身」

一次生兩次熟，馬路上的「安南」（現名越南）警察，印度巡捕歧稱「紅頭阿三」，特別是「三道頭」華人警長，頭腦活絡的「包打聽」（偵探），也不是「吃蔬拜佛」的善男信女。常言道：捕快賊出身，同行抓同行自然明白心思容易手到擒來。再說大上海馬路上一套套「花樣經」，儘管戲法人人會變各有巧妙不同，總歸萬變不離其宗，大家都仿佛像是一位「師父」教出來師弟兄，一個模子裏印出來的花樣，個個大同小異，所作所為「熟門熟路」心有靈犀一點通。警察們日日在管轄的地頭上顛來跑去，手裏又網羅了一批三教九流地痞流氓的「線人」，他們為了賞錢，三不兩時會來「報料」遞傳消息。當那些上海灘有名有姓的達官貴人或各路英雄好漢「亨頭」，即有地位人士或四方神聖，被「馬路天使」偷了財物前來報案後，「上峰」洋警司面孔鐵板，立馬會嚴令下屬警員限時限刻抓賊破案，於是就一級壓一級的往下傳達。一次是小弟弟「順手牽羊」拿了皮夾子，兩次是三歲小人「好白相」「摸了」人家袋袋，好曲子不唱三遍，唱功再妙次數一多，警察先生如夢初醒「恍然大悟」，原來三歲小赤佬就是在他鼻子低下作案犯科的「賊爺爺」；再一查抱他的「老爸」「底牌」，屬「閻王簿」「魂靈袋」榜上有名有姓「老吃老做」案底累累的「賊祖宗」，於是拉下面孔「勿客氣」，新賬老賬一齊算，「父子賊檔」終於雙雙落網了。

父子賊檔雙雙落網

由於提籃橋監獄關了賊師父，如果三歲賊弟弟一個人放在外邊，衣食住行日常生活沒人管，不是凍死就必餓斃！而且小「三隻手」本身就是「賊骨頭」，也是犯罪份子，吃官司也罪有應得，放在社會上被其他偷竊集團網羅去，地頭就更加勿會太平，於是一不做二不休，大賊小賊索性一道關進提籃橋吃官司。

當年中國還沒有同世界接軌，像現在流行申請「吉尼斯」世界紀錄，我不曉得其時的「吉尼斯」有文字記載，犯罪吃官司的最小犯人的年齡世界紀錄是幾歲。個別人因母親坐牢在監獄出生，但其本人并無犯罪，所以不在此例。

狗咬人不是新聞，人咬狗才是新聞。三歲小囡做賊坐監牢，一經上海老《申報》、《新聞報》、《大美夜報》各類報章刊物，大字標題花邊新聞刊出後，引起社會上一陣轟動。大家感慨世風日下人心不古，十里洋場之上海灘，的的確確花樣鏡百出，稀奇百怪各式各樣事體全會有，連三歲小囡，都會是老吃老做「三隻手」。於是他也一朝名滿黃浦江兩岸，成了食肆酒樓家家戶戶飯餘茶後，街頭巷尾平民百姓，芸芸眾生津津樂道的「新聞人物」。

假戲真做

過了一、兩個月，他的「親生父母」看了報紙，「跋山涉水路遠迢迢」，從窮鄉僻壤趕到提籃橋監獄，一把眼淚一把鼻涕來認「親生兒子」。巡捕行的洋警司自從報紙登出三歲小囡吃官司的新聞後，便受到輿論譴責，上司斥罵，同事揶揄。根據大英帝國上海英租界法律，三歲小孩因年齡實在太小，自身「沒有行為能力」，所以毋需承擔刑事犯罪責任，更不應該坐牢吃官司。洋警司屢屢遭受上峰一次次厲聲訓斥，輿論界一天天熱諷冷嘲嚴詞指責，風頭火勢下真似濕手沾了白麵粉，洗都無法洗，甩都甩勿脫。平心而論三歲小囡無爺無娘，無親無眷關又不好關，放又不好放，因為把他一個人放在社會上如果沒吃沒住沒人照顧，就是一天也無法生存，他現在已經是社會「知名人士」，倘若一命嗚呼了怎麼交待？正在左右為難似像風箱裏的老鼠，兩頭受氣的辰光，突然看到「救星」從天而降，有爺娘來「認領兒子」這正中下懷，給他們解了圍。馬上不管三七二十一，就順水推舟將惹是生非的小赤佬請出了提籃橋。

身陷囹圄畢竟不是人過的生活，關了幾個月的他，一看來者是「師父」的同行中人，似曾相識的爺叔輩子，就心領神會了然於胸，來的人稱他「兒子」，他便撲上去叫爺喊娘，於是假戲真做，哭得一把眼淚一把鼻涕，好像真的一樣，接著心甘情願興高采烈跟他們走出了提籃橋。從此他更換了「門庭」，另闢新碼頭，「穿新鞋走老路」。他一如既往繼續沒日沒夜「勤學苦練」，技術熟能生巧，由「登堂入室」漸臻至「登峰造極」。同時走遍江湖三關六碼頭，增見長識，拓展財源。

「社會大學」的熏陶

「四朝元老」和我上世紀七十年代同監時，剛過半百之年。他身高一米七十二、三，身健體壯膚色黝黑，四方臉上生有幾粒小小的黑痣斑點，鷹爪鼻上濃濃的劍眉下，長一雙閃亮發出淡淡綠光的小眼睛，三不兩時骨碌碌轉過不停，在昏暗的牢房光線下，輕而易舉如老鼠一樣，完全能夠看清各種東西。他很少正面看人，而是用眼梢由下往上瞄著。偶而同他雙眼相對，他倏忽就避開，儘量不讓人看清他的眼神，瞭解他的所思所想。他的耳覺特別靈敏，遠近輕重的聲音，聆聽得一清二楚。牢監過道上，是勞動犯在走路，抑或是政府隊長的腳步，丁是丁卯是卯，從來都沒有搞錯過。并且反應神奇快捷，好像是神話故事中的「千里眼順風耳」，使得我們這些同監犯，也蒙受雨露之益，在政府隊長走過時，扮裝得「認罪服法，老實做人」。他操一口蘇北音腔的上海話，有時乾脆講蘇北話，待人笑口常開客客氣氣，從不「倚老賣老」擺架子，所以「深得犯心」。

儘管他從未像萬萬千千小兒郎那樣，曾經揹著書包上學堂，受過一天半日學校教育，然而他博古通今，上知天文地理，下知雞毛蒜皮，特別對帝王將相歷史人物，流傳千古的奇聞異事如數家珍。原來他在「社會大學」中，獲得了「博士學位」。

當他單槍匹馬闖蕩江湖時，每逢「業餘時間」，他喜歡去普羅大眾市井小民光臨的茶館、飯鋪，要一壺茶，點幾碟點心小食，邊品茶吃食、邊聆聽當年時代中各式各樣的藝人吹拉彈唱說古論今，甚至街頭巷尾馬路天使，撫今追昔談天敘地，他也會津津有味佇立聆聽。其中《水滸》、《三國演義》、《西游記》、《紅樓夢》、《包公案》、《施公案》、《七俠五義》等許多歷史名著故事情節，百聽不厭耳熟能詳。和眾多「同道中人」一樣，他對義薄雲天的關二哥佩服得五體投地；對武松、林沖等英雄好漢敬重有加；對「妙手空空」的祖師爺時遷、楊香武情有獨鍾。他夢寐以求盼望結識或投奔及時雨宋江類型的人物，能帶領他們一眾兄弟，有朝一日取得政府的「招安」，使得他可以從被人不齒的賊身，搖身一變成為個個敬仰的「官府人士」。願望很美妙，現實卻渺茫。

「職業習慣」

他與眾不同的另一「習慣」是：即使大暑三伏三十五度以上的高溫天氣，下身穿短褲，上身始終著長袖衣衫。開頭我也有點弄不懂，日子一長就「發現秘密」搞清爽了，他原來為掩遮手腕上因無數次被銬上手銬，烙下了永不消褪的紫紅印記。人要面樹要皮，因為過去在社會上「懂經」的人一看，就明白他是何許人也；警察差佬對他會特別「青睞」，有事無事倍加注意；「有識之士」就對他指指點點而退避三舍，曉得他是「梁山上下來的英雄好漢，身上有長時間戴手銬留下的「招牌記號」。猶如宋朝犯人臉龐刺下的「金印」，即使走遍天涯海角，十幾二十年前曾經犯罪的身份，歷歷在目盡人皆知，他以往入廟進宮的經歷毋須介紹就「不打自招」了。我曾經開誠佈公真心誠意勸他，在「廟」裏大家「腳碰腳」，各人犯的事，僅僅五十步同一百步的差別，均是「有罪之身」，共產黨統統稱為「牛鬼蛇神」、全部當作「一丘之貉」。各人「底牌」大家早已心裡有數，天介熱，再穿長袖子衣衫要捂出痱子的，他聽了淡淡一笑了之，只是連聲說習慣了習慣了。

令人難以想像不可思議的是，大熱天穿長袖衫竟也是他長年累月養成的「職業習慣」。

由於在四個截然不同性質迥異的統治時期，先後入「廟」修行，「實踐出真知」他對各個時期「廟」內種種「人情世故」，見多識廣經驗豐富，特別對每個囚犯，不論男女老幼落入法網後第一件事，人人都要領教過的各類手銬，對此他「久病成良醫」，頗有研究心得，於是我誠心誠意由此開始向他討教。

新、老式手銬

他開導我說，手銬大致分老式、新式兩款；老式是固定的，似乎很「土」，戴上後手再動，都不會有鬆、緊變化。但世界上的事，有一利必有一弊，特別在進監房前，每個犯人經警察仔細「抄靶子」（搜身）後，就缺少了工具。戴了老式手銬，沒有鑰匙或自己特製替代品，像他的本事，也很難開開。新式的手銬是「倒牙」，戴上了千萬不要胡亂掙扎，越用力掙扎「倒牙」會一格一格推進，扣得越來越緊；然而也不是一些從未「上山入廟」，自作聰明的外行人所思所想，「倒牙」像彈簧一樣，一碰就扣緊一格，會無限制的扣緊，若果真如此，手都會被手銬勒斷了。然而千句併一句，「外行」上銬後，好漢不吃眼前虧，屋檐底下要低頭，儘量不要自尋煩惱，需平心靜氣自求多福，以少動少掙扎為妙。

新式手銬在他面前，根本不需要鑰匙，僅用一根小小的竹簽或者牢房裏犯人吃剩的魚之刺、肉之骨，都能就地取材。經加工磨過的魚刺、肉骨頭之類物品，在手銬鎖孔上輕輕一撥一弄，就能輕而易舉把它打開，或者可以隨便放鬆幾格，使緊銬的手舒服得多了。這類「工具」因為小巧玲瓏，容易隱藏匿置，又方便就地取材現做現用。即使碰到政治性節日前及每月例行「抄監房」，既容易拋棄，之後又便當重做。誠然「會者不難，難者不會」，有一次我因「屢教不改，一再翻案」而上了手銬，到了夜晚他叫我拿了「工具」亦去「撥弄，撥弄」手銬，我試了幾次，「外甥打燈籠——照舊」，依然鐵將軍把門，紋絲不動。在他手把手耐心教導之下，總算有一次，我瞎貓拖到了死老鼠，七弄八弄撥開了。他笑話我：儂不是屬於這類行業這塊「料」，乃屬「孺子不可教也」。

另外我親耳「聽到」，他曾為一個同監犯，輕而易舉放鬆兩格銬子。因為碰到這類情況，他就叫我「閉目養神」，或者一門心思勞動，如此這般，就算政府隊長查問，也可以具備沒有看到的「不在場」證據，所以我只是「聽到」。當然，我也親眼所見他將「反銬」轉為「前銬」，這個動作一定要等到夜闌人靜監房同犯睡覺後。大白天他還是「老老實實」戴著後銬，天亮了再把昨晚的前銬，再翻成後銬。我揶揄了一句，你把手銬當玩具在「白相」。他一本正經地說，千萬別這樣想，否則要吃大虧。世界上任何事體，不怕一萬，就怕萬一，如果讓政府隊長發現犯人後銬改前銬，或變換手銬形式，自己或幫人鬆開銬子，就自討苦吃了。政府隊長會因為你是銬手銬的「內行、高手」，採用手銬各種銬式同你「鬥法」。你聽沒聽說，手銬有幾十種「花式」銬法，隨便一種都可以銬得你昏頭六沖痛徹心扉，你再叫爹喊娘都沒有用，因為好多種「花式」銬法，即使「道行再深，本事再大」，特別是在政府隊長眼皮底下，根本沒有辦法將手銬改動及放鬆。真所謂道高一尺魔高一丈，牢監在中國已有幾千年歷史，一代一代傳下來政府各式各樣整蠱犯人的方法手段推陳出新不勝枚舉，政府隊長也不是「吃素唸佛」的善男信女，否則「四朝元老」手腕上亦不會烙下紫紅色的「印記」了。

他常說：「共產黨政策像月亮，初一、十五不一樣」。解放伊始，監獄裏還講「階級分析」，「天下窮人是一家」的理論。政府隊長認為小偷蟊賊者，出身基本上是勞動人民，是窮人，在舊社會受苦受難受剝削受壓迫，乃共產黨的「階級弟兄」。只是他們在舊社會養成好吃懶做的壞習慣，有的是生活所逼走向岐路，故而對小偷竊賊經常以教育為主，管理比較寬鬆，運用法律時會「網開一面」較少判刑，常常是公安派出所前門進後門出。

所謂的「三年自然災害」中，全國食品、物品奇缺，現在共產黨自己承認餓死了一千萬人，但中、外學者專家經多年調查研究，神州大地餓死了三千五百萬到四千五百萬人。當年沒完沒了的大小「政治運動」，一次次加強無產階級專政，提倡「以階級鬥爭為綱」，「只許階級敵人規規矩矩，不准階級敵人亂說亂動」，「階級鬥爭年年講，月月講，天天講」。認為小偷中的「慣偷」已蛻化變質，坑害人民，「挖社會主義牆腳」，故此他們進監獄後的遭遇就越來越苦。到了「文化大革命」，那些大小官員，為了獻忠心表紅心，想方設法別出心裁來對付階級敵人，官方的「革命理論」是，對階級敵人越兇越狠，就是對毛澤東共產黨越忠越愛，在諸如此類荒誕不經的極左思潮驅使下，各種各樣絞盡腦汁千奇百怪殘酷折磨「階級敵人」的方法層出不窮令人髮指。對犯人的「花式鍀法」更是應運而生了。

「花式銬法」應運而生

從他真切的眼神和「談銬色變」的表情，相對他平常辰光「老吃老做」，很多事情漫不經心不屑一顧的樣子，他現在一板一眼認認真真的說話口吻，毋庸置疑百份之一百訴說事實，不會摻半點虛假。

接著他眼望遠方情帶回憶語重心長地說：電影電視是藝術，警察捉人後上前銬；現實生活裏人犯「進宮」基本上都是「後銬」。但是銬子銬得緊、鬆，人犯吃不吃「苦頭」，吃幾多「苦頭」，就好比陌生人吊孝，只有死人肚裏自得知，一切要靠警察發善心了，別人是看不出來的，外行根本是一無所知的。在看守所、監獄中，對人犯上手銬就另當別論，不是防他逃逸，而是一種傷天害理令人膽戰心驚的刑罰，目的叫你吃足「苦頭」。共產黨教育中國老百姓「不忘階級苦，牢記血淚仇」，「對敵人要狠」。為了響應共產黨號召，政府隊長挖空心思絞盡腦汁來「折磨敵人」，落實「對敵狠」，向共產黨表忠心。於是手銬粗論有幾十種「銬法」名目繁多。

「飛機銬」「扁擔銬」令人色變

據他所見所聞，最使人談虎色變汗毛凜凜的幾種「花色銬法」。如「腕肩銬」，一隻銬子銬手腕，還有一隻銬在另一隻手的肩膀下的肌肉處，就算你有天大的本領，也無法使後銬轉前銬；「胯下銬」，一隻手在胯下雙腿前，一隻手在兩腿後，行走時緩慢蹣跚，站立時彎腰屈背，二十四小時都無法直立；「手腳銬」，一副銬子一只銬子銬手腕，一只銬子銬腳踝骨，使你行艱動難；「扁擔銬」，左手沿若背脊向上，右手經過肩膀向下，銬上一副手銬後形如挑扁擔，因此得名，痛得你經常全身打轉，人打滾；單、雙手「吊銬」，一副銬子銬在監房的鐵桿上，另一副銬子銬你一隻手腕或兩隻手腕上，有的將你人懸空，腳不沾地，全身的力度統統都落在手腕上，懸空的人體不由自主要旋轉，每一次的旋動，均增加重重的痛苦；又一種是將腳剛剛好點著地，像跳「芭蕾舞」狀。最最厲害聞風喪膽的是「飛機銬」，身體往前兩臂上翹，銬子銬在左右肩膀上，像一架飛機姿勢，任憑是貨真價值飛行員強健的體質，五秒鐘內必定摔倒在地。痛得你在地下胡亂打滾，時間稍久，抑或致殘終身，甚至一命嗚呼！

「四朝元老」鄭重聲明：以前他「進宮入廟」不僅見所未見，并且聞所未聞，這些折磨人犯的手銬方法，英國佬不曉得有沒有使用過，估計是在共產黨朝代發揚光大。我問：你有沒有被銬過或看到用過這類手銬刑具？他回答說：有些銬法親眼看到，有的也被銬過，但上「飛機銬」只聽說沒見過！他指了指下面樓層，樓下那個瘦骨嶙峋步履維艱的乾癟老頭，聽說吃過「飛機銬」。我驚訝不已地問：你說的是他？由於這是當時京劇「樣板戲」「沙家浜」中一句著名的臺詞，他聽了露出大惑不解的眼神，看了看我說：難道你知道他是誰。我回答：他是大名鼎鼎的天主教上海教區龔品梅大主教，我知道他，但不認得他；他根本不認識我。「四朝元老」敘述龔品梅大主教上「飛機銬」故事，詳情另文再述。

一銬在手混身異常

儘管我對手銬的知識和他相比，是孔夫子門口讀經文，關公面前舞大刀，但我畢竟「籠子裏」幾經春秋，亦非剛上「梁山」一無所知的初哥新丁。戴手銬，每個犯人都榮幸地不分男女老幼「人人有份」，何況我在「進宮」時，也戴的是後銬，「進宮後」所長說我違反監規，分別戴過前銬、後銬。想來也怪，手上一帶上銬子後，立馬會混身異常，身體上幾處地方突然像被螞蟻咬，蚊子叮而發癢，并且都是在你想搔又因戴了銬子搔不到的地方。尤其令人難以理解的是，三不兩時「此起彼伏」，這裏解決了那邊又冒出來了，并且是日日夜夜反反復復沒完沒了。還有一件奇事，小便突然次數頻密，平時三、四鐘頭一次，變成一、二小時要請同監犯「幫忙方便」，總而言之，讓人不得安寧，實在使人難以設想。使人不可捉摸的是銬子一開，一切很快就會恢復正常。

銬子連著骨頭長進肉

早在看守所，我親眼目睹幾個「殺人犯」，從「進宮」第一天戴上「808」（手銬）起，一年半載後一直戴到赴刑場吃「花生米」，人送「鐵板新村」火葬場為止，才解開手銬。還有的人，不知曉犯了那類「彌天大罪」，手銬一銬大半年，甚至一、兩年。據說這些英雄好漢有的是「文革」中造反的兩派中一派的頭頭，在社會上也威風凜凜前呼後擁實實風光一時，一朝權在手便把令來行，將冤家對立派趕盡殺絕毫不留情。但執掌「紅色政權」，只可能曾經擁有，不會得天長地久，「革命風水」像走馬燈一樣頻頻密密三不兩時輪流轉。月有陰晴圓缺，初一、十五大小光亮不一樣；人有旦夕禍福，朝為座上客，暮作階下囚。人算不如天算，曾幾何時北京風吹草動，全國各地就地晃山搖，就像打麻將牌似的「輪流做莊」，有人上天加官晉爵粉墨登場，有人落地樹倒猢猻散牆倒眾人推。他這一派失勢後，馬上從碧落跌到黃泉，龍遇淺水虎落平陽，昨天的追隨者，今天反戈一擊，被對立的掌權派，以其人之道，還治其人之身，而置之於死地送進牢房。不知道他的冤家對頭新掌權派是走了前門還是開了後門，以無限上綱上線的罪名，讓他常年累月被銬上手銬。

因為天長日久，手銬每時每刻磨皮損肉，先是靠近手銬的手腕處周圍上下開始紅腫「胖漲」了起來，接著在紅腫的皮肉部位，因曠日持久分分秒秒的磨擦而皮開肉綻，手銬蠶食式地漸漸逼近手臂骨頭，出於人體自我保護，慢慢又出現防腐爛的淡黃色的透明液體，貼附在手銬邊，散發一陣陣帶有血腥的異味，白天招得蚊蠅，夜晚螞蟻密密光臨。由於手銬緊緊扣住手腕，傷口無時無刻均在遭受手銬磨損發炎甚至腐爛，所以它永遠也不會癒合成疤。隨著時間的推移，但見手銬日復一日不知不覺地漸漸下沉嵌進肉裏，而淡黃色的透明保護液體依舊出現，只是數量和濃度不如以前。又過了若干天，新生的皮肉又成日累月慢慢把銬子四面八方裹了起來，手銬「自然而然」不知不覺間成了手腕的一部份，露出的銬子，隨著皮肉的增長漸漸變小變少，內裏銬子越來越迫近骨頭，而手腕一直保持水腫形狀。據當事人說，只因手銬戴的辰光過長，人已經債多勿愁蚤多勿癢，麻木不仁失去知覺亦不曉得疼痛滋味了。儘管他說話時仿佛口輕飄飄，扮演得輕描淡寫若無其事，然而只要稍稍思考一下，看看他難堪的面色神情，以及手腕上長著的手銬，能像他說得如此輕鬆愉快？有鑒於此我的眼光盡量遠離他的雙手，能避就避能躲就躲，偶而不經意驚鴻一瞥「撞見」慘不忍睹的景像，兔死狐悲物傷其類之情油然而生，我的心不由自主猛烈的抽搐；思緒久久震盪不已，心裏講不出、話不出的難過。然而，有時他稍不小心，抑或在睡眼惺忪不經意間，雙手動作大了一點，還有別人無意中碰到了銬子，但見他臉色驟變，牙齒緊咬內唇，額頭沁出汗珠，默默忍受一聲不哼。此情此景同在籠子成犯人，誰能不設身處地聯想到自己今後可能的遭遇？他的今天，也許就是自己的明天。

開手銬前先開刀

怪事年年有，不及「文革」多。由於「無產階級紅色革命江山」，三不兩時「城頭變幻大王旗」，今日你一派粉墨登場執掌紅色政權；曾幾何時又「風水輪流轉」，「灰溜溜下臺」淪為不齒於人類的狗屎堆。造就了一批人「朝為階下囚，暮為座上客」，一下子從狗熊變成英雄。人生如戲戲如人生，鐵打的衙門，流水的官，今朝你登臺，明天我做官，你上我下，我上你下，像走馬燈拍電影一樣，看得人眼花繚亂目瞪口呆。所以我也有幸看到聽見，有手銬戴了一、二年嵌進肉裏的「幸運兒」，同一派人奪了權，「改朝換代」後，撥開雲霧見太陽，得以敲鑼打鼓風風光光恭請「老造反」出樊籠被開開手銬。這種時候，用鑰匙絕對不行，銬子的鎖雖然打開了，因為銬子已經淹沒在新長的手腕肉裏面，一是不容易與皮肉脫開，就算脫開了可想而知會痛徹心扉。唯一可行的辦法，把他送到提籃橋犯人醫院，上手術臺打了麻藥針，請對此病症有經驗的牢監醫院外科醫生主刀動手術，才能將皮肉和手銬分離。然而曾幾何時待等麻藥藥性慢慢過了後，依舊痛得他呼爹喊娘滿地打滾。并且在多少天時間裏，仿佛始終感到銬子還是人體手腕的一部份；另外手腕上則永遠留下深紅或紫紅的「文化大革命」「光榮」印記，永遠伴隨他走完人生的旅程。

「四朝元老」笑話我知淺識短少見多怪，這類「文革」監獄中家常便飯過時皇曆，尚在津津樂道如數家珍，乃實足實的「小兒科」、「幼稚園」。他親身看到這種事體，沒有十樁至少有八件，早就見怪不怪了。他還親眼看到風風光光開了手銬，敲鑼打鼓前呼後擁出了提籃橋，過不了多久又手銬腳鐐「二進宮」「鳳還巢」「回娘家」。他的淵博見聞，使我發自內心甘拜下風自嘆勿如。

誠不知家在何方

「四朝元老」由於一生幾十年中，日常餐風露宿居無定所，大千世界舉目無親，他無牽無掛毫無目的地游走大江南北黃河兩岸大中城市。過著今日有酒今日醉，哪怕明日斷糧炊的「瀟灑」生涯。生意興隆「手」氣順的時候，一次「得手」可以讓他富三春；運交「華蓋」馬失前蹄，「一失手」，就使他朝為座上客，暮作階下囚。

他多年願望乃尋根訪親，做夢也盼一家團圓，一次次希望伴隨著趟趟失落，茫茫神州不啻大海撈針。實在是拐走時年齡太小，家居何方腦海一片空白，而關進提籃橋的「師父」，從來只字不提守口如瓶，仿佛他似石頭縫裏崩出來的孫悟空。他稍有想家戀親的情感流露，輕則「師父」破口大罵：吃裏扒外的胚子，青肚皮猢猻養勿家；重則拳腳相加棒棍侍候，嚇得他啞巴吃黃蓮，有苦說不得。同時他潛移默化養成了鑒貌辨色心口不一的性格。「師父」進了提籃橋後，也不曉得判刑幾年，「充軍發配」到啥地方，更使他的心願猶如海市蜃樓虛無縹緲，似像天上飛的鷂子斷了線，隨風飄飄，誠不知飄向何方。

水過無痕天衣無縫

毋庸置疑他是妙手空空同道行中的「佼佼者」，技藝精湛手法超群，系爐火純青登峰造極中之翹楚。電影電視常見的鏡頭是，凡欲「拿」取目標人士身上衣袋內財物文件，在朝天馬路十字街頭，或大庭廣眾面對面或左右前後邊走路時，故意碰撞目標人物一下，讓他分散注意力，在混亂倉促的瞬間，抓住一剎那空隙，機不可失時不再來快速「拿取」財物文件，得心應手後馬上腳底探油逃之夭夭。然而「四朝元老」探囊取物卻與眾不同，他往往不碰不撞鎖定的目標，甚至自己身體更是不接觸對方任何一個部位，表面上形同陌路保持一定距離，實際是緊隨密跟，虎視眈眈分分秒秒尋找有利時機，待等得目標人物百密一疏老虎打盹或左顧右盼分心失神之際，他自然而然若無其事隔鄰靠近的半秒一忽，以迅雷不及掩耳之勢，兩根手指像「吸鐵石」一樣，把目標人物身上的財物文件，神不知鬼不覺地「吸」了出來。得手後彷彿一如既往漫不經意，神態自若定定心心揚長而去。

他語重心長地說，「拿」人家東西萬變不離其宗，首要就是分散他的注意力，攻其不備取其不意，方能馬到成功。其實可以使用方式方法不勝枚舉，現在電視、電影裏十之八九，千人一面都是採用撞人一下，它不過是無數辦法中的一種。好曲子不唱三遍，顛過來倒過去用來用去一種手法，觀眾眼睛也生起「老繭」，只要一看到目標人物被人撞了後，都不約而同心領神會猜想到，肯定重要物件已被「拿」走了。你想，人被無緣無故碰一記撞一下後，立時三刻會發現身上少了重要物件，誰是動手行竊者，等于不打自招。被竊者雖說當場沒有立即察覺，事後很快能回想起無緣無故被碰撞時的情景，一番思索後馬上會憶及撞他的人身高長相衣著打扮。

於是會「事後諸葛亮」而「恍然大悟」，接著就順藤摸瓜去尋找抓獲行竊者；一種可能是立時擒獲，即使馬上抓不著，其人的高矮胖瘦大體的樣貌形狀，已經在腦子裏給他照了相，報警時可以說得清清楚楚，再一見到必然無所遁形。如果像他操作、採用的辦法，目標人物在不知不覺，又沒有人碰撞的情況下，失去了重要物品，他半天都不會揣磨出一個所以然來，究竟在何時何地何種情況下失竊，通衢鬧市摩肩接踵人海茫茫，高矮胖瘦千人百面到底懷疑誰好，并且行竊者一時半刻又沒有留下什麼首尾和異常，這樣就容易爭取到時間，更便於自己脫身。

「四朝元老」不厭其詳娓娓道來：孫子兵法載有三十六計，齊天大聖孫悟空能七十二變。譬如調虎離山、欲擒故縱、圍魏救趙、聲東擊西、明修棧道暗度陳倉、以退為進、渾水摸魚、故弄玄虛、無中生有、兵不厭詐、金蟬脫殼、偷龍轉鳳、虛虛實實、實實虛虛等等鬼蜮伎倆不勝枚舉。但是，現今的戲文裡，編劇、導演總出現在一棵樹上吊死的鏡頭和橋段，顛來倒去用老掉牙的手法，是將人撞一下，碰一記才可以把財物文件偷走，老調頻彈舊曲重唱，千篇一律久而久之令人生厭，給人一種印像，似乎不碰不撞就「拿」不到東西；而觀眾也馬上心領神會，在一「撞」之後，必然是重要文件被盜。他把「社會大學」獲得的廣博知識，既有理論上提高昇華，又能在實踐中學以致用得心應手，發揮得淋漓盡致，對電視、電影中的弊端缺失一言中的。

我說，真是有眼不識泰山，你大智若愚，在你專業領域裏無可非議是將帥級人才，能夠運籌於帷幄之中，決勝於千里之外。然而你又似乎不食人間煙火，對凡夫俗子彷彿一無所知。故而你是吃的燈草灰，放的輕巧屁。廣東人有句俗話，有頭髮的人誰願意做瘌痢，試想大江南北黃河兩岸有幾人能修煉得你這類檔次的「道行」，成就你超人頂級舉世無雙的本領！確實，人人都知你講得言之有理，他們非不為也，實不能也，否則又何需冒著危險拋頭露面多此一舉碰撞人呢？千句併一句，人家沒有你這份能耐，才只好退其次出此碰撞人之下策了。再說編劇、導演更不可能像你這樣，有豐富多彩的實際生活經驗，隔行如隔山，只能拍著腦袋閉門造車隔山買牛編造出千篇一律的情節了，這似乎成了沒有辦法的辦法了。假若我出獄後一定在寫小說編劇本時，把你蓋世無雙獨門絕技公諸於世，讓萬千大眾開闊眼界拓展知識疆域，真正領會天外有天人外有人。

「碰巧」罷了

他聽後也不跟我爭辯探討，輕描淡寫地說了句，「自己不過『碰巧』靠的是運道好會動腦子，會抓緊時機罷了。不過此類伎倆，害人害己，使得我落到今天的下場」。

我了解他此話，既有真心實意，又含口是心非推搪之詞，我及時拉回話題，抱著尋秘探幽的心意繼續向他請教。我說既然分散人的注意力，方法有多種多樣，請介紹幾種，讓我拓展思路飽飽耳福，抑或你示範一下使我開開眼界。

他馬上裝得一本正經，說：你博覽群書深諳「孫子兵法」又看過各式各樣戲文劇目，裏面範例不勝枚舉，何必再放下身段來問目不識丁的我？

我說京劇等各類戲劇曲藝，包括蘇州評彈、山東快書、京韻大鼓，河北梆子、相聲快板等等，確實看過很多聽過不少。古往今來眾口一詞屈指可數的「盜御馬」竇爾敦、「三盜九龍盃」的楊香武；及「水滸」中另一位著名「一代宗師」、水泊粱山的神偷奇俠「鼓上蚤」時遷等，膾炙人口的超人事蹟略知一二。但現實生活中我能親身接觸到有幾人，具備你這種水過無痕天衣無縫之奇妙絕技之傳奇人物。不要說普通人沒有見識過，甚至我在中國最出名的政法大學幾年學習刑事偵察學時，都聞所未聞。我能與你同處一籠，大開眼界廣飽耳福實乃三生有幸。

他貌若謙虛，內心得意非凡，嘴上卻連連說「熟能生巧的雕蟲小技上不了枱面不值一提，雖說是花花橋子人抬人，你亦太過獎捧我捧過頭了」。

臺上三分鐘，臺下十年功

據說他另有「一絕」，能在寒冬臘月人穿大衣棉襖的季節，仿佛「探囊取物」一樣，「拿」出人家貼身衣服中的錢財。就此多種「絕技」，使同道中的「行家裏手」頭髮想得發白，都沒法悟出個所以然來，只能自歎不如欽佩不已折腰稱臣。我在好奇心驅使下，曾想請他「表演」一下，讓我們凡夫俗子開開眼界。誰知我如在老虎頭上拍蒼蠅，突然間激惱了他。他忿忿有加地說：「你是看輕蔑視我，還是要害我吃手銬；監房裏能做這樣的事？」從他少有的激動神情，我此時方知「誤入雷區」。因提籃橋監規嚴禁「表演」犯罪行為，一經政府隊長發現，輕則上銬，嚴即加刑。所以我只能似逢人矮三分的養媳婦，低聲下氣誠誠懇懇一再解釋和道歉後，他才回心轉意高抬貴手放我一馬。

人們常說：臺上三分鐘，臺下十年功。要操練到「四朝元老」得心應手運用裕如，爐火純青登峯造極之上乘功夫，何止十年八載方能「修成正果」。世界上畢竟多的是凡夫俗子，若真能不少人有這類本領，很多電影、電視中涉及樑上君子的「橋段」、情節，都有勞劇作家重新編寫了。

開門落鎖百發百中

至於「開門落鎖」，他百發百中得心應手屢試不爽的「萬靈鑰匙」，據說是僅三、四寸長，窄窄的薄鋼片，前面尖尖有一定的角度，普普通通不起眼的東西。可是他運行時速度之快以秒論計，比起開鎖匠更是開鎖匠。至於開啟加密程度精密繁雜的保險箱，對他來講往往也是小菜一碟十拿九穩。傳聞「有關部門」為破案需要，專門請他去打開過幾經周折，讓刑事偵查專家都束手無策無法開啟的保險箱，「會者不難，難者不會」，他卻三弄兩撥立馬手起鎖落大門洞開，幾乎每次功成名就都「不辱使命」。所以「有關部門」據說是應他的請求，事實乃「便於工作，將他從外地牢監，轉到上海提籃橋服刑」。然而他卻「矢口否認」一再聲明，不要「瞎三話四」「胡說八道」，讓政府隊長聽到後，指責他洩露國家秘密，抑或貪天之功佔為己有，害他加刑吃銬子。

南京路上「老廣東」

他越是想對此類江湖傳問「奇功異事」，輕描淡寫不屑一提，似乎想撇清得乾乾淨淨，我越是東拉西扯緊追不放而「編理」力爭。我問「四朝元老」，大上海最繁華南京路的江湖道上同行，有個「賊爺爺」人稱「老廣東」，與你相比屬棋高一著，抑或甘拜下風。他回答，多年在「廟」對他有所耳聞，但無緣識荊。

我說在看守所聽幾位「老廣東」同行介紹，他在道上赫赫有名。盡人皆知大上海南京路上，公安「條令」如過江之鯽，心狠手辣對各種犯罪活動管理嚴謹。而「老廣東」多年來卻「專門獨做」南京路「生意」。人怕出名豬怕胖，公安「條令」的「閻王簿」上早就將他名列榜首，於是張開了天羅地網，放了長線專吊「老廣東」這條大魚。千日河邊走，難免不濕鞋。「老廣東」一朝「豁散」失手進廟之後，大家都認為他肯定會被重判不貸，不是充軍發配青海、新疆勞改農場，就是在提籃橋將牢底來坐穿。

「捕快賊出身」

誰能想得到僅僅十天半月，「老廣東」同往常相仿，仍舊在鬧市裏兜兜，南京路上轉轉。但是，穿著打扮舊貌換新顏，同以往前瞻後顧賊眉賊眼大不一樣。他三頭兩日「換行頭」，面孔鐵板一本正經像煞有介事，也不再跟同行「打招呼」，連老熟人都「視同陌路」，好像從來都不曾見過似的。日子一長大家才恍然大悟，「老廣東」不僅「金盆洗手」而且「改邪歸正」，政府讓他當了「臥底式」的「准條令」。常常在他身邊左右前後，不遠不近處跟了幾名便衣暗探，有人剛剛準備伸出「三隻手」，說時遲那時快，「老廣東」發出一個暗號，便衣暗探就立時三刻一擁而上，人贓俱獲逮個正著。當然「老廣東」也時有因人而異網開一面，對那些初出茅廬的新丁，亦高抬貴手不趕盡殺絕，教訓幾句就放人一馬。沒有多少天，「三隻手」們都心知肚明，「老廣東」今非昔比已背靠大樹好乘涼；論技藝本領，「老廣東」深得箇中三昧，同他較量，天時、地利、人和，自嘆不如，於是對南京路及「四大公司」都望而生畏心有餘悸，從此「中華第一街」上，天清氣朗風平浪靜太平得多了。看起來老古話說，「捕快賊出身」真有道理，簡言之，最熟悉「同行」的，肯定只是「同行」。所以講，不管三教九流各色人等，確有真價實貨奇人能士者，政府也是會不拘一格量才錄用。

大慶里垃圾桶中的「粽子」

「四朝元老」聽我故事講完後，從鼻孔裏笑了一聲說：「你像在『城頭上出棺材，遠兜遠轉』，繞了一個大圈子，目的是想算計人，讓我『對號入座』『自投羅網』。人家『老廣東』有非比尋常的本事，政府才會破例請他做『准條令』，我乃小八辣子一個，怎麼能同他相提並論？一句話人比人氣死人，總而言之他是他，我是我，不過我還想多活幾天，亦不想像端午節包的粽子，被人摔到南京路大慶里的垃圾桶裏，差點送了命」。

「啊，真是有眼不識泰山，秀才不出門能知天下事，你確實有千里眼順風耳，人雖在提籃橋，卻連『老廣東』被摔進大慶里垃圾桶都曉得，失敬失敬」。

大慶里系上海知名的一條舊式里弄，一邊弄堂口鄰南京路，對著當年全國最大的中百一店；另一邊弄堂靠近雲南路。由於「老廣東」成了「准條令」後，不少「同行」因此被生擒活捉「入廟進宮」，斷了好多「三隻手」的財路，於是有人懷恨在心伺機報復。在一個月黑風高的夜晚，有人先將在馬路上踱方步的「老廣東」嘴巴封住，再用麻袋從背後將「老廣東」頭上一套，綁上繩，甩入南京路附近的大慶里垃圾桶內。雖然之後「老廣東」被鄰里居民救了出來，但他從此之後就銷聲匿跡再沒現身在南京路上。

從「四朝元老」敘述「老廣東」故事的言談神情中，對「老廣東」的「一技之長」，他絲毫不願談論探討；但對「老廣東」被「招安」之事卻心嚮神往，這樣他可以奉命安安穩穩金盆洗手改弦更張，回到「人民的隊伍中來」！可惜，同是人，不同命，他卻沒有躬逢這千載一遇的機會。

順水推舟和將計就計

「四朝元老」的眼角和額頭都刻下了與年齡不相稱的皺紋；一年三百六十五天，每日二十四小時，人即使在社會生活，常言道，做賊畢竟心虛，時時刻刻戰戰兢兢提心吊膽，分分秒秒點點滴滴都保持「高度戒備」，深深恐防一時疏忽被揭穿「廬山真面目」，抑或一朝失手後被追捕緝拿，虎落平陽龍遇淺水，在「陰溝裏翻船」。用「四朝元老」自己的話來說，「進廟入宮」後倒心裏「定」了下來。人逢知己千言少，話不投機半句多。他對提籃橋的觀感，特別是本人「光榮歷史」，初初接觸他的陌生人，他心懷戒意不肯輕易敘談，即使一再虛心求教，他也會「王顧左右而言他」，或者是「逢人只說三分話，未可全拋一片心」。但提籃橋裏的生活年年月月，昨日和今天一樣，明日又與今天沒什麼不同。他如身懷巨富的守財奴，時間一長炫富情切心癢難熬，不由自主想將他密藏積累的「珍寶」炫耀一番。當然我有意向他拋過去一頂頂「高帽子」，將他「捧到九霄雲上」，在「飄飄然」「肉骨頭敲鼓昏咚咚」的情況下，使他「喪失警惕」顯露心聲。或是使用「又打又拉法」，有時把他貶得「一文不值」，更多時候對他「引而不發」「略施小計」讓他不知不覺中「上鉤」套牢。他常常會「中計」或「順水推舟」而「吐露真情」。事後他一定會聲明，他是「將計就計」，向你「講幾句」罷了，顯得他乃自始至終先知先覺「洞悉一切」。

提籃橋什麼最出名？

當然金無足赤人無完人，即使聰明似未卜先知的諸葛孔明，也有少見缺識敗失街亭之事；故「四朝元老」相比之下，特別自經歷以下一段故事，他更重申「萬寶全書缺只角」。

有一次他也許閑得難過，或者故作輕描淡寫隨口而言的問了我一句，你曉得提籃橋監牢，什麼最出名。

這個問題實在太廣，一時三刻我還沒反應過來，他到底指的是什麼，就隨隨便便回答說，牢房多，每天輪著住一間，十年、二十年都住不完。他說：不對，不對，你這樣聰明的人怎麼會不知道，提籃橋最最出名的并非監房多，而是有中國獨一無二的「橡皮監牢」。接著他似像在作「講解員」：橡皮監牢專門關政治犯和十惡不赦殺人放火、江洋大盜，及提防想要自殺的重刑犯。牢房所有牆壁全部是橡皮，想撞牆死因為牆壁是橡皮，最多是輕傷，肯定撞不死。

一滴水滴進油瓶裡

蘇州評彈、說書先生常用的一句行話：一滴水剛剛好滴進油瓶裏——真所謂一個「巧」字。我一聽就來了勁，儘管我沒有對他設過任何陷阱圈套，他卻拼命將頭頸往繩索裏套，身往陷阱裏跳。我覺得今朝是連本帶利，一次贏回翻本的大好時機，至少也可讓他對我刮目相看。

於是我明知故問的說了句：你提籃橋幾進幾出，尊稱「四朝元老」，諒必蹲過橡皮牢監，請問在橡皮牢監蹲過多少辰光，到底橡皮牢監什麼模樣，有什麼與眾不同，能否詳詳細細訴說一番，讓我們後生晚輩釋疑解惑增長新知識？他馬上連連搖頭，說自己又不是江洋大盜、十惡不赦的殺人放火犯，更不是政治犯，怎麼可能有資格關進橡皮牢監，幾多年來只不過聽說而已。

我說，我以為你乃真價實貨未卜先知的「萬寶全書」，會講提籃橋一些稀奇百怪獨家新聞給我們聽，啥人曉得你當我是鄉下人，坐運柴片的輪船到上海的阿木林，用道聽途說的閑語碎言來糊弄我。真好比怪事年年有，勿及今朝多，你沒有見識過、接觸過橡皮牢監的人，倒過來講給看過摸過橡皮牢監的人聽，反客為主你講阿要「好白相」？

他瞪大了眼睛，滿臉驚愕似信非信的看著我說，難道你關過橡皮牢監？接著又自言自語的說，不可能，不可能，你在外面是教書先生，又沒有在提籃橋當過「條令」，判的刑期介短，再有一年多就要釋放了，絕對不可能關過橡皮牢監，肯定你在騙人。聽講凡是進橡皮牢監的人，即使不死，也已經剩半條命了，何況從沒聽說有人能活著出來的，你當我是初出茅廬的戇大、阿屈死，光天化日下編個謊話來騙騙我。

拋「玉」引磚

我似像拿了一手大牌，勝券在握躊躇滿志，擺出趾高氣揚又故弄玄虛的姿態說：憑你「四朝元老」多次「上過梁山，游過太湖」的驕人歷史，我腦子裏從來就敬你為師，更沒有一星半點兒敢騙騙你。你感覺自己講的話怪勿怪，世界上萬千事情，耳聽為虛眼見為實，憑你「提籃橋萬寶全書」，德高望重無所不知無事不曉的老法師身份，今朝講來講去一個詞：聽說。確確實實無可辯駁證明你的「萬寶全書」剛巧「缺隻角」，缺的這一隻角，就是提籃橋的「橡皮牢監」。我略微停頓了一下順了順氣繼續再講：我什麼時候說過蹲進橡皮牢監，只是說「看到過、摸到過」橡皮牢監。本人生在上海，長在上海，從穿「開襠褲」辰光起，老裏百早就曉得提籃橋有橡皮牢監，但親眼目睹是在十七、八年前的一九五七年，我在北京政法學院，現在的中國政法大學讀書，放暑假回上海時，參觀過提籃橋。時隔多年，提籃橋內許多情況全忘記了，獨獨兩件事，至今都記憶於心歷歷在目：一是親眼見到大漢奸汪精衛老婆陳璧君；二是見識了提籃橋的赫赫有名的橡皮牢監。看到橡皮牢監時，我就似將一隻蟑螂蟲吃到肚皮裏，翻腸倒胃，混身難受了好幾天，現在提起它，都感覺聞到一股渾濃刺鼻讓人昏頭六沖潮濕的橡皮臭味。

他聽了後像猛抽了一口香煙，一下子提起了精神，說：人家是「碎玻璃冒充金鋼鑽」，想不到你是「金鋼鑽冒充碎玻璃」。你表面上扮糊塗假客氣，對廟裏生活似乎樣樣都無知少識，口口聲聲想向大家討教點提籃橋的奇聞軼事，裝得謙虛得不得了，仿佛是「拋磚引玉」，其實在「拋玉引磚」，你將「玉」拋了出來，引得我們一塊塊「磚頭」跟著出盡洋相，真是「有眼勿識豬頭三」，佩服，佩服。

親眼目睹的橡皮牢監

我故作「光火」的腔調說，你到底是罵我，還是誇我？既然你既然已經「聽說」過橡皮牢監，我再講你也是「聽說」何必多此一舉班門弄斧。

他馬上「打招呼」唱「是我錯」說，你在「賣關子」「吊胃口」是嗎，做人不能「半吊子」，我以前聽老犯人講橡皮牢監，講的人也都沒有親身見到，全部是聽前人道聽途說後再添油加醬憑空想像，真真假假使人分不清。既然你親自看到過、觸摸個橡皮牢監，一定是貨真價值不會兌水摻假。從今以後我們可以互通有無，這次聽你說，下趟由他講。

我說，一言為定拍板成交，我有的是向閣下請教的問題，我是嘴上無毛的「小三子」，你是道行精深之「老法師」，其博大精深的「宮裏廟外」知識及閱歷，無人可以替代。剛才提起的橡皮牢監，碰巧我以前提籃橋參觀過，我當年到提籃橋，是解解憂心，像去「白相」一趟「大世界」，做夢也想不到今日今時會關進提籃橋。當時一九五七年五月八日開始整風，六月八日轉成反右運動後，很快就在全國轟轟烈烈展開。我那年僅十九歲，缺少政治經驗，整風初期上當受騙，在黨組織和領導，「苦口婆心」一再鼓動誘說下，我傻乎乎地「幫共產黨整風」，講了一些心裡話，所以反右運動開始後，即使放假回上海，天天提心吊膽，怕回北京被打成「右派分子」。我與在上海的同學，去提籃橋參觀，目的是「散散心白相相」，實足實是走馬觀花隨波逐流，而且又是十七、八年前的事，很多東西都記勿清爽，然而獨獨對兩件事記憶猶新，印進腦海深入心嵌永遠揮之不去。

如像乘著時光的逆舟，我陷入久遠的回憶。一九五七年暑假，我與北京政法學院在上海的校友一起，集體參觀了著名的提籃橋監獄。參觀中一是終於見著了大漢奸汪精衛夫人陳璧君女士；另一個，不僅是親眼目睹到了橡皮牢監，并且用雙手觸摸過了橡皮牢監的「橡皮牆壁」。

似在會場邊的兩角落

它在提籃橋那一幢樓那一層，因為樓層實在太多，似像劉姥姥走進大觀園，分不清南北東西。我們一群人被監獄幹部引入走，所以我現在已經記憶不清了，總之不在底層，它似在二、三樓一間很大的會議室或餐廳的兩旁邊的兩個角落，鄰近大講臺或舞臺的邊上。我們魚貫行走樓梯的辰光，遠遠就聞到飄來的橡皮氣味，越走近，濃濃而又伴隨著強烈異臭的橡皮味直沖鼻子。我的心中既有一種對慕名已久的橡皮牢監，可一睹其廬山真面目的衝動，又懷著深惡痛絕感嘆歷朝歷代統治階級的心狠手辣，所以對嗅覺上暫時的不便，也就只能作一時之忍了。

橡皮牢監我至少看到四間，為看得真切，我走近到一尺以內仔細觀察，但見橡皮牢監外周乃半圓形，籠子中間有三根一市尺左右內是鋼筋，外用橡皮包裹著的窗欄杆，形成窗洞，作犯人呼吸空氣和送三餐飯「合子」之用。籠子內的高度約一米二到一米四之間，依普通人身高至少在一米六十以上，關在橡皮籠子裏絕對站不直，更遑論伸手抬腳施展活動，如果要想低頭小站，因「頂天立地」，人在橡皮屋檐下，辰光稍稍長一息，都不大有可能，實在太辛苦。當時不由自主湧上心頭的是，人與人間也太以殘酷，這哪是人「住」的地方？一小撮人與生俱來就是以折磨坑害別人為己任，建造這類滅絕人性慘絕人寰的「建築」，確應詛咒為「始作俑者，其無後也」！

應正名曰橡皮籠子

「橡皮籠子」的形狀，似不規則的圓形，內裏面積約零點四、五平方米，即使只關一個人，都沒有前後左右活動的餘地；犯人在內只能縮手縮腳盤腿坐著或蹲下。據說，在橡皮地上坐的時間稍稍長一些，因為橡皮容易還潮，臀部很快會腐爛，而且很難復原。每每逢到天雨陰霾，橡皮附吸水珠，又加上終日沒有陽光照耀曬乾，即使橡皮牢監外陽光燦爛天清氣朗，橡皮牢監內十天八日都潮濕涔涔，或者表面看上去似乎已乾爽，實際上彷彿像辦公枱上已沾水的海棉，手指一碰到它就感到有水在裏面。再則，事實上所謂的「橡皮牢監」，由於內部面積實在太小，不同於提籃橋普通三點三平方米監房，我認為應正名曰：「橡皮籠子」。而且每一隻「橡皮籠子」只能關一名犯人，籠子裏外上下左右前後都是橡皮，所有的橡皮全部呈淺淺綠色，估計裏面安裝有堅硬的鋼筋、鋼板；犯人在橡皮籠子裏，要想自殺撞牆而死或上吊而亡，絕無可能，名副其實是生不如死活受罪。由於羈押在橡皮牢監內的犯人，就似你所言幾乎沒有一個能活著出去，沒有身臨其境的人，親自講給其他人聽橡皮牢監的種種真情實況，所以人們只能憑藉豐富的推測想像，構思「橡皮牢監」景像，得出的結果就像瞎子摸象一說一個樣，而且越傳越離譜，初初失之毫厘，久而久之同事實卻相距十萬八千里。

提籃橋還有水牢

另外，局外人很少知道，也極少傳說的是，提籃橋監獄內還有「水牢」。同電影電視裏的樣子相仿，三面水泥牆壁，一面水泥磚牆上，豎立一根根鋼桿，牢房內水深一米三、四左右。人在水裏泡得辰光過長，身體肯定會潰爛腫脹。提籃橋幹部說：解放後，橡皮牢監和水牢都作人民群眾參觀用。

經此一役，「四朝元老」他不得不對我另眼相看，不敢信口開河胡編亂造一些似是而非的故事，來敷衍糊弄我，他成了我增添牢獄生活知識「誨人不倦」的「良師益友」。

「四朝」牢飯

「四朝元老」開場白儘管往往是老調重彈，但常常都投同監犯之好，起先談的是眾犯人最關心的一個「吃」字，并且專講牢房裏的吃食，馬上引起大家尋思遐想，回憶對比。他情不自禁津津樂道英國佬統治下的提籃橋監獄生活：特別念念不忘繪聲繪色緬懷往昔歲月的伙食待遇。他說當年英國佬很少打罵，更不搞思想改造，犯人的伙食，「雞、魚、肉、蛋」儘管數量不多，卻是風雨不改四天輪轉一次。當年沒有共產黨實行的「定糧供應」，日日菜夠吃飯管飽。嚴冬臘月天寒地凍，厚厚的棉被當然質量欠奉，但保證你吃飽睡暖，一周有幾次露天「放風」，可以打打籃球，慢慢跑步，每次近兩個小時。社會上平常人將監獄描述為：「陰暗潮濕」或「不見天日」，這是在想當然耳，但另一方面也可想而知，犯人們心響神往天清氣朗艷陽高照的日子。

求仁得仁監獄過大年

特別三九嚴寒年關將至，對花花世界錢財物品順手牽羊好拿就拿，「賊不空手」嘛，行有行規事事圖個吉利。倘若衣衫單薄囊中羞澀或玉體欠安病魔纏身，就故意失手心甘情願讓警察抓獲，求仁得仁如愿以償在提籃橋過大年。春節五天，監獄餐餐加菜，遠遠好過貧苦人家少魚缺肉的粗茶淡飯。而且，提籃橋雖說是牢監，畢竟屬於「高樓大廈」，吃官司冬天給厚厚的囚衣穿，睡覺有暖暖的棉被蓋，保證不會讓犯人饑餒凍冷。「四朝元老」蔑稱寒冬臘月的馬路上的凍死骨，是「戇大」，沒有飯吃沒有衣穿被頭蓋，為啥勿到提籃橋來，在這裏包你吃飽穿暖。他說，新年一過，他亦「刑滿出獄」，坐牢監屬休養生息，養精蓄銳之後，于是又浪跡江湖重操舊業再顯身手。

行文至此，今天，二〇一四年三月三十一日，澳洲時間十五時三十分，恰巧在上海東方衛視的「東方直播室」的專題節目中，無獨有偶觀看到一段令人不勝唏噓的真人真事報導。湖南省某縣農村一位年過七旬老人，貧病交迫孤苦無依飢餓凍餒，為求活命，於是就跑到火車站去「搶劫」。老人看見一位中年婦人手裏拿著兩張一百元人民幣，上去「搶」了一張一百元後，卻與所有盜賊不同，他手上拿著錢，不僅沒有拔腿而逃，相反老老實實站立不動，口口聲聲要求被搶的婦人報警。誰知婦人眼見面前衣衫襤褸古稀老人，雖不明箇中情理，但動了惻隱之心。和顏悅色好聲好氣對他說，你是不是缺錢有困難，這另外的一百元也送給你。老人謝絕了好心人，把「搶」來的一百元，還給了好心人。

老人眼看一計不成頓生二計，他在火車站上見到一位姑娘，肩上揹著一隻背包，手裏提著一件行李。於是他在口袋裏拿出一把水菓刀，向空中舞動了幾下，口裏喊著「打劫」，行動上用手「搶」，實際上是拉姑娘肩上的背包。你想，揹在肩上的背包，怎麼「搶」得下，姑娘發覺後回過身來，本能的抓住包，老人故伎重演站立得紋絲不動，左手拉著包帶，右手提著水菓刀，一而再三要求姑娘報警。據說姑娘乃海外歸來探親的人士，法制觀念較強，於是真的去找來了警察，奇怪的是老人自始至終站在原地，手中繼續拿著水菓刀，等待警察前來抓捕歸案。老人並且主動交待，此前曾搶了一位婦女一百元，她沒有報警；這次是「持刀搶劫」，犯罪情節嚴重，要求判刑。警察被眼前的奇人怪事情景搞糊塗了，搶劫疑犯不僅不伺機而逃，相反繼續手拿水菓刀，主動承認是持刀搶劫，而且在等待警察抓獲，又要求從重判刑。警察從警以來開天闢地第一次碰到的怪事，當即問了他，你兩次打劫都是婦女姑娘？老人回答說：是，他不敢搶劫小伙子，怕被打。警察又問，為什麼要拿水菓刀？老人交待說，拿了水菓刀才可以算「持刀搶劫」，罪名好重些，判刑可以長些。

法院開庭時，老人與所有被告人不同的地方，其他被告人往往要求法官網開一面從寬處理，可是老人卻發自內心情真意切要求從嚴處理，結果老人被依法判刑兩年徒刑。從老人「求仁得仁」服刑後不到一年的照片看，確實比他今天在電視機前要精神多結實多。

此時此刻我立即憶及「四朝元老」之真知灼見，他對我所說，七十年前共產黨稱作「萬惡的舊社會」，人民處於水深火熱之中，為求活命主動進監獄。其時我似信非信，不過當作「笑談」古事而已。今天已解放六十五年，我兩眼盯著電視熒頻，看著侃侃而談的七旬老人，如何想方設法創造條件進樊籠驅風避雨以圖三餐，剎那間，我腦子一片空白，回過神來，無語問蒼天！

王小二過年

「四朝元老」說：英國佬當道時，對一般犯人判刑較輕，江洋大盜也不過判三年六個月。而現在人民法院的法官，動不動就判十五年，二十年，無期徒刑、死刑、死緩，甚至偷竊扒拿都會判「遙遙」。英國佬處理三隻手，一般的前門進後門出，即使慣犯常常也不過關一、兩個月。警察大哥對上海大街小巷多如牛毛的小偷小摸，一朝生，兩朝熟，「見面終有見面情」，心知肚明對這些「老兵油子」也管不勝管關不勝關，在他們作案時，往往是睜一眼閉一眼，或者乾脆裝模作樣沒看見。「四朝元老」口頭禪：王小二過年一年不如一年，他并非使用「借古諷今」「憶甜思苦」「今非昔比」，來攻擊共產黨，實在是切身體會提籃橋英國佬伙食好過國民黨，國民黨強過小日本，最頭痛是共產黨，日日半饑半飽，而且一周難見葷腥，十天半月才吃到一塊肉，一條兩指寬，皮上有鱗兩邊有鬍鬚的帶魚。再則「放風」少，時間短，空間小，經常只在樓面走幾圈，此時此刻曬不到太陽光，呼吸不著新鮮空氣。平時在囚籠內，三名囚犯，三點三平方米的監房內，無法展開拳腳。

樊籠中的自由

管犯人的，古代叫獄卒、牢丁，共產黨則規定犯人尊稱為「政府隊長」，因籠統叫隊長，他們似乎也成了犯人中一員，所以加上「政府」兩字以示區別。犯人夏天時一周兩次，冬天每周一次洗浴；一般每月可以看一次電影或聽監獄領導作的教育訓話；犯人們排著隊，魚貫而出，朝向一個目標。這時，政府隊長雙眼如探照燈，前後左右不停掃射，神情緊繃如臨大敵，扼守在各個「關卡要津」，防止犯人逃逸。回來時比較「放鬆」

一些，犯人不用排隊而行，可以「自由」返回監房。緊接著就是政府隊長帶著勞動犯，一間一間查點人頭，然後政府隊長咣噹咣噹關門落鎖。

監獄規定一月一次家屬「接見」，由家人送衣物及日常用品，但不准送食物。所謂囚籠中度日如年，在接見日前，才充分體現。晴天時，在提籃橋監獄裏空曠的場地中，露天放幾十張八仙桌，長板凳，在政府隊長虎視眈眈之下，犯人與家屬面對面講話，但嚴禁肢體接觸。雨天時則在室內進行，每次人數就少些，見家人時間相應縮短。誠然，像「四朝元老」這樣的犯人，永遠沒有人來探望；家在外地，或者在當年的政治環境下怕受株連，與犯人劃清界限的家屬，也很少前來。至於現在監獄之接見日，採用隔著玻璃窗電話交談，也許現今才這樣，過去并沒有這類設備。

提籃橋犯人，一周至少三次集體政治學習，四間監房十二個犯人一小組，走出監房圍在一圈座談。領頭的不准稱「小組長」，而是叫「掌握犯」，另設一名顧名思義的「記錄犯」。當然趁政治學習機會，大家人人有份三言兩語先將政府隊長規定的內容「學習」完畢後，接著就夾進一些「私貨」，可以「無軌電車開開」，「東家長西家短」，上至天文地理，下到雞毛蒜皮，以往在社會時的所見所聞，現在監房裏發生的芝麻綠豆小事，全部可以「暢所欲言，言無不盡」。開始享受鳥在樊籠中的自由。只要不觸到「紅線」，不是攻擊共產黨攻擊社會主義，不詳細談案情，不教授犯罪手法，「掌握犯」往往是放任自流不向上彙報，以免自找麻煩。政府隊長亦就「眼開眼閉」，只當耳朵「傷風」沒有聽見。除了三頓吃之外，小組討論算是提籃橋犯人生活中頗受歡迎的一種活動，其實大家不過是黃蓮樹下拉胡琴……苦中作樂罷了。「政治學習」時監房門大開，監房外同小組人坐在一起，聽到不少新聞及舊事，遠處近邊看到一些老熟人，可以隔空做個手勢打個招呼，似乎證實自己或熟人還活著。

四句箴言

逢到星期六禮拜天，留在監房裏學「毛澤東選集」，「毛主席語錄」，鬥私批修「深挖犯罪根源，批判犯罪思想，爭取重新做人」，總歸一句話，不讓你太平。「四朝元老」說：英國佬手裏，啥辰光有介多事體，「坐牢監，坐牢監」，只要天天「坐」就行了。捱到有朝一日刑滿放監的辰光，牢門一開叫你滾蛋，不像現在出去後，個個全成「孫悟空」，人人戴頂「緊箍帽」，不是反革命份子就是壞份子，革命群眾分分鐘都會唸「緊箍咒」，你說頭痛不頭痛。共產黨的牢監平時管理又嚴，輕則寫檢討，罵爹媽娘罵自己；再則小組批鬥，游監示眾；最重的上手銬，加刑罰。總而言之，自家要「識相」。他把共產黨的提籃橋，囚犯生活高度概括為四句箴言：「日思三餐吃不飽，夜圖一忽睡不好，晚上小便喊報告，不識相就戴手銬」。

執法因犯而異

就像十個手指有短長，政府隊長執法也「區別對待」、「因犯而異」，對他這種「遙遙」來說，除非在監獄裏犯下滔天大罪，否則亦無刑可加，因為加刑改判成死刑，要驚動到最高人民檢察院和最高人民法院。所以政府隊長平時對二十年以上刑期的囚犯，實施的手法乃「恩威并施，恩多威少」。實在「忍無可忍屢教不改」的一般情況下，才上手銬。大家都心知肚明，被判二十年以上的重刑犯，大部份是「亡命之徒」，刑期長了將老死監獄「永無出頭之日」，自然而然會有「橫豎橫拆牛棚」破罐破摔的人生哲學。政府隊長有意無心得罪了「亡命之徒」，他爛命一條橫下心來惡向膽邊生，「殺一個夠本，死兩個賺一個」，報復對象首當其衝就是朝夕相處管頭管腳的對頭冤家政府隊長。一年三百六十五天，一天二十四個小時，「只有千日做賊，不可能千日防賊」，幾秒鐘一剎那疏忽可能留下終生遺憾。這些「亡命之徒」就似動物園裏的獅子老虎，平時看上去，好像俯首帖耳老實可掬任人擺佈；一被觸到神經踏著尾巴，翻起「貓臉」，心狠手辣六親不認，發起癲來首先就是拿政府隊長作陪葬的墊背。政府隊長「工作為國家，身體屬自己」，即使「光榮」後，追認成為國為民犧牲的革命「烈士」，自己也享受不到烈士的「光榮」待遇。每個人生命只有一次，上有老下有小，不為自己考慮也該為家人想想，常言道穿了新鞋何必要去踩爛污泥呢？最佳方案，和平共處相安無事。故而政府隊長採取「既有原則性又有靈活性」的政策，仿效動物園的飼養員，又似雜技團走鋼絲的演員在尋求各方面的平衡。能「照顧」可辦到的事，裝得「竭盡全力」落門落坎幫他辦成「好人」做足；真正辦不到的，也實事求是「苦口婆心」訴說清楚，一定要讓他知道，政府隊長力不從心，非不為也實不能也，并用其他辦得到的事情來彌補。人心終歸是肉做的，重刑犯大部份是講義氣的，儘可能同政府隊長雙方「和平共處」，盡量勿要因誤會而結「冤家」，以免惹是生非種下禍殃。一定要使重刑犯從心底裏覺得政府隊長「懂經、大路、夠朋友」，產生好感，這樣就不會走上尋釁拼死兩敗俱傷的絕路。

面對「輕刑犯」，像我這類一年半載就要釋放的犯人，一般都「膽小怕事」，生怕不要到辰光「加刑」出不去或者刑滿後發配到青海、安徽等外省勞改農場，當「留場新人」。所以平時「老老實實」，希望給政府隊長一個「好印象」。而政府隊長柿子專揀軟的吃，對我們這類犯人，採用另一種全面實行無產階級專政的「管教」手法。「四朝元老」不疾不徐以過來人身份娓娓道來。他經驗之談，很多人自詡「吃硬不吃軟」，其實這類話說說而已，世界上之人十有八九都是欺軟怕硬，有幾個敢「硬碰硬」自討沒趣自尋煩惱。前車之覆，後車之鑒，僅在提籃橋各個「朝代」，都發生重刑犯人，亡命之徒發癲狂殺傷管教人員的案例，結果往往「兩敗俱傷」。他絕對沒有學過馬克思主義哲學，但講起事來「理論聯繫實際」，既擺事實舉例子，又通俗生動淺顯易懂，使人心服口服。

老百姓歡喜管閑事

最使他「耿耿於懷」的是，他時時刻刻親身體會到共產黨搞「群眾專政」的厲害，深深感到「切膚之痛」。他說自古以來，中國人的古訓是「各人自掃門前雪，莫管他人瓦上霜」，用現在的話來說，「江西人補碗——自顧自」。所以他抱怨共產黨教出來的老百姓吃自己飯，喜歡管人家閑事，特別對「打小報告」、檢舉揭發情有獨鍾，甚至連兄弟姐妹、父母愛人都會六親不認，何況是對素不相識之陌路人，更要拿著「顯微鏡」、「望遠鏡」挖空心思殫精竭慮找出毛病，及時告密「向黨靠攏」。用踏著別人的肩膀企圖往上爬，來向共產黨「表忠心、顯真情」。再加樣樣事體要「上綱上線」，芝麻綠豆的事全屬「階級鬥爭新動向」，看到人家由於他的「檢舉揭發」，弄得被批判鬥爭、吃官司坐牢監，好像他會多長一塊肉似的。英國佬、小日本、國民黨時期，無論是平民百姓和靠捉人吃飯的警察，都是井水不犯河水，「黃牛角，水牛角，大家各歸各」。即使英租界和法租界的警察，也是「大英法蘭西，大家勿來起」，他在英租界「拿」了皮夾子，跑到法租界，法租界巡捕就是看到我伸過手，只當看不見，也嘸所謂沒有事，因為不是在他管轄的地頭犯事。當年老百姓啥人吃飽了撐得難過，會去「管閑事」自尋煩惱。

那時是上世紀五十年代初，他在一次完成「例行」作業後，被拿財物的人木然無知，旁邊的人卻「瞎起勁」，嘩裏嘩啦叫捉小偷，也勿曉得啥地方突然冒出一幫人來，七手八腳打了他一頓後，把他押送到派出所，你想氣人勿氣人。但是啥人曉得，塞翁失馬焉知非福，這次被捉牢後判了幾年刑，送到勞動改造農場服刑。他說，做夢也想不到，去勞改農場的路上，居然亦有「發財」的機會。

勞改路上的發財機會

一九五二年、五三年共產黨搞針對資本家的「五反」運動，在所謂的「打退資產階級對社會主義的猖狂進攻」的戰鬥中，一大批大小老闆吃官司坐牢監，於是原住上海的大批犯人，被送到安徽省軍天湖、白茅嶺勞改農場，進行判刑後的「勞動改造」。

這次他也「有份」一道去。那時江蘇省北部地區、安徽省，公路少路況差交通不發達，囚車如老牛破車顛顛簸簸開到公路的盡頭，面臨羊腸小徑崎嶇山路，大卡車沒法再前進了，於是政府隊長叫犯人全部從車上下來，自提行李要靠兩隻腳行走到勞改場所。

他下車的時候，兩手空空一無所有，是個名副其實的無產階級。誰知到了勞改農場目的地，他一生一世從沒穿過的狐裘大衣、整套西裝，及鈔票、罐頭食品統統都有了。你們一定以為他是「靠本事」拿的，不過這一次完全「靠力氣」賺的，只要有力氣拿得動，「多勞多得」，符合社會主義「按勞分配」的原則。

你想想這些大、小老闆，平常飯來張口衣來伸手，進出汽車、三輪車上路，回家傭人、妻妾服伺，四體不勤嬌生慣養，啥辰光自己拎大包小裹走過腳高腳低的山路。而且天上火辣辣的太陽曬，腳下邊走的是七高八低坑坑洼洼石子地，面孔上、手臂中全身蒼蠅叮蚊子及大大小小不知名的蟲蟲咬，他們自出娘胎都沒有吃過這種苦，於是一路上稀奇百怪的事情層出不窮。先是有人為減輕手提肩揹的份量，將裏外三新的衣服甩掉，後來是甩西裝，罐頭，再後來是各式各樣的高級大衣。「四朝元老」其時年輕力壯，身上除了一套衣服外更別無長物。他不怕天火燒，就怕跌一跤，天火燒他沒啥東西好燒，跌一跤卻不得了，僅有的一身衣裳弄齷齪就沒有替換了。他現在放眼望去漫山遍野是以前看也沒看到過的高檔東西，只要有力氣，拿得起扛得動，誰都可以名正言順自由自在去「拿」，「按勞力取酬」。開始時他像東北人說的「狗熊夾棒子」，揀了這個甩了那個，一路走去，拿的物品越換越好。

生意興隆

有些老闆畢竟是「門檻精」得九十六，曉得現在拎不動的東西，到了勞改農場樣樣派得來用場，就悄悄走近他，將一疊鈔票「暗促促」塞過來，叫他幫助拎東西。他的今生今世自出娘胎活到今天，只有想方設法到人家的口袋裏「拿」鈔票，從來亦沒有人自覺自願將錢「送」到他手裏，而且生意興隆應接不暇，「顧客」太多愛莫能助，最終弄得他筋疲力盡混身酸痛癱倒算數。意想不到去勞改農場「勞動改造」，還沒「改造」就能先「靠勞動」發筆小財，早曉得這樣何必要吃辛吃苦日日提心吊膽去「動手動腳」呢。

「打成一片」

話鋒一轉，「四朝元老」神色凝重聲緩音沉，他說，以前看到有鈔票的老闆，總歸有人比人「氣死人」的「仇富」心理，現在他與這些老闆「腳碰腳」都是犯人朝夕相處，天天一道勞動「改造思想」，一隻鍋子裡吃飯盛菜，也就「打成一片」，再加上聽他們講的所犯案情，慢慢地發覺他們也實在「可憐巴巴」，主要的犯罪根源，就是引人眼紅的「錢」，於是對有些老闆，倒產生惻隱之心同情之意了。

勞改農場名稱叫農場，建場初期「一窮二白」，實際上是要勞改犯人荒山野地亂石堆裏去開山墾荒，政治口號：「自力更生豐衣足食」，「通過勞動，脫胎換骨改造成新人」。政府規定的勞動強度特別大，勞動指標特別高，犯人不僅僅要「自食其力」，政府隊長的高出犯人幾倍標準的吃用開銷，美其名曰自給自足，實際乃羊毛出在羊身上，即全部要靠犯人的勞動產品供應。像他那樣年輕力壯，做慣苦力粗活，出身「勞動人民」的人都吃不消做不動，每天「放工」後，人都癱了，何況那些資產階級的大、小老闆。

三日兩頭死人

以前越有錢，越是含著金鑰匙投胎到世界，養尊處優衣來伸手飯來張口，自襁褓伊始從沒有體力勞動過的人，十天半個月下來，病的病、傷的傷、甚至死的死。你想想天天十幾個鐘頭面向黃土背朝天，手腳不停繁重的苦役，真乃名副其實不折不扣的「要命」。日常三餐吃得又苦食物又少，主食全是雜糧，不要說葷腥，連蔬菜、油鹽醬醋幾天也難得一見，經常三頓，頓頓是窩頭窩頭窩窩頭，或者是地瓜地瓜大地瓜。睡的是四面通風八方漏雨的棚棚，幾條竹子編成的大「床」，十幾二十人同眠。上有蟑螂飛，床面老鼠跑，熱天蚊叮蟲咬，冷天寒風刺骨，甚至連蛇，常會鑽到被子裏，陪人睡覺。再加上醫療衛生條件極惡劣，此地三日兩頭看到聽見死人，有累死的病亡的有自殺的，有些人白天還「好好」的，晚上就「走」了。政府隊長就胡亂指定一塊荒地，作為「墳場」，成百上千犯人死屍，用泥灰石土草草掩埋了，葬身之處連塊死人名字的木牌都沒有，算是「入土為安」了。

找不到墳地亂叩頭

於是連續不斷有上海和江蘇、浙江等地亡犯的親人來吊孝拜祭，但是荒山野地亂草崗裏，既沒有墓碑甚至連一根木頭或竹片的標記都不見，茫茫荊棘叢中爛泥地，何處是親人安葬的墳墩頭？在同一個中隊的犯人遠遠揮手的指點下，唯能泛泛定個方向，算是已故犯人的葬身之地。遠方來的親人，真正應驗了老話，找不到亡人的墳地，只好四處亂叩頭了。

當年犯人的親屬，在株連九族的階級鬥爭為綱的政策下，統稱為「四類份子」家屬，雖然表面上沒有劃作敵人範圍，不算無產階級專政對象，但已歸入不可信任的另冊，三不兩時沒完沒了的政治運動中，屬於挨批挨鬥的「老運動員」；另一方面又要叫這些親屬同地主、富農、反革命份子、壞份子「劃清界限」。

在「破除迷信」的政策規定下，尤其在無產階級專政的勞改農場裏，長錠錫箔冥鈔紙錢是不准燒給死去的犯人。跋山涉水路遠迢迢前來吊祭的孝子賢孫，只好拿出大包小裹吃的用的物品，偷偷摸摸趁政府隊長背轉走開之時，想用火燒了送給陰曹地府的爺娘親人享用。在將火剛剛點燃，說時遲那時快，啥人曉得似迅雷不及掩耳之勢，四面八方冒出一批犯人來，身手敏捷動作飛快從熊熊烈火中，完全顧不了手燙得哇哇叫，將燒得紅紅的食品及罐頭，一個不留都被「搶救」出來，然後作「鳥獸散」。有句成語叫「火中取栗」，是嗤笑上當受騙的猴子，從烈火中為他人取栗子，卻自己被燙得哇哇直叫。而勞改農場現實的人生，活著的犯人們，明知自己之手會燙得皮開肉綻疼痛不堪，卻是自覺自願從「火中取食」，此情此景映現於孝子賢孫的眼簾，自己的爺娘、親人是如何「上路升天」的，還需要再問答案嗎？

「四朝元老」沉浸在痛苦的回憶中說：「我算命大福大，靠我年紀輕又長年四出奔波，經常飽一餐餓一頓不稀奇，吃得起苦身體底子好，在這鬼門關外走了一遭，總算大難不死逃過一劫。活著『跑』出了勞改農場。有鑒別才有比較，與勞改農場比起來，提籃橋算是犯人『天堂』，大家都應該感恩知足了」。

據說，勞改農場都地處方圓百十里地渺無人煙，至於他如何從戒備森嚴又荒山野地的勞改農場「跑」了出來，他始終只字不提或叉開話題，我亦「識相」，尊重他的「隱私」而不便多問了。

姜太公釣魚

從「四朝元老」第一天，同我關在一間監房後，我就對他神秘莫測的江湖經歷「宮廟生涯」充滿興趣，悄悄列作重點「研究對像」。我謹記古訓：欲速則不達；必須放足長線，才能釣到大魚。最高境界似姜太公釣魚，釣竿高出水平面，不用彎鉤而是使直釣，讓自願者上「釣」。經過幾天若無其事平凡枯燥的生活後，讓他不知不覺中放鬆了「警惕」，我裝作隨隨便便天真無邪的模樣，自自然然請他伸出手來，說是要給他看手相、測掌紋，以便仔仔細細觀察端詳。實際上乃鑒賞察看他與眾不同，天生殊異的左右手食指、中指及無名指。

三指幾乎一樣長

有道是，十隻手指頭有短長，這句古往今來的名言，仿佛只適合我們那些凡夫俗子，而「四朝元老」此雙左右手的三隻指頭，不折不扣不同凡響。這是他幾經春秋叱咤江湖的「吃飯傢生（工具）」，確實得天獨厚出類拔萃異乎尋常，特點之一是又細、又長，二是兩隻手的食、中、無名指幾乎一樣長短，平常人喜歡說「萬一」兩字，他兩隻手的三根手指，完全屬於萬中之一，它利于左右開弓多方逢源相得益彰，并且食、中兩指的鄰近處，皮膚色澤迴常。

我裝作好奇不解地問：「眾所周知，十根手指有長短，你卻精闢獨步萬中僅一，左右兩隻手的食指、中指、無名指，幾乎一樣長短，這是先天生成的，還是後天練就的」？

「人人身體都是父母生來父母養，我怎麼能例外有別呢。實不相瞞弄到現在這副樣子，估計是前後兩位『師父』動的手腳，從我三、四歲開始就將它加過工」。他回答。後來他告訴我，兩歲多被「拍花黨」拐子賣到「師父」處，每天的練功之一，就是拔雙手的三隻手指，對一雙手的食指、無名指用的勁頭重，之後的「爹娘」將他從提籃橋接了出去，繼續進行手指「加工」。久而久之，雙手的三根手指，生得差不多短長了。

傳聞烈火攫煤球

我又以行家裏手的口吻詢問：「你手指功如此了得，手指兩邊又長有『老繭』，難道真的是從火爐中練揀煤球，練出來的」？江湖傳聞監獄閑話，「妙手空空」的頂級高手，由小就要按步就班刻苦練習相關技藝，登峰造極的最高層次，是用食、中兩指或中指、無名指，從焚燒得火紅火紅的爐子裏，將滾燙滾燙的煤球，一只一只取出來，放到另外一處，速度之快捷動作之精准，要使得手指不受燙傷為上乘標準。功夫練就後在別人身上「拿取」任何錢財，既快又准誠若不費吹灰之力猶如探囊取物。

他聽了笑得前仰後合，口口聲聲要拜我為「師」，跟我學此類前無古人後無來者之「蓋世絕技」，使他的功夫好更上一層樓。接著他話鋒一轉說，人人都是爹生娘養的細皮嫩肉，就算長滿再厚再粗老繭的手指，哪能抵擋得住火紅滾燙煤球的幾百度高溫，這何異教猴子去火中取栗，結果被燙得皮開肉綻傷痛累累。他的話仿佛一下子就顯露出我乃熱衷道聽途說人云亦云，不作分析研究「碎玻璃冒充金鋼鑽」，十足證明我乃非此道中人的門外漢。可我也并不是輕易舉起雙手，認輸放棄的人，對他所講的話，亦將信將疑，一有機會就想「收集證據平反糾錯」。我內心深處堅定不移地認為，「四朝元老」是在「金鋼鑽冒充碎玻璃」，屬大智若愚式「裝戇」。他是行業內攀登世界第一峰——珠瑪朗穆峰的「一哥」，如果「四朝元老」都沒有練過這類「絕技」，世界上就不會有此廣為流傳津津樂道膾炙人口的招數了。於是在三月半年的犯人換監房後，鍥而不捨地求教于此道中高手。他們個個見仁見智各抒己見，然而眾口一詞：熊熊烈火中攫取煤球，均僅耳聞卻無目睹，自己道行尚淺，修煉遠未到此層級，若確有其事論箇中翹楚，非「四朝元老」莫屬，他若說沒有就肯定是沒有了。

看來又是一樁「羅生門」，但是我始終認為，空穴來風，不為無因，卻又苦無真憑實據，沒法予以證明它確有其事。

周游過三關六碼頭

「四朝元老」周遊過三關六碼頭，跑遍大半個神州大地。從政府的角度稱謂，這是屬於典型的「流竄犯」。他造訪各個城市，家常便飯是以貨車代步，吃喝拉撒以車廂為家，經常是「朝辭白帝彩雲間，千里江陵一日還」，并以「鐵道單幹者」自居，有別於現實生活和電影中成群結隊的抗日志士組成的「鐵道游擊隊」。

他對電影「鐵道遊擊隊」中抗日群眾、武工隊員在風馳電掣飛速前進的列車，上躥下跳如履平地之技藝，直稱稀鬆平常不過如此而已。應了句老話：會者不難，難者不會。當然鐵道遊擊隊為了抗擊日寇保家衛國「殺鬼子、炸橋樑」的本領，同他從事的「專業」不是一個路數，有天壤之別。他心情愉悅的時候也會主動介紹，在鐵路線上「光榮歷史」，說：火車分貨車、客車、專列等車種，專列不僅華麗尊貴，載的是高級首長，車速快捷與眾不同，又如消防車開動時所有列車都要避退三舍禮讓優先。和一般客車相比，貨車的速度當然要快得多，特別在上個世紀六十年代「援越抗美」的非常時期，中國政府為了支援越南抗擊美國，除了一列一列滿載的貨車，「無私」供應越南戰場軍火武器彈藥外，另一方面卻讓中國人民缺吃少穿勒緊褲帶，將人民大眾吃用的食品和日常用品醫藥後勤用品，不計其數地運往越南。

「鐵道專業隊」

「四朝元老」緬懷輝煌地說，在伸手不見五指的荒山野地裏，北風凜冽天寒地凍，人們俯身趴在鐵軌邊，豎起耳朵緊貼鐵軌，捕捉火車由遠及近運走行進的聲音。隨著飛速奔馳的火車到臨，聽悉的火車聲就是命令，前後左右突然間會冒出幾個「英雄好漢」，手抓火車上可以抓到的任何物品，飛躍縱身而上。為了區別英勇抗日的「鐵道遊擊隊」，他把這些妙手空空同行者，戲稱「鐵道專業隊」。其時多節列車上的各路神仙，大家心照不宣互不干擾，井水不犯河水，河水不犯自來水，「各盡所能，各取所需」。一路之間，只見貨車外的「載客」，上上落落隨心所欲，三五成群難計其數。「四朝元老」說，如「鐵道遊擊隊」縱身奮躍上呼嘯的火車，只要膽大心細多練幾次容易學會，然而要將緊閉加鎖的貨車車廂開門下鎖，就不是人人都能得心應手手起鎖落，沒有這麼容易了，需拜師學藝要吃幾年蘿卜乾飯方能出道，才會隨心所欲應聲而開。

八仙過海各顯神通

講到這裏，他兩眼放光，若臨其境如數家珍地一一道來。他說，此時此刻最難的是人在時速超越一百公里飛快行進，四方不著邊際，上下左右前後不停晃動中的貨車上，一手緊抓可能牢抓的地方，另一隻手看准時間「把門的鐵將軍」大鎖搞開，「三腳貓」功夫肯定勿來事。不是我吹牛，再難的鎖在我面前是小菜一碟；其他人雖然上得了貨車，畢竟大都是半路出家，「隔行如隔山」，沒有吃過幾年蘿蔔乾飯，不是「科班出身」就只好兩眼一翻望鎖興嘆了。除了個別瞎貓拖到死老鼠，額角頭碰著天花板，將鎖七弄八弄碰巧打開外，大部份人只能看著「鐵將軍」認痛割愛，看得到拿不著。還有的車廂裝載貴重物品，特別是槍枝彈藥精良武器，政府派軍人警察荷槍實彈虎視眈眈嚴守設防，倘若不識時務，猛拼硬撞肯定要出人性命，況且這些東西又不能換錢，一般人拿了也沒啥用，相反還要揹殺頭罪名，犯不著。當然，那些靠車吃車的「鐵道專業隊」，有組織有分工，他們帶好大鋤頭、鐵鍬、鋼鋸等種種工具，硬拼猛撬將鎖敲爛，把貨車門打開，將貨車上的物品，往地下推，可謂八仙過海各顯神通。總之目的一樣，為的是把東西「拿」到手。

一般情況下，他盡量不會說「偷」字。

他是屬貓的

世界上只有千日做賊，無法千日防日。貨車上派軍、警駐守，人多了「成本太高」，少了，自身安全都泥菩薩過江自身難保，所以有人想出了既要馬兒快快跑，又要馬兒不吃草的「兩全其美」的高招。車廂上一不派人，二又想保平安，於是就將車鎖的鎖孔用鉛封死，任憑誰也沒有辦法使用「萬能鑰匙」輕易開開了。他說，在此種情況下，就只能需要使用另外「工具」了。可是有一次隨身沒帶「工具」，又想看看車廂裏到底裝的什麼東西，他雙手緊抓車廂頂部，身體懸空用腳猛力踢鎖，雖說車鎖終於脫落車門大開，但也不知哪來的一股反彈力，把他從飛奔快馳的火車上甩了出去。當時貨車的車速、衝力可想而知，普通人在此情況下肯定命喪黃泉甩地而死，或者至少也要摔得斷手缺腳混身是傷成為殘疾人士。他藝高心細見慣大場面，又是屬貓的有「九條命」，慌亂匆忙中，也許亦是他命不該絕，在懸身半空時，僥倖抓住了一棵大樹的枝桿，改輕了「自由落體」的力度減慢了速度，儘管依舊跌得鼻青眼腫手傷腳痛，總算「大難不死」沒有傷筋動骨腿斷臂折，揀回了一條性命。

至于車廂物品是否系各方人士所需所要，只能任憑造化聽天由命了。各路英雄好漢拉幫結派，群策群力將車廂內一包包物品，推落火車，鐵路沿線另有一大批同黨，分工合作使用各式各樣的車輛、工具接應「戰利品」。去而復來「拿」回散在路邊的各類物品。據他的經驗之談，廣西、河南兩地，吃這碗飯的人最多。

一馬吃一馬

經過「鐵道專業隊」的擄掠後，貨車到了終點站，有的車門洞開，有的車鎖脫落，車上物資一次次缺失，不能按單證所載如數供應戰火紛飛的越南前線，影響了北京援越抗美的重大「政治任務」完成。鐵路沿線的領導被他們的上級領導，訓得像「灰孫子」，一馬吃一馬，鐵路公安人員也「吃足牌頭」，痛定思痛於是就亡羊補牢挖空心思想方設法，有關部門緊密合作，聯合行動出手打擊鐵路沿線的專業偷竊犯，保住物資堵塞漏洞，務使偉大的國際主義政治任務，保質保量落實完成。

由鐵路局牽頭，會同當地駐軍、政府和人民公社，在事故多發地區，召集了當地的軍人、警察，民兵和老百姓，就像當年抗戰打日本鬼子，有槍的拿槍，沒有槍的，手裏拿著長棍扁擔大刀長矛，一些人埋伏在貨車車廂裏，一些人駐守在漆黑一片的鐵路兩側，佈下天羅地網守株待兔。「四朝元老」心有餘悸若有所思的說，所以荒山野地飛快行駛的貨車，也不是人人全可以染指，都能夠「平安無事」地撈一把物品。江湖上分分鐘處處地，都有張開的老虎口，危及生命、牢獄之災的險像等待著你。所以要想從事此類行當，連睡覺都需要睜開一隻眼睛，而且一定要相信第六種預感，只要腦海裏一出現危險的警覺，立時三刻要當機立斷懸崖勒馬，絕不可猶豫不決拖拖拉拉心存僥倖，否則，危機隨時隨地都會降臨到頭上，銬子分分鐘帶在手上。

這一晚，似乎同平時沒有什麼兩樣。他和往常相同，聚精會神屏住氣息雙眼緊閉，俯伏下身子緊靠鐵軌雙手撐地，用一隻耳朵貼放在道軌上，聆聽遠方貨車駛來的聲音，以便計算精確分秒不爽地抓住臨近面前，風馳電掣貨車的把柄，及時飛躍上貨車有利大顯身手。他彷彿具有「特異功能」，在漆黑一片伸手不見五指的地方，如果說普通人僅憑聽覺可以辨認出是蒼蠅在飛，還是蚊子在嗡的話，「四朝元老」出人頭地更勝一籌地擁有以肉眼和耳朵，輕而易舉地從天上飛的蝴蝶動作或音響，測定分辨出那一隻是梁山伯，那一隻是祝英臺。今晚，憑著他從小訓練有素反應靈活機智敏睿的「基本功」，落實到他用遠方貨車傳來風吹草動細微有別的聲音來解析，立時三刻油然萌生，湧現出一種不祥之兆的預感。這列貨車似乎不同於往常滿載貨物而發出沉重的聲響，車輛的速度亦因輕捷而加快，世界上萬事萬物，一旦出現任何異常的情況，必然有異常的原因，產生異常的結果。他數十年江湖生涯「開工行事」的一大原則，疑事不做，做事不疑，特別相信冥冥中第六種特殊感覺的存在，使他能夠一次次化險為夷逃過劫數遇難呈祥。現在既然已「顯露疑點」，他就快刀斬亂麻，定下決心懸崖勒馬立即收手放棄，腳底搽油遠離是非之地。

阿彌陀佛神靈保佑

為了證明他的未卜先知，聰明過那些「過而方知」的凡夫俗子，他藏身在高高的樹上，遠遠地幸災樂禍隔岸觀火，冷眼旁觀貨車上的在照常作業，似小蟲投身蜘蛛網的「鐵道專業隊」。果不盡然只見前方不遠處，原本還是一片漆黑伸手不見五指，霎時間燈光火光耀眼。黑暗中抬頭看得見似乎「近近」的光亮，低頭卻要跑斷坐騎馬的腿，還不一定能飛奔到事發現場。意料之中那邊肯定「有事」了，阿彌陀佛神靈保佑，他慶幸自己預感的先見之明料事如神，又誠心誠意默默祈禱感謝上蒼，一定要燒高香還神愿。再一次證實人生每每不可輕信「一萬」，卻要時時謹防「萬一」，否則現在也必定成了網中之魚籠內之鳥。他以一個勝利者自居，進而想要總結經驗，抑或好奇心驅使他像一個大偵探，要弄清此次「案情」的來龍去脈，查明事由直到水落石出。

他特意留在當地好幾天，尋尋覓覓終於被他遇見了鐵路上似曾相識的同道中人，那天夜晚的漏網之魚，聽得當天身臨其境之人驚魂乍定的親身敘述。這個「鐵道專業隊員」，也是位具有曹操式思維的，人人信不過事事生懷疑性格的江湖奇士。那天他正在行進中貨車上例行作業，突然一種異乎尋常的危險訊號傳遞到他的神經末梢，他警覺貨車的時速與往常匹比，無緣無故越來越慢，劈面而來的想法，其中必然有原因。他立時三刻將已入口中之肉吐了出來，也沒有顧得上通知同伙，毅然決然地縱身躍下貨車，僥倖成了漏網之魚。

果不盡然，有好幾列貨車在按既定的計劃，實施減速的過程中，「鐵道專業隊」還糊裡糊塗一如既往大顯身手，他們均在不知不覺中被算計，落入陷阱進到「包圍圈」。突然之間上下左右燈光火光如同白晝，喊打喊殺人聲鼎沸呼叫震天，四面八方黑鴉鴉數不清的一大幫人，從隱身之處似乎從天而降，步步進逼縮小包圍圈。

只聽得此起彼伏連續不斷的口號聲：「放下贓物，雙手抱頭」、「坦白從寬、抗拒從嚴」，「頑抗到底，死路一條」。剛剛還是生龍活虎神氣活現若無其事在緊張操作，大部份「鐵道專業隊」面臨突如其來的瞬息萬變，一時三刻還反應不過來，隨著一聲比一聲響的口號聲，一步比一步更接近的人群，在耀眼的火光、燈光中，根本插翅難飛無所遁形，現在個個低垂下頭哭喪著臉，似洩了氣的乾癟皮球，狂風暴雨下的花朵個個變形換樣，用不了幾分鐘，在軍人、警察、民兵，槍枝、大刀、長矛押送下，又像一串串大閘蟹被五花大綁，似一大群鴨子，低頭彎腰被人驅趕著走。

逢春必發青

這是鐵路沿線政府和鐵道部門、當地駐軍的「例行公事」，每過一段的時間，有時一、二月，有時三、四月，就像轉動的輪子似的周而復始一次次轉動，治標不治本聯合搞一次鐵路上有計劃有組織的「嚴打」活動，狠狠打擊盜竊援助越南抗擊美國物資的嚴重犯罪行徑。但平心而論他們真實目的，是做個樣子向上級「交差」，瞞上不瞞下而已。誰都明白「離離原上草，一歲一枯榮。野火燒不盡，春風吹又生」的道理。仿佛像在割韮菜，斬草不除根，割得越快長得越旺。

至於眾多落網的「俘虜」，像中彩票那樣，只好自認倒霉。現實是各地老百姓食不果腹衣不蔽體下「飢寒起盜心」，與其餓死凍斃於荒村野地，不如挺而走險賭一把。即使「中彩」被擒，自由是失去了，牢房裏半饑半飽的三餐，也比窮鄉僻壤天天饑餓好。所以在頭痛醫頭腳痛醫腳的浮面功夫下，「鐵道專業隊」前赴後繼，似同未斬草除根韮菜那樣，逢春必發青。

針無兩頭尖

「四朝元老」從來就是「鐵道專業單幹戶」，信奉天馬行空獨來獨往一人單挑，他是個左手不放心右手之人，看著自己的影子，也會憂心忡忡分析研究一下的性格怪癖者。同道中人血的經驗教訓告訴他，多一個同黨多一個被咬狗「出賣」的危險，數十年來他始終作為不結伴不合群的孤家寡人，而行走江湖。誠然，針無兩頭尖，有一利必有一弊。如果當時有個同黨拍擋，照顧、提醒他，也不至於最後一次在貨車上，因患感冒周身乏力，進入火車站時，被停站上貨車裝卸貨物的搬運工發現後，不費吹灰之力生擒活捉。

流竄疑犯的特點

按照公安條例規定，第一個例行手續，警察仔仔細細將他全身反反復復搜查過遍，主要察看有無兇器或違禁物品，同時把他身上所有的，但又微不足道的贓款贓物登記在冊，由他簽字確認。接著他頻頻抖動和抬高雙手，便於警察抄身。警察從他褲袋裏，拿出他在街邊路旁小攤檔上，花幾十塊錢買來的的身份證，證上的照片同他的尊容，似像非像，年齡彷彿是幾年前的他。所載的戶籍地址，經警察跟縱追擊，通過公安內線電話四處查問，茫茫神州竟然確有此地此點，卻是查無此人。鐵路上流竄的這類嫌疑犯，姓名地址十之八九都胡編亂造弄虛作假，他們絕大多數是身負重案，深怕東窗事發，真情實況敗露後，被法律嚴厲制裁；另一種類型是五湖四海天涯海角，到處偷竊扒拿作奸犯科的流躥慣犯，十幾，二、三十年累累罪案，神仙也說不清應該判處多少年。他們落入法網後，分分秒秒企圖伺機潛逃，共同的特點咬緊牙關不說真名實姓確切地址，或者是講遠不說近，說小不講大談輕不談重，擠牙膏式妄想拖延時間蒙混過關，妄想以「證據不足」避開「新賬老賬一齊算」，以免被重重判刑後，即使有幸再回到社會，也已白髮蒼蒼行動蹣跚，日薄西山氣息奄奄朝不保夕了。

刑訊逼供乃警察「職業病」

幾名富有刑事審訊經驗的警察，對他審問了一兩個小時，問他「東門造反」他卻答「西門逃難」，牛頭不對馬嘴，「前言不搭後語」，有時又像圓規畫圓，遠遠的兜了一個圈子，結果還是回落到原點，繼續踏步走。幾名警察感到被賊骨頭作弄當猴在耍，就動了肝火，手上腳下超越了「只許文鬥，不准武鬥」，「嚴禁刑訊逼供」的刑事訴訟法和三令五申「政策規定」。這是幾十年來，中國絕大部份警察的「職業病」，當犯罪嫌疑人，拒絕威脅利誘上當受騙「坦白從寬，抗拒從嚴，檢舉揭發，從寬處理」，抑或「王顧左右而言他」，瞪著眼睛說假話時，就必然遭受無產階級專政鐵拳，五花八門各式各樣不勝枚舉的刑訊逼供。這頻打猛揍使他痛徹心扉，但又混身出汗，感冒倒好了大半。

當然中國的警察對待嫌疑犯，有時也會像醫生診治病人：對癥下藥區別對待。主要看他的背景特別是社會關係和後臺。最為鄭重其事瞻前顧後的是對貪污嫌疑犯、亂搞男女關係的生活腐化的嫌疑犯。這類人，進廟前大部份是共產黨員、黨政官員，或是腰纏萬貫的大款土豪。他們的親朋故舊非富即貴，隨隨便便動手動腳得罪了他，一紙「御狀」告上去，五顏六色花花票子送出去，上級領導、紀檢部門就會「嚴格執行」法律、政策，打嫌犯的警察必定會吃不了得兜著走，被按上「刑訊逼供」違反法律、政策的錯誤，甚至遭受紀律處分。然而眼前這個賊骨頭流竄犯，本地連個親友熟人都沒有，無後臺無背景，尤其是囊中羞澀缺少油水，並且頑固不化拒不認罪，對抗無產階級專政，即使把他打傷打殘，就是打死了也無人申冤，再說不打這類作惡多端罪行累累的流竄犯打誰？於是左一拳右一腳，前一擊後一摔，把他當作練拳擊的麻包，健身運動的工具。直到警察們感到意盡興止氣喘吁吁方才停手，他雖未傷筋動骨，早已鼻青眼腫傷痕累累。

不報此仇枉為人

此次乃他無數次「豁散」以來，身體蒙受最最刻骨銘心之皮肉之苦。好漢不吃眼前虧，表面上卻裝得可憐巴巴，心裏暗暗許下似林沖遭遇奪妻之恨時，對高衙內發出之毒誓狠愿：不報此仇枉為人！

刑事審訊中有道是：犯人不開口，皇帝難下手。警察對付「老吃老做」，富有反偵訊手段的犯人，也會覺得硬骨頭難啃，成果寥寥無幾。馬上改換策略，就不再與他多費唇舌拳腳，他也樂得個樂字，乾脆悶聲大發財——這是一句上海方言，只作「悶聲」之意，并無「發財」因素。在警察進行例行手續時，他頻頻抖動雙腿，臉上顯出一副急不及待的模樣，一口一口乾噅著吐沫，低身下氣畢恭畢敬地向警察請求要上廁所。他對公安局的「革命人道主義」政策了如指掌，「官急終究不及私（屎）急」。警察也難分真假，奈何他不得，罵了一句「三字經」後，看著他表現出內急的程度，考慮到人確有三急，就落實「革命人道主義」，同意他的要求，派了人押他去洗手間，并在門口看守著。

他扮鬼扮馬如願以償進入洗手間後，按慣例細細察看了四周，第一眼先是透過玻璃窗見到藍天白雲，心中頗有安慰。但窗欞上一根根比手指粗的鐵欄桿，他馬上感覺到，原定的計劃「道道」，此路不通「沒戲可唱」，要借「尿遁」機會跳窗逃之夭夭，已無此可能。難怪得看押他的警察，篤定泰山扼守門口，諒他也插翅難逃！他只好假戲真做走向廁所，把內門關上，其實是小心翼翼在襯衫袖口，再一次檢查他常備不懈的工具，實足的救命稻草安然無恙。

人無遠慮必有近憂，憑他幾十年行走江湖之經驗，分分秒秒有馬失前蹄落網受苦的時光，有鑑於此所以他將「救命稻草」，隨時放在警察意想不到的地方，警察對他全身搜查時，他顯得異乎尋常的老實配合，在沒有手槍指著他的情況下，已經先將雙手高高舉起。警察看著他這個動作，揶揄了一句，動作十分「懂經」，真是「老吃老做」。他把警察觸的眉頭，當「補藥」吃，皮笑肉不笑的回了句：應該的，應該的。心裏在罵警察，上當受騙還一點不知情，把警察賣掉了，還幫他數鈔票。因為他將「救命稻草」安放在襯衫的袖口裏，高舉雙手目的為逃避搜查。然而天下萬事萬物，有一利必有一弊，世界上便宜的事物，不可能被一個人獨佔的。又所謂成也蕭何敗亦蕭何，以往的「蕭何」幫他逃脫了已經落入的網羅；他做夢也想不到，此次的「蕭何」，卻累得他終身囹圄，餘生永遠與鐵窗電網為伴。

待等他從洗手間出來，又被押回辦公室，警察將一切例應手續，全部做足處理定當後，選了一副新式手銬，將他雙手反轉戴上後銬，又緊緊的把手銬格到最緊的一檔，存心讓他遭受皮肉之苦，並且輕易動彈不得。電影電視裏一般人犯手銬戴在前面，觀眾們也都信以為真，之所以會產生如此這般違反常識的錯誤，溯源析因，主要是編劇、導演沒有「進過廟」吃過官司的實踐經驗。因為現實生活中，人犯十之八、九都上後銬，何況他是慣犯，更怕他趁機逃跑。他戴了背銬後，隨即被押上囚車，準備從公安局送往看守所。

囚車上展絕技

這是一輛中型的蘇聯式「嘎斯六九」吉普車，現早已鳳毛麟角成博物館展覽珍品。當年乃「蘇聯老大哥」出產的優良產品，主要提供給中國軍、警部門使用。車上共有三名警察，一名當駕駛，其中一名警察，請位居科長的一位警察，坐在司機邊上稍為舒適的座位上。估計是官大一些，警惕性高一些，他堅持按常規坐在後座，以便一左一右把犯人夾在中間，保證押解途中萬無一失。

盛暑的晌午，烈日臨空天上沒有一絲雲彩，這是一天中最炎熱的時光，街上行人稀少。柏油馬路又燙又軟，像「出汗」似的，滲出黑油油的液漿。道路對面的灑水車緩緩駛前，鳴放著仿佛「讓開、讓開」喇叭聲音，連續不斷噴出一道道帶有弧度的水柱，當它飄飄然落向地面後，就像水燒開沸滾後的蒸籠揭起了蓋，熱氣、水氣、潮濕氣、腥羶氣迎面撲來，使得人又熱、又悶、又煩之餘，更憑添了幾多百無聊賴，昏昏沉沉迷迷糊糊的睡意。

囚車不疾不徐途經大街小巷穿過通衢鬧市，在軟軟鬆鬆流有液漿的柏油馬路上行進，明顯的阻慢了車速，它顛顛簸簸上下晃動仿佛似搖籃。即使警車頂端閃動著耀眼的警燈，喇叭裏響起警車執行任務時特有的聲音，向前行進的速度，也快不了幾多。擔任司機的警察，因方向盤在手職責攸關不敢懈怠，雖有時睡眼惺忪兩個眼皮常「打架」，但也只能強打起精神以免出車禍。實在不濟，就仿效古人蘇秦懸樑刺股的辦法，用手在大腿上狠狠擰一把，用疼痛來提起精神，但此法可一，不可二、三，大腿畢竟是肉做的。由於車速實在不快，又在倒後鏡裏看到兩位上級舒舒服服閉目養神的模樣，發自內心感到，人比人氣死人。

監送的兩位警察比起司機，官大一級壓死人，理所當然適適意意安安穩穩坐在囚車後座當押差，路況車情行進速度，對他們而言沒有一絲一毫關係。也許是審訊時「動手動腳」，一驚一乍過度消耗了體力，再加上蒸籠開鍋的熱氣一陣陣迎面撲來，趁此機會樂得個「樂」字，抓緊時間先是閉目養神；為了不攪他們的清夢，司機體貼領導把煩人的警車警報器關閉，僅讓警燈無聲繼續閃動。這時車上立時三刻安靜得多，兩位警察不約而同進而兩雙眼皮輕輕碰上後，不消一分鐘它倆像被膠水黏在一起，一時半刻分不開了。他們先是搖頭晃腦，接著鼻裏口中發出了由輕而重先慢後快的鼾聲，慢慢地「人到蘇州」舒舒服服進入了夢鄉，去見周公。

從上警車開始，雖手銬在腕，「四朝元老」始終保持「一級戰備」狀態，他有自知之明，這一去必然是「三年兩載不回還」。就在此時，他將似睡非睡低垂的腦袋，慢慢地抬了起來，睜大了眼睛由裏及外看著車窗外的各種情況，和你來我往街道上為數不多的行人。接著眼神回到車內，骨碌碌似雷達射光，掃向一左一右兩位警察，看到他們東倒西歪睡意正酣，猶是天賜良機，他不顧緊緊入肉疼痛異常的手銬，抓緊時間用帶著背銬的一隻手的手指，摸向襯衫的袖口，輕而易舉探囊取物，拿出珍藏備用萬試萬靈的「救命法寶」、逃生工具，它是一小段長短適中粗細恰好得心應手，又利隱藏的鋼絲。他迅速快捷對准手銬的鎖孔，熟能生巧不費吹灰之力的輕輕撥弄兩下，小小一段鋼絲，真比手銬鑰匙還管用，把他雙手的背銬輕鬆愉快地開開了。之後我在「廟裏」看到他除了鋼絲外，用小小竹條、甚至加工後的魚骨頭、肉骨頭都可當作手銬「鑰匙」。

他恢復「自由」後第一個習慣動作，先把雙手中銬子緊錮的手腕處，不疾不徐上下左右按摩一下，使血脈流動慢慢恢復正常。接著他左顧右盼察看坐在兩旁的警察，他們額角冒冷汗嘴邊流口水，發出一串串頗有規則勻稱又輕輕的呼嚕聲。他再抬起頭來觀望車窗外，自由自在行走的路人，真想成為他們中的一員。但頭腦清醒地告訴他，儘管左右兩名警察已昏昏入睡不省人事，若要跳車而去，必定會驚醒他們，所以要想逃逸是絕無可能。只好兩害相權取其輕，他祭起「復仇之劍」，實現「不報此仇枉為人」的誓言，讓兩名警察吃點苦頭，一雪前恥。他雙手左右開工，隨心所欲從兩名警察衣袋、身上「獵取」財物，而警察們居然在做黃粱美夢時，竟毫無察覺。當然他的手也碰到警察裝有皮套的手槍，但他卻理智地沒有去動它。「盜亦有道」，行走江湖多年，他亦自訂有戒條和不可逾越的「紅線」，他只要錢，不喪命，心知肚明「拿」了警察手槍，可能會有殺頭罪名。所以之後的公安部「通報」稱：如果罪犯持有兇器，對階級敵人麻痹大意，兩名警察可能人頭落地，做了鬼，也不知如何喪了命。

腕上手銬不翼而飛

終於囚車進入了公安局看守所，他做完了想做的事體後，不情不願但又無可奈何地把兩隻手銬自己給銬上了，當然已放開了幾格，減少了手腕的痛楚。兩名警察從夢鄉中回到了現實，揉了揉雙眼，打了幾個呵欠，等恢復了狀態，馬上變了個人似的，威風凜凜把他押進了辦公室，向看守所幹警辦了移交人犯押送手續，同時把他上囚車前，身上搜得的全部贓款贓物和清單，一併附交。看守所按常規要對每一名新押人犯，作例行的入牢房前檢查，但看到押解犯人的警察中，有一位是科長，就滿面堆笑阿諛奉迎的說：科長大人親自押解那還會有錯，不必多此一舉再對他搜身檢查了！實際上看守所警察借個因由想輕鬆輕鬆。

孰料，科長畢竟是科長，政策水平高責任心強，堅持一定要按章辦事，照看守所規定重新對犯人搜身。說話間習慣性地舉起左手臂，想看了確切時間，填寫在移交單上。真乃不看則已，一看之下突如其來一種莫名其妙的不祥感覺，向他奔襲而來，左手腕上的手錶竟然不翼而飛。他絞盡腦汁搜索枯腸反復回憶，明明白白從家中到辦公室，手錶肯定戴在腕上，下意識再一摸衣袋，方發現鑰匙和皮革也無影無蹤。驚愕之餘他百思不得其解，記得剛才手錶還好好戴在手腕上，鑰匙和皮革都在袋裏，難道是這個錮上後銬的賊骨頭，趁他車上小憩片刻，敢冒天下之大不韙，太歲頭上動土，對押解他的警察下三隻手偷東西？抬頭一看隨行坐在另一邊的同事，亦目瞪口呆狀若木雞，嘴上連連唸唸有詞，口袋裏的皮夾子和錢怎麼會不見了？兩位警察回過頭來想：囚車上除了這個賊，沒有外人，但戴上後銬的賊骨頭，就是想偷，也心有餘而力不足，終不至於出現傳說中的「縮骨法」，如入無人之境縮骨脫銬，夠膽敢對坐在身邊的兩名警察，作案犯科偷盜動手呢？兩名警察越想越不敢往下想，但已經是「陌生人吊孝，死人肚裏自得知」，不知不覺間冷汗直冒滿臉通紅，而看守所的警察，面孔朝向他倆，看著他們驟變的臉色，卻不明所以然。但見科長一個箭步上前，對准犯人左右開弓，狠狠打了他兩個耳光，并一聲令下，對這個賊骨頭給我重新仔細抄。

他全身攤地像堆泥

於是，看守所警察奉命對他重新從頭到腳由裏及外，全身上下大搜查，令警察們瞠目結舌驚奇莫名的是，他的口袋及身上，居然又分別藏有兩名警察的皮夾子、鈔票、鑰匙，尤其令人詫異及不可思議的是，其中居然還有一隻科長的手錶。警察在趁勝追擊搜查下，他多年隱藏在袖口邊上的「開銬之寶」，一根經加工的兩寸左右的細細鋼絲也暴露在光天化日之下，人贓並獲證據確鑿。他狗膽包天太歲頭上動土，老虎頭上拍蒼蠅，惹了警察們眾怒，警察們同仇敵愾拳打腳踢，傷得他周身上下沒有一塊好肉，全身攤地像一堆泥，人只有出氣，沒有進氣。這時才有警察覺得，再打下去要打出人性命了，才高抬貴手停止毆打！

驚動公安部

賊骨頭戴上手銬押上囚車後，小偷竟敢在太歲頭上動土，夠膽將解送他的警察手上手錶，口袋裏的皮革子、鑰匙偷去，從一九四九年建國至今，全國各地大大小小發生的萬萬千千案件中，都聞所未聞想亦想不到的史無前例奇哉怪事，立即轟動了看守所，成為警察們飯餘茶後的首選之談。好事不出門，壞事傳千里，進而傳遍公安、檢察、法院軍事管制委員會傳遍整個城市，人們添油加醬臆想推測，使整件事越傳越神奇，然而心目中共同之點乃警察的無能與愚蠢。公安局幹警各人有各人的派別，個個都有不同的後臺靠山，人人有三個親人四個冤家；同派的想掩蓋，對立派的即使無事也要生非，再加此事「前無古人」確實典型。公、檢、法軍管會一看此案例大可做足文章，唯恐天下不亂，以事實證明公安幹警的無能，和解放軍軍事管制的必要。於是「公事公辦」層層上報，很快驚動了公安部。這是「亙古未聞」的「奇案」，人犯在幾名「條令」搜身、上後銬、囚車押送的過程中，居然可以在「條令」身上、袋中隨心所欲偷竊財物，甚至戴在警察手上的手錶都能神不知鬼不覺「拿下來」，綽綽證明階級敵人肆無忌憚喪心病狂，公然向無產階級專政作挑戰作垂死掙扎。這幾名警察嚴重損害公安幹警崇高聲譽，在你死我活的階級鬥爭面前，對階級敵人喪失警惕掉以輕心。公安部指示要「重組案件」後并再次上報公安部。

刑事案件中，殺人放火行兇搶劫，「重組案件」恢復現場，都是輕而易舉家常便飯，唯獨此次不同凡響與眾殊異。試想，兩位後座的警察，被偷盜事發後，天天七上八下內心惶惶惴惴不安，本能反映已大禍臨頭定當被嚴肅處罰。現今再要他們在眾多領導和同事眼皮下，還原在押解車上呼呼大睡不省人事，任由雙手反銬的賊骨頭，對現在思維清晰手腳靈敏的警察褲袋裏偷走皮夾、鑰匙，甚至從腕上脫下手錶，此乃自出娘胎從警以來刻骨銘心之奇恥大辱。但公安部已作了指示，上面一句話下面一臺戲，更何況是「待罪之身」，根本沒有討價還價的可能。

蘇聯製造的「嘎斯六九」吉普車內，重新安裝了攝錄鏡頭，前車座副駕駛員的座位上，放著錄音機，可想而知那個年代的錄音錄像設備，既笨兼大。「四朝元老」舊地重遊再臨其境，今天要在四周都是軍人、警察的眾目睽睽之下，從頭到底還原「表演」當時情景，可謂別有一番滋味在心頭。由於時間、地點、條件完全不同，他要裝模作樣從頭腦清醒扮作昏昏入睡的兩名警察身上，拿下物品實在是不可為而為之。他似個笨手笨腳拙劣演技的演員，機械地按照劇本盡力而為還原過程，苦苦捱到舞臺上落下帷幕。

結果被偷物品的兩名科長、警察全部遭受嚴重處分，統統清除出公安機關，永不錄用；唯一倖免的是前座駕駛汽車的警員。公安部并通報全國各級公安機關，以此典型事例前車之鑒教育公安幹警，必須時時刻刻牢記階級鬥爭為綱，永遠保持革命警惕，防止同類情況發生。

刑判「遙遙」

「文化大革命」期間，毛澤東語不驚人死不休，提倡和實行「和尚打傘，無法無天」，在全國各地砸爛公安局、檢察院、法院等司法機關。原本分工負責、互相配合、互相制約的公安、檢察法院三家，合併一起，由解放軍軍管成立公、檢、法軍事管制委員會。廢除了世界各國，包括「文革」前十幾年刑事官司，必須法院開庭審理的法律程序。所謂對嫌犯的「判決」，大多由不知法律為何物，只知按照偉大領袖毛主席最高指示，憑著無產階級感情辦事的軍管會一幫人，亦毋需按照任何法律條文規定，與會者揣摩領導面色語氣，在官階最高的領導人，口含天憲一錘定音後，與會者「緊跟領導」，一致附議。於是決定一個或幾個犯人一生命運的判決書，就鐵板釘釘塵埃落定。十年「文革」浩劫時，對犯人判處刑罰，全部「一審定終身」，不僅取消了犯人不服一審判決，可以向二審法院「上訴」的規定，毛澤東又發表趕盡殺絕的「最高指示」：「翻案不得人心」！任何人只要不服判處的刑罰，提出翻案，輕則批判鬥爭，重則加刑；本人就因自以為所犯的屬錯誤，不是罪行；又自以為熟悉共產黨法律，不服被戴反革命帽子的判決，向上海市公、檢、法軍事管制委員會寫信申訴，結果被再次拘捕，加重判處五年徒刑。

因此，「四朝元老」案件的審理，也沒有所謂法院開庭場面，兩個身穿軍服的人，將他「驗明正身」後，連走走過場的形式也一筆勾銷，由其中一名軍人，既不想勞神費力亦沒興趣多聽他信口雌黃句句假話胡編的故事。三言兩語不到二十分鐘，已根據「公、檢、法軍事管制委員會事前已經作出的決定，「從重、從嚴、從快」「當庭「進行宣判：他怙惡不悛氣焰囂張，公然挑戰無產階級專政作垂死掙扎，竟敢在專政機關拘捕之後，戴上反銬囚車押送期間，盜竊公安幹警財物。僅此一樁史無前例嚴重罪行，毋需其他罪狀綽綽有餘立即宣佈「遙遙」的刑期。提籃橋人犯的「切口」，將「遙遙無期」中的「遙遙」，作為無期徒刑的代稱。他此時此刻才從南柯一夢中驚醒過來，這次「玩笑開大了」，一「出」手竟成千古恨，若要回頭百年身。他從此將在鐵窗囚籠裏，度過餘生。

「四朝元老」的傳奇故事，提籃橋內犯人間口耳相傳不脛而走，俗語說：同行是冤家，奇怪的是偷竊扒拿之行家裏手，個個對他勇於向「條令「出手，在雙手反銬的情況下，敢作敢為發揮登峰造極之妙手絕技，取得豐碩成果的光榮事跡佩服得頂禮膜拜五體投地，一致公認他是英雄典範，為同行出了一口氣，所以把他當成是「親家」。都想親耳聆聽他如何戴了後銬，人發高燒還能在囚車上押送他的警察身上「探囊取物」，此情此景真不啻與虎謀皮太歲頭上動土。尤其使箇中同道高手讚嘆不已，百思不得其解的是，他用什麼怪招奇法，能把警察戴在腕上的手錶，神不知鬼不覺的拿了下來而警察竟毫不知情。

我也是在後來，不斷地苦思冥想百般推敲仔細觀察，才有朝一日「恍然大悟」。起初我也抱著八卦獵奇的心態，旁敲側擊想引他「開牙」。「四朝元老」裝得一本正經地說，你也想加入我們這一行？我可不敢收個大學生做徒弟，監房裏傳授犯罪手法是要加刑的，你是不是想害人？我「遙遙」再加刑就是死刑了！如果你實在想學，等我放出去再教你。

我說：瞎三話四，誰想跟你「學本事」，我是出於好奇，對你的欽佩，才來詢問。再講你是「遙遙」，那年那月你能「遙」出去，當然，我發自內心希望你能減刑，早日出獄。

他說所以你要「耐心」等待，說不定那一日國家大赦天下，將我提前釋放。兩座山永遠不會相遇，兩個人總有朝一日可能相逢。講到這裏倒提醒人了，你不是懂得用手指挾滾熱火燙的煤球嗎，有這套「絕技」在身，什麼東西不能「拿」，那裏還需要跟我「學」小兒科「三腳貓」本事！

無軌電車要隨時「剎車」

我本想說，被你咬一口，入骨三分。但又想開玩笑要有分寸應該到此為止，再下去無軌電車亂開，亦要出事翻車的，大家好「剎車」了。我有意把「賊咬一口」中的「賊」字隱掉，以免他聽了後「觸心經」以為我存心嗤笑他，同時也意識到這種「玩笑」再「開」下去，一句不入耳大家肯定會「板面孔」的，今後同監房就難相處了。說心裏話，畢竟「四朝元老」動之以情喻之以理，苦口婆心反覆相勸終使我停止進行「絕食」，讓我避過遭受提籃橋政府隊長實施「革命人道主義」之一劫，我崇尚滴水之恩，涌泉相報，所以立刻煞車。我口是停止了，但是，他帶了後銬怎麼還能行動自如發揮技術得心應手，久久在腦海中反復推敲苦思冥想。直到後來，我親眼目睹他將背後的銬子，用他「私藏」的工具將人人膽戰心驚束手無策的銬子，像玩具一樣的取下來，我豁然開竅尋到答案，他肯定是有秘藏工具自行開了手銬，利用「條令」的麻痹大意，才能隨心所欲手到擒來。至於「條令」的手銬如何拿下來，我尚待探討思考再作研究，此是後話下回分解。

請教「防盜法」

當時我一改玩笑口吻，真心誠意地說，「我想請你教教，我不久將刑滿釋放後回到社會，什麼簡單易用的辦法，能保牢身上財物，不被人『拿』去」，當然是指本事比你差的高手。我小心翼翼在說話時始終避免一個「偷」字。

他誠心誠意地講，「你這樣說是倒應該教教你，實不相瞞從入行至今，有一種『皮夾子』最難對付，連我都束手無策無處入手」。他在講話中更不願提到「偷」。

他提到了皮夾子，我忽然記憶起看守所同監一位仁兄的軼事。應該講他已經入道多年，不屬初哥新丁。

那是一個盛夏的傍晚，路燈底下一群人圍著看兩位下象棋，他瞄准一名身穿「的確涼」長褲的中年漢子，後右袋放有一隻胖鼓鼓的皮夾子。他於是貼近上去，用薄薄的剃鬍鬚刀一角，輕輕劃開「的確涼」褲袋，不知是心慌意亂還是學藝不精，他正要用手去接褲袋裏落下的皮夾子，誰知手上首先產生一陣濕漉漉潮涔涔的感覺，低頭一看驚出一身冷汗，也不知是「的確涼」褲子太緊貼後臀，抑或他用力過度，竟然將當事者後臀部劃破，殷紅的鮮血從褲袋外緩緩滲出，慢慢染紅褲袋，好在上帝保佑，當事者可能過份投入觀棋而木然不知，還津津有味指手畫腳地對下象棋作場外指導。「四朝元老」聽得腰也笑彎，差一點眼淚水都要流出來。一口一聲說：怪事，實在太怪了。等到他稍稍平復，我言歸正傳接著剛才的話頭說：

「皮夾子對你來講，就像『叫化子吃死蟹，隻隻都好』，難道世界上還真有讓你拿不走的『皮夾子』？你實在太謙虛了，你知不知道過份謙虛就是驕傲，我從內心深處不信！如果確有其事，請你一定要詳細指教，讓我增廣見聞」。我滿有興趣虛懷若谷地問。

「憑你這種踏著尾巴頭會搖的人精，我敢在你面前講假話？我的話如假包換，但又說回來，這種『皮夾子』又大又不好看，一般人都不喜歡，你肯定不會用它的」。

「你在『買關子』『吊我胃口』是嗎？你又不是我肚皮裏的蛔蟲，怎麼知道我肯定不會用。再說，我絕對勿相信世界上還有讓你束手無策的『皮夾子』」？

「我講的真話你倒不信，信教的人有句箴言：「誠則靈」所以信不信由你。憑你的年紀總看見過上海的『三輪車夫』或者是拉『老虎榻車』的苦力，腰前、後，皮帶上掛著一種特別的『皮夾子』！它用厚厚的牛皮製成，四四方方皮夾子上還有兩、三隻黃銅揿鈕，打開『皮夾子』的辰光，揿鈕就會『撻、撻、撻』響聲，『皮夾子』被皮帶套在腰間，除了主人外別人根本拿不下來。同道們倘若要在皮帶上打開『皮夾子』，先有響聲已經『穿幫』了；如想用刀去劏『皮夾子』，加厚的牛皮，刀子根本劏勿開，所以看到這種『皮夾子』望洋興歎只當沒有看到，頭別別轉不必再動腦筋。請問，這種皮夾子就是送給你，你也不想用。話又講回來，三輪車夫、老虎榻車夫，都是出賣力氣的階級弟兄苦命人，『皮夾子』裏也不會有多少油水。而且這些錢，是一家幾口張著嘴，等著買晚飯米的活命錢，拿了也要『傷陰功』的」。

「你這是心裏話，還是吃不著葡萄說葡萄酸」？

「講的是真話，我做人也是有分寸的，從來不拿『腳碰腳』窮人的苦命錢，再講他們也不會有多少錢。既然動次手，要撈就向有鈔票為富不仁的人伸手，用這種鈔票，心安理得夜裏睡覺亦睡得著」。他講話時很認真，眼觀鼻，鼻觀心。

八十年代，中國改革開放，深圳、珠海、廈門等地建立「經濟特區」，我也「與時並進」追隨時代洪流來到深圳「下海」，有幸接觸了很多香港和海外商人。我見到一些港商，在皮帶上扣著一隻，小巧玲瓏長方形美觀大方銅鈕扣的皮夾子，它的體積大概只有以前看到「三輪車夫」牛皮夾子的三份之一或二份之一大小。每次我馬上會「睹物思人」，想起「四朝元老」當年的談話。那是後話而已。

俠盜「魯賓漢」

「你這番話，只有崇明（縣）人老爹才會相信……講得比唱的還要好聽，你倒像英國『魯賓漢』了」。我緊接他的話頭，心中「吃准」他講的是真話，嘴角含笑故意裝作似信非信地揶揄他。

「我像『魯』什麼的？你這種小知識份子，說起話來酸溜溜的，又在變著法子欺負我大老粗，挖空心思罵人。可惜我也聽不懂，反正你『觸我眉頭，我當補藥吃罷了』」。

「觸儂眉頭我沒介大膽，拍儂馬屁儂勿是沈萬山（財神），人家是在捧你稱讚你，你倒好，將好心當作驢肝肺，卻是七里纏到八里，以小人之腹，度君子之心。魯賓漢是英國歷史上大大有名的俠盜，劫富濟貧懲惡揚善，專幫窮苦大眾做好事，幾百年來深受英國和世界老百姓的愛戴，人們對他歌功頌德同聲讚揚，他的光輝事蹟深入人心，拍過無數電影演過無數的戲。他好比中國水泊梁山上魯智深、林沖」。我古今中外天南海北娓娓道來，似乎要從他的「無知」中，映襯我的「博學多才」，孤芳自賞自鳴得意沾沾自喜。

「我真有魯智深、林沖這麼好？太抬舉我了吧。不過對窮人有時我還是會救濟他們」。他對外國人姓名總是搞不清，對外國人的故事，更是一無所知，因為茶館酒肆街頭巷尾說書先生們，往往只說中國故事，絕少講外國野史。而梁山好漢他百聽不厭耳熟能詳，是他心中所好，頂禮膜拜之偶像。

「想比魯智深、林沖，你總歸還差那麼一點點，至少沒有力敵萬人的武功。但你有辰光會劫富濟貧幫助窮人，我完全相信，說明你做人還有好心的一面，所以我對你一直敬重有加」。我實事求是一分為二地說。

「我碰到了這麼多人，聽你講過數不清的話，唯獨你這句話我最愛聽，好多人都說我曾經幫過窮人是『亂話三千唱高調』，在提籃橋只有像你這樣有學問的人，才會相信我也幫過人，你想，大家均是窮人，都對貧窮之苦有切膚之痛，我有能力的時候，自然會對窮人伸出援手」。

他剛才還稱我為「小知識份子」，現在又捧我是「有學問的人」。但我相信他是發自內心的肺腑之言。

「一個好人不可能件件都做好事，一個壞人也不會天天做壞事，每一個人大都如此你說是嗎，分別是，誰好事或者壞事做得多做得少」？

「實踐出真知」

他信服地點點頭。接著又繼續對我開導：「你今後回到社會後，有了鈔票不要放在一隻袋袋裏，分開點放就是碰著觸霉頭辰光，鈔票總不會全部被人『拿光』」。

我嘴巴嘸沒講，心裏一直在想，他肯定嘸沒學過西方財經投資理論，但是實踐出真知，他在生活實踐中掌握了不能將所有雞蛋，放在一個籃子裏的「投資理論」。

「以前，電車上有些賣票員同我們『搭擋』，一看到我們上車，賣票就會喊起來：『老爺、先生、太太、小姐請注意，電車上人多嘈雜，鈔票、皮夾子藏藏好，當心三隻手賊骨頭囉』」。他繪聲繪色如臨其境地向我介紹說：「乘客們聽到賣票員喊叫謹防小偷，十人中有八、九，會馬上下意識的，把手在衣服外面，將放錢、藏貴重物品的口袋查摸一下，這等于告訴我們，他那個地方口袋裏放著值錢的東西，便於下手。故而一定要以不變應萬變，千萬勿要掉以輕心自我暴露，輕而易舉中了計，做了『洋盤』『阿木林』」。

「美人計」

儘管他確實真心誠意來開導我，而我有些不耐煩的對他說：「人家是誠心誠意請教儂，儂不要把我當作三歲小囡，弄個少年兒童節目來敷衍敷衍糊弄糊弄我。這種故事小辰光聽姚慕雙、周栢春兩位滑稽大師的無線電節目中，二十幾年前老裏百早，聽得耳朵裏都『生老繭』，這檔之事可說已家喻戶曉婦幼皆知了」。

「儂曉得那最好，提醒儂一下總歸勿錯，不過儘管儂聽說過，碰到有人這樣喊，不少人包括儂還是可能會上當。還有，做人不好『色迷迷』『鮮格格』，看見漂亮女人就『七葷八素』，分不清南北東西，結果銅鈿銀子生了腳，『跑到』漂亮妹妹袋袋裏去了，中了『美人計』」。看著他像一本正經誨人不倦地講著，我倒也勿能錯怪他。

「看得出儂現在不是在糊弄我，但越聽使人越弄不懂，這袋袋裏的鈔票同漂亮女人，完全勿搭界」。我又轉作「虛心」地詢問他。

他見我誠心誠意向他「取經」，就將親身經歷對我訴說。下面是「四朝元老」向我敘述的故事：

一次我上了無軌電車，後面跟著一位穿著時髦山青水綠，有一雙活潑動人的大眼睛，頭髮梳起紮了一束左搖右擺的馬尾，衣著時髦身材修長生得漂漂亮亮，二十歲剛出頭的小姑娘，肩上揹著一隻市面流行的彩色包。她一出現在大家眼前，異性們不由自主，均多看了她幾眼。當時我在車裏正物色對像尋找生財之道，不怕你笑話，美女自然也引起了我的注意，當我盯住她看的時候，她面孔板板六十四的用眼睛不屑一顧地「別」了我一下。招人白眼人之常情心裏勿大開心，但這是自己「骨頭輕」招惹得來的，也只好拍掉門牙望肚裏嚥。

按照常理，漂亮姑娘總怕狂蜂浪蝶去騷擾她，正常的應該朝無軌電車人少的位置站，她卻反其道而行之，往人多的地方擠；人家傻乎乎地眼睛向著她面孔看，她卻眼烏珠骨碌碌瞄正人家袋袋。我從小就吃這碗飯長大的，似一位中醫老郎中，一「搭脈」馬上曉得伊生什麼「毛病」；天上飛的蝴蝶，我都分得出那一隻是梁山伯，這一隻是祝英臺，何況她這一眼眼花洋景，我完全一目了然。然而市面上「輕骨頭」、「屈死」多來西，無軌電車顛顛簸簸往前行駛，他們同漂亮姑娘貼近擠在一起，都洋洋得意窩在心裏，嘸沒想到美女一隻手，這個辰光就伸到了一個「十三點」的袋袋裏。

人們常說同行是冤家，我倒另有一套規矩，生意各做各的，井水勿犯河水，何況是小字輩在開利市，只當眼睛「感冒」沒有看見。但是今朝情況不同，小姑娘「彪勁」忒足目中無人，竟敢對我「別眼睛」，我倒要同她開開玩笑搗搗蛋，讓她長長見識，天外有天人中有人。於是大聲地咳嗽一下，車廂裏好幾個人怕傳到「傷風」，都下意識的動了一動，小姑娘的手似觸電一樣快速地從別人袋裏抽了出來，心裏曉得是我壞了她的生意，回過頭來又「別」了我一眼，當然，我是存心還是無心，內行或是外行，她一時三刻嘸沒可能弄清楚。而那位老弟懵然不知周圍發生了啥個事體，繼續「鮮格格」適適意意軋在小姑娘旁邊，想揩揩油。電車又開了一陣，下客少，上客多，車廂越來越擁擠了。小姑娘不失時機地再一次次出手，伸進好幾個「鮮格格」的口袋裏。外行看熱鬧，內行看門道，平心而論小姑娘基本功蠻好，估計有「名師」開導，但行走江湖為人之道稍稍欠缺，鋒芒畢露自以為是。我今朝橫豎橫拆牛棚，「利市」暫時勿開了，干脆挫挫她的威風，同時與她尋開心尋到底，我用更大的聲又咳嗽一下。這幾次小姑娘已經得手，乾淨利落地將皮夾子丟進了皮包裏，心情同剛才不一樣。如果她見好就收「悶聲大發財」，一句勿響到站走人，故事到此也告一段落。啥人曉得她好像得理勿讓人了，衝著我就喊起來，你這個人怎麼搞的，咳嗽辰光手都勿遮一遮，介齷齪的口水噴到我的面孔上來了，阿要觸眉頭。邊說邊拿了一條潔白的手絹，擦了她細嫩光滑的臉龐，隨手就把這塊手絹丟到地下。她的話語及動作引來一陣幫腔的哄堂大笑，連那個被拿走皮夾子的傢伙，沒有意識到自己已經損失財物，相反都在幸災樂禍嗤笑我，你想氣人勿氣人。既然她不曉得天多少高，地多少厚，當了一車乘客坍我臺，我倒要叫小姑娘吃點苦頭長點教訓。

電車繼續向前開，我走過幾步擠軋到小姑娘身邊，隨著電車行進時的晃動，故意撞了她一下，她仿佛似觸電一樣向旁邊一閃，隨即嘴裏迸出一串罵人話：你這個神經病、十三點，介老年紀還撞人家做啥，再這樣我要向警察告你非禮了？此時此刻車上的年青人就起哄了，說，這老不正經為老不尊的「老色梅」撞儂做啥，還需要問，存心是老牛啃嫩草想吃嫩豆腐。緊接著又引來一陣嘻笑聲，及七嘴八舌的評論，他們一面倒幫著小姑娘，批評、謾罵、攻擊的炮口通通對准我，我猶如過街老鼠人人喊打。有的甚至大聲叫「報警」，送「老色梅」去派出所。在人們的笑罵譴責聲中，我仿佛突然從睡夢中驚醒，兩隻手分別摸著口袋，假戲真做演技一流帶點哭音說，不得了，我的皮夾子勿見了，皮夾子被偷了！全車乘客非但沒有一個人同情我，相反又招來一片嘲笑奚落聲。有人說：這個老傢伙看上去窮得精打光，連夜飯米都嘸沒著落，啥人會偷這種沒有鈔票的窮人皮夾子，肯定在瞎三話四裝腔作勢。再有說：大概聽到要送派出所嚇得魂靈出竅，所以胡說八道亂講三千。我只當耳朵聾了，裝作沒聽到眾人的嘲笑，突然之間仿佛夢中驚醒「恍然大悟」，一隻手按著口袋一隻手指著邊上的漂亮小姑娘說：明明是你撞我，惡人先告狀冤枉我撞你，使介許多人瞎起哄亂幫腔，你是不是在撞我的辰光偷了我的皮夾子？

新聞日日有，不及今朝多，我的話音剛落，整個車廂像似冷水燒到一百度，水開沸騰了。笑聲罵音喊叫此起彼伏連綿不絕，人人都變成了福爾摩斯、霍桑大偵探，指手畫腳說三道四之評論家；小姑娘無事端端遭受我的冤屈，更加氣得花容失色雙頰通紅，語無倫次只會說：「你瞎講，冤枉人」。我則擺明車、馬、炮步步進逼，說：「你嘴巴還要老三老四，像你這種黃熟梅子買青的小阿妹，談也勿要談起，我見識得多了，你以為有這幫洋盤、戇大幫你忙掩護，就好蒙混過關了，嘸沒介便當，我的皮夾子肯定在你的包包裏，有種將包打開，讓大家三對面六對證看看清爽。小阿妹，儂嘴巴老道行淺了，江湖上行船，順風順水旗不要扯得太足，扯得太足要翻船的；打人只好打到九九，不能打到加一，不知道師父是如何教你的。如果你賊不做心不虛，就將包開開，看看我的皮夾子在勿在裏廂，一翻兩瞪眼，讓大家心服口服」。

現在社會上風氣差，主持公道的少，瞎起哄尋開心的多，我話一說完，風向馬上一百八十度大轉彎，車上乘客槍口掉頭倒戈相向朝著小姑娘叫，他要你包打開就開撥伊看，裏面嘸沒伊的皮夾子，還你清白，大家幫你出頭，打他一頓讓你出出氣！

不瞞你講，我為啥「理直氣壯」勝券在握，我剛剛擠近小姑娘的辰光，已經神不知鬼不覺將自己的皮夾子放到她的包裏，小姑娘曉勿曉得，我勿清爽，但是可以吃准她勿敢將包打開，因為裏面不僅有我的，還有旁邊起哄幫腔的戇大、「阿屈死」的皮夾子，包一打開馬上穿幫，這些上當受騙者一朝發現皮夾子在她的包包裏，肯定會將她死人頭打扁。另外我講的幾句話中有「切口行話」，別人聽勿懂，她一聽就曉得碰著爺叔輩子、同道中人，所以她死活不肯將包打開，嘴硬骨頭酥地說：「他叫我打開就打開了，我嘸沒介戇，小姑娘的包憑啥撥老頭子看，今朝算我倒霉勿睬他最兇」！她講到「老頭子」三個字，眼睛朝我打招呼，意思要我放她一馬，說勿睬他最兇時，眼睛卻看著幾名「鮮格格」的戇大。我目的是讓她受點教訓，就趁勢落篷見好就收。迭格辰光剛巧電車靠站停下，她頭也不回擠出人群，三步併兩腳三十六計，腳底擦油走為上計。

等她走下車廂，車上乘客傻乎乎還嘸沒反應過來，究竟葫蘆裏賣的什麼藥，特別感到不可思議的是，小姑娘明擺著天時、地利、人和樣樣佔盡上風，一個窮老傢伙肯定不會有多少錢，她怎麼可能去偷他的皮夾子，但是她為啥不肯打開包包，讓大家來見證她的清白呢，大概是年紀輕面皮薄「怕難為情」，所以就怕惹是生非連忙跑了，否則倒可以看看熱鬧好好教訓這餿老傢伙一番。現在是大家正在興高采烈意猶未盡時，好戲突然間曲終人散落幕了，跑掉了主角，只能對可能出現的劇情，自編自導眾說紛紜自作聰明高談闊論了。

下車的小姑娘一邊快步行走一邊回過頭來，看了我一下微微點了點頭，算是謝我放她一馬，嘸沒讓她在電車裏出洋相。我看著她背影漸漸走遠，感到「翻本」的機會來了又好操作一番，立即又放了一把「野火」說，「我皮夾子被她拿走，嘸沒人幫我講公道話，讓白骨精小姑娘大搖大擺逃脫了。你們勿不老人言吃苦在眼前，大家不動動腦經細細思量，難道她連我一個窮老傢伙的東西都要拿，而會『強盜發善心』高抬貴手放過你們？真是『皇帝不急急煞太監』！」

幾個同小姑娘貼近的小青年，幾分鐘前自作多情似乎佔到了便宜揩到了油沾沾自喜，聽完我說話感到有些道理，不由自主下意識朝袋袋一摸。不摸猶已一摸之後，立時三刻面孔漲紅目瞪口呆，人人像火車脫班，個個懊悔都來不及，罵聲連連雙腳直跳，他們的皮夾子長翅膀飛走了！而且類似的人不是一個竟是一群。我真人真事現身說法講給你聽，你倒講講看，袋袋裏的鈔票同漂亮小妹妹到底有沒有關係，中了「美人計」，「十三點」、「鮮格格」陰溝裏翻船實足實會晦氣破財？

聽完他講的故事後，我誠懇地說：「你這趟講的事體，倒蠻有道理，謝謝。害人之心勿可有，防人之心勿可無，一般人對年輕漂亮小妹妹容易失去警惕，想不到她們也有這一『手』，我會記牢你今朝講的故事，非禮勿視非禮勿取，永遠提高警惕」。

「講得比唱的還要好聽，你心裏真的是這樣想，還是衛生口罩——嘴上一套，尋尋我開心，敷衍敷衍我」。他既有洋洋得意之心，又有疑神疑鬼之意。

「你樣樣都蠻好，就是歡喜學曹操、司馬懿，時時刻刻對各種事體都疑心生暗鬼，左手勿放心右手，有點辰光甚至連自家也會不相信自家了」。

「不是我膽大不放心，實在是你太『狡猾』，只能夠多多提防以免上當吃虧，『小心駛得萬年船嘛』」。

他既像在說明，抑或在自我解嘲。

阿里巴巴與四十大盜

在我見到「四朝元老」之前，傳聞他擁有大量財富并且深藏在秘密的地方。提籃橋犯人間任何一件事體，添油加醬眾口鑠金層層增碼，說得有鼻頭有眼睛，似滾雪球一樣，把他的財富數額越滾越大，藏寶的地方越編越多。活龍活現神奇得猶如《天方夜譚》中「阿里巴巴與四十大盜」的故事，隱藏在鮮為人知深山老林秘密洞穴裏的寶藏，寶藏取之不盡用之不竭。人們只要在門外喊一聲「芝麻開門」，洞窟就會大門敞開。

我遇事歡喜「獨立思考，反覆求證」重事實講證據，討厭人云亦云隨波逐流。對這種空穴來風雖不會無因，但畢竟傳言之聞，只能一笑了之。對這類涉及傷筋動骨的「個人隱私」，雖有時閃過獵奇尋幽之心，但茲事體大「四朝元老」亦不會和盤托出坦誠相告，火候掌握不當會弄巧成拙自討沒趣，甚至可能一言不合反目成仇。至於我有辰光稱他為阿里巴巴，他也聽不懂，不過是在「籠子裏」悶得慌，信口開河吃吃他「豆腐」尋尋窮開心而已。然而，世上萬事萬物若要人不知除非己莫為，近來發生的小事一樁，終於使它「紙包不住火」了，「馬腳」開始顯露端倪了。

一個字判刑七年

事緣與我們同監的一個中學生，當他只有十五、六歲時，因「破壞革命樣板戲」，被以現行反革命罪判刑七年，目前還有三、四個月就要刑滿釋放了。他判刑的檔口，全中國正在轟轟烈烈，展開打擊破壞革命樣板戲的運動，并且有幾個省、市，為樹立「典型」，已經多人被判處死刑立即執行，搞得神州大地八億人民個個人心惟危惶惶不安。因為十年浩劫「文化大革命」期間，是八億人民八部戲，從中央到地方都在名曰號召，實則規定人人常常要唱樣板戲，於是日唱夜唱，唱得人昏頭六沖分不清南北西東，然而一不小心唱錯一句，馬上禍從天降，就會坐牢監吃官司。

這個中學生被定作「破壞革命樣板戲」的現行反革命罪行，其實只有一個字。京劇「紅燈記」主角李玉和的著名唱段：「小鐵梅出門賣貨看氣候」，他將「賣貨」的「貨」字，調皮搗蛋改成一個下流字唱了起來。剛好被人聽見撞到搶口上，再加上平時手腳也不太乾淨，於是對立派的「紅衛兵小將」借這個因頭，將他扭送公安局。罪名是有目的有計劃惡毒破壞革命樣板戲；把無產階級革命接班人小鐵梅，誣蔑成沿門賣笑品格低賤的妓女，是可忍孰不可忍，他的反革命用心何其毒也！就此一「字」之罪，將中學生判刑七年。我想，歷史上《呂氏春秋》有一字千金之說，此僅反映字的金錢價值；而共產黨為一個字就將一個未成年的中學生，當作現行反革命判處兩千五百多天徒刑，并且毀了他一生。

牢中一塊肉社會一席酒

中學生調到「四朝元老」和我的監房不久，每當開飯時就天天餐餐發生了鳳毛麟角奇哉怪事。中、晚兩餐中學生常常講身體勿好吃不下，但也不一視同仁平均對待，每次都將一部份飯菜莫名其妙撥到「四朝元老」的「合子」裏，而「四朝元老」一反常態心安理得來者不拒。特別是十天一次的吃肉辰光，中學生竟然破天荒，在監房中絕無僅有的把兩塊豬肉心甘情願貢獻給他。

犯人一致公認，監房中的人，為了保持生命和健康，對牢房食品十之八九是「江西人補碗——自顧自」，粒米吃盡滴粥不棄。牢裏一塊肉，遠勝社會上一席酒。犯人中抑或將肥皂草紙衣物用品慷慨解囊，在牢獄內已屬屈指可數；中學生為啥要對保命的肉食忍痛割愛，並且樂此不疲，一而再三這樣出手大方呢？世界上萬事萬物，儘管表面上千奇百怪五花八門，但溯本窮源必然有其合情合理相符邏輯的因果關係。常言云：殺頭生意有人做，蝕本生意沒人做。中學生一次又一次做「蝕本生意」，總歸像諸葛亮口頭禪：「山人自有道理」。

投桃報李

可能是我曾做過中學教導主任，養成「職業病」，我很擔心這位中學生在監獄大染缸中「學壞」。所以趁「放風」的機會，避開中學生直截了當問「四朝元老」，他天天給你吃東西，是不是想跟你學「本事」。冷不防我沒頭沒腦一句問話，他傻乎乎眼睛也不剎看了我幾秒鐘，才反應過來啞然失笑：簡直懸天八只腳，牛頭勿對馬面，等一歇有空再講給你聽。我說，現在「放風」機會好，中學生不在旁邊，請你簡單扼要講講清楚。「四朝元老」看見我嚴肅認真一本正經的樣子，就推心置腹開誠佈公從頭道來。

他說：「本來我也不想瞞你，既然你今天問到我，就一五一十同你講清爽，免得你疑心生暗鬼。你應該懂得人無遠慮必有近憂，所以『狡兔尚有三窟』，特別是幹我們這一行的，每時每刻都會有意想不到的事發生，所以更要未雨綢繆天晴防防落雨日。我有辰光『手氣』順，開到大利是，有財物有鈔票有糧票，但是銀行裏我們又不便存鈔票，再加上銀行每天只開門八小時，深更半夜立時三刻要用鈔票的辰光就勿便當，而我們隨時隨地可能碰到緊急情況需要錢用，需要糧票買飯吃。於是確實像外面傳說的那樣，像我這種幾十年『老吃老做』的，是在幾個城市，找一些隱秘的地方放一些鈔票糧票和財物，長線放遠鷂以備不時之需。如剛剛被放出去或半路上滑腳逃出來的辰光，身邊分文不名，又不可能馬上開工，卻急於要鈔票、糧票用，有個存錢存財物的地方，可以馬上解燃眉之急。不瞞你說，幾年下來好多城市『存放』的地方我都記不清了，有的地方我都說不清道不明，只有親自去或許還認得，尚有些印象。我在這裏介多年數，看到的犯人中，感到這個中學生最可憐，調皮搗蛋為了一個字關了七年，幾個月後放了出去也不會有好日子過，尋工作難，工錢也不會多，戴頂反革命『帽子』更加一生一世『完結』。我已經是『遙遙』了，放在社會上的身外之物，亦用不著了，況且數目勿大，就送給他算了，讓他今後日子稍稍好過一些，對我來講就像做趟好事，學學英國人魯賓漢，當一次劫富濟貧助人為樂的俠盜吧。另外，不瞞你說關得辰光長了，我嘴巴也饞了，中學生年紀輕身體好，馬上可以在外面加油水，就算投桃報李互作交換了吧」。

聽了「四朝元老」推心置腹的肺腑之言，我一時語塞不知如何應對為好，我說：「我是以小人之心，度君子之腹了……」

「四朝元老」立即打斷我的話：「你這傢伙就是這點不夠朋友，酸溜溜的喜歡變著法子罵人，什麼君子、小人……」

我聽了笑了起來，「人人一隻心，你有兩隻心，比人家『多』了心。我說自己像小人，你是君子，怎麼變成罵你了，事實證明是我誤會你了」。

「這還像人講的話」。他說，繼而膽大不放心地馬上又加了一句：「你會不會在騙人」。

為了驅除他疑神疑鬼雞蛋裡挑骨頭的心理狀態，我說：「你是個重感情講義氣的人，我過去擔心你『來而不往非禮也』，吃了中學生的東西，就教他學些『本事』；現在你想給他一些東西做交換，這倒合情合理嘸啥大事體」。

「我的『本事』害得我已經夠苦了，憑良心講我想幫他，不是要害他」。

「嘴上無毛，辦事不牢，萬一他將這件事隨口講出去，或者他擺『魁勁』向人炫耀，結果『穿幫』了怎麼辦」。我真的有些在為他擔心事了。

「每個人行啥良心，過啥日子，他要嘸沒良心出賣我，他在外面，我在裏面，他能得到啥好處，至少要將拿到的錢，吐出來。錢這種東西，用起來便當，還起來難，他將我給他的錢用光了，拿什麼去還？況且我反正是爛稻草一堆，人已經『橫倒』了，啥亦勿怕了，再說他拿到的鈔票也勿多。東窗事發後，一，矢口否認，打死我也不會承認，說他胡編亂造無事生非，我已經『遙遙』了，不可能為這點『事出有因，查無實據』的檢舉而加刑；二、他若恩將仇報，或者我就存心亂講，明明他只拿一千元，我說裏邊存放一萬元、十萬元，讓他自搬石頭砸自己的腳，跳進黃浦江裏也洗不清，再加上要將吃進去的東西吐出來退賠，對他來講百上加斤難上加難。另外他想對「條令」說清楚道明白，至少要出混身汗了。以上幾點我預先給他打過『預防針』，警告過他了，不要自找麻煩。不過我相信自己的眼光，不會看錯人，一句話，我希望他出去了，日子過得好一點，絕無半點害他之心」。「四朝元老」把既可前進又可退守的辦法，侃侃而談分析透徹鞭辟入裡。

我微微頷首同意他的觀點，「你只要想好一條條後路，我為你放心了。但如果『條令』（公安）追查你阿里巴巴山洞裏的寶藏，你怎麼辦」？

「或者裝瘋賣傻一問三不知，或者亂話三千賴得乾乾淨淨，總而言之，這種無證無據瞎三話四的『無稽之談』，憑一個人的口供是定不了案的，對我們這些老兵油子，『條令』亦曉得石頭裏榨不出油來，不會嘸沒事體尋事體，自找麻煩浪費辰光」。『四朝元老』一轉話鋒，針對我了：「你如此關心這件事，是不是也想『軋一腳』想分點『蟹腳』？你真想要，一句閑話，我另外還有地方，放的東西遠比給他的多，你出去後可以按圖索驥去拿，你我是老朋友了」。

「先要謝謝你，也就是謝謝你一家門了，君子不奪人之愛，你吃辛吃苦冒了生命危險得來的東西，我無功不受祿」。我婉拒了他。

「好心沒好報，阿黃炒年糕。你嫌我的東西不乾淨，所以不肯要」？他臉上「寫著」有點勿開心。

「我鄭重其事真心誠意的再次謝謝你，黑黑的眼烏子，人人歡喜花花綠綠的錢票子，我不是不想要，實在是不敢要。今生今世我頭等重要的大事，一回到社會就是想方設法要平反，我不想給政府雞蛋裡挑骨頭，被捉牢任何小小的『扳頭』，影響平反，一生一世做反革命。你一片好心我領情」。

「既然如此，人各有志我也不勉強，總之我是好心」。

這件事總算大家三對面六對證，開誠佈公推心置腹大家講清講楚，畫上圓滿的句號。

打破沙鍋問到底

然而，好奇之心人皆有之，從「四朝元老」都會在一些地方存放財物，若以此推論，《天方夜譚》中四十大盜於深山老林秘密洞窟內蘊含寶藏，中國的綠林好漢江洋大盜完全有可能依葫蘆畫瓢「洋為中用」，也會效仿。我是個三不罷四不休的人，心裏只要有一星半點兒弄不清搞不明的事，即使不眠不休反復思考都要想出個所以然來；或者鍥而不捨打破沙鍋問到底，不厭其煩問個明白為止，何況這件富有戲劇性的奇聞異事。於是我又放下身段虛懷若谷地向「四朝元老」請教，憑他幾十年闖蕩江湖的閱歷豐富見多識廣，中國究竟有沒有類似的「阿里巴巴與四十大盜」的真人真事？他們會不會在深山老林人跡罕至的洞窟裏存放著取之不盡用之不竭的寶藏？

「四朝元老」似笑非笑搭起架子地說：「你要從我嘴裏套出些話來，就裝作小學生那樣謙虛；等我一五一十和盤托出後，你就像川劇中「變臉」，恢復大學生高人一等模樣了，所以我還是少說為妙，『留一手』吊吊你胃口好」！

我知道他是存心揶揄我，不僅嘴上討點便宜，使我好服服帖帖任他擺佈，所以只能低聲下氣投其所好。我說：「這個問題你是權威，唯有你才有資格開導我，別人講我還不相信呢！」

「其實對這個問題，我亦只能憑空推測妄作想像，沒有人會將此類秘密中的秘密，對局外人隨便亂講。以前朝代，東北土匪、湖南湘匪最出名，東北土匪頭子張作霖還搖身一變成了名聞遐邇的大帥。你說張作霖當土匪的時候，會不會將部份財富放在秘密地方，以備緊要關頭不時之需，此是可想而知的事。現在共產黨社會，全國每個人戶口統一登記，定時、定點、定糧，憑糧票供應糧食；憑糖票、油票、布票、肉票、副食品票等等數不清的票證供應各類商品。解放至今一個運動接一個運動提倡檢舉揭發，一有情況就出動重兵剿匪除霸，使土匪都沒有立足容身之地，何來藏匿寶物洞窟」！

他的真知灼見精闢分析，令我連連點頭內心折服。

「四朝元老」你在那裡

歷史巨著《三國演義》開宗明義就敘述富有哲理的名言，「天下分久必合，合久必分」。「四朝元老」與我同監房四、五個月之久後，終於因提籃橋監獄內，規定三、四個月內每次一、二名犯人須「換監房」而分開了，結果換進了一位老態龍鍾的「英國間諜」和一位風燭殘年的國民黨中級軍官與我同監。「四朝元老」臨行整理物品時，我倆緊緊握手，我為離別一位朝夕相處隨時可以求教的提籃橋萬寶全書「良師益友」而不勝婉惜。雖說人生何處不相逢，他刑判遙遙，看來是再要促膝長談只能在夢中。

一九七六年五月我刑滿出獄，頭戴反革命帽子押到勞動改造、勞動教養局屬下的上海勞動電焊機廠繼續監督勞動。同年九月粉碎「王洪文、張春橋、江青、姚文元」《四人幫》。從大街小巷張貼的大字報中，我深切感到，黎明前的黑暗終於過去，夢寐以求朝思暮想的平反宿願，行將喜從天降。一九七七年初我是原工作地區，十年浩劫「文化大革命」後第一批「冤、假、錯案」平反，恢復名譽人士。接著全國對從一九六六年五月十六日至一九七六年九月，十年浩劫中全部案件進行重新審理，無數「冤、假、錯案」獲得平反、減刑等不同結論，許多人從監獄中回到了社會上。

中共十一屆三中全會後，全國結束了「以階級鬥爭為綱」的路線，步入「改革、開放」嶄新時期。一九八〇年四月，正是上海春暖花開的好季節，我從西藏路坐26路無軌電車行進在淮海中路婦女用品商店附近，我座在靠窗的坐位，優哉遊哉漫不經心地眼光投向人來人往的上街沿。一個似曾相識的既熟悉又陌生的臉龐身影突如其來映入我的眼簾，雖疾若流星的驚鴻一瞥，我輕輕一聲「四朝元老」衝口而出。可是26路無軌電車要到下一站淮海中路瑞金路才靠站停車，我跳下電車朝反方向跑步。淮海中路婦女用品商店周圍，星羅棋佈四通八達，人山人海摩肩接踵，我一路小跑到黃陂路，近觀遠眺根本不見蹤影。是我眼花認錯了人，思前想後既有可能又不太可能！按「四朝元老」案情分析，他被判處「遙遙無期」是「文革」中階級鬥爭為綱極「左」路線下「從嚴、從重、從快」的產物，當前撥亂反正大勢所趨下，減刑後提前釋放乃理所當然，完全符合正常的邏輯思維，何況「四朝元老」此次關押已超過十年，監獄中對政府又有一定貢獻，所以我認定他可能已被釋放回到社會。當然，另一種可能，政府利用他「一技之長」，讓他充任「老廣東」。然而世界之大人海茫茫，今天失之交臂，何日再能相逢。從此之後，我經常有心或無意，走在淮海中路上，但願有朝一日不期而遇。誠如希望越切，失望越烈，我真想大聲疾呼：「『四朝元老』你在那裏」！

眉宇間的「倒八字」
——或是殺人犯一大「特徵」

三人中必有我師

終於盼到了「四朝元老」調到我的監房，使我可以有機會向這位聞名上海提籃橋監獄的「萬寶全書」，求教及證實我幾年來在「宮內廟裏」所見所聞的牢獄知識真偽虛實。

常言道金無足赤人無完人，世界之大無奇不有。「四朝元老」先後在英國佬、小日本、國民黨、共產黨管治下蹲過提籃橋，即使對監獄生涯見聞廣博學富五車才高八斗，終有挂一漏萬欠缺瑕疵之處，不可能樣樣精通事事悉曉，所以他在「萬寶全書」後加了三個字「缺隻角」，自謙為「萬寶全書缺隻角」。

我迫不及待擬首先討教的「知識」，屬於至關重要的人生安危社會經驗：據牢獄中前輩之前輩經驗所談，絕大部份殺人者面龐，均長有先天「共相」，關鍵并不是看他的濃眉大眼兇神惡煞咄咄逼人，抑或外形虎背熊腰威風凜凜脾氣暴躁，而是要捕捉他不經意中瞬間剎那，在面龐額頭眉宇間顯現的異乎常人之「特徵」，此或是殺人犯一大「特徵」也。

「文革」中毛澤東鼓吹「和尚打傘，無（髮）法無天」，「砸爛公（安）、檢（察院）、法（院）」，徹底取消法院「民事訴訟法」和「刑事訴訟法」規定的二審終審制，改為毋須法院判決，由公、檢、法軍管會一次定案。并發出「最高指示」：「翻案不得人心」。一九七一年因不服將我羈押二十個月，又戴上反革命帽子而翻案，於是而「二進宮」，第二天被提審了一次，此後整整三年八個月，對我不審不問不理不睬冷凍雪藏。也許現在很多年青人不太明白，解放前民間諺語說，這個壞傢伙讓他吃足三年零六個月官司，因為對江洋大盜才判處三年六個月如此嚴重的長刑；而共產黨時期嫌疑人還沒有確定有罪無罪，都可以「依法」關你三年、五年，十年八載或更長的歲月沒商量。

由於看守所內三餐之外，饑餓終日無所事事，深切痛感長此以往，腦子要生銹，學問會滯後。既然命犯太歲運交華蓋身陷牢獄之災，怨天憂人苦思冥想自暴自棄亦無濟於事，只能既來之則安之，隨波逐流得過且過順其自然。雖不指望似法國大仲馬名著「基度山恩仇記」主人公，愛德蒙・鄧蒂斯獄中巧遇法利亞長老，在廣增知識、獲得財富上受益終生；但在這遠東第一的提籃橋監獄「大學校」中，亦不乏出類拔萃各路精英藏龍臥虎之奇人異士，天涯何處無芳草，民諺：三個小皮匠，湊成個諸葛亮，故而三人中必有我師。我堅信天，定有掃除陰霾雲開日出之時，十年風水輪流轉，留得青山在終會苦盡甘來沉冤得雪。有道是「梁園雖好，終非久留之地」，何況監牢這一人間地獄，更非我「久留之地」，天生我材必有用，囹圄生涯總會有時盡。思想一通，就安下心來，虛懷若谷禮賢下士，孜孜以求熱衷學習大學法學院書本理論之外，社會大學的實際知識。特別是誠心誠意向在「廟裏修行」多年，擁有豐富監（監獄）、所（看守所）生活經驗，在社會上見多識廣的博學多才人士，務必真心誠意敬重有加執弟子之禮，才能日積月累耳熟能詳，百川歸海獲得真知灼見。

「前輩」指教殺人犯「特徵」

果不盡然有位「前輩」，向我現身說法口授身教我在中國政法大學中，聞所未聞見所未見的關乎人生安危的實用知識。他鄭重其事意味深長的說，每個人內在的善惡忠奸，必然會於外在面龐長相顯露映現，所謂善人有善相，惡人生惡像。據他曾接觸的「廟中前輩」傳述，和他本人多年集腋成裘、觀察、研究、歸納、分析，發現直接或間接實施、策劃、參與殺人行為的人，臉龐上特別是眉宇間，絕大多數都會留下先天共有的「特徵」。

他所言所述，我以前從未見聞一無所知，確實振聾發聵令人深省，其內容之重要毋庸置疑不言而喻。我之所以尊稱他為「前輩」，乃是他「進廟」前系大學講師學有專長，在看守所已先後「二進宮」，羈押漫長八、九年之久，牢獄生涯經驗豐富；粉碎「四人幫」後冤案平反，事實證明他的清白，故不便直書姓名。

自殺者「特徵」多用反手

一九五二年中國高等教育進行院系調整，由北大、清華、燕京、輔仁四所大學的法律系，組成北京政法學院（現中國政法大學）。她匯集了中國最優秀法律教學專才，一九五四年起開設法律本科，我是一九五六入學，以五、六十年後今日之論資排輩，名列前茅。四年本科學習生活中，幾乎每月總有一、二次，由國家公安部、司法部、最高法院、最高檢察院領導及專業部門人士進行政法業務報告，以作書本及課堂教學的輔導和補充。他們中很多人開場白像是一隻模子鐫刻出來：今天他講的內容，不准記錄，不准外傳，如果外傳他概不承認，一經發現有人外傳，先將外傳者按傳佈謠言治罪；此後再加一條洩密罪，洩露了國家秘密。使人對他的講話，增加了一種透露內部消息的神秘莫測感覺。另外，我們因專業需要，可以閱讀對社會人士嚴格保密的中央政法系統出版的一些內部書刊、資料。事隔多年我對專家所談大多數內容，如過眼雲煙早就拋到九霄雲外，唯獨對公安部三局（刑事偵查局）局長所談的，自殺者實施自殺時顯露之「特徵」記憶猶新，但從未聽說或讀到過殺人者眉宇間有什麼「特徵」。

據公安部專家介紹，以刀器自刎或吞槍自殺者，絕大部份人使用的是左手，嚴格講應該是用「反手」使用刀器或開槍結束自己的生命，而很少人用正手自刎或扣動槍械板機自盡的；如果用右手自殺者，此人往往是「左撇子」，即寫字、抓筷子都用左手的人。公安部專家解釋說，這絕不是江湖傳聞馬路消息憑空猜想，而是有事實和科學根據的，公安部曾對全國自殺者的現場偵查取證統計，由於大部份人將右手作為正手，所以百份之九十以上自殺者，都是左手用刀或開槍自殺的。為此，刑事偵查專家對此經多年研究，發現人在行將自殺結束生命前的幾秒鐘、幾分鐘、幾十分鐘，思緒萬千腦海神經極度緊張，情緒亢奮達到沸騰或消沉低落到冰點，當右手拿起了刀器或手槍，對准了人體要害部位，準備用刀器自刎或扳動手槍開關結束自己生命時，由於右手因日常使用，神經系統靈敏，容易受大腦控制，常常是自己對自己下不了「毒手」而作罷。於是就將刀、槍掉換到左手，相對右手，左手要呆木遲鈍得多，容易在「一時衝動」之下或「糊裡糊塗」中，完成了自殺的最終行為，絕大多數自殺案件，現場採證偵查結論大同小異。

當場引起大家議論紛紛，有同學提問，不勝枚舉的電影、戲劇、小說中，從來沒有或極少出現用左手自殺的，人們見到的幾乎都是右手，并且從來沒有人對此質疑。公安部專家回答道：電影小說中講的是「故事」，我們談的是案情「真事」。作家本身并無自殺的「經驗」，作品中寫成用右手自殺，這也許是作家們藝術構思

「想當然耳」誤會的產物，所以提倡作家們要到生活中去，學習生活觀察生活體念生活。希望在座各位今後創作時，涉及自殺情節，一定要反映生活真實，切勿重蹈覆轍犯此類常識性錯誤。

但是，以我所知所學，無論公安部專業報告或者浩如煙海的國際、國內刑事偵查學、犯罪心理學，和國際刑事專家權威的著作中，對殺人案件的調查和研究，也從未提及殺人犯的面容上眉宇間的「特徵」；在中國政法大學刑事偵查專家學者處，在社會人士及從中央到地方的公安幹警中，也從未聽到誰人談論過它。再如膾炙人口流傳百年的「福爾摩斯偵探小說」中誠如福爾摩斯超人的智慧，都從未見其談起提及。綜上所述種種因素，我對「前輩」的經驗之談姑妄聽之，嘴上說不可不信，內心思想持保留態度，甚至不可半信。

普通人眉宇間的「正八字」

儘管我尚無「喜怒不露於形式」的涵養，但「前輩」并未從我的神情姿態洞察我心中所思所想，他依然氣定神閑滿懷自信同我侃侃而談：「平常的人，不論胖瘦高矮男女老幼膚色各異，脾氣急躁獷悍，外形溫文爾雅，眉毛長短有別粗細濃淡，雙眉中相隔寬窄，額頭上因歲月留下的皺紋，特別是心有所思眉頭一皺，十中有九基本上仿佛生成一個『正八字』的圖形。我先示範一下，你仔細看好」，他邊說邊將雙眉皺了起來，而且又用手指由額頭向左眉往下移，又換另一方額頭由上向右眉下部份比劃著，但見眉宇中間，從眉尖往下，沿著眉毛的下半邊，出現了一個清晰的「*」字。此時此刻他連聲的對著我說：「看清楚了沒有，像不像中文的『八』字，就是我所說的『正八字』」。

我睜大著眼，目不轉睛全神貫注順著他的手指上下起落盯定看著，不由自主地認同點頭，表示看清了「正八字」後，「前輩」得意洋洋繼續說：「然而，極少數人的眉毛上半部，人的手指從眉宇中間往額頭上方移，尤其在他們苦思冥想策劃陰謀，或突發性怒髮衝冠心存殺機，不經意地剎那瞬間皺起眉頭時，往往會出現平常人都不具備的『字形』，這種特殊的『字形』，殺人者眉宇間十之八九都會顯現，所以敝人作為普通人，就無法向你『示範』了」。

親身見聞殺人犯的其他「特徵」

可能是大學學習生活的先入為主，一時三刻間我「頑固不化」地接受不了「前輩」的指教，原因之一，他專長乃自然科學，我學的是法律知識，雖然讀書尚不多，但「本本主義」受累頗深，以往閱讀的書本中從無記載，以人的面貌長相某些特徵，就能大致推定是否殺人者。總而言之此類奇聞軼事虛無縹緲太過玄妙，只能當作是江湖道上及監獄人士，牽強附會信口開河道聽途說的無稽之談，屬於不符合科學真理，經不起實踐檢驗的「唯心論」哲學範疇，或者只當他在講天方夜譚猶如故事聽過，一笑了之不值得信以為真。我自作聰明暗中思量，倘若誠如「前輩」所言，今後中外警察偵破殺人案件，只要首先觀看疑犯雙眉之間有沒有「倒八字」，這類殺人犯與眾不同共有的招牌式「特徵」，就可不費吹灰之力將嫌犯手到擒來，輕而易舉迅速確定兇手身份，偵破殺人重案。然而，任何事物不怕一萬就怕萬一，這關乎到確定殺人案件的真相及偵查對像生死命運大事，怎能夠草率行事形同兒戲，豈非是「糊塗官辦糊塗案」，違反了一切案件都應該「重事實、重證據」的原則，絕不可心存僥倖有先入為主的經驗主義。「失之毫釐差之千里」，即使多少萬中之一出現謬誤，必然有心或無意製造「冤、假、錯」案，害人一生累已不淺。憑我在看守所多年的經驗和見聞，「前輩」指教的殺人者的倒八字「特徵」，我孤陋寡聞此前從未聽到任何人談及，故而不得而知。但殺人犯落入法網關進看守所後，我與他們朝夕相處同吃同住，親身見聞他們確實不約而同出現其它類似的共同「特徵」。

殺人犯剛進看守所，大多數人是當晚，有的第二、三晚，或者是一連幾夜噩夢不斷，深更半夜間突然從牢房睡覺的地板上猛地跳起身來，大喊大叫大驚大鬧大哭大吵；有時囈語連連敘說實施殺人的一些細節和現場情景，有的如怨如悔如泣如訴痛哭流涕痛不欲生，有的呼爹叫娘求神拜佛彷佛已身赴刑場面臨法律制裁時，內心深處極度驚慌恐懼。總而言之，萬變不離其宗，殺人犯身陷囹圄最初幾夜，大哭大喊大叫大鬧連連噩夢是他們共有的「特徵」，幾乎百發百中無一倖免。可以想像他們剛落入法網，似同傷人奪命橫行無忌的雄獅猛虎乍入鐵籠之中即使劣性未泯，但面臨的後果，已一清二楚。人不同于獸類乃萬物之靈，殺人犯理所當然會估量到可能受到殺人償命的法律制裁。白天和我們同處樊籠，不管多少還能彼此講講話，或者聽聽同監犯談吃談喝，可以分散想法放下心思。到了夜深人靜萬籟無聲，滿腹心事翻來覆去似睡似醒，不由自主慮及血債血償之法律無情，一個人越思越想越發膽戰心驚，不由自主哭喊叫鬧。我們同處牢房，近水樓臺也見多不怪了，只可惜看守所外社會上的良民百姓無法見聞體現領略上述情景，所以知之者不多也。

應該說明的是，不少其他類型罪犯，初「進宮入廟」時，睡夢中亦常會哭哭啼啼悔恨交加，相比殺人犯，其「平靜」程度及次數之少，乃小巫見大巫，絕不能相提並論。

按圖索驥對號入座

「前輩」似乎沒有發現我的思想在「開小差」，他繼續認認真真一絲不苟，鍥而不捨一而再三擺事實講道理，又「理論聯繫實際」，列舉我曾親眼見到過的，甚至同監房羈押犯有殺人罪的「熟人」。「前輩」不厭其煩將他們的面部長相眉間的「特徵」，同所闡述的理論一一予以對照。并語重心長殷切叮嚀，茫茫人海中交朋成友，應該慎之又慎，凡突如其來無心之中發現長有此類「倒八字」「特徵」人等，千祈要佛樣敬賊樣防，切切不可對任何人，尤其向本人提起和「說穿」。從此之後切記盡量少見為妙，不要與其日常來往，此乃「防人之心不可無」的金玉良言，對可能的「定時炸彈」要未雨綢繆防微杜漸敬而遠之，人無遠慮必有近憂，以免有朝一日糊裡糊塗釀成殺身之禍！務必要遠離是非之人，對他避退三舍，宛如北方人所說，惹不起但可以躲得起。誠然，任何事物都會有例外，而且也不是一成不變的，哲學上有量變到質變，漸變到突變，變，是絕對的；不變是相對的。先天生有「倒八字」兇樣惡相的人，經長期修身養性一心向善，所謂放下屠刀立地成佛，人的相貌也會改惡從善，朝好的方向改變；一再害人邪門歪道怙惡不悛，必然會由小惡變大惡，面呈兇相遭人唾棄。佛家有語：「相由心生，境隨心轉」，講的就是這個道理。然而如果同此類人非親非故，還是遠離為上策，何必圖一時之僥倖去冒這個險呢！

在他多次教誨下，我心想以他的待人接物學識見聞思想縝密，決不會輕易採信街談巷議人云亦云的流言蜚語，他談論之事，亦絕非憑空臆測夢中囈語，至少是空穴來風不為無因，所以他才自始至終堅信不疑。再則，我看他嚴肅認真引經據典，確屬言之鑿鑿出自肺腑，而且我將幾個曾經接觸的殺人犯「按圖索驥」在腦海中「過電影」後「對號入座」，雖不能說萬試萬靈百發百中，至少也三五成數，參考價值相當高。「前輩」提出的命題，關係重大兼有科學性更有日常生活待人接物的實用性。我於是一反常態抱著不可不信不可全信的心理，運用馬克思主義哲學的「實踐是檢驗真理的唯一標準」，以「按圖索驥」方法，找到機會就對號入座予作實驗，以求證他所談的「理論」是科學成份廣，抑或謬誤缺陷多。

「書到用時方知少」

看守所裏的犯人，窮得只剩下了「時間」，多的是「空閑」，我的想法一言蔽之反反復復，先是把它當作稗史野說，將信將疑聊為消遣打發時間之用，以免把它當作「金科玉律」，最終落得希望越多失望越痛。測字算命先生有句口頭禪：靈勿靈當場試驗，准勿准過後方知；我則按照社會科學的理論：「實踐出真知」，「實踐是檢驗真理的唯一標准」，於是就充分利用人在「廟裏」，近水樓臺先得月的與眾不同的獨特有利條件。

與社會上相比，殺人犯和今後可能成為的殺人者，雖說是生活在千千萬萬人民大眾的汪洋大海之中，然而誰又能像孫悟空長有「火眼金睛」立分真假明辨皂白，讓他們「原形畢露」無所逃遁呢。「廟裏」是殺人犯最終的歸宿匯聚集中之地，猶如條條大路通向羅馬，江湖河流匯入大海一樣，天網恢恢疏而不漏，殺人犯十之八九共同的人生終點是走向牢監。當年劉邦拔劍斬蛇起義，約法三章之第一條，就是「殺人者，死」，至今殺人犯大部份是由看守所，直接進刑場。所以在看守所同一樊籠中，最容易見識到各式各樣千奇百怪起因情由的殺人犯，我并有幸能夠與殺人犯「和平共處」朝夕相見同居一室，有機會從他們的日常生活言行談吐舉止動態，喜怒哀樂一顰一笑七情六慾中發現真諦，更可以近距離仔仔細細，大把時間實地捕捉觀察見識他們眉宇間驚鴻一瞥的倒八字「特徵」，讓事實來品定「前輩」所言真假虛實是非曲直，作出正確結論。我抱著獵奇尋珍的心情，開始將一個個身負殺人案的同監犯「對號入座」，讓科學來辨明鑒定「前輩」經驗之談的理論，「含金量」究竟有幾多。

然而，真所謂「書到用時方知少」，儘管以往也同幾位殺人犯日夜同關一隻籠子裏，在「前輩」對我真心實意傳授獨門秘訣前，我壓根兒都沒有想到要觀察捕捉他們眉宇間的倒八字的「特徵」，像豬八戒吃人蔘果那樣，懵懵懂懂讓大好機遇，都失之交臂擦肩而過。雖不能說「蘇州過後無客船」，然而要立時三刻「出現」一名殺人犯，讓我作「科學實驗」，亦非立等就可取得，手到即能擒來。我只能乘著時光倒行的逆舟，回溯往事尋找記憶，思量曾相處一籠，或親眼見過的殺人犯，眉宇間有否關鍵的倒八字「標記」，可惜腦海中只留下一種朦朦朧朧模模糊糊，若有若無時隱時顯的印象。

天上掉下一個「小同犯」

看守所的深夜，四邊高牆中間的天井，燈火通明萬籟無聲夜闌人靜。天空細雨霏霏，伴隨著乍暖還寒之意。遠處時有時無閃爍不定的，探照燈式強光掃來掃去，碉堡式的崗樓上，站立著忠於職守的武裝警察，當年為公安部隊，荷槍實彈二十四小時，目不轉睛虎視眈眈，防止犯罪圖謀不軌越獄逃跑，過道偶而清晰響起「班長」巡邏的皮鞋聲。我在百無聊賴昏昏入睡的夢鄉中，突然被一陣由遠而近的「哐啷、哐啷」腳鐐碰撞聲驚醒，還沒回過神來，隨接是鑰匙開啟牢門的重重聲音，所長威嚴地喊道，大家讓開些地方，給他睡覺。於是，一個身高一米七十左右，年約十五、六歲的平頂頭少年，拖著腳步響著鐐銬進入監房。

我抬頭見他的臉龐，經年累月的海風吹日頭曬，膚色黝黑較為粗糙，行動舉止給人一種與年齡不相稱的早熟感覺。他長著一對三角眼，佈滿血絲雙眼通紅，一副又黑又濃的掃帚眉，眉宇開闊面龐上帶有於心不甘忿忿不平的兇相。他滿臉疲憊鼻青眼腫，口角略有擦抹後殘留的血跡，手臂腳上帶著累累傷痕。他上身一件骯髒不堪明顯留著鬥毆或給人痛打時，被硬力撕破的「的確涼」短袖白襯衫，上面印有斑斑血跡，下身一條淺灰色有幾個破洞污穢的平腳褲，亦帶有殷紅印記，身後戴著一副手銬，赤著腳箍了一副拖著長長鐵鏈的腳鐐。他人還沒有踏入監房，腳鐐鐵鏈同地面的撞擊聲哐啷哐啷已傳向每一個同監犯耳中。等到他完全進來了，所長邊說給他讓出睡覺的地方來，一邊熟練地關門落鎖後，又於鐵門外站了一會，察看監房內情況。「少年」第一句話出人意表地說：各位爺叔伯伯吵醒大家，對不起了。擺出一副似乎多次「進宮」，「回娘家」似的「老吃老做」姿態。由于所長及「班長」都在門口目光如炬嚴陣以待，大家不發一言匆匆忙忙在靠近抽水馬桶旁邊，清理出一席之地，供新來的「不速之客」就寢之用。新同犯說了聲：謝謝。「班長」大聲警告：大家不准講話，老老實實睡覺。「小同犯」由于只身進監沒有被頭舖蓋之類物品，想席地而坐，以便「回放」幾小時前案發現場的一幕幕情景，理理腦子裏的一把亂頭髮。「班長」立即訓斥：夜晚不准坐著，還不趕快老實躺下。所長、「班長」看著他「橫倒擺平」在光光的地板上後，又靜靜察看了一會，就一言不發先後離去了。

經此折騰，我相信每間監房的犯人都會在睡夢中醒來。籠子裏的犯人，人人都有本難唸的經，瞻望前途苦海無邊不寒而慄，晚晚滿腹心事夜不成寐，每個人每個夜間無一例外必定都胡思亂想夢幻顛倒，有想案情，有思家人，有慮前途，有患後果，一遇風吹草動輕微聲響，馬上就會驚醒過來。何況今晚像京戲演出「三本鐵公雞」，大鑼響鼓人聲嘈雜熱鬧非凡，廟裏新進了個「未見其人先聞其聲」的新同犯。犯人特點之一，非常「八卦」又極其迷信，日日無聊生活外，雞毛蒜皮之事，如同新聞記者搶新聞那樣，都想探聽明白，因此人人都想第一個打探清楚，這位年紀不大享受腳鐐手銬殊榮的「不速之客」，究竟是何方神聖，犯下那類彌天大罪。我們雖在近水樓臺，得盡天時、地利、人和之便，但在半夜三更寧靜無聲之時，「班長」往返在監房走廊巡邏，虎視眈眈之下，誰都不敢做先被槍打的出頭笨鳥，於此夜深人靜之際，送上門去被作殺雞儆猴的「典型」。好在來日方長，有的是機會。「前輩」今天剛巧是值日，就將一條半新不舊的毯子，拋給了「少年」，他先說：謝謝，又說身上齷齪八臘，不要將毯子弄髒了，反正天熱，不用了。

「不准說話，快睡覺」，「班長」一聽到監房有話聲，就快步趕了過來，用槍托敲打鐵欄桿，威風凜凜地訓斥。大家只好「悶聲大發財」將眼睛緊緊閉上，等傳來「班長」腳步走遠的聲音，又各自睜開雙眼吃吃暗笑竊竊私語了。

「小同犯」一夜之間，翻來覆去不計其數，每轉身一次，就伴著腳鐐撞擊的響音。重刑犯此類情景看守所乃家常便飯，大家也見怪不怪，因為幾乎每個剛「進宮入廟」的犯人，特別重刑犯人，初來乍到的第一夜，人人如一個師傅教出來，一種模子裏刻出來的產品：輾轉反側自我折騰滿腹心事夜不成眠；殺人犯如果迷迷糊糊睡著了，用不著一枝煙時間，夜半驚醒常常會大聲哭喊叫鬧。

過不了多久，東方發白，起床聲響起後，同監犯整理好睡鋪，按犯人自訂的「監規」，大家指定新來的「小同犯」坐在抽水馬桶邊，因他帶有手銬，有人順理成章的上去幫他「方便」，又助他洗臉漱口。等早餐合子進入監房後，「小同犯」就對著合子面向大家說：「各位爺叔、伯伯，我年幼無知不懂『規矩』，請多多指教關照，這合子粥先謝謝各位」。同監犯一聽他的說話，一看他的舉動，八面玲瓏中規中矩落門落檻，似乎他是多次「進宮」，「以廟為娘家」的常客。「前輩」今朝是值日，就對他說，「這裏彼此叫號碼，不要再叫爺叔、伯伯了，熟了以後大家的綽號你都會曉得的，這合子粥既然你不想吃，今天是我值日就謝謝了，大家有緣是同監犯，會按規矩辦事的，你的日常用品該我先來提供」。

「前輩」教我理論聯繫實際

吃完早餐，「前輩」輕身細氣胸有成竹的跟我講，「你注意到這個『小赤佬』了嗎」？

「注意啥」？我一時間不知他問什麼，沒有反應過來。

「前輩」一本正經滿有把握地講：「從他臉孔眉宇間與生俱來的『倒八字』特徵看，他肯定是個殺人犯，你要有守株待兔的耐心，仔仔細細觀望察看，一定會事半功倍發現他廬山真面目」。

我聆聽了他的指點，聚精會神定睛凝視，集中打量少年同犯的額頭眉宇，等待了相當一段時間，像攝影師打開鏡頭，時時刻刻全神貫注地耐心靜待最佳時機，終於在一剎那中捕捉到瞬間「彌足珍貴」的鏡頭，發現他眉宇間顯出的「倒八字」。立刻心領神會若有所悟，但是心服口不服，故意雞蛋裡挑骨頭地對「前輩」抬杠說：「小小年紀半夜三更手銬腳鐐進監房，這種陣勢排場，三歲小囡都看得出，他一定是個殺人犯，這有啥大驚小怪當作新聞來發佈呢」。

「平時見不到，偶而露崢嶸」

「前輩」用嘴巴深深嘆了一口氣，仿佛我乃「孺子不可教也」，但他仍一如既往誨人不倦地說：「你是典型的『葉公好龍』，平常時候盼著『龍』來，以便仔細觀察、研究、對照；待等『龍』真的出現在眼前，你倒熟視無睹不當一回事了。再說我不是看陣勢排場表面現象，記不記得以前多次同你講過，他是不是殺人犯，主要是看他的眉宇之間與否顯現的『倒八字』『特徵』。這類監房中積累多少年的經驗之談，并不是他出現了，我才放的『馬後炮』，而是在事先都一再同你敘說過。你好好看清楚了，他雙眉之間額角頭前，當他懷有心事或皺起眉頭或想起案情，或心存歹念、殺機的剎那瞬間，從眼睛處沿著眉毛往上接近額頭處，是不是有些辰光與眾不同顯露出一個『倒八字』，這眉心中間向上的與眾不同異乎常人的『倒八字』，幾乎是大部份殺人者專有的『特徵』，現在他又皺起了眉頭，這『專利標記』又一次曝露無遺了，你看，你看，你好好看」。

我說：「一滴水滴進油瓶裏，讓你碰到個『巧』字，所以瞎貓拖到了死老鼠。剛剛好這個『小赤佬』恰巧臉上有此種長相，關於他的案情，菩薩也不用問，人人都看得出猜得到，他肯定是個殺人犯，這次不好算數，下次有機會再重新驗證過」。說完以後我又問了句：「不過我有些奇怪，為什麼昨天夜裏沒有聽到他大喊，也沒有發覺他大叫。」

「前輩」微微搖頭一笑了之地對我說：「你是存心裝瘋賣傻，還是『老犯人碰到新問題』？昨晚他進來時，已經大半夜，過四、五十分鐘，很快天亮大家就起身了，再加上他人雖擺平在地上，眼睛張開想心事，整個時間根本沒有睡著，怎麼會喊會叫呢。言歸正傳我絕對不是靠額角頭高，碰巧撞到，再重覆一遍殺人者幾乎眉間額頭個個都可能有『倒八字』，生有這種面相的人，少而又少，而且它很像一首詩中的兩句話：『平時見不到，偶而露崢嶸』。就算是貨真價值的殺人犯，『倒八字』標記并不是隨時隨地顯現於眉宇間，而是在特定的時間、地點、條件下才會『偶而露崢嶸』。當然，生有『倒八字』的人，亦不見得全部都是殺人犯。邏輯學的推理法，不可以以偏概全逆向推理當作結論，總之，生這種長相的人不同凡響，情緒心思不可捉摸難以預測，碰到煩神、可恨的事體後，感情容易衝動、激化，殺性比較重，殺人的可能性就會產生了，當然也不至於為了一些雞毛蒜皮的小事就動手殺人。所以它又像『定時炸彈』不可捉摸，即使過去和現在沒有殺人，誰亦不是測字、算命先生，能推算出他將來什麼時候可能殺人。故而對這類長相的人能避則避，能躲就躲，少來往少接觸為妙。無論從科學的倫理學，還是星相占卜命理學，每個人內心的善惡優劣，必然會反映到人的外在面相上來，這是符合科學客觀道理的。何況觀察『倒八字』起始，也不是我的『發明創造』，是我的前輩老犯人一代一代觀察推敲，去偽存真去蕪存菁，集百家之長流傳下來的。社會上大千世界茫茫人海，與生俱來『倒八字』長相的人，似像鳳毛麟角大海撈針。他們就像股股細流匯入百川最終聚向大海，天網恢恢疏而不漏，『進宮入廟』乃殺人犯共同的歸宿，所以就給我們觀察研究此類科題，提供了『取之不盡』『用之不竭』真人實事之有利條件。再則，社會上任何人，就是所謂和妻子兒女朝夕相處，終比不上我們與殺人犯關在同一隻囚籠裏，長年累月二十四小時中，分分秒秒吃喝拉撒都生活一起。這無數次『眼見為實』、『實踐得出的真知』，又口口相傳沿習至今。開初聽人們談起時，我同你一樣，亦以為是瞎三話四無稽之談缺乏科學根據，俗話說不怕不識貨，就怕貨比貨。聽多了不及見多了，後來在牢房裏理論聯繫實際『對號入座』幾個殺人犯後，才慢慢地心悅誠服認為言之有理的，不瞞你說，我『上過梁山，游過太湖』，前前後後在『廟裏』觀察比對了二十三個殺人犯，有二十位眉宇中間均顯露有『倒八字』，雖不能說人人這般，其百分比絕對很高，你說這是『碰巧』，還是事物真相本來面目就是如此，蘊有顛撲不破的科學道理呢」？

我聽他先是哲學又是命理，既講理論外加聯繫實際，邏輯嚴謹條理清晰，說得有鼻頭有眼睛似的，特別是凝神觀察了天上掉下來的「小同犯」後，「前輩」的精闢論述，又一次受到檢驗和證實，不由得使人倍增信任度。當然我也不是牆頭草，哪裡風大就往哪兒倒。儘管眉宇間的「倒八字」，他的確同我講過在先，因為所涉及的命題事關重大，必須盡可能多一些實驗數據，進而反復推敲謹慎斟酌，存不得半點僥倖取巧之心，我仍舊堅持「耳聽為虛，眼見為實」，我希望用親眼所見的事實，「對號入座」來證明一切吧。我內心有變化，但嘴上照樣不買帳：「儂是叫化子吃死蟹，隻隻都是好的，今朝這個小赤佬不算數，下趟有機會重新再來過」。

「夢中露真情」

剛收完飯合子，牢門就打開了，「小同犯」第一個被所長帶出去提審，中午和傍晚開飯時都沒有回來，直到大家就寢睡下了，他踽踽地拖著沉重的腳鐐才回監房。如此這般連續密集提審了三天三夜，眾所周知政府這樣高度重視及異乎尋常陣仗，都證明是對待重案要犯，尤其是江洋大盜、殺人犯採取的速戰速決，連續作戰不給犯人喘息的機會，以便盡快取得案情真相。凡此種種事實，大家對「小同犯」越來越感興趣。但是他人雖小資格卻老，口風特別緊，除了講了年齡不到十四歲，家住上海市郊縣轄下的一個小島，平時跟著家人靠出海打漁維生外，有關案情卻隻字不提。再加上他回監房時，大家已經攤舖睡下。看守所監規嚴格，睡下後禁止講話，所以也不便多多相問。另外，他不像有些看來已過中年，外表老成持重的人，一關進監房馬上方寸大亂手足無措，不等詢問或者僅過了一時半刻，就將案情「和盤托出」，想請大家幫他分析分析，掂掂斤兩，估計估計會不會判刑或者會判刑幾年。即使如此，他們所犯關鍵情節，還是避重就輕七折八扣，逢人只說三分話，但是案情的梗概，基本上是會透露出來的。

人仿佛是蠟燭，不點不亮，他越是不講，大家都給他吊足了胃口，好奇心會越強，就越想知道所以然。一逢機會有的直截了當，或者旁敲側擊向他詢問，「少年」卻王顧左右而言他，你說東門造反，他講西門逃難，滑溜得像泥鰍，讓人捉不住摸不到邊際。

他「進宮」後第二個夜晚，即白天提審後的第一夜，絕大多數犯人都昏昏沉睡進入夢鄉，唯有看守所零零星星的「夜半喊聲」，斷斷續續的有人叫「報告」。看守所規定犯人睡下後起身如廁，必須先喊「報告」，據說是同監犯中便於監控，防止犯人半夜逃跑。儘管如此，看守所的晚間畢竟寂靜無聲之時為多。孰不料驀地裏猛然聽得「小同犯」突如其來大吼一聲，「血，血，他的心口飈出血了……」，緊接著又哭又鬧亂喊亂叫，驚恐不已斷斷續續的說，錢根本就不是我偷的，是他們先冤枉了我，又動手狠狠打了我一頓，打得我渾身是傷。我沒有存心要殺人，我不是存心殺他小孩的，是想用刀去嚇唬嚇唬他的，媽媽呀，我怕，怕，我殺人了，血，血，他死了，死了……」，於是傷心欲絕的呼天喊地慟聲痛哭，繼而又時有時無淒淒切切抽抽泣泣欲罷不能，人卻似醒未醒，眼睛半開半閉，實際上是他仍在夢鄉的囈語。有道是「酒後吐真言」，他卻是「夢中露實情」。

同監內每個人都被哭喊聲驚醒，「班長」聽到響音，即刻跑步進入監房走廊，查看個究竟，見到是「小犯人」日有所思夜有所夢，在睡夢中哭叫講話。諸如此類殺人犯的「常見病、多發病」，「班長」見多識廣，罵了句小小年紀自作自受，犯罪時充英雄，現在剛剛嚐到無產階級專政的鐵拳就成了狗熊！邊說逕自慢慢的走了。

少見多怪多見不怪

人在腦子發熱血液流動加快時，所作所為一葉障目不見泰山，少年被人冤枉偷錢身遭痛打，又被家人責罵，兩面受盡委屈後，彷彿「初生之犢不懼虎」，於是膽大妄為心生報復不計後果；等到落入法網，進了「廟門」，戴上手銬箍了腳鐐，經過連續不斷的一次次審訊，和自己交待的口供，回到監房，躺在地上睡又睡不著，冷靜下來左思右想人慢慢清醒了，面臨法律制裁的「後怕」才油然而生，這心中的「後怕」又會在腦海久久停留揮之不去。常言道「少見多怪，見多不怪」，我初入「廟門」遇到同監的殺人犯，深更半夜大喊大叫的情景，儘管「同是天涯淪落人」，相逢還是不相識，對此既好奇又不解，天網恢恢疏而不漏，一般殺人犯屬普通刑事犯，出現在那個朝代都永無翻身之日。再則我夢中驚醒耳聽同監犯凄聲哭喊夢中囈語，總歸有些同情之心，然而多見諸如此類反常的現像就習以為常了。殺人犯身陷法網乍失自由，剛剛關進監房的幾夜裏，睡夢中腦海裏必定會將殺人情節清晰再次顯現一番，被抓捕歸案關進籠子冷靜了下來，才明白意識到法律的威嚴，犯罪性質的嚴重和可能承擔極刑的制裁，思前想後驚恐莫名懊悔不已。這一系列異乎常人害怕心理及外在的表露，真正才是殺人犯名副其實共有的特徵。也即是幾乎每個殺人犯，都會規律性的如出一轍，初入看守所幾夜大哭大叫驚恐萬狀，仿佛按照相同的「劇本」演出一番。假若說這是殺人犯的共有「特徵」，我毫無疑義雙手贊成。只是此類景像，唯獨僅僅在「廟裏」才會出現，社會人士絕對是無法身臨其境耳聞目睹的。前已提及，殺人犯之外的犯人，初進看守所，也常有半夜三更哭哭啼啼的，無論是程度、次數和時間上，都與殺人犯不可同日而語。

殺人逃犯的一席話

我曾經專門向幾位殺人犯詢問以及交談，他們殺人犯案後，長年累月浪跡天涯四方逃竄到處躲藏，半夜三更獨處一室或與人同住時，有沒有哭哭叫叫睡夢中不經意間自曝案情。他們直言不諱地說，殺人前是情緒極度衝動不計後果不顧一切，自己不能控制自己。殺了人，見到眼前發生的事實，才會開始恐懼，特別感到「後怕」。真因為心中有「鬼」，從此即使走在路上，就怕警察怕軍人，怕多看他幾眼的不認識的行人，怕路上、墻壁上加強無產階級專政的標語，仿佛這些都是針對他寫的，怕到內心靈魂深處。人無論身在何處走向何方，白天黑夜都繃緊了弦，風吹草動杯弓蛇影非常警覺，但是倒沒有發生夢中亂話三千的事，否則早就被人舉報進宮入廟了。至於身陷法網後，如何想方設法流竄逃亡，怎樣喬裝打扮蒙混過關逃避追捕的階段已經結束，心，在這方面是安定下來了放鬆了，接踵而至的是面臨法律制裁。每一次提審員對他的審訊時，對提審員的一舉一動說詞用語他都要鑒貌辨色詳細分析，甚至是不眠不休都要反覆思量。以估摸出到底可能是寬大處理還是從嚴懲辦，亦即是殺人償命，還是刀下留人判處死刑緩刑或無期徒刑，當然這一切的一切，都是憑空猜想，究竟如何自己心中一點底都沒有，面對現實能不絞盡腦汁充滿恐懼，這種「怕」與外逃時有別，是真正「刻骨銘心」觸動靈魂的「怕」，面對現實的「怕」，所以夜晚夢中才會哭鬧，才會喊叫。折騰幾天後，心才會慢慢地平靜下來，自己已成了砧板上的肉，橫裏砍還是直裏斬，都是由掌刀的人定奪，所以只能將一切交付給上帝佛祖保佑開恩了。

究竟此是殺人犯被捕後「一家之言」，抑或百家之「共識」，留待犯罪心理學專家學者，今後悉心研究斟酌推敲。

至於「前輩」教導的眉宇中「倒八字」的知識，也許亦是殺人犯的「特徵」，我「平反」後到了北京，專程到母校中國政法大學，請教刑法、刑事偵查學的教授學者，他們對諸如此類的市井俚語監獄知識頗感興趣，因為專家學者亦是第一次聽到此類「新聞」。

「明修棧道，暗渡陳倉」

連續幾天密集提審後，估計小同犯案情雖然重大，但比較單一，已經交待清楚，提審員尚需進一步核實比對，所以暫時就沒有再找他了。

「你同我們關在一起，是你運道好，曉得嗎，這位『大模子』老早是有名的大律師，以前聽他講過，十八歲、十六歲、十四歲以下的人，不管犯下任何罪名，判刑的結果與十八歲以上是天差地別大不相同的，你剛巧幾天後才到實足年齡十四歲，政策和法律規定會從寬處理，不相信的話你可以自己問問他，聽聽他的高見」。同監一位機靈活絡的「小滑頭」，利用早餐前半小時的「空隙」期間，直攻新進犯人最關心自家切身的命運，即可能被判處刑罰的結果，於是把我推到臺前，試圖「橇開」「小同犯」「牙齒縫」，讓他一五一十自覺自願講出案情。

好奇之心，人皆有之，我也是芸芸眾生凡夫俗子一員，自然不能例外特殊。何況日日生活在枯燥無味死水一潭的看守所，天天無論是所思所想所談所講，都系過往逝去的歡悅快樂舊事，名副其實的「一切向後看」；千年難逢有個令人刺激的好機會，絞盡腦汁挖空心思也要究根刨底讓他早早開口。但理智告訴我，好奇心往往會禍害人，凡事需三思而後行，這件事我在心中的「天平秤」上掂過斤兩，明白箇中利害關係。政府監規三令五申，不准犯人間相互交流談論案情，尤其是重案犯，政府認為，在犯人被審訊的關鍵時刻，聽高人「指點」後會影響交待的內容，簡言之避重就輕甚至該交待的都拒而不談，徒然增添審訊者的麻煩。我是看守所「掛上號」的人物，所長曉得我懂共產黨的法律，特別警告我好自為之，絕對不准幫犯人分析案情，否則對我要加重刑罰，這絕不是空口講白話。市井俚語說：「不識相，請他吃辣椒醬」，我豈能自投羅網誤入陷阱。另外我又一再「翻案」拒不認罪，看守所所長早接到領導指示：天天用放大鏡、顯微鏡看著我，希望在象牙筷上扳雀絲，雞蛋裏邊挑骨頭，千方百計要找到我在監房裏「現行反革命」的犯罪事實，打擊我日思夜想翻案的「囂張氣焰」，務使我早日「心服口服」「認罪服法」。

但是理智歸理智，現實是現實，「小同犯」人小鬼大，他自作聰明使用了心機，故意不直接來問我，卻採用了「明修棧道，暗渡陳倉」，迂迴曲折的辦法，存心一本正經同「小滑頭」談起了「案情」，一邊眼睛常常瞄著我，目的是倒過來想引我「開牙」，自然而然參加他們間的談話。

「逢人只說三分話」

他說，家住上海郊縣的小島，父母是靠行船打漁謀生，幾天前為了爭一樁送貨的生意，與同行發生摩擦，大人間一言不合打了起來，他在旁幫手，忙亂中用水果刀刺中對方的十歲左右小孩的手臂，流了一地的血。小孩為了逃避我可能繼續用刀傷害他，顧前不顧後一不小心跌進河裏淹死了，所以他被關了進來。當時他實在是不小心，刀刺傷他，也是無意的，絕對沒有推小孩落水，是他自己失足落水的。小同犯說他農曆生日已經過了，但按陽曆計算的年紀，還剩三天過十四歲生日，請問各位如此這般無心闖下造成小孩死亡的「窮禍」，最要緊的會不會被「打靶」償命；如果判刑會不會判重刑，估計關十年八載夠不夠？

「小滑頭」在他話音未完時，立刻擺出一副上知天文地理，下曉雞毛蒜皮精於此道的姿態，說：「你沒有故意殺人，可以放一百二十四個心，絕對不會被拉出去『打靶』的；小孩怕追殺失足落水淹死，你有責任但不是蓄意謀殺，最多算誤殺，你年紀沒過十四歲，這點佔了大便宜，雖然農曆生日過了，但是法律規定是按陽曆計算歲數，你犯事的時間離生日尚有三天，你的額角頭高到九十六（頂點的意思），大不了判五年到七年，用不著太緊張，自己嚇自己」。

小同犯是「項莊舞劍，意在沛公」，表面上向「小滑頭」提問，眼睛三不兩時朝我瞄來瞄去，目的是想傾聽我的見解。我怕引火燒身自討苦吃，馬上發表「聲明」，大家幫我作證，我一句話也沒有講過，亦沒有聽清楚他們講點啥。我「關門落閂」說完後，就閉目養神一言不發。

「小滑頭」目不轉睛百瞪百瞪朝我看，不知道我為什麼對他的案情毫不關心，到底葫蘆裏裝點什麼藥；少年新同犯卻是一臉失望，他想聽聽判刑結果，然而我卻閉口不談。

我的「聲明」不僅是為了求得「自我保護」，憑我的法律知識，「小同犯」若所言之案情屬實，「小滑頭」的分析不無道理。另方面按我「廟中修行」的多年經驗，「小滑頭「已經上當受騙，根據小同犯言不由衷滿嘴謊話胡言亂語所編造虛假的案情，所分析判斷得出的結論，必然是南轅北轍相距十萬八千里。毋可否認，他的「智商」是高過自作聰明的「小滑頭」。多年的囹圄生涯，我可謂「閱犯無數」，社會人士中能夠「進宮入廟」者，一定有其「過人之處」的特殊經歷，個個都八仙過海各有神通。然而防人之心不可無，談及案情「逢人只說三分話，未可全拋一片心」，幾乎十人中九個如此。犯人一踏進「廟門」，看守所長首先就警告，不准在同監犯中交談案情。不言而喻小同犯，犯下的是潑天大罪，他怎麼可能在大庭廣眾間，輕而易舉訴說案情而獲罪上加罪自尋死路呢？再則他今天講的情節，同半夜的夢話大相徑庭，經驗告訴我，夢中之言往往是真情流露反映人實在之心聲。夢中他清楚明白的說：血，血，我不是存心殺他的；怎麼對「小滑頭」講案情時，變成無意中用刀刺中小孩，進而失足落水淹死呢？簡直牛頭不對馬嘴。

「前輩」見我有意不接下文，用手肘輕輕地碰了我一記，拋過來對我讚許眼神，慢悠悠的說：「這個『小赤佬』自作聰明，當別人都是傻瓜。他忘記了半夜裏夢中露真情，現在他是日裏『白』講，晚上『瞎』講，沒有一句真話，你做得完全對，理他都傻」。

我嘴裏沒有回答，內心非常理解少年「小同犯」的處境，花樣年華的歲數，突如其來闖下彌天大禍，即使因年齡因素，僥倖逃過一劫，不會被「打靶」送命，但人生最美好的青春時代，必將在鐵籠裏度過漫漫歲月。所以怎能再在監房中添新罪，而自尋死路。

「小同犯」被誣後刺人致死

若要人不知，除非己莫為。我在「平反」後，抱著獵奇尋珍的八卦心態，對「小同犯」的「懸案」釋疑求答，為了卻一樁存惑多年的「心事」，找到了公安局的朋友，詢問了「前小同犯」的真實案情。他是漁家子弟及「小爛仔一個」并不假，平時同「不三不四」的小青年稱兄道弟沆瀣一氣臭味相投。他首先在年齡上講了謊話，進廟時實際已過十五周歲，而不是差三天才十四歲。他也屬於「窮人的孩子早當家」，小小年紀就喜歡天馬行空獨來獨往，平時「偷雞摸狗」「手腳不乾不淨」，有時還鍾意在村裏「順手牽羊」「吃窩邊草」，鄰里鄉親對他是「十人九搖頭」口碑很不好。出事前幾天，同村有人丟了錢，他因有妙手空空之「前科」，成了首位被懷疑對象，然而他賭神發咒矢口否認，丟錢者一時情急痛打了他一頓，事後他滿心委屈拿了把水果刀找丟錢人的五、六歲孩子報仇，水果刀向小孩手臂刺了過去，誰知小孩驚慌失措躲避退讓時，卻被不偏不倚刺中了心口，小孩流血過多，身處昏迷狀態。島上唯一醫病的衛生院，原本缺醫少藥醫療設備簡陋，再加「文化大革命」期間，有點醫學經驗的醫生、護士，大都乃資產階級和地主富農家庭出身，被「造反派」趕到生產隊去做體力勞動，「改造反動世界觀」。「造反派」看中的「赤腳醫生」，濫竽充數不學無術，結果孩子搶救無效傷重身亡。於是他成了殺人犯，被村民抓住後一頓暴打後，送公安派出所，隨即進看守所。後查實，他沒偷錢被冤枉了，用刀想刺小孩「報仇」，不是存心殺人屬誤殺，再有年齡十六周歲以下，從輕發落判處十五年徒刑。證實「前輩」的「倒八字」論，有科學價值和先見之明，符合事實一言中的，不過此是後話而已。

吃便桶淨水，日本早已有之

大約過了一個多月，「小同犯」被開了手銬去了腳鐐，但入監幾個月，家屬都沒有送「接濟品」來。看守所允許每月一次家屬送接濟物，除了日常用品外，絕對禁止送食物；另外可通一次信，每封信百字之內，而且只准寫要物品及認罪服法接受改造重新做人等，今天天氣哈、哈、哈的無關痛癢內容。即使如此所長亦會橫過來直過去反復檢查，以防可能發生的互通案情、反革命串連等情況。每個月的「接濟日」監房內外相當熱鬧，每每收到家人送來的「接濟品」，犯人都深感人間終有親情在。由於所長一而再三同家屬和大隊幹部聯絡，「小同犯」終於收到「接濟品」，儘管僅僅是少量的日常用品和一條舊的毛巾毯。以後好幾個月又杳無信息，他也仿佛有自知之明，解釋說，長輩要出海謀生，每次需幾個月，沒有辦法常來。然而大家心裏都有螢火蟲，八九不離十是「小同犯」犯罪所作所為，實在傷透了家人的心，而且估計他會判處重刑，加上家境貧困自顧不暇，所以同他「一刀兩斷」劃清界限，連「接濟品」都不願意再送來。

看守所每天供應三餐兩粥一飯，一臉盆冷水用作漱口洗面，及一杯熱水作一天飲用，為公平起見，杯大杯小都是一杯。所以老犯人個個要家中「接濟」一隻特大號搪瓷杯，可以盛水二公斤，勉強維持一天需用。特大號杯因容積太大，家庭用處小故而極少人買，「小同犯」家中缺乏「經驗」，送來一隻五號杯，盛滿不到半市斤水，一天飲用水未過中午就喝完了，何況炎夏暑熱。按照監房常用的方法，每天「小同犯」都要請人幫忙「望風」，從抽水馬桶的漏水處，將水灌滿杯子後吃。監房的抽水馬桶系瓷器蹲式，「小同犯」先把進水的橡皮塞頭抬高，讓水可以在便桶的出水口汩汩地流出，他先將出水口用肥皂反復清洗，隨後即可接水吃了。大家平常時光約定俗成，同犯每次使用便桶，排洩物絕對不能碰到出水口，以保證出水乾淨。我出獄後向親友敘說，聽者均覺得匪夷所思噁心連連。其實，人為求生存，與其乾渴難忍在沒有辦法中尋辦法，才用此下策，當然這種水，監房中幾乎人人都吃過，幾乎每個人天天會使用，甚至零下十度的寒冬臘月，我用這種水「洗澡擦身」，而且冒著被所長、「班長」發覺「偷水」，因此上手銬的風險。看守所犯人都懂得清潔衛生對身體的重要性。

出獄後報章上讀到一篇傳記，敘述日本一位女郵電大臣的故事，她踏上社會的第一份工作是五星級賓館服務員。當她清理完一間客房後，師傅前來檢查，認為她廁所便桶的活，做得不夠乾淨，於是師傅重新清理廁所，工作完成後師傅用杯子從便桶中舀了杯水，即刻喝了下去，告訴新手，便桶裏的水能不能喝進口，這是清潔便桶乾淨與否的唯一標準。此情此景帶給未來的女郵電大臣極大震憾，今後一生對任何工作都高標準嚴要求。我只想證明，喝便桶中經清潔乾淨的水日本早已有之，何況中國監牢內的犯人。

「眼鏡」突顯「惻隱之心」

「我有兩隻特大號杯，借一隻給你用，今後家裏『接濟』了，再還給我」。同監綽號叫「眼鏡」的，將一隻特大號杯，遞給了「小同犯」。大家都懷疑自己的耳朵與否犯了「感冒」，可是雙眼卻看得清清楚楚。監房內與世無爭，潔身自好從來事不關己高高掛起的「眼鏡」，今天倒「管起閑事」伸出援手突顯惻隱之心，可謂奇哉怪也勝過「強盜發善心」。

花名「眼鏡」者，三十歲剛出頭，廟齡已有四、五年，他身高一米七八，胖胖的臉蛋表面上，蒙有一層淡淡的浮光，用手一揿就顯出深深的癟凹，久久才能恢復原狀。這是那整個六十年代，偉大領袖毛澤東長年對神州大地六億人民賜有的「特產」。食品匱乏營養奇缺，幾億人民普遍患上了「浮腫病」，看守所犯人更是十之八九「同病相憐」。「眼鏡」生得濃眉大眼，眼球略略的凸出，俗稱「豹眼睛」，厚厚的嘴唇直直的鼻樑平頂頭，臉上還顯有年青人專利的「青春美麗疙瘩痘」，鼻子上戴著一副玳瑁邊的秀朗架眼鏡，似乎乃看守所犯人少有的知識青年標記，「眼鏡」的花名也因此而起。

監房中的「異類」

他比我先入「廟門」，坐在臨近監房鐵門的第一隻位子。一般新犯人初來乍到，都被老犯人按約定俗成的自訂監規，安排坐在廁所附近；另一個位子大家輪到後都不大情願坐的，就是緊臨鐵門處。看守所所長、武警「班長」每次走過監房，首當其衝一目了然先看到的是臨近鐵門犯人的一舉一動，犯人僅有的些微「隱私」或「小動作」均會暴露無遺。然而「眼睛」則與眾不同你捨我取，主動向同監房大家提出要求，他固定挨近鐵門而落座，說是此地光線好，有利於看書學習毛澤東選集。大家也「樂得個樂字」，「成全」了「眼鏡」的願望。於是他幾年如一日，每時每刻正襟危坐目不斜視，孜孜不倦嚴肅認真的一頁一頁的閱讀著《毛澤東選集》或《毛澤東語錄》，他也幾次問過我書中的生字，和不明白的詞句，仿佛將鐵窗監房當作高等院校，一絲不苟在學習毛澤東著作，努力改造反動世界觀。

他不同凡響莫名其妙的行徑，屬於監房中孤家寡人的「異類」。「眼鏡」從不參與監房內的是是非非爭執辯論，也不大過問同犯中的東家長西家短的各類案情，當然他也不是聾子啞巴，今天天氣哈、哈、哈之類的說話，亦會同大家附和一下敷衍幾句，再則有時也無傷大雅之道，同大家談談吃喝，所以并沒有特別「脫離群眾」。他講話有禮貌，未曾開口先帶微笑，給人一種「好好先生」的印象。每當盡監房勞動的義務時，全力以赴恪守本份使人無可挑剔；逢到權利，如輪到他值日可享用新犯人留下的飯合子，這監房的特大好事，他則獨一無二的拱手相讓，盡力做到遵守政府監規，絕不「多吃多佔」，這難能可貴實實惠惠的禮讓飯合一招，贏得同監犯普遍的讚賞，所以在監房內，犯人緣尚好。

據說，但也說不清「據誰所說」，「眼鏡」原是人民公社的回鄉青年，因表現積極加入了共產黨，當了生產大隊幹部，他利用職權同一位「上山下鄉」的女知識青年，發生不正當男女關係而坐牢的。「文化大革命」中，毛澤東先是操縱、煽動、利用「紅衛兵」小青年，搞亂了整個中國，當他們從利用價值變為負資產後，就把幾千萬城市男女青年連騙帶哄趕到農村，美其名曰：「知識青年上山下鄉，接受貧下中農再教育」。無數城市女青年，在孤立無援「天高皇帝遠」的農村，遭到農村幹部和農民的強暴糟蹋。在天怒人怨民憤沸騰時，城市女青年都害怕「上山下鄉」「接受性侵犯」，紛紛從農村逃回城市。於是北京才出臺了一項新政策，凡性侵「上山下鄉」城市女知識青年者一律判刑，所以「眼睛」才吃上了官司。否則依他的「根紅苗正」，憑藉文化知識和共產黨員的身份，尤其是削尖腦袋欺上瞞下阿諛奉迎的手段，爬入公社甚至更高的職位，探囊取物指日可待。

「過猶不及」

「你認為監房中那一位最遵守監規」？「前輩」明知故問的向我提出了問題。

「那還用說，肯定非『眼鏡』莫屬了」。我隨口回答。

「我仔仔細細認認真真觀察分析了『眼鏡』好幾個月，得出的結論是」，「前輩」欲言又止故意吊我的「胃口」後，輕聲細氣慢斯條理一個字一個字的說：「『眼鏡』遵守監規認真改造是表面現象，實質上他肯定是個殺人犯，目的是爭取活命「刀下留人」。最近幾天，讓我終於切實看清他雙眉中間天生的『倒八字』，可以推斷我的看法絕非憑空猜測，而是有理有據；再加上剛剛出其不意地借一隻特大號杯給『小同犯』，說明乃同是監房殺人犯，相逢何必曾相識，他倆在『同罪相憐』呢。『眼鏡』平時一貫『江西人補碗——自顧自』，難道你不感到這次反常的舉動，奇哉怪也嗎」？

他的話語，似寂靜無聲中響起振聾發聵的驚雷，震得我一時三刻還恢復不過來。長期以來我第一次發覺，自己亦被「眼鏡」「老實巴交」的眼前表面象所矇蔽。回過神來腦海中像過電影一樣，重映「眼鏡」的方方面面點點滴滴，特別他確實在煩心或思考案情皺起眉頭時露出兇相，至於眉宇間曾否顯有「倒八字」，平時倒沒有留意。我如夢初醒的沉思反省，「前輩」的教育開導言猶在耳，我怎麼會漫不經心將日日低頭不見抬頭見的「眼鏡」熟視無睹，居然會把他從殺人犯的行列中給「遺漏」了呢？真乃「燈下黑」之咄咄怪事不可思議。

「前輩」誨人不倦循循善誘地說：「『眼鏡』遵守監規遵守得出奇，學習毛澤東選集認真得離譜，世界萬事萬物過猶不及，真理再向前一步，就成為謬誤，任何「違反常規」的事，一定有它悉心隱藏鮮為人知的背後原因。開始時我并沒在意，辰光一長總感到有點不對勁，「文化大革命」中有句名言：『知識份子知識越多越反動』，看守所不是圖書館，犯人又不是在上大學，有何必要幾年如一日的學習毛澤東選集！如果他如此這般認真學習毛澤東選集，他怎麼會關進看守所，而且一關就是四、五年！再說，你我都是大學畢業的，是喜歡讀書的知識分子，尚且不過偶而翻一下毛澤東選集而已，『眼鏡』反常的舉動，必然事出有因，肯定乃用心良苦『醉翁之意不在酒』，看守所犯人中各式各樣五花八門的演員多的是。我產生這個思路之後，又經反復思考才認定，『眼鏡』天天讀『毛選』，不是想學『毛選』來改造思想，目的是在「演戲」，做給所長、『班長』看的，故而他與眾不同獨樹一幟要坐在靠近鐵門邊，讓所長、『班長』低頭不見抬頭見，感覺到他時時刻刻在認真學習毛著，不折不扣遵守監規，對他留下積極改造反動世界觀，改惡從善的好印象，今後有利于對他案件的『刀下留人』『從寬處理』。他所以如此工於心計耍盡手段，倒過來說明他犯罪的嚴重非比尋常，絕不是傳說的男女關係這樣簡單。你是老犯人了，一定明白看守所內所長最放心的是原有共產黨員身份，案情乃亂搞男女關係及貪污的犯人。所長認為：像你我這類『現行反革命』，對共產黨、社會主義從心底里有『刻骨仇恨』；而共產黨員中亂搞男女關係和貪污的犯人，一般是不反對共產黨的，其中大部份人『本質上』還是『愛』共產黨的，而且他們是借助或靠了共產黨員特權和幹部的身份，才能達到亂搞男女關係或進行貪污腐化的目的。

「眼鏡」進宮前是共產黨員，又是大隊幹部，如果只因與女知識青年亂搞男女關係，怎麼一關關了四、五年都沒結案？再說看守所內十幾名犯人去深挖防空洞，其中都選的是亂搞男女關係和貪污犯，可就是『眼鏡』一次也沒有入選，難道你沒覺得其中必然有原因嗎？我們憑什麼要相信『眼鏡』對案情的自報家門呢」？

「前輩」發現「眼鏡」的「倒八字」

「前輩」喝了口水，潤潤喉嚨後繼續講：「思路調整了，我就留意從各個方面觀察他，果不盡然，在『眼鏡』多次心煩意亂苦思冥想時的不經意的皺眉思考中，發現他如假包換的在雙眉之間顯出『倒八字』，你不信，可在他不知不覺陷入沉思回首往事，即考慮案情可能受到制裁時，對他聚精會神細細察看，必然會發現『新大陸』，但切忌打草驚蛇」。

真所謂「一語驚醒夢中人」，在「前輩」的啟迪指教下，我深感言之有理持之有據，使我對「眼鏡」有了新的認識。交流中我們又發覺另外不同尋常的事例是，儘管「眼鏡」已在「廟中修行」幾年，可是每一兩個月，都會被所長叫出監房，每次要一、兩個小時後才回來。「眼鏡」有時說是提審，有時說被「外調」。總而言之他講他的我聽我的，大家事不關己高高掛起聽過算數，也沒有人會貿貿然跳出來，不識臺舉去打破砂鍋問到底，去追問他案情和提供外調信息的內容。所謂「外調」，是共產黨每次「搞運動」，尤其在「文革」中，內調外查廣搜材料整人的一種「法寶」，它把所懷疑的對像，也有少數準備提拔升官的人，包括他們的祖宗三代，派專人到外單位知情者處，調查得一清二楚後以作不同的處理。可是「眼鏡」乃小青年一個，基層的農村普通幹部，能有幾多案情，需要不斷審訊；他會知悉幾多人與事，要每月接受「外調」呢？那些在國民黨統治和日偽時期，充當特務、漢奸的傢伙，經常有外調的機會可以理解，而「眼鏡」肯定是信口開河言不由衷，目的想掩蓋真情。

「眼鏡」頸上的「蘿蔔」

看守所的提審室、外調間合二為一，為防止犯人逃逸，設在高牆、電網和崗樓哨所之內；而看守所所長辦公室則在此之外。因為所長日常要接待上級領導、兄弟單位，以及犯人家屬等各式人士，由於進出崗樓高牆內手續複雜，所長辦公室放在外面就容易處理了。有一次同監的「小滑頭」提審結束後回監房時，回過頭來看到「眼鏡」，由所長帶出崗樓到所長辦公室，而「眼鏡」卻沒有看見「小滑頭」。一個多小時，「眼鏡」才回來，他卻說今天是被提審。看守所犯人幾乎個個都是出奇的機靈，「踏著尾巴頭會搖」的人精，發現他在「講大話」，但也不當面戳穿它。大家集思廣益把以往「眼鏡」身上點點滴滴疑點聯串一起，深深感到結果是「毛裏有病」，「眼鏡」大白天說瞎話，必然事出有因，情由并不簡單。

「前輩」輕聲細氣略帶神秘，同我講起了「悄悄話」：「所長之所以對每間監房，一清二楚『瞭如指掌』八九不離十，正因為每間都安插了類似『眼鏡』這樣的『臥底』或『線人』，所長這次叫『眼鏡』，是要問監房內犯人的日常作為，也就是掌握監房中『階級鬥爭新動向』，犯罪的新線索」。

「難道『眼鏡』是政府派到監房中來的嗎」？我不解地邊搖頭邊似問似答，「不可能，不可能，政府怎麼會讓一位『臥底』坐四、五年牢監。像我們這樣普通的監房，同犯中又沒人犯下反革命暴動的驚人奇案濤天大罪，又沒有人敢冒天下之大不韙，要越獄逃跑，政府值得興師動眾派『臥底』或『線人』嗎」？

「你是『智者千慮必有一失』，我乃『愚者千慮必有一得』」，「前輩」不急不徐娓娓道來：「『臥底』是政府派自己人混進監房，這時，監房中抑或有重要的間諜、特務，還有是重大的集團罪犯，需派人去探聽虛實；另一種是從犯人間選『積極份子』、此類犯人夢寐以求要『從寬處理』，心甘情願求之不得當『線人』，這就是共產黨一再自炫的對階級敵人『打進去，拉出來』的兩手策略。『眼鏡』鐵板釘釘罪行嚴重，行動中處處表現希望積極改造爭取從輕發落，所以被『拉出去』當『線人』。你見過沒有，農村裏用驢子推磨，主人在驢子頭頸上掛了一隻蘿蔔，驢子向前走一步，蘿蔔跟著往前動一動，蘿蔔時時看得到，驢子則永遠吃不著，他只不過是被所長利用的，一隻永遠也吃不到蘿蔔的蠢驢而已」。

過去我也意識到，監房裏發生的事無巨細大情小況，幾乎樁樁難逃所長「法眼」。如有人偷偷地藏了細細一枚縫衣針在常人無從想像的地方，有人就地取材製造了可以打開手銬的小小「工具」，然而在每個月及重大政治節日前夕的「抄監房」的時候，所長、「班長」輕而易舉在毫不顯眼的藏所，有的放矢查抄到細小如一枚針的監房違禁品。另外，有位新同犯故作斯文，尊稱我為「閣下」，我則稱他「閣上」。幾天後所長就故意叫了我一聲「閣上」，實際是警告我監房內發生的一切，所長都心如明鏡瞭如指掌。我苦思冥想了很長時間和很多人，又挂一漏萬將「眼鏡」排除在外。因為他同我素無過節亦無芥蒂，他為人又「老實」、與世無爭，不可能對我會檢舉揭發，現在方如夢初醒找到答案，一種被欺騙愚弄的感受油然而生。廟小妖風大，池淺王八多。一定要緊綳神經，害人之心不可有，防人之心不可無，現實是我已虎落平陽被犬欺。

三更半夜的大喊大叫

「前輩」又說：「儘管我沒有耳聞目睹『眼鏡』剛進『廟門』時，是否有殺人犯共同的特徵，三更半夜的大喊大哭。我於是有意識的詢問了很多同犯，皇天不負苦心人，終於有一位，他本人并沒有身臨其境，而是聽到以前曾與『眼鏡』同監的講過，『眼鏡』初來乍到的當天晚上就哭喊叫鬧，不打自招似像犯了殺人罪。他初初不以為意聽過就算數，因為牢房內人人有本難唸的經，所以也沒有把別人的事放在心上，後來我問了他，才想起來了。有這一條『過硬』的證據，我又有的放矢仔細觀察了相當時間，終於發現了『眼鏡』眉宇間的『倒八字』更堅定確認『眼鏡』犯了殺人罪」。

有眼前兩名先後犯下殺人罪行，他們又都不約而同的在眉宇間共有「倒八字」的「特徵」，這究竟是偶而「巧合」，還是事物「必然」現像呢！這能不發人深省引以為戒嗎？

死刑犯也是「餓死鬼」

每逢政治節日和陰曆、陽曆年關，公檢法軍管會按「慣例」，磨刀霍霍對看守所犯人開殺戒和定罪判刑。所以在看守所裏，總是「養」著幾名罪大惡極隨時隨地可以「開刀問斬」的犯人，為的是開公判大會作為「壓軸戲」而用。農曆冬至過了開始啟「九」，頭九的第七天，即陽曆十二月二十八日，夜晚淒風苦雨陰寒入骨，犯人睡下後，遠處不時傳聞頻繁的人來人往及大卡車的行進聲。看守所顯出異乎尋常的忙碌，武警「班長」由單獨巡邏，加為兩人雙崗，步槍全上了刺刀，神態嚴肅威風凜凜，高牆內外燈火通明，幾位所長聯翩而至在監房走廊內巡視。緊閉雙眼佯裝睡著的犯人們心知肚明又不寒而慄汗毛凜凜，天亮後公檢法軍管將會召開新年前夕的公判大會，落實毛澤東的最高指示：人民大眾開心之日，就是階級敵人難過之時。整夜個個犯人肚裏的五味瓶：甜、酸、苦、辣、鹹，都一一打翻，遙想明天能不膽戰心驚？判生判死判重判輕，本人無法預測，雖然已是砧板上的肉，橫過來直過去，或大或小，只能憑人宰割，特別在「文化大革命」時期，同樣的犯罪行為，共產黨的政策既可以「教育釋放馬上回家」亦可以判刑十年八載沒商量。因此個人的命運結局，誰也無法正確估量！自認為罪行嚴重者，想到今日之後，父母妻兒兄弟姐妹至親好友或許從此永訣，腦海裏對他們刻骨銘心無比出奇的思念。此時此地此情此景，無論可能參加或不參加公判大會的犯人們，不管你以前是有神論或無神論者，都會誠心誠意滿懷虔敬祈求上帝賜福、觀世音菩薩，各路神仙大發慈悲，保佑大家被網開一面從輕發落早日回家親人團聚，至少不要赴「打靶場」落得命喪黃泉。

果不盡然，天還半黑不白大約凌晨四時許，伴隨著一陣嘈雜的腳步音，傳來了清脆響亮的牢門開啟聲，又聽到所長威嚴地叫著犯人號碼和名字。如此這般所長挨著一間間監房不緊不慢走過來，本監房有三位同犯「中彩」，第三個名字，才叫到「眼鏡」，他神情木然臉龐上了無血色，機械地慢慢站立而起，小腿微微顫抖，掙扎向上尚未站直，又一屁股攤倒地下。「小同犯」手拿特大號搪瓷杯上前要還給他，同時想把「眼鏡」攙扶起來。「眼鏡」用眼神及輕輕搖頭示意，之前就已講明，若「眼鏡」先參加公判大會，特大號搪瓷杯就算留作紀念品，他希望有機會能再買到一隻稱心如意新的特大號搪瓷杯使用，證明已「刀下留人」獲得寬大處理。

看守所的「勞動犯」把「眼鏡」似推、似拉、似抬、拖出監房。由於天空下著雨，「眼鏡」等一眾參加公判大會的犯人，雙手抱頭面向牆壁蹲在地上，而「眼鏡」根本無法半蹲地上，已混身乏力癱坐在潮濕的地面。

歷朝歷代，死刑犯臨刑前的最後一餐，有酒有肉飽吃一頓，犯人過了奈何橋到了閻王殿，總算是個「飽死鬼」，下次投胎做人，也可以避免成為「餓死鬼」。共產黨掌了權，自詡不信神不信鬼，因此犯人臨終一餐，與監房內每個犯人完全一樣，美其名曰：法律面前人人平等。所以共產黨的死刑犯，連臨終一餐都不給吃飽吃好，到了陰曹地府都永遠是個半饑不飽的餓死鬼。

儘管如我這類老犯人，見到朝夕相處的同監犯，即使同一些人曾有爭吵心存芥蒂，今日他們一個個的離我而去參加「公判大會」，生死存活毫無定數，總歸有些「兔死狐悲物傷其類」的情感，我從內心默默祈禱上蒼，希望他們被從輕發落。看守所同犯，自認為罪輕的，希望早點參加公開審判大會，早日得知命運結果。而我，儘管大學專業是法律，因此更懂得：「共產黨政策像月亮，初一、十五不一樣」，尤其是在無法無天的「文化大革命」中，罪名輕重大小，處理從嚴從寬，全在掌權者一念之間。我的腦海思緒萬千，遙想自己可能落得的種種遭遇，總而言之他們上公判臺的今天，必定是我們的明天。

「平反」後才獲知，當年原本要判我有期徒刑二十年，在我母親多處奔走下，皇天不負苦心人，找到了一位有數面之交的主管高官，他將上報判刑二十年的報告，大筆一揮改成五年，使我少坐了十五年監獄。

「倒八字」概率百分之八十八

公判大會後，大街小巷貼著解放軍公、檢、法軍管會的公判書，但看守所依舊滴水不漏保密到極，因為看守所犯人生活在與世隔絕的荒山野地之中。掌權者們生怕類似多年來，認罪服法積極改造遵守監規的「眼睛」們，被判處死刑或從嚴處理的訊息，會給看守所犯人造成不再信任政府日日宣傳的「坦白從寬、抗拒從嚴」、「認罪服法、重新做人」一系列政策，會產生橫字當頭破罐破摔，不服管教的負面影響。當然紙永遠包不住火，任何事物騙得了一時騙不了一世，一兩個月後有新犯人關進了看守所，也帶來了公判大會「眼鏡」被判處死刑的消息，引起了大家議論紛紛，誠然各人心底的「私房話」，是永遠不會從口中說出。當時震動最大的是「小同犯」，臉色驟變心亂如麻，整天低頭沉思憂心忡忡一言不發，時時看著「眼鏡」留給他的特大號搪瓷杯；我在深感悲哀之餘，同時覺得它再一次證明了「前輩」所談的眉宇間的倒八字，有其相當的「科學性」。倘若與他此前觀察的二十三名殺人犯中，有二十人眉宇間顯現倒八字，現在增加為二十五名殺人犯內，二十二人為「倒八字」，比例之高達到百分之八十八。

鄭重聲明：此乃江湖所談囚籠流傳一家之言參考消息，有別于國家統計局公佈的官方數據。

「平反」後，因懷有與「眼鏡」多年同監之誼，我一直想探聽「眼鏡」「案情」的進一步訊息。他最後的結局，既是在我意料之外，似乎又在想像之中。完全符合「文化大革命」共產黨的所作所為，他所唸唸有詞日日宣揚的：「坦白從寬」、「改惡從善」、「重新做人」會落實政策，從寬處理，乃口惠而實不至，騙死人不償命。

「眼鏡」確系殺人犯

「眼鏡」出身于貧農家庭，高中畢了業，好不容易告別了父輩面向土地背向天的農田生活，在一所市郊小學當老師。由於「根紅苗正」，在大部份家庭出身不好的知識份子成堆的學校中，少年得志成了共產黨員。明明是人禍造成的大饑荒，共產黨卻稱之謂「三年自然災害」。其時一九六二年，毛澤東為了掩蓋餓死三千多萬人民的真相，發起了「大辦農業、大辦糧食」運動，其中一項內容美其名曰：「精兵簡政」，即將相當數量的在城市工作的幹部、教師、工人、職員「下放農村，支援農業」。其中特別規定原由農村進城市工作的農民子弟，首當其衝重新再「光榮」地回到農村，為黨、為祖國，為人民排憂解難。共產黨、人民政府信誓旦旦一再保證，待等國家經濟形勢好轉，一定優先將為黨為人民分擔責任，下放農村的「有功之臣」，全部調回城市恢復原來工作。共產黨歷來講話口輕飄飄，前講後賴，如風吹過。當時敲鑼打鼓披紅掛彩，軟硬兼施連哄帶騙將數十萬「有功之臣」「下放農村」後，并將至關緊要被稱作人的「魂靈」——「戶籍」，由城市居民變成了農民，他們就永遠傳宗接代從事「面向大地背朝天」的艱苦農業勞動。一、兩年後，從一九六三年到一九六六年所謂的「無產階級文化大革命」前，在共產黨宣稱的「全國形勢大好，而且越來越好」的時期，共產黨信誓旦旦的許諾，言猶在耳但已時過境遷，全部的下放農村的「有功之臣」，幾乎沒有一個脫離農村恢復城市工作。

回到農村後，「眼鏡」因成份好，是共產黨員及種地人少有的「學問」，他就被提拔在人民公社的生產大隊當了幹部，擁有實權的一方「土地爺」。「文化大革命」中，毛澤東號召城市男女知識青年去到農村，「接受貧下中農再教育」。基於「眼鏡」所屬的人民公社，乃鄰近上海市區的郊縣，自然而然成為上海市內知識青年趨之若鶩的一方寶地。家長們「走後門」、「託權貴」、送禮物、行賄賂，八仙過海各顯神通。想方設法擠破腦袋，都爭先恐後要把子女送到「眼鏡」所在的人民公社及生產大隊。以免「光榮」地「充軍發配」到千里之外的新疆、青海等邊境艱苦地區。

有一個晚上，「眼鏡」獨自一人在生產大隊值班，下屬生產隊將一位來自上海市區的女知識青年，扭送到大隊辦公室，說她偷了生產隊裏的糧食和油品，請示大隊領導是否扭送公社公安派出所。「眼鏡」把女知青一個人留下進行「審訊」，上海市區下放的女知青，如雨打梨花驚恐莫名抽抽泣泣楚楚動人，「眼鏡」面對眼前的美人胚子，看著看著心猿意馬就動了邪念，利用職權及女青年所犯的錯誤，連嚇帶騙威脅利誘從開始毛手毛腳，進而在大隊辦公室裏姦淫了女知青，而且事後又一而再三糾纏不清。

不久，上海來的女知青懷了孕，只能忍氣吞聲提出要「眼鏡」公開戀愛關係，并早日結婚。當年不同於今日，男女情人婚前「偷食禁果」，屬違法行為，輕則行政處分，重則勞動教養甚至判刑勞動改造。「眼鏡」

原本系將女知青當玩物，誰知她竟懷孕受胎，女知青腹部日長夜大形勢逼人，無可奈何只能按女知青要求，進入談婚論嫁。其實「眼鏡」「山盟海誓有時盡」，他表面虛與委蛇穩住陣腳，實際上卻心存詭計另打算盤。他嫌女知青家庭出身資產階級，又曾經「手腳不乾淨」偷過東西，名聲瑕疵會成為他職務更上一層樓往高爬的絆腳石，所以推三阻四東拉西扯編盡理由不願同她結婚。女知青肚腹天天漲大，紙已包不住火，只能發狠話，如「眼鏡」再不同意結婚，她就要向公安機關、上級部門控告他強姦罪。如前所述，因全國農村中出現奸污女知識青年的地方，不勝枚舉比比皆是，已引起人民群眾的公憤。在此情況下，共產黨才公佈新政策，凡是農村幹部利用職權同下放女知青發生性關係，是共產黨員開除黨籍，并且有一個判刑一個，何況他犯下的是利用職權的強姦罪，尤需重重判刑。「眼鏡」生怕東窗事發實情暴露，大好前途毀於一旦，於是心懷歹念惡向膽邊生。在一個月黑風高夜，兩人選了僻靜處「談判」，結果越談越僵，「眼鏡」一不做二不休，趁女知青不備之際，用預先準備的繩索，心狠手辣活活將她勒死，并把屍體拖離案發現場，拋入河中。幾天後，隨著屍體浮出水面，天網恢恢疏而不漏，證據確鑿不容狡辯，「眼鏡」鋃鐺入獄。他自知罪大惡極，要殺人償命判處死刑，關進看守所後，聽了所長的宣傳教育：遵守監規認罪服法，「改惡從善，重新做人」可以「寬大處理」。所長反復教育，共產黨的政策是可判可不判死刑的就不判死刑，可殺可不殺的堅決不殺。所以他幾年如一日，牢記共產黨的教導，積極認真學習毛澤東著作，認罪服法。儘管如此，他到頭來仍舊是竹籃打水一場空，「寬大處理」就像驢子頸上的蘿蔔，永遠在面前看得到吃不到。公判大會上「眼鏡」被判犯罪手段殘忍罪大惡極，不殺不足以平民憤，處以死刑立即執行。

「四朝元老」亦曾耳聞

「四朝元老」詳盡地聽取「前輩」對我的教誨和二十五名殺人犯中，二十二人眉宇間都有「倒八字」「特徵」的故事後說，他多年前也有耳聞，曾經聽到過幾位老犯人先後談起過「倒八字」此類話，看來絕非空穴來風，必定事出有因，否則在監房中也不會一代一代流傳至今。只是他過去沒有把這件事放在心上，更沒有深入探討推敲加以研究。因殺人犯的特徵，同他「樑上君子」的「工作」關係不大，他在社會上抱定宗旨不交朋也不結友，他好漢一人做事一人當，歷史的經驗值得注意，多一個朋友多一份危險，基於「事不關己高高掛起」，所以才會把它當作耳邊風，聽過就算了。再加上現在的刑期「遙遙」，即是無期徒刑，將永遠留在監獄，此類「知識」對他已無多大用處。他告誡說，監房中傳說的奇聞怪事層出不窮不勝枚舉，這只能當作一部份人曾經實踐的知識來對待，可以相信但不可全信，切忌把它當作「放諸四海而皆准的真理」，良莠不分照單全收，定當誤人害己。對以前從未聽到過的全新知識，不僅要「大膽的假設，小心的求證」，而且要反復多次對號入座的實驗，才能提高準確的程度。大家知道有句俗話：「天下烏鴉一般黑」。多少年來多少地方多少人，都以為凡是烏鴉都是黑的，直到後來有一天科學家發現了白烏鴉，人們才開始認識到黑烏鴉外還有白烏鴉。事實證明雖然「天下烏鴉一般黑」有瑕疵，但是天下大多數烏鴉是黑的，還是正確的。如果認為一個公式可以解決所有的問題，一本黃曆看到底，就可以窮盡天下知識，前提就是不現實的，甚至會是錯誤的。同監的朋友與你，既然作了歸納統計，二十五名眉宇間有「倒八字」的人，其中二十二名是殺人犯，比例高達百份之八十八，已經是相當可觀了，我再說一遍，你與許把它作為知識或者是經驗，可以參考、可以相信，然而絕不可全信及迷信。

他說，與看守所相比，提籃橋中的殺人犯相對要少得多。中國自古以來，從劉邦拔劍斬蛇舉行起義，蕭何訂立著名的「約法三章」，第一條是「殺人者，死」，白話文就是「殺人償命」，代代相傳沿襲至今，共產黨對階級敵人從來就是無情鎮壓，許多殺人犯直接從看守所就被判死刑，送上法場。少數被「刀下留人」者，判了死刑緩刑或二十年重刑後，送到青海、新疆等邊遠勞動改造農場，也很少讓這類犯人留在上海提籃橋。能留提籃橋及我們能見到的實屬「鳳毛麟角」。還有一種「殺人者」，如古代舉刀斬殺死刑犯的劊子手，及軍人、警察，他們是以國家、政府或團體的名義「殺人」，儘管與犯罪殺人有本質上不同，但畢竟還是「殺人」。這些劊子手、軍人、警察的眉宇間，有沒有「倒八字」呢？

他的問題讓我一時語塞無詞以對，留下了久久的思考，為什麼如此這般淺顯平常又重要關鍵的問題，我怎麼會連想都未想過呢。「四朝元老」胸中墨水不多，甚至沒有進過正規學校，他畢生浪跡江湖事實證明，「讀萬卷書」不及「行萬里路」。他懷有取之不盡用之不竭，豐富多彩博大精深的社會知識，特別是獨樹一幟的「牢獄實踐」，乃名副其實的「萬寶全書」，就是法學教授，都要自歎不如折腰稱臣。在此我鄭重其事予以請求，「四朝元老」提出的上述科學「命題」，由衷懇望專家學者和有心人繼續探討研究了。

下海奇遇

八十年代初，我投身到中國最大的「經濟特區」深圳，脫去教袍下海經商，在深圳進出口貿易集團公司任專職法律顧問，該公司擁有五千多名員工，一百幾十家分支企業，我除任事法律顧問外兼負責外貿進出口業務，因此認識了一大批港商和海外的客戶。有位深圳朋友的公司因經營不善而瀕臨破產倒閉，留有大批兒童服裝，以低廉的「跳樓價」認痛割愛急于處理，準備套現後用作發放員工薪資，及紓解公司日常開支入不敷出的燃眉之急，他請我幫手廣開門路想方設法尋找買家。

剛好有位相識多時的香港商人接到訂單，需要大量童裝出口非洲。這位港商朋友平時待人接物溫文爾雅彬彬有禮，談吐得體不急不徐，商德甚好講究信譽，但對銀錢數字比較在意，分分厘厘計算得一清二楚，他不想多占人一分便宜，更不能讓自己吃虧一厘。過往同我公司已成交幾筆生意，雖不能說是至朋深交，但亦不是泛泛之友。他為找童裝貨源，專程來深圳尋我，正乃踏破鐵鞋無處覓，得來全不費工夫，我掩飾內心之欣喜，使之不露於形式，故作常態平而淡之向他報了價，他因急於要貨略略還價就一拍即合，我用計算器一算利潤優渥，自己「回扣」豐厚又可幫朋友公司及其員工度過難關，真可謂一舉三得。於是我速戰速決當天帶他到深圳蛇口的倉庫，港商看了童裝，表示完全符合要求，確定好貨物價格和樣板後，他立即撥通國際長途電話，同下家需方協商確認。由於童裝數量頗大，港商提議需要分期分批出口，估計三個月時間才可全部完成。

「似曾相識燕歸來」

一單大生意基本談妥後，我們一齊到市區一家著名的廣式酒家，共進晚餐慶祝合作成功，同時再傾談一些細節，如交貨期限、童裝外貿商檢的標準，銀行信用證的付款要求等等，雙方言談甚歡，為正式簽訂合同作好各種準備。餐廳點菜時港商朋友特別點了一條價值不菲的游水星斑魚犒勞我，侍應生立時三刻從餐廳養殖的魚缸中，取出一條活蹦亂跳的星斑魚，讓我們過目「驗明正身」。過了二、三十分鐘星斑魚蒸好後上了餐桌，其時港商朋友同我正在天南海北談笑風生，然而他回眸一看餐桌上的星斑魚之後，就滿心不悅氣氛驟變，臉色從晴轉多雲，多雲急轉陰雨。他當即揚手召來侍應生，吩咐侍應生把經理叫來。港商朋友指了指餐盤中的魚，責問應召而來的經理，這是什麼東西？經理一看早已心知肚明遇到「行家」，但還想支支吾吾矇混過關，揣著明白裝糊塗，輕聲下氣地回答，是星斑魚。港商朋友聽了眉頭緊鎖環睜雙眼勃然大怒聲音猛地提高了八度：我花一千多塊錢要一條游水活星斑魚，招待貴賓，你們諾大的餐廳竟然拿一條死魚來欺瞞我們，讓我在貴賓面前失盡臉顏。經理還沒等港商朋友把話講完，就拿起星斑魚的餐盤，滿臉賠笑連連說對不起對不起，很可能是廚房搞錯了，搞錯了，我馬上去換，去換，今天這一餐算是餐廳請客，望多多包涵。

我本想請教港商朋友，侍應生曾送上活蹦亂跳的星斑魚，讓我們過目，他怎麼一看餐盤中的星斑魚，就立時三刻發現前後不同，活魚換成條死魚了。使我始料不及莫名驚訝的是，侍當他沖冠一怒發飈生威的瞬息剎那，我突然見到他額頭眉宇間明白顯現出，闊別多年似曾相識，萬人中一絕無僅有的「倒八字」來，再一次印證了「前輩」當年在監獄中的諄諄教誨言之有理，「倒八字」往往是「平時看不見，偶而露崢嶸」！

哇，我不由自主驀地裏倒吸了一口冷氣，驚恐莫名不寒而栗，腦海裏波濤洶湧浮想聯翩，然而又要保持正常姿態故作鎮定，使喜怒不露於形式；更不能讓他察覺我瞬息萬變急轉直下的思路而引起懷疑，我一時前不搭後語無倫次不知道說什麼好。港商朋友見我向他求教解惑，如何分辨魚兒死活，臉色立馬一掃陰霾，由冷雨霏霏轉為天清氣朗艷陽高照。滿心喜悅得意洋洋如數家珍向我炫耀他的博學多才：分辨魚的死活，主要不是靠吃魚肉，最簡便而又準確的辦法，是看魚的眼睛，接著他滔滔不絕詳詳細細向我解釋箇中緣由。我目不轉睛眼神定定地注視著他臉龐上的額頭眉宇，似乎在聚精會神一字不漏聆聽他的講述，而思想早已飛到十萬八千里外的九霄雲上，事實是他所說所講，我一個字也沒有進入耳膜，我心不在焉強顏歡笑虛與委蛇敷衍周旋。

他是我離開監獄十年後，第一個在社會中親眼目睹碩果僅存的眉宇間有「倒八字」的人，我暗自尋思他常時給人印象，是位平易近人文質彬彬講究禮節的好好先生，真想不到剛剛在盛怒發飈時，才出其不意偶而表露出「崢嶸」！他究竟是顆「定時炸彈」，還是我在「杞人憂天」；他屬於天下一般的「黑烏鴉」，或是與眾不同的「白烏鴉」；是在百份之八十八的殺人犯中，抑或在百份之十二概率之外？我那普通的人腦，竟然仿佛像電腦每秒鐘在運行幾千萬、幾億次，但始終得不出正確的答案。這筆外貿童裝出口交易，原本利己利人，現在突然面臨可能的「殺人犯」，倘若在三個月的供貨過程中出現意外，也許「要命」的悲劇結局亦會隨之而至。是快刀斬亂麻當機立斷，為防患于未然將童裝出口業務戛然停止，還是為了蠅頭小利不顧安危而在刀口舔血，小心翼翼戰戰兢兢竭盡全力，硬著頭皮把它完成。最使我難以決斷的是，這一筆外貿生意雖未正式簽約，但談判大局已定臨近尾聲，我實際上濕手沾滿了乾面粉，想甩也沒辦法完全甩了。平時對這類人，我的座右銘是：惹不起但躲得起，可採用以三十六計走為上計，我現今既不能夠逃之夭夭置身事外，又不能實事求是把真相對任何人坦然相告，因為社會人士，能有幾多會懂得眉宇間倒八字的知識，面對現實我應怎麼躲，該怎麼走！我絕不能損人利己「嫁禍於人」，將這筆暗藏殺機的買賣轉讓給其他同事來完成，如果將來真的出現可以預見的殺人命案，我儘管可能會逃過一劫毫髮無損，而心靈已被判處極刑，將永遠成行尸走肉內疚一生；我又無法編造令他信服又天衣無縫不露痕跡的「合情合理」緣由，出爾反爾來終止這筆行將成功的交易？如果讓他識破我在自欺欺人胡編亂造又不能自圓其說，使他蒙受損失或可觀的利潤和良好的信譽，必然會無名火驟起，勃然大怒情緒失控，眉宇間有「倒八字」的人，極可能會做出平常人不會做和不敢做的事，萬一他「惡向膽邊生」動了殺機，以他的生有「倒八字」的「特徵」，這一切誰能「未卜先知」預料各種後果呢？若這筆業務仍按原計畫進行，同這位港商從此漫長三個月的生意往來頻繁相處，我仿佛頭上高懸達摩克利斯劍，將天天度日如年懷抱著一顆「定時炸彈」生活。思前想後自已已陷入明知前有萬丈深淵，而還不得不快步行進險地的窘境。我真切體會：古有楊朱「臨岐而泣」，今讓我陷「進退維谷」，我大腦似乎一片空白舉首仰望，天啊，造化弄人，為什麼又讓我遇到眉宇間出現「倒八字」的人呢！

聰明的讀者諸君，假如是您面臨上述處境，您將作出怎樣明智的決定？

無限感慨嘆「絶食」

「絕食」，有身陷囹圄和社會人士的兩種不同遭遇。本文主要敘述中國大陸十年浩劫「無產階級文化大革命」中，世人所謂地獄中最沉底、最恐怖的第十八層——牢籠監獄內，含冤負屈慘遭迫害的犯人之「絕食」。

據研究者曰：正常的人七天不吃不喝，必死無疑，他并不是「餓」死，而是因滴水不飲「渴」死的；在有水喝的條件下即使粒米不進，一般人最多可以維持二十八天。

唯此坊間傳聞，小道消息，不足為憑。

傳王炳章獄中絕食十多天

媒體報導：旅美華僑、著名民運領袖王炳章先生，幾年前的一個夜晚，安穩地睡在越南鄰近中國邊境的一所房間裏。也不知道過了多少時光，正當他頭輕腳重暈暈乎乎，昏天黑地混混沌沌，全身乏力地微微睜開雙眼，卻突然發覺身在廟宇之中。還沒回過神來，一群中國警察、民兵破門而入衝了進來逮個正著。警察向王炳章作了詢問後，按章查驗證件，「發現」王的護照上的照片與本人不同，并且沒有批准入境中國的簽證。警察莊嚴正告神廟是在中國境內，隨即「依法」以涉嫌偷越國境罪，將王炳章押送公安局看守所。至于王炳章此次是從越南邊境「夢游」進入大陸神廟，還是被「龍卷風」刮到中國，其中奧秘只能留待學者、專家去研究探討。

結果，王炳章先生就沒有上次拘捕後那樣幸運，僅僅被驅逐出境；這次新賬老賬一齊算，中國司法機關「依法」判處無期徒刑，剝奪政治權利終身。雖經美國政府通過外交途徑屢次營救交涉，因王炳章先生儘管居住美國十多年，他為實現回中國推動民主自由進程的理想鴻願，始終不願加入美國國籍，至今只是旅美華僑、中國公民身份，但中國護照早已過期，所以此次用了他人護照去了越南。中國政府指責他在美國、在海外，犯有「危害中國國家安全罪」，根據中國《刑法》，中國司法機關對中國公民在境外犯罪行為有管轄權，依法有權定罪量刑，中國政府稱：法院判處王炳章無期徒刑屬於中國內政，不容任何外國干涉。

據悉，王炳章先生不服判決，特別不服他明明安睡在越南境內，怎麼會于中國的廟宇內被捕。中國「有關部門」說，這就需要王炳章「老實交待」用什麼途徑潛入中國國境了。於是雙方變成「雞同鴨講」，誰都「聽不明白」對方說什麼，為對判決無期徒刑的抗議，王炳章決定在獄中「絕食」。媒體報導稱他「絕食」五、六天，亦有報導說是已「絕食」了十多天。

親人稱周正毅絕食三十八天

另一位「名人」是前上海「首富」周正毅先生，「後臺老闆」上海市委書記陳良宇，落馬下臺被判刑十八年吃了官司後，城門失火殃及池魚，於是上海「首富」周正毅因此「二進宮」，終審判決維持原判徒刑十六年。他舊地重游再次「回鍋」似曾相識的上海提籃橋監獄，但景物依舊人事全非。與上次判刑三年，在提籃橋「吃大餐、嘆冷氣、看電視」，「保護性」的坐牢監待遇天壤之別截然不同，此次上海「首富」真正以普通犯人身份，嚐到了無產階級專政的鐵窗風味。

周正毅大姐夫對媒體稱：自一審宣判以來，周正毅從未吃過一頓飯，已在牢房裏絕食三十八天，每天都是靠吊鹽水葡萄糖水維生。兩個手臂已經針都插不進去，最近只好換至腳上吊針。大姐夫示意，似乎周性命瀕臨垂危。

律師表示周正毅決定用「絕食」來抗議判決不公，將每天申訴，一直申訴直到「平反」為止。

各種媒體仿佛如臨其境親眼目睹，繪聲繪色的新聞報導：牢裏犯人凡屬絕食，就少則十幾天，多則一、兩個月；監獄當局唯恐「絕食」犯人因此死亡，想當然地給他們「吊食鹽水、葡萄糖水維生」。記者們錯將無產階級專政的監獄，誤作救死扶傷普度眾生的慈善團體；編撰了人云亦云以訛傳訛的新天方夜譚故事，也許能博得平民百姓守法人士，幾聲嘆息或一掬同情之淚。周的律師估計學的只是法律條文、書本知識，從未在無產階級專政的監獄中生活過，所以憑空想像似是而非的高談闊論，卻實足使我們這些「上過梁山，游過太湖」「入廟進宮」的「過來人」，只能忍俊不禁啞然失笑，記者和律師朋友的善良可愛得幾近無知。再則，住過醫院的人們都知道，護士為抽血檢查或準備輸液，在靜脈上刺針後，就會將針頭留在手臂上，待等病人出院時才取下。如果，我講的是如果，監獄醫院真有給周正毅「吊食鹽水、葡萄糖水維生」的一說，亦絕不會天天往靜脈上扎一針，將「首富」周正毅，兩雙手、腳被針扎得像馬蜂窩，「兩個手臂已經針都插不進去，最近只好換至腳上吊針」了，如此這般的謊言，編得也太離譜了把。

饑饉難熬的「革命人道主義」

平心而論設身處地，我十分同情大陸監牢中絕食的朋友，同是天涯淪落人，何況我也在監獄和看守所中，嚐試過絕食。能推己及人體會到很多人「蒙冤受屈」身陷囹圄，卻叫天天不靈，叫地地不應，求生不能求死不得，連想「自殺」亦如「蜀道難，難於上青天」，因為管理人員及監獄設施早已預作種種防範措施。而犯人在樊籠之中唯一能表達對判決不滿，希望平反昭雪重獲自由，或退求其次，冀改善惡劣處境，所能使用的最後的一招，似乎只能是傷身損體的「絕食」行動，或指望以死明志而已。但善良的人民和自以為是的記者、律師們，實在太低估共產黨掌管下的監獄，政府隊長「智慧」和「對敵鬥爭」水平及經驗！在無產階級專政的牢房裏，犯人連政治訴求、身體行動已被剝奪自由，難道犯人還能指望有絕食、求死的「權利」？

以我的孤陋寡聞親歷親見，行使「絕食」「自由和權利」的犯人，幾乎沒有一個會在共產黨領導下的無產階級專政的監獄裏，有可能獲得「吊食鹽水、葡萄糖水維生」的待遇。令人百思不得其解的是，大姐夫編造周正毅當時已「絕食」三十八天，試問今時今日他總共又「絕食」了幾多歲月呢？當年周正毅先生，一審判決後就從未吃過一頓飯，到目前為止周正毅先生還沒有「平反」，他是不是尚在「絕食」，那末靠吊食鹽水葡萄糖水維生的吊針針頭，現在是插在身體那個部位呢？

據我在上海提籃橋監獄所見所聞，早在上個世紀五、六十年代，執行無產階級專政的監獄當局，對夠膽絕食的犯人，「不打不罵」，然而卻實施比打、罵更令犯人痛不欲生恐懼無比的手段辦法，精心設計了美其名曰的「革命人道主義」。每個「絕食」犯人，遭受監獄當局幾天的以饑餓之道，還治饑餓之身的「革命人道主義」多日折磨後，無一不是含冤負屈，拍掉門牙和著血吞下肚去。個個膽戰心驚強忍滿眶熱淚，放下了人的尊嚴，舉著雙手揚起白旗，賭神發咒滿口保證：再也不敢「自絕于人民」，再也不敢用「絕食」「對抗政府了」，求求政府隊長高抬貴手，恢復監獄三餐正常標準給予吃食。因為絕食的犯人實在對「革命人道主義」談虎色變，無法忍受分分秒秒痛徹心扉的饑饉煎熬。

在「絕食」犯人一再認罪悔過自新，高唱「千錯萬錯是我錯」討饒後，政府隊長何時網開一面從輕發落，規章制度并無明文規定，要隨政府隊長心情好壞而轉移，「絕食」犯人只能老老實實耐心等侯，翹首以待原本應該給犯人日常供應的三餐粥飯。經政府隊長短則三、五日、長則七、八日「革命人道主義的加倍饑餓之法」，百發百中萬試萬靈的釜底抽薪高招，「絕食」犯人在鐵窗牢獄之中，企圖通過「絕食」途徑，引起司法機關能重新查閱和重新審理案件的願望，宛如走入一條死胡同，宣告的唯一結果是此路不通，從根子上掐斷了平反冤、假、錯案的可能。在政府隊長有心或無意的「洩密」一下，這類殺雞儆猴訊息不脛而走，毋需三、五個小時，已口口相告傳遍監房。試問哪位犯人再敢東施效顰重蹈覆轍，自討苦痛再來實施「絕食」了！

唯臺灣監獄有「絕食自由」

應該講神州大地海峽兩岸中，嫌犯或犯人享有「絕食」的自由和權利，不是在大　，而是在海峽彼岸臺灣。最為人飯後茶餘津津樂道，當年莫過于前總統陳水扁先生的「絕食」秀，在世界各國媒體電視電讀臺的現場直播下，風靡全球顯盡鋒頭，衝出臺灣走向全球，傳遍天涯海角的家家戶戶。陳前總統闔府堪稱貪污「專業戶」，即使有些深綠「扁迷」，面臨鐵證如山之現實，對阿扁亦愛莫能助。但百足之蟲死而不僵，何況多年在政治舞臺中心，扮演各種角色的陳水扁律師，在台北土城看守所內飽食終日後，客串一場「絕食」秀，真乃牛刀小試略費吹灰之力。然而臺灣當局如臨大敵，在荷槍實彈的警察護送下，將不吃食只喝水進行「絕食」的陳前總統，從臺北看守所緊急送醫院「搶救」，吊鹽水，點滴葡萄糖水補足營養。出醫院回監房一段時日後，陳水扁老調重彈再次粉墨登場演出「絕食」秀，警察大哥們鞍前馬後疲於奔命，醫師護士殫精竭慮費盡心機又一次次進行「搶救」。

現在海峽兩岸的「海基會」，「海協會」不僅在大陸而且在臺灣開會，先易後難求同存異進行協商和交流。如果兩岸交流了對付監所中嫌犯或犯人的「絕食」經驗，按照大陸獄方傳授的無產階級專政下「只此一家」秘方，屢試不爽的「革命人道主義」辦法，若臺灣當局照此辦理，陳前總統一類人及所有犯人的絕食秀，就是請他們「演」，諒必亦沒人膽敢「粉墨登場」了！

為此，謹將我在無產階級專政下的提籃橋監獄內，所見所聞對絕食犯人採取所謂的「革命人道主義」辦法，附錄於後，以饗讀者諸君。

我在獄中企圖絕食

我因不服一九六八年第一次「進宮」羈押二十個月，及定性反革命份子的判決，一九七一年向上海市公檢法軍管會提出申訴。「文革」前，中國的刑事法律還規定了，任何案件一審判決後可以上訴二審法院。「文革」中，毛澤東一聲令下「砸爛公（安）、檢（察院）、法（院）」，由「解放軍公、檢、法軍事管制委員會」實行軍管。毛澤東一句最高指示：「和尚打傘，無髮（法）無天」，將中國法律，掃進了歷史的垃圾堆。案件一次「審判」就「鐵案如山」，取消了當事人上訴的權利。另一方面，又發出所謂「翻案不得人心」的「最高指示」，任何人正常的上訴，都可定為重新犯罪。故此我申訴後，第二次關進了看守所，羈押三年多，并被判了五年徒刑，押送提籃橋監獄服刑。

江山易改，秉性難移。為爭取下半世在社會上享有一個普通公民的身份，不因我的反革命帽子株連九族，害爹害娘害親朋好友。於是又「階級鬥爭不以人的意志為轉移」地，在監獄中寫起了一份份翻案申訴書。

然而，提籃橋監獄絕不是犯人的「防空洞」，共產黨專政機器時時刻刻無處不在地向專政對像戕害施虐。在那終生難忘「秋風秋雨愁煞人」的一個下午，天空細雨霏霏陰沉沉，秋風勁吹，在政府隊長指使下，我被幾名犯人中的「積極分子」揪出監房，既拖又推揿低著頭身似「噴氣式飛機」，頸上掛著「反革命份子翻案不得人心」的大紙牌，從一樓監房依次直到五樓，作「游監批鬥」。等到批鬥結束還押監房時，我筋疲力盡周身疼痛；更使人痛心疾首難以容忍的是心靈中的創傷，人格上的侮辱。「游監批鬥」是對我的「當頭棒喝」，「宣判」我羈押在監獄，亦同樣是「翻案不得人心」，「鐵案如山」申訴無門。瞻望下半生，漫漫長夜伸手不見五指，茫茫前途苦海無邊看不到一絲光明。

晚餐送進牢房，我一改幾年牢籠生涯中，對監獄飯菜的愛不釋手饑不擇食狼吞虎嚥，今日則一反常規向嘴裏有氣無力撥進了幾顆米粒後，就慢斯條理不情不願的放下了「合子」。

「身體不舒服」？同監的一位在英國佬、小日本、國民黨、共產黨四個「朝代」，都關押過的所謂「四朝元老」，他一直駐目注視著我，現在又湊身向前關心地詢問。

「對，身體有病吃不進」。我面色青青心事重重，有氣無力地答。

「人似鐵飯似鋼，一頓不吃餓得慌。現在不吃等會錯過了時間，收了合子你想吃也沒得吃了」。「四朝元老」憑他豐富的監獄見聞，洞悉我不是身體有病而是生的「心病」，是為了剛剛的「游監批鬥」才不吃飯，於是就好言相勸。

「實在不想吃，也吃不下」，我敷衍了事的回答。但這種「小兒科行為」，逃不過他見多識廣的「法眼」，其實箇中緣由彼此心照不宣，所以我亦懶得向他作進一步解釋。

「留得青山在，那怕沒柴燒，這裏是牢房，不是飯店、餐廳，想什麼時候吃就有吃。你已在看守所至今前後關了五年多，懂得犯人生涯已經夠苦的了，你刑期不長，所以保持身體健康最要緊，還是吃一點好，否則搞壞身體留下後遺癥即使回到社會，倒霉的還只是自己」。他繼續耐心開導我。

我閉目養神一言不發以表決心，同時輕輕地搖了搖頭。

「你實在不想吃，我幫你吃了」。他輕聲細氣直截了當地提出「建議」。

我明確地微微頷首點頭後，於是「四朝元老」即刻當仁不讓手到擒來，捧起了我的飯合子，三下五去二，風捲殘雲把合子裏的飯菜，迅速徹底全部消滅乾淨。

國有國法，監有監規，盜亦有道。正宗「監規」是由政府制訂的，此外還有長年累月犯人間的「約定俗成」，相互遵守的「規矩准則」，也許這亦是監規的補充，然而誰敢對它稍稍違反，必定激起眾怒，同監共討之。儘管牢監裏犯人天天三餐缺油葷、少飯菜半饑不飽，個個餓得有氣無力半死半活，但是有人因病吃不進而留下的食物，同監犯必須默默忍受口水往肚裏嚥，誰也不可越雷池一步，伸手拿病犯的合子吃。「犯（人）以食為天」，不是病到九分九，犯人絕對不肯放棄一星半點食物，何況整整一隻飯合子。政府隊長以飯合子內的食物數量為證，來品定犯人是真病還是假病；病重抑或病輕。所以病犯無法吃下的殘羹剩飯，同監犯也只能看在眼裏痛在心裏，即使心猿意馬垂涎三尺，也只能老老實實咬緊牙關，眼看手不動拋棄非分之想，真正做到視若無睹「忍痛割愛」，以免延誤同監犯病情，否則，一副手銬馬上扣住。今天我是「游監批鬥」後才不吃飯，「四朝元老」吃准我身體無病，生的只是「心病」，無傷大雅之堂。另外「游監批鬥」後只吃一、二口便退出飯合子，憑他經驗所知，政府隊長一定認為此乃「抵觸情緒」的表現，後果對我不利。所以在我點頭之下，才篤定泰山當仁不讓幫我吃了。

經高人指點我中止絕食

漫漫長夜翻來覆去輾轉不得入眠，我才三十多歲，不甘心下半輩子，像孫悟空被套上反革命分子的「緊箍帽」，共產黨可不是慈悲為懷普度眾生的唐僧，他對地、富、反、壞、右，所謂的「五類分子」，實行殺、關、管的政策：只許規規矩矩，不准亂說亂動，如有亂說亂動，立即取締實行無產階級專政的制裁。而且「階級鬥爭要年年講，月月講，天天講。」八億人民不管婦幼老孺隨時隨地都有資格對反革命分子等五類分子，實施「革命行動」，想打就打，想罵就罵；經濟上不僅取消了工資，只發維持生命的生活費；政治上要批就批，要鬥就鬥；。在學校被紅衛兵小將、革命教師監督；回到家中，受鄰里街坊、居民委員會管理。人人可以剝奪你人格尊嚴，讓你斯文掃地，幾十年人生永遠既立不了業，更成不了家。

以前大街小巷牆上寫的「加強無產階級專政」「堅決鎮壓反革命」等標語，我事不關己毫無感覺；戴了「反革命帽子」後，仿佛此類標語是針對我寫的。我杯弓蛇影對號入座自行感覺馬路上、單位裏，人們千百雙眼睛，好像都在緊盯著我，我不由得坐立不安心驚肉跳。公眾場合如百貨商店、公共車輛、醫院等等人多的地方，自立規矩能不去就不去，實在不行也要少去。當年人們常以「同志」相稱，反革命分子是沒有資格稱人或被稱「同志」，萬一我叫聲「同志」後，被知根知底的人從大庭廣眾當場「揪出來」，豈非顏面無存「自討沒趣」。我最希望日日是狂風暴雨的天氣，大街小巷人員稀少，我可以頭上戴雨帽壓到眉心，嘴前套口罩，直指眼毛，使得相識多年的親朋故舊，也認不出我是誰。我尤其心響神往獨自一人生活在渺無人煙的深山老林裏，或像英國魯賓遜孤身單丁飄流在大海荒島，過著原始民族自由自在自生自滅與世無爭的平靜生活。

苦海無邊前途黯淡

粉碎「四人幫」後的共產黨最高層文件揭露：十年文革期間，明明全中國國民經濟已瀕臨崩潰，人民生活苦不堪言，絕大多數善良的人民，在長年累月舖天蓋地的「形勢大好，越來越好」的「主旋律」的謊言多次重覆的欺騙宣傳下，大家都迷信毛澤東欽定的「四人幫」之流的「革命接班人」，會使紅色江山萬年長；神州大地永永遠遠實施「階級鬥爭為綱」既定政策。所以許多因「冤、假、錯」案，被打成「階級敵人」遭受殘酷迫害的善良人們，也妄信謊言宣傳輿論誤導，自認為今生今世再沒翻身之時，絕無出頭之日，會永永遠遠被別人踩在地下，苦海無邊永遠沉淪。更沒有人敢想像，「紅光滿面，神采奕奕，身體非常健康的偉大領袖毛主席」，有朝一日也會像普通老百姓一樣，也會生老病死撒手歸西去晉見馬克思；囂張一時不可一世的「四人幫」，會被押上歷史的審判臺；毛澤東的接班人會將共產黨「階級鬥爭為綱」的「千秋萬代」「國策」拋入歷史的垃圾堆。所以成千上萬文革中被「打倒」、被迫害的人士，絕望之餘思想崩潰，受不住日日時時殘酷迫害的非人待遇，等不到神州大地「雲開日出」萬里晴空，採取了自殺的下策。十年浩劫中上千萬無辜人民，為此而非正常死亡。

傳聞有黨和國家領導人專門組織中國頂級的醫學專家，「科學論證」毛澤東一定會健康長壽，如假包換可以活到一百歲。誰知人人喜歡的祝福語言：「長命百歲」，落到毛澤東名下，竟馬屁拍在馬腳上。紅衛兵、造反派和一些對毛無限熱愛無限忠心無限崇拜的幹部和群眾，義憤填膺火眼金睛地指出：偉大領袖毛主席是萬歲萬歲萬萬歲，憑什麼「科學論證」他只能活到區區一百歲，這不是惡毒攻擊造謠誣蔑現行反革命行為，又是什麼？其心可誅，其言荒謬。原先想拍馬屁的那幾位黨和國家領導人，灰溜溜靠邊低頭彎腰誠惶誠恐等候發落，若非毛皇恩浩蕩高抬貴手，溜鬚拍馬者差一點被打成了現行反革命分子。

哀莫大於心死，我萬念俱灰百無聊賴，與其此生幾十年「戴反革命分子」帽子，比印度的「賤民」更「賤民」，時時刻刻都可能遭受污辱斯文損毀人格的批鬥打罵，如此苟且偷生害親人累朋友，屈辱過活下半輩子，還不如一了百了，早死一日早超生。

獄中自殺難於上青天

我曾設想過多種在監獄中可能自殺的方法，結合提籃橋實際，權衡各種利弊先後一一否定了。「四朝元老」諒必早看穿了我的心中所思所想。他自言自語旁敲側擊地說：英国佬建造提籃橋牢監是費盡心血考慮周到的，你看每間牢門上的鋼鎖比一本書還大，件件是保質保量的「英國製造」；根根鋼條幾指粗，連老虎獅子都逃不出去。電影裏常見犯人挖地道逃遁，但提籃橋的監房挖來挖去，「地道」出口還在監獄範圍裏。因為每幢牢房全部建造在監獄的高牆之內，與四周高牆，尚遠離幾十米。牢牆外的東南西北四面八方全是通衢熱鬧的大道，稍有風吹草動出現異樣，高牆外的人民群眾立馬察覺有監獄犯人想越獄逃跑。在提籃橋關押的多年中，只是前不久同你一樣，才第一次聽說廚房間一名年輕的外勞動犯，利用到監獄送貨的大卡車，人貼在車身下邊，混過了一道道關卡，總算逃出了提籃橋。然而在人民群眾的汪洋大海中，犯人的活「招牌」剃的和尚光頭，不言而喻就顯出與眾不同「鶴立雞群」了；提籃橋外勞動犯身穿的衣衫也印有囚衣專有標記；再加上犯人常年少曬太陽營養不良臉色灰白；袋裏分文不名，怕人追捕躲躲閃閃驚恐慌張。凡此種種疑點，他不到三個小時，就被火眼金睛的群眾扭送回提籃橋，法院宣佈加刑五年。

「四朝元老」又不厭其詳地開導說，提籃橋犯人中因含冤負屈，要想自殺的大有人在，但現實是談何容易。你看每層樓，樓梯的間隔特別低、平，而且每個樓梯都不高，每層樓面在懸空的地方都裝好粗粗繩網，從上往下跳也只能被繩網接住。監房橫一米五，長二米二，約三點三平方米，大家都看得到，算得出。如此這般的距離，誰想頭撞牆壁尋死，衝力絕對不夠只會撞傷，決不會命喪黃泉。電影裏的人物，猛一撞牆，就頭破血流，嗚呼哀哉，那是電影，與事實相距十萬八千里。不信你試試看，近距離用頭撞牆，沒有足夠的衝力，無論如何都撞不死的，最多的可能乃血流如注留下殘疾。今後在籠子裏過活的每時每刻，就像是在中藥裏再多加一味黃蓮，自找麻煩苦上加苦。總而言之閑話一句，在提籃橋尋死比覓活難。老古話說，好死不如惡活，十年風水輪流轉，我是刑事犯任何一個朝代，都要被抓被關鐵案難翻；你是政治犯，有朝一日風水轉動雲開日出，揚眉吐氣出頭日就到了。所以坐牢就得定下心來，該吃就吃該睡就睡，既來之則安之，第一要緊的是養精蓄銳健康身體，目前要認命認運不要胡思亂想，孫悟空本事再大，總歸跳不出如來佛手掌心。比你有本事有能耐的人，提籃橋裏多的是，折騰了一陣子，結果也只好耐下心來養光韜晦，所謂人在屋檐下，不得不低下頭來，一天天苦度光陰等到刑滿釋放，再重起爐灶，該做啥做啥，可以大展拳腳。以前同我關在一起的一個「小赤佬」，有天上午剛剛起床，他像發啥神經病，突然從後面衝上前，要將頭撞牆壁，身體臨到水泥牆壁前，心裏怕了不想死了，要「煞車」又「煞」不住，結果人側身斜了一點，肩膀先撞到牆頭擦破皮，流了滿面血，到監獄醫院縫了十幾針，還吃了幾天銬子。他以為在拍電影，頭一撞柱子，一撞牆，就頭破血流一命嗚呼，那是編導在騙騙善良觀眾。我斷斷續續在提籃橋進進出出，僅僅三十多年辰光，已經歷了「四個朝代」，常言道人在做天在看，十年河東十年河西，大家雖然對你過去并不了解，但看著你一次次搞翻案，相信你肯定有冤屈，所以更應該注意身體保證健康，打好「持久戰」才能等到峰迴路轉「沉冤得雪」還你一個公道。現在害你的人最最希望你「自取滅亡」，「畏罪自殺」，落得個蓋棺論定「永世不得翻身了」。待到將來雲開日出朗朗青天，你卻早已一命嗚呼「死無對證」，即使有平反昭雪的一天，也已無可挽回成了百年身，早進了「鐵板新村」火葬場，成為一堆灰燼。而加害你的壞蛋，則逍遙法外彈冠相慶，你這種下場才真正可悲呢」。

他東一棒子西一榔頭，仿佛是無的放矢亂箭一通，實際上句句話對號入座「射」中我的心！他似濟世良醫「對癥心病下了心藥」，有理有據在開導我。我心有所動又無言以對更不便傾訴衷腸，只能一聲不吭，含著感激的眼水看著他。

接受忠告

「如果真是有病，就少吃點，不要一口不吃；否則政府隊長會以為你想『絕食』，這就自找麻煩了。共產黨的牢監裏，犯人千萬不要自作聰明搞『絕食』這種『小兒科』的事，到頭來吃虧的還是自己，我在此地看到聽到的實在太多了。有些新犯人自以為在牢監裏『搞絕食』，政府隊長會感到『頭痛』，怕他真的不吃東西而死掉，會受上級批評、處分。於是犯人一廂情願異想天開，就像新聞報導中的講法，政府隊長為挽救性命，給他打點滴、吊葡萄糖、鹽水維生；會幫他向上級部門反映問題。他們實在想得太天真了，『忘記』了無產階級專政的監牢是專門用來折磨人的地方。有道是『敲鑼賣糖，各幹一行』，『鐵路警察，各管一段』，提審員（「文革」中兼任檢察員、審判員的職責）負責審理案件、定罪量刑；監獄中政府隊長分工是對犯人管理懲罰。你怎麼能指望政府隊長，為了一個非親非故素不相識的犯人，不顧丟掉『烏紗帽』幫你去翻案，你平反也好，坐牢也罷，與他絕無絲毫利害關係；再則，政府隊長若對犯人有一星半點兒的同情心，馬上會套上喪失階級立場的帽子，輕則檢討批判，重則清除出公安警察隊伍，你平心靜氣仔細思量，想要政府隊長出手相助，豈非在與虎謀皮。

膽戰心驚的「革命人道主義」

他見我在認真的聽他開導，於是接著侃侃而談：以前的朝代我親眼所見，犯人不吃不喝後被送進牢監醫院搶救；現在是共產黨當家，我在提籃橋從沒有看見或者聽到一個犯人絕食後，政府會給他打點滴，吊過鹽水葡萄糖，或者是送到監獄醫院搶救。「四朝元老」想方設法深入淺出的開導我，儘管他從來沒有學習過馬克斯主義哲學，卻運用最基本的「理論聯繫實際」方法來教育我。

我有氣無力的問：「幾天絕食不吃不喝，政府隊長既不送牢監醫院，又不給吊鹽水葡萄糖，人不是會活活餓死」？

「這個問題問得好，也反映了你這種知識份子自以為是天真爛漫的想法，忘記了我們是階級敵人的身份，把無產階級專政鎮壓階級敵人的監獄，錯認作慈善機關。幾年前印度大饑荒報紙報導，正常的人倘若七天不喝水，就會干渴而死。有水喝的人，二十八天後才慢慢餓斃」。

接著他指手畫腳繪聲繪色地，向我講述了政府隊長採取的駭人聽聞別具匠心的「革命人道主義」種種手段，及你餓他不餓，你急他不急的策略，「迎頭痛擊」膽敢用絕食妄圖翻案的階級敵人。直聽得我背脊骨一陣陣發寒，頭上沁出冷汗。古人云：始作人俑者，其無後乎。能發明這種用慢性飢餓來折磨絕食犯人的軟刀子割肉辦法，不由得使人對共產黨的「棋高一著、手段多樣」，能不心驚肉跳甘拜下風。他接著出謀劃策指點迷津地說：「從現在開始先少吃一點東西，同時通知『醫務犯』來看病吃點藥後，不顯山不露水地讓『毛病』慢慢好起來」。

醫務犯心照不宣

提籃橋羈押的犯人，可謂「藏龍臥虎」，五花八門三教九流各行各業應有盡有。有一類犯人叫「醫務犯」，他們過去在社會上不是醫院院長，至少是各科主任。選擇當「醫務犯」的標準，反革命犯是一個都不要的，全部都是普通刑事犯，特別如腐化犯、貪污犯等，刑期不能太長亦不可太短，最主要的是嘴巴緊，要對監牢裏大小事情，視而不見聽而不聞，又能守口如瓶，最忌是在監房間互傳消息。

「醫務犯」量了我的血壓，檢查了心臟，看了舌苔，試了體溫後，開了一點藥。他閱病犯無數，見多識廣醫術精湛，而且深諳「瞞上不瞞下」，「得饒人處且饒人」的訣竅，他對病犯基本上都「以禮相待」又惜字如金說話不多。他恪守「變戲法」演員的行規，戲法人人會變，各有巧妙不同，但是說「穿」幫了，就一文老錢不值了。他邊收拾醫療器械，頭也不抬也不再看我，只講了一句，老老實實安心養病接受改造，你的病藥吃完了也不用再看（病）了，不要再給自己和他找麻煩了。我點點頭一口一聲謝謝。大家似瞎子吃餛飩，箇中「味道」盡在不言中，但又隻隻心裏自有數。我也趁勢落篷見好就收，「停止」了絕食。

看守所中糊裡糊塗搞絕食

其實，早在三年前的看守所我也搞過「絕食」，「餓過肚皮」，對此種流程，已有一定的實踐經驗。「絕食」第一天，人的神志完全清醒，是相當難受的。我先是幾聲呻吟口稱有病，經批准後睡在監房一角落邊。每次開飯看見聽到同監犯拿著筷子碰著「合子」的聲音，有的不疾不徐，更多的屬急風驟雨，聲聲似琴弦韻響，餘音繞梁久久不息。我面前放著的合子裏縷縷香氣撲鼻，腹中空空饑腸轆轆垂涎三尺，合子明明白白實實在在，卻要裝作視而不見，香而不聞，仿佛它是無色無味的透明物體。我一口一口強嚥苦水，扮作因病情嚴重而對心中所愛無動於衷，可是實際上乃心猿意馬分秒難忍，只能自作自受忍饑挨餓。我平時只要一聽到「開飯」兩字，就蓄勢待發渾身是勁翹首以待，食品進入口內乃牢房中一天最美好的享受；今日今時，三餐開飯的時候，我都有份卻無緣享受，真乃痛徹心扉難忍的折磨！

幾天絕食的過程中，相比之下，第一天三餐不進，自然而然有饑餓的感覺，有痛苦但尚能忍受。最最讓人不勝煎熬的是「絕食」第二天，因為整天時間，人神志還是情醒的，知覺也俱在的，所以也是腸胃饑饉最最難過的一天。因犯平時就腹中缺食少油，當粒米不進餓餒了一天後，胃內已似一首著名的搖滾樂：「一無所有」，只剩下喝進口的清水，變作酸水流動，空空如也的肚腹，一次次發出「空城計」的信號。儘管我以「生病」的名義，批准允許躺在地下，但翻來覆去根本睡不好，而且越餓越睡不著，越睡不著就越餓。外加開飯時眼見裝飯的合子，鼻聞飯菜飄逸之馨香，耳聽筷合相碰之音韻，更使人憑添哀思歷盡折磨。此時此刻我只要伸出「五爪金龍」，一舉手之勞拿起飯合子放到嘴邊，就可結束饑餓，大享口腹之歡。理智令我思前想後反復推敲，不能功虧一簣，只能橫下心來以圖一搏。時間一秒一秒過去，我咬緊牙關忍饑挨餓，進入了「黎明」前最黑暗的時刻。

到了第三天，估計因粒米未進，造成人體的低血糖，逐步趨向半昏迷狀態，腸胃四壁完全空空如也，頭腦知覺如飛絮般朝天空飄飄，漸漸在大地消失。也許是物極必反，饑餓的痛楚如一縷雲煙輕輕地裊裊逸去，我的肚腹已慢慢變得「不知不覺」了。除了同監犯幫我飲入小口水外，已麻木不仁完全「忘記」了饑餓，同時根本沒有動彈的力氣了。

看守所相對於監獄來講，羈押的犯人較少，所以沒有配備醫務犯，所長們對醫務又一竅不通，見到我前後三、四天粒米不進，於是一輛囚車將我送到提籃橋監獄醫院。我原先聽老犯人講，監獄醫院病犯伙食好，可以好好享受幾餐。誰知見多識廣洞察犯人心理的監獄醫生，診斷後對如我這類病犯的「雕蟲小技」就一目了然，醫囑規定除了吃水外，先讓我「禁食」兩頓。一聽之後晴空霹靂，心就涼了半截，真所謂「偷雞不著反而蝕了一把米」。監獄醫院求醫的病犯，每個星期五下午是個關鍵時刻，如果過了周五下午還住院的話，周六、周日監獄的政府醫生休息，不查病房，病犯就可篤定泰山留在醫院，享用兩天六餐美味的病犯餐。病犯心嚮神往這套，諒必政府醫生更瞭如指掌，星期五下午政府醫生對我作了檢查後，說我已「病癒」可立即出院，我四圍一看，其他兩名病犯都同時「病癒」出院，碩果僅存只一名剛發出「病危通知單」的病犯被留了下來。於是我戀戀不捨，又無可奈何順水推舟借勢落篷悄悄結束了「絕食」行動。

因此，人，不是悲觀痛苦絕望到極點，誰又會在籠子裏雪上加霜百上添斤，走向「絕食」這條獨木橋呢？共產黨說：「不給出路的政策，不是無產階級的政策」。然而，現實的生活，這只是「衛生口罩——嘴上一套」，所謂的路又在何方！如果不是「四朝元老」變著法子舉一反三規勸我，我在提籃橋監獄內的「絕食」

死胡同裏，必然的結果是撞向南牆頭破血流。

他做夢做成現行反革命

果不盡然，終於有一日，我在提籃橋親眼所見親耳所聞，政府隊長對「絕食」犯人實施的「無產階級革命人道主義」的全套演出。

隔鄰監房有位年青犯人，他犯的罪名屬於世界犯罪史上的創舉，「無產階級文化大革命」中專利發明的「新產品」：「做夢做成了現行反革命」。他因漫不經心口無遮攔，實事就是向最最要好的同事，悄悄講了前一天晚上做夢的內容，結果被這位最最要好的同事，在領導追查他別的問題時，為求自保轉移視線，昧著良心檢舉揭發嫁禍於他，這位年青人卻因「說夢話」犯了現行反革命罪，被判刑十年！

政治癌癥：海外關係

儘管他在單位裏工作勤奮早去晚回，但因頭上戴有無形而又人人都看得到覺得著的緊箍帽：「海外關係」，即在香港、台灣或外國有親屬戚誼的人，稱作有「海外關係」。孫中山先生曾稱頌：華僑是革命成功之母。但共產黨當家作主後，風水輪流轉，有海外關係的人，不論與生俱來或後天擁有，個個有份無一倖免，全部在人事檔案中入了「另冊」。屬於「叛國投敵」、「裡通外國」、「間諜特務」、「思想反動」、「偷聽敵臺」種種嚴重的反革命罪行重點懷疑對像。他們工作再認真、勞動再積極、學習再努力，十之八九，都升不了官入不了共產黨，理由是他們人人都犯有「原罪」，像「三國演義」中諸葛亮麾下的大將魏延，腦後長有「反骨」一樣。他們被共產黨鐵定為：表面上「偽裝積極」，而在骨子裏、血液中均「崇洋媚外」，響往「帝國主義、修正主義和國民黨反動派」，個個都內心深處同共產黨離心離德，猶似鐵路上兩股道上跑的車，永遠奔向不同的終點。所以他們平時裏被人有形或無形的監視和輕蔑，在共產黨發動的年復一年名目繁多的「政治運動」中，每次命裏注定首當其衝無休無止反反復復，都淪為被懷疑、審查、批判的對像，俗稱：「老運動員」。在領導和「革命群眾」使用政治「顯微鏡」和「望遠鏡」的捕風捉影吹毛求疵觀察下，雞毛蒜皮的事，都可以上綱上線無限擴大，不少人最終以似是而非的「莫須有」罪名，身陷牢獄；或毋需經任何刑事訴訟司法程序，表面上稱當事人的行為并未構成犯罪，卻僅憑一個「勞動教養委員會」討論通過，既不需要法院判決，亦不給當事人任何辯解的機會，就可以實施事實上的監禁，限制人身自由的「勞動教養」。更令人詬病的是，「勞動教養」不僅不能「上訴」，常常還不規定年限。有的即使規定了年限，「勞動教養」期滿後，也美其名曰「勞動教養場所」的「留場新人」，事實上的老死終生「無期徒刑」。我刑滿釋放後，強行放在「勞動教養留場人員」的上海市勞動電焊機廠，戴反革命帽子監督勞動，與成千位不是犯人勝似犯人，生活在「勞動教養場所」二十多年的「勞動教養留場人員」，一起被無產階級專政機關監督勞動。有海外關係的人，僥倖「事出有因查無實據」逃過勞動教養這一關，下一次「政治運動」會舊事重提，對「老運動員」的政治審查重頭再來過。所以擁有「海外關係」的人們，個個都患有「政治癌癥」。

時至今日方眾所周知，一九四九年以來，神州大地事實上整整「閉關鎖國」三十年。明明五十年代末期，是風調雨順瑞雪兆豐的時光美好年份，當政者睜著眼睛瞎說成「三年自然災害」，目的為掩蓋人禍施虐暴政橫斂，全國「非正常死亡」三千萬民眾的血淋淋事實。在餓殍遍野人人缺衣少食閉目塞聽的情況中，外加多次重覆的謊言下，眾多人士還時時刻刻持唐・吉訶德式的善心宏愿真情誠意，騎著病馬手持破矛義無反顧地要去「解救」遭受「殘酷迫害」，生活在「水深火熱」中的美國、歐洲人民以及香港、臺灣同胞。

「偷聽敵臺」

當年中國大陸所有的收音機，除了政府中特定的部門和特定的人士，經批准後允許按裝「短波」外；普通老百姓的收音機一律不准有「短波」。如果有誰敢偷偷地安裝短波偷聽「美國之音」、英國ＢＢＣ廣播、法國、蘇聯、臺灣、香港等廣播電臺，不論有些國家與否已同北京建立正式外交關係，都以「偷聽敵臺」的現行反革命罪論處。輕則坐牢，重則被處死刑。

幾億人民唯一瞭解世界的窗口，是官方主辦的月刊「世界知識」，從它的字裏行間的縫隙處，或正面的意思反面讀，旁敲側擊一知半解地去「瞭解」世界。但有「海外關係」的人士，在親人戚誼經過政府審查、影印的海外來鴻中，特別是回國探親，「漏進」了一些異國他鄉的「奇聞異事」，可以對「世事」稍稍了解。而「海外關係」最實惠的好處是，海外至愛親朋匯寄來的食品，尤其是美元、港幣等「外匯」。當外匯由政府調換成人民幣後，另外按比值優惠給予「僑匯券」。憑「僑匯券」才可進入專門開設的「僑匯商店」，用「僑匯券」加人民幣購買市場上難得一見的商品。所以隔鄰的年青犯人，單位中有些氣味相投因海外關係遭遇雷同的同事、有的「物以類聚」經常一起下班之餘，背人之時共訴衷曲；有的同事著眼「僑匯券」，與他成為日常往來的「莫逆之交」。這就犯了當年大忌也。

歷史的教訓值得注意：在那個年代同事、鄰居，絕對不可無話不談成為「知心之交」，「最親近的朋友，也許就是最可怕的敵人」。因為共產黨有搞不完的「政治運動」，特別在十年浩劫的「文化大革命」期間，至愛親朋們為了保存自己，隨時隨地可能「反戈一擊」檢舉揭發或出賣你，因大家知己知彼，以前講的又都是見不得光的「私房話」，所以事事句句命中要害置人死地。甚至一家人，亦要「逢人只說三分話，未可全拋一片心」。夫妻相互檢舉，弟兄彼此揭發，子女出賣高堂，「虎毒食父母」屢見不鮮時有所聞，而且又大都是置人於死地的「殺頭罪名」。還美其名曰：大義滅親靠攏共產黨靠攏人民。但即使在泯滅人心喪盡天良的年代，唯有父母因「包庇」親生兒女而下獄坐牢，卻不見父母告密陷害子女，以「減輕罪責」。可見中華傳統美德：「虎毒不食兒」，源遠流長乃人性中顛撲不破的真理。

這一天，他最最要好的同事，因在單位裏不經意講述了一些官方媒體宣傳報導之外的「坊間傳言」、「小道消息」。如第二次世界大戰小日本的無條件投降，并非如官方多年來宣傳定調的是，因為蘇聯紅軍出兵東北打敗了日本關東軍；而是美國在日本本土廣島、長崎投下了兩枚原子彈的結果。所謂的「抗美援朝」，起因絕不是官方宣傳那樣，系當年的南韓總統李承晚在美國的支持和唆使下先侵略北朝鮮；事實乃北朝鮮領袖金日成揮兵南朝鮮，打響了第一槍。保衛科幹部多年來一直認為此人「崇洋媚外」，時常散布「小道消息」，屬政治異類思想反動，有「偷聽敵臺」的重大嫌疑，現在有人檢舉揭發上述反動言論，就把此人叫進了辦公室。在「坦白從寬、抗拒從嚴」的連哄帶騙的「攻心戰」和幾小時的「連續作戰」、「輪番審訊」的「疲勞轟炸」下，他最最要好的同事，由於害怕「偷聽敵臺」的現行反革命罪行，在無休無止的追查後，可能暴露于光天化日之下，於是走上了「檢舉揭發、立功受獎」，「把水攪混、金蟬脫殼」的「光明大道」，告發了他做夢時游水到外國的「叛國投敵」，現行反革命嚴重罪行。

訴說夢境

幾星期前，他把最最要好的同事拉到一邊，神神秘秘地告訴他昨晚做夢的鏡像：他在一次政治運動中，由於受不了「懷疑一切」無限上綱上線的似是而非的「莫須有」罪名的審查，大會小會的輪翻批判、鬥爭，於是想了一個不是辦法的辦法，與其自殺不如捨命一搏。基於陸上和空中根本無法逃離中國國境，於是他買了一張從上海到青島的輪船票，據說其時上海只有到青島的客輪才有一段海路途經公海。待等夜闌人靜天色漆黑一片，輪船駛到公海時，他就乘人不備抓緊時機，向無邊無際的茫茫大海縱身一躍。因時臨夜半四周寂然無聲中的「撲通」一響，特別引人注意，只聽得「有人跳海自殺了」的叫喚緊接著傳來。每逢「政治運動」，神州大地的炎黃子孫，跳江投水，上吊墜樓者時有所聞層出不窮，人們亦因屢見不鮮而麻木不仁見怪不怪了，所以一聽到跳海的聲音，自然而然條件反射憑經驗之談：又有反動分子畏罪對抗革命運動而跳海自殺了。客輪工作人員對如此這般多見則不怪之事不屑一顧，因為每當全國搞「革命運動」時，好人當然不會自尋短見，只有「五類分子」地、富、反、壞、右，才會「畏罪自殺」，「自絕於人民」，死一個壞人少一宗麻煩，多一個清淨。客輪像沒有發生任何事情一樣，繼續乘風破浪按既定海路前進。

他跳海後閉住呼吸潛入水底，奮力劃水儘可能遠離客輪，以免被人生擒活逮。在刺骨寒冷的海水深處潛泳，屏聲息氣在遠處輕輕浮起後，他用足吃奶之力拼命游水，直當他筋疲力盡奄奄一息行將葬身魚腹之時，近處剛剛好一艘外國貨輪經過，船上水手們發現他後，懷著救人一命勝造七級浮屠的惻隱之心，躍入海中奮力將他拉上了貨輪。於是他絕處逢生隨外國貨輪到了異國他鄉，幾經辛苦終於找到了入籍美國的雙親，苦盡甘來之後他在舊金山市住高樓吃大餐，穿洋服坐汽車。正當他縱情歡悅忘乎所以地享受幸福生活時，急促的鬧鐘鈴響，驚醒了一枕黃粱南柯美夢。

最最要好的朋友聽後說：「你是吃飽了撐得慌，大白天在編夢話。這種故事『橋段』，與法國大仲馬的『基度山恩仇記』中主角，愛德蒙・鄧蒂斯落水遇救的情節如出一轍，都是幾百年前的陳舊往事，老掉牙了。況且，坐上海去青島輪船的辦法，還是我同你講的，怎麼成了你的夢境」。

他辯解說：「我真的做了這樣的夢」。

「那就繼續做你的白日夢，我沒有空聽你講夢話」。

他也一笑了之，隨著時間的推移，慢慢地「夢境」在腦海中淡漠了。

禍從天降

突然一天，保衛科來人把他請到辦公室。

保衛科幹部好像談家常地問他，「聽說你曾經做了一個與眾不同的夢」？

他莫名其妙不解地說，「做夢？這又有什麼奇怪的，人人都會做夢。」

「你的夢絕無僅有，聽單位裏有同事講，你夢中游水到了外國？」保衛科幹部和顏悅色若無其事似在談家常又像想聽故事而已。

「做過這樣的夢，我做夢游泳到了外國見到了父母。我重覆一下，我說的是做夢的事，做夢憑不是個人的意志可以轉移」。小青年認真嚴肅全神貫注地看著保衛科幹部面龐，想察言觀色探聽虛實深淺。第六種感覺告訴他，保衛科幹部，無事不會請他到三寶殿，保衛科乃人人敬而遠之視作畏途是非之地，它肩負著無產階級專政的使命，乃公安機關在單位的代表，被召來談話，十之八九是大禍來臨前的不祥之兆；另一種自我安慰的想法是，自己說的是夢境，講的是夢話。做夢又不是你想做就做，不想做就不做的，難道做夢也算犯錯誤？

「你不用緊張，我們是在同你談夢中之事，否則你真的到了美國，我們根本就不可能同你坐在一起，相互談話了。你夢裏是從黃浦江游水到外國的？」保衛科幹部喜怒不露於形色，表面上似一湖平鏡之水，絲毫沒有顯示給他一星半點頭腦裏的所思所想。

鑼鼓聽聲說話辨音，他從戰爭之前的反常平靜，卻越來越感到，被保衛科幹部一步步誘落陷阱，引入網中。他要跳出陷阱沖破羅網，變被動為主動，於是說「我已經記不清了，好像是從黃浦江游到美國的」。

「你剛才的說話，還比較老實，現在卻開始講謊話裝瘋賣傻，企圖避重就輕蒙混過關了。共產黨的坦白從寬抗拒從嚴的政策，你心中有數，不要敬酒不吃吃罰酒。你已經走到了懸崖峭壁邊危險境地，再走前一小步，就會跌得粉身碎骨。我們黨現在是伸出援手來挽救你，誠心誠意拉你一把，你卻滿腦子幻想，一定要自絕於人民。你曾經談過的夢境，需不需要將你最要好的同事叫來當面對質！到了那步田地，就要按『抗拒從嚴』的政策來處理了！你重新說，究竟如何游水到外國的」？保衛科幹部此時才圖窮匕首現，露出廬山真面目，滿臉沾沾自喜勝券在握，一時聲色俱厲對階級敵人充滿仇恨、一時『動之以情曉之以理』地「挽救」他，「拉」他回到人民隊伍中來。

最好朋友變成最可怕敵人

從保衛科幹部的口吻和臉色分析，特別是提出與最要好同事當面對質的話來推理，意想不到的事終於成為事實，他已經被最最要好的猶大式人物「出賣」了。但到底被出賣了多少，出賣了那些內容，尚待仔細掂量。絕對不能一錯再錯，在保衛科掌握的情況之外，自投羅網往裏跳。歷史的經驗值得注意：所謂的「坦白從寬」從來是個騙局，無數事實告訴人們，「坦白等于自殺」。最好的方法，是見風使舵「擠牙膏」式的交待，腳踏西瓜皮，滑到那裏就那裏。心中唯一得到的安慰，緊緊抓住的一根救命稻草是：我說的是夢境，不是真正的現實，是現實生活中沒有發生的事，難道做夢也構成犯法，天下哪有這種荒誕不經的法律或規定。

「我想起來了，是坐船」。我一邊回答，一邊目不轉睛繼續注視保衛科幹部的一言一顰一舉一動以作對策。

「坐船，那裏坐的船，坐的什麼船？」保衛科幹部瞭如指掌胸有成竹地繼續追問。

「做夢都是稀裡糊塗莫名其妙的，我只記得上了船」。我左思右想絞盡腦汁感覺到，從上海到青島的客輪，途經公海，是最要好同事的高見。他常說到了山窮水盡無路可行的絕境時，與其坐以待斃等候坐牢，或一了百了予以自殺，不如將生命交給上帝作最後一搏，坐上海到青島的客輪，行駛至公海時縱身一跳，運氣好額角頭碰到天花板，遇到外國輪船相救，就可到了外國，此後，尋親覓戚在外國過上幸福生活。假如遇不到外國輪船，也就命中注定莫強求，只能當個生不逢辰為理想而獻身的落水鬼，早死一日早超生，二十年後又是一條英雄好漢。此後，「到青島去」便成了他們倆心照不宣，唯有他知我知天知地知的「暗語」。這都是他的原意原話，估計他肯定「揚長避短」留了一手，沒有「徹底交待」自身的問題，所以大可不必畫蛇添足自尋煩惱。

「坐上輪船後，你又夢見了什麼？」保衛科幹部使用四面楚歌十面埋伏的戰術，一步一步收網進逼，仿佛要讓他自行「對號入座」。

「後來我就到了外國」。他儘量「縮短夢境」，目的避重就輕，希望就此蒙混過關。

「慢慢講，要詳詳細細的講，我們有的是時間。你剛才已經承認是坐上船了，所以要講就要講得清清楚楚，不要再自欺欺人『藏頭露尾』了。你說是上海的輪船直接開到外國了，還是另有情節？我們再一次向你重申共產黨的政策，你現在老實交待，黨一定會對你按坦白從寬來處理，但一定要徹徹底底『竹筒倒豆子』；否則就是抗拒到底死路一條。我們還要提醒你，你最要好的同事，早已揭發了你，機不可失時不再來，到將來懊悔就晚了」。

「我真不明白，你們保衛科工作這樣忙，怎麼會對我做的夢，如此關心？做夢又不以人的意志而轉移，不是我存心要做這種夢」。他想用發發牢騷火力偵察的姿態，來探察保衛科的真實用意。

「你不明白？不要緊，因為你現在站在反動的立場上，故而你分不清是非對錯，只要你接受黨的挽救，站對立場，以後你有的是大把時間，會想通想明白的。現在言歸正傳，請你繼續講是坐什麼船到外國的」？老于此道的保衛科幹部，時軟時硬時兇時善，使人感覺不著邊際，像丈八和尚，摸不著頭腦。

句句進逼步步為營

「我是坐外國輪船到了外國」。我實在無詞以對，可不敢公然「拒絕」保衛科的「挽救」，被迫之下又擠出了一截「牙膏」。

「你剛才承認坐的是上海的輪船，怎麼又變成是外國輪船了？你在什麼情況下，用什麼辦法坐上了外國輪船的」？保衛科幹部語調不疾不徐，音量不高不低，其實在十面埋伏中句句進逼步步為營，更引而不發「請君入甕」。

「我原先是坐上海的輪船，到了大海就跳了下去，在沉著海底浮出水面後，看見附近有一艘外國輪船經過，就游了過去，結果外國輪船將我救起，於是到了外國」。迫于無奈，我被重重地擠出了一大截牙膏。

「你現在端正了態度，交待的問題，還原本來面目，就比較實事求是符合邏輯接近真相了，不過剛才沒有完全聽清楚，請你再講一遍。」保衛科幹部和顏悅色似愿以償。

他將剛才的交待重覆了一遍。

「你應該明白，我們組織上為什麼對你做的夢知道得這樣清楚，中國有名言，『若要人不知，除非己莫為』，又有句老古話叫『來而不往非禮也』。既然你最要好的同事『幫助』了你，把你的私房話，都向組織上報告得一清二楚。現在你亦應該『幫助』他，把他的問題揭發出來，用實際行動表示你靠攏黨，與錯誤劃清界限，爭取黨的寬大處理，同時這也是對你的最好朋友最大的幫助」。

兩害相權取其輕

由最最要好的同事出賣了我，彷彿被他利用自己的信任，趁人毫無防備之際，將一把利劍深深刺入胸膛，小青年的心在汩汩流血。深深地悔恨自己幾年來瞎了眼睛，也惱恨自己『不聽老人言，吃苦在眼前』，犯了同單位交知心朋友的大忌。更憎恨所謂最最要好的同事，為了所謂的「自保」出賣朋友，淪為「猶大式」卑劣叛徒。真想以牙還牙以眼還眼，狠狠地以致命一擊報復他，將他攻擊、污蔑毛澤東、林彪、江青、張春橋等人的反革命言論報告保衛科，就憑他所講的一句「防擴散反革命言論」：文化大革命從開始到現在，林彪處處在「出爛污」，周恩來時時為他「擦屁股」，讓「猶大」嚐嚐出賣朋友後自食的惡果，過過坐牢監吃官司的地獄生涯。我腦海裏映現出足以置他於死地的所言所行，像潮水般涌向我的嘴邊，但被理智的雙唇，似攔洪大壩有效地阻住了。兩害相權取其輕，絕不能圖一時之快，喪失理智做出親者痛仇者快，鷸蚌相爭漁翁得利的蠢事來。假若他一拳來後我一腳去，兩個人如狗咬狗滿嘴一撮毛，咬來咬去何時了，必然的結果似缺堤的洪水，堵不勝堵，防不勝防，雙方的『罪行』會越揭發越多，後果更加危險，處理肯定加重。反復衡量了利弊得失，咬緊牙關說：「我們兩人『崇洋媚外』嚮望資本主義國家的資產階級思想是嚴重的，反黨反社會主義的行動是沒有的」。接著倒蘿蔔順蘿蔔講來講去，都是一些雞毛蒜皮零零碎碎不痛不癢的言行，保衛科幹部明白面前的人，是典型的「老吃老做」頑固不化，準備帶著花崗巖腦袋去見上帝的反革命分子，好在主要的罪行「叛國投敵」證據確鑿，而且已經交待，也就鳴鑼收兵。

圖窮匕首現

保衛科幹部莊嚴肅穆地一本正經從坐椅上站立起來，鏗鏘有力字字千鈞地說，「你今天在組織上的挽救幫助下，交待了叛國投敵偷渡外國的重大問題，你堅持資產階級反動立場，拒絕改造資產階級世界觀，才落到今天可悲的地步」。邊說邊從坐在邊上的記錄人手裏，拿過記錄，向他扔過去幾張紙，「這是你剛才交待犯罪事實的『陳述筆錄』，看好後簽名蓋手印，再繼續詳細交待叛國投敵，及其他犯罪行為，深挖犯罪根源，爭取寬大處理」。

小青年此時才從內心深處體會到茲事體大，「叛國投敵」這頂「大帽子，實在可怕得驚人，壓得人透不出氣來。然而他絞盡腦汁也無論如何想不通，難道中國法律規定，人做夢到外國也算犯了反革命刑事罪行？但看著保衛科幹部威風凜凜鐵板著的臉，他忍氣吞聲說了句，「我事實是做夢到外國，又沒有實際行動去外國，怎麼算是『叛國投敵』呢？『做夢』誰也沒有辦法將它控制，又不是我存心想做這樣的夢」。

保衛科幹部勃然大怒地喊，「你日有所思才夜有所夢，你做夢都要去投靠社會主義祖國的敵人，美英帝國主義、資本主義、反動派，證明你叛國投敵的反動思想根深蒂固；你用說夢話的手法向臭味相投的知心朋友傳授犯罪經驗，教唆同事叛國投敵游水去外國，既有思想又有行動，是徹頭徹尾的現行反革命罪行。你虧得是夢中到了外國，如果你真的游水叛國投敵到了中國人民的頭號敵人，帝國主義美國，你不是成了漏網之魚逍遙法外了嗎？」

真乃欲加之罪何患無辭。

腦海裏轟的一聲，小青年精神完全崩潰了，喃喃自語：天啊，我只不過做了個夢，怎麼成了「叛國投敵犯」了呢？什麼時候又加碼變為「教唆犯」了呢？

共產黨日管夜管做夢也管

保衛科幹部宣佈：為了進一步挽救和幫助，即日起對他辦「封閉式」的學習班，與外界隔絕。所謂「封閉式」學習班，這也是「文化大革命」的「新生事物」，任何工廠、商店、學校、農村、部隊，毋需任何法律手續，亦就是將所謂有問題的人限制人身自由，軟禁扣押在單位裏交待問題，并且隨時隨地可以審訊。

幾天後，單位的批鬥會場已經安排定當，主席臺上除了本單位領導外，還有不認識的警察臨場。批鬥會上，平時同他關係尚好的同事，個個都上演四川劇中的「變臉」，同仇敵愾義憤填膺批判反革命分子：日有所思，才會夜有所夢，連做夢都想偷渡到外國，叛國投敵的反革命分子，可見是頭頂流膿腳底生瘡，根根毛孔出毒氣；更惡劣的是教唆同事游水去帝國主義叛國投敵，所以一定要對他實施無產階級專政。批鬥會後一輛汽車將他送進公安局。

做夢也會犯罪，這一「新生事物」終於在「文革」中，「誕生」了。究竟有幾多人因講了「夢境夢話」，而被以現行反革命罪判刑勞改或者遭「無期徒刑式終生留場」的「勞動教養」，所謂國家的主人——人民，是永遠也不會知道的。共產黨確實似他鼓吹的那樣，在各個領域都全面、徹底地實施無產階級專政，對平民百姓日管、夜管、連做夢也要管。

結果他以現行反革命叛國投敵罪，判了十年徒刑來到了提籃橋。因不服判決，寫了一份份申訴書，換來的是一次次批鬥和結論：翻案不得人心！走投無路之下，於是就想用「絕食」來表示冤屈，希望能「落實政策」撤銷錯誤判決。

他絕食了

他絕食的第一天，一日三餐的飯合子，原封不動地退了出去，政府隊長立時三刻收到了勞動犯報告的信息。醫務犯就奉命而來給他檢聽心臟、測量血壓後，規勸他進食，不要自搬石頭砸自己的腳，自絕於人民。絕食第二天，醫務犯不請自來照樣給他作各種檢查。之後，樓面的「勞動犯」奉政府隊長之命訓誡他：有病看病，沒病吃飯，有想法可以寫報告。像你這類犯人採取種種的拙劣手法牢監裏見得多了，裝腔作勢想在提籃橋以搞「絕食」來翻案，事實是永遠也不可能達到目的。儘管你要自絕於人民，但人民政府對你改造的方法多的是，並且始終實行「革命人道主義」，我勸你還是早些吃飯，不要自討苦吃。勞動犯趾高氣揚義正詞嚴，口含天憲宣述政府隊長的口諭，因在鄰近我們亦聽得清清楚楚，但聽不到絕食犯人的回應，估計他依然故我。

「打死的人少，嚇死的人多，我以為有多怕人了，原來不過如此」，我明知這是一部精彩大戲的「開場白」，卻存心裝愣扮傻，故意揶揄「四朝元老」引他「開牙」。

「好戲剛剛開鑼，後面有你看的了」。他胸有成竹，不慢不快半鹹不淡的回答我，也不多講。我也故意不去問他。

「絕食」進入第三天，醫務犯上午、下午都來到作常規檢查，例行公事又勸說一番，每次仿佛都是燒火棍子一頭熱，絕食犯人一字不答一聲不吭。

我因百思不得其解，終於忍不住了，只能放下架子，請教「四朝元老」。「如此這般拖拖拉拉半死不活的情景，何時何刻才是盡頭」？

「看你這種樣子，聽你這種講法，真好有一比：『皇帝不急急煞太監』，現在絕食犯人只餓了三天，每日兩次醫務犯為他檢查身體，他有水喝肯定死不了」。

政府隊長御駕親征

第四天，政府隊長才御駕親征姍姍而來，後面緊跟著醫務犯、勞動犯。誠如中央和地方官員出現時，誰官大誰走前面，小官不可逾越一步。提籃橋監獄更有監規，犯人只可跟在政府隊長後面，并保持一定距離，以示政府隊長的尊貴身份。醫務犯被授意後，再一次例行檢查了「絕食」者身體狀況，畢恭畢敬湊在政府隊長身邊輕聲報告了檢查結果。只聽得政府隊長對絕食犯人說：你罪輕罪重，有罪無罪寫材料應該向提審員報告；監獄是根據公、檢、法軍管會的判決書，對你實施專政的場所。政府要警告你，「翻案不得人心」。提籃橋是改造犯人的地方，不是裝腔作勢做戲表演的場所，好收場落幕了。你不想好好改造，以絕食負隅頑抗，向無產階級專政挑戰，政府對你所堅持的反動立場，必然迎頭痛擊。另一方面，也絕對不會讓你餓死，還是要挽救你，對你實施一系列「革命人道主義」措施。何去何從你自己考慮。不等回答，政府隊長說完就揚長而去。

耳聽政府隊長的腳步聲越來越遠，我不失時機的說「政府隊長也不過甩甩爛山芋，講兩句不痛不癢的話，沒啥了不起，虛驚打卦」。

「急點啥，現在是好戲剛剛開鑼，最先出場的是「跑龍套」先熱鬧熱鬧而已，真正的『角兒』還沒登場呢，精彩的場面慢慢有你看的。你有沒有注意到剛才政府隊長的話，似乎是『大路貨』沒啥新意思，實際上是向絕食犯人下『最後通牒』，可惜他不識好歹吃苦在後頭呢」。他滿懷信心地講。

最後通牒

第五天的下午，政府隊長身後邊，緊跟著醫務犯及幾名勞動犯，陣容明顯比昨日壯大。他們走到隔鄰的一間監房門口後，政府隊長一言不發亦不再採用「政策攻心」說服教育的手法，改由勞動犯宣示一番共產黨的政策，估計絕食犯人毫無反應。於是只聽見清脆的金屬碰撞聲和緊接著乃打開監房鐵門聲，幾個勞動犯熟練地把牢房裏絕食犯人抬了出來，放在樓層走廊的地面上。我們因「近水樓臺先得月」，視角恰到好處，透過鐵欄桿，可以清楚地見到放倒在地上的犯人，看著事情發展的全過程。與往常不同，政府隊長對我們站立鐵欄邊「看熱鬧」，亦不予訓斥、阻止，有意視而不見放任自流。先見政府隊長用嘴示意，醫務犯連忙拿出聽診器和血壓計，為躺在地上的犯人，量度血壓、測聽心臟，翻眼皮，探舌頭，試脈搏，做作一切「病人」常規檢查功夫後，醫務犯小心翼翼一本正經輕聲細氣，向政府隊長報告檢測身體的情況。隨即又聽到政府隊長的聲音：最後再問你一句，吃還是不吃，你的花崗巖腦袋要自絕于人民，想用「絕食」來要挾政府，簡直是白日做夢；政府為了挽救你仁至義盡，還是對你實施「革命人道主義」，現在你「搭足架子」不吃，過兩天你不要苦苦哀求政府給吃的。

以餓治餓的「革命人道主義」

講完話因不見任何回應，於是在政府隊長一個手勢下，勞動犯們各就各位各司其職立刻行動：但見一個勞動犯按著絕食犯雙手，一個勞動犯擒住兩腳，其實這在「殺雞用牛刀」，絕食犯人整整五天粒米未進，早已氣息奄奄半死不活無絲毫掙扎之力。此時又見一個勞動犯一隻手捏住他的鼻子，同時拿出了預先準備好的一合子約二、三兩糧食的粥，當地下躺著的絕食犯人，為了生存需要呼吸，自然而然張開嘴巴時，勞動犯將合子裏的粥，熟練地一口口準確、及時、不急不徐地倒進了他的嘴裏。短短的兩、三分鐘，一合子粥乾淨、徹底、全部地進入躺地犯人的口中，米粥迅速地流向他的肚腹。待等這一切「革命人道主義」動作完成之後，絕食犯人又被抬回牢房，政府隊長此時惜字如金不發一言，將牢房關門落鎖後，一行人浩浩蕩蕩「班師回朝」揚長而去。監所樓面上一場「好戲」似乎已經落幕，間間牢房似炸開了鍋，嘰嘰喳喳此起彼伏或竊竊私語或聲浪略高，總而言之一句話，指手畫腳各抒己見對剛才演出的精彩一幕議論紛紛。

目瞪口呆思潮翻滾

我瞪大了眼，半天都長大了嘴，思潮翻滾心情久久不能平靜，做夢也想不到，政府隊長會用如此這般「革命人道主義」的花招。

「如果那天你不聽我金玉良言好心規勸，今朝外面躺在地上出盡洋相，今後幾天吃足苦頭的就不是他該是你了」。「四朝元老」因先見之明獲得證實，而沾沾生喜自鳴得意，一派既是炫耀自知之明，又現邀功請賞施恩求報的模樣。

我心懷感激地向他點頭致意，說：「你經驗豐富名不虛傳，確實要謝謝你。我今天總算開了眼界，以往認為犯人絕食，政府會給吊鹽水、葡萄糖來維持生命。做夢也想不到政府隊長，採用這種挖空心思對付絕食犯人的手法實在高明。表面上既不打又不罵，仿佛是在『挽救』他的生命，給他灌了二、三兩粥，其中既有水又有米，實施了所謂的『革命人道主義』，讓他餓也餓不死，飽亦飽不了，犯人所能使用的最後『絕食』這一招，也就不攻自破了。然而他申冤昭雪的願望，更隨之石沉大海變成又一次的絕望。哀莫大於心死，經此一擊他肯定徹底心死，精神完全崩潰。說它『高招』是，『絕食』已經五天了，若政府隊長貿貿然給他吃飯，必然吃不進，即使吃進去，飯米粒子會在干癟多天的腸胃內膨脹，造成胃擴張腸破裂，可能會有性命危險。粥裏有水有米，『絕食』犯人一清二楚心知肚明，二、三兩粥倒進去，要想通過絕食而死，肯定也死不了了，要政府答應『翻案』條件，更是癡人說夢異想天開，人，如果一切願望全部破滅，就變成行尸走肉，真乃生不如死」。

一天只灌二、三兩粥

「你以為灌二、三兩粥的『好戲』這麼容易就算落幕了，你實在想得太幼稚，太天真爛漫可愛了。今天乃第一幕，還只是剛剛開始，此後幾天還會上演第二幕、第三幕，總而言之，日日有戲看。絕食犯人想用『餓』

的辦法，來引起政府隊長注意；政府隊長就以飢餓之道還治飢餓之身，用『以餓治餓』吊足胃口來折磨犯人，警告大家」。

「粥都灌進腸胃裏了，犯人想絕食也絕不了食了，難道『好戲還沒有完』，還要『以餓治餓』吊足胃口，你說人再餓還有比絕食更餓的感覺」？我不解地詢問「四朝元老」。

「你也想得真是一廂情願了，絕食犯人折騰了幾天，遠近監房誰人不知哪個不曉，好多不知天高地厚的犯人，就像閣下你過去那樣，都在伸長頭頸，睜大眼睛看著，拉長耳朵聽著，想知道政府隊長究竟採取什麼「革命人道主義」應對方法。如果政府隊長真的怕犯人，因絕食而餓死，花費國家公帑每天給他吊葡萄糖、鹽水，或送監獄醫院治療，就證明絕食犯人絕食「成功」了。提籃橋內大把犯人排了隊，就依樣學樣如法炮製，絡繹不絕蠢蠢欲動都搞起了「絕食」。到那時，政府隊長即使三頭六臂，再增加人手，都應接不暇無法對付！剛才一幕「革命人道主義」的辦法，把絕食犯人放在走廊上，為的是讓周圍監房犯人看得清清楚楚明明白白。你想政府隊長興師動眾帶了一幫勞動犯來到監房，對絕食犯人揿頭按腳吃吃力力，僅僅灌了一頓粥後就偃旗息鼓落幕終場，像你這種朝思暮想絕食的人，內心必然感覺無所謂。所以一定要從根子上斷絕大家幻想，快刀斬亂麻『一烙鐵燙平』，方能殺雞儆猴，讓其他準備絕食的犯人感到『山窮水盡』此路不通。採用絕食的後果，必定撞牆撞得鼻青眼腫頭破血流，才會改弦更張不敢輕舉妄動，只能放棄幻想死心塌地面對現實低頭改造」。

「灌粥」的第二天，早、中餐發合子時，獨獨絕食的犯人都沒有份。牢房同犯詢問勞動犯，但聽勞動犯回答一句，他沒有份乃奉命行事外，就無下文。下午，上一天的原班人馬又來了，政府隊長已不再作教育訓話，停下腳就熟練地開了牢門，勞動犯們把「絕食」犯人，又一次抬了出來放在樓面走廊，醫務犯循例檢查身體，報告政府隊長後，勞動犯輕車熟路，按步就班又一次重覆昨天的種種作為，擒手揿腳捏住鼻子，向他的喉嚨裏如法炮製倒光了一合粥，就再將他抬進監房。待等政府隊長關門落鎖後，一行人前腳剛走，各個監房同犯們「後腳」，又馬上七嘴八舌說三道四。

「為啥今天不給他吃三餐，又勞師動眾只灌他一合粥」？我不解地問。

「像你這種踏著尾巴頭會搖的聰明人都弄不懂，可見政府隊長手段之高妙獨具匠心！不過，你好好動動腦筋，還是會拎得清想得明的。上海人不是歡喜講『吊胃口』嗎？一天只灌二、三兩一合粥，才真正是對絕食犯人『吊足胃口』了。你想，人餓了五天五夜，昏天黑地肚子裏空空如也，腦子裏迷迷沉沉一片空白，人的血糖指標奇低，什麼知覺都沒有了，糊裡糊塗亦不曉得餓了。灌一合粥後，他雖然還是『昏頭六沖暈頭頓頓』，人畢竟有點醒過來了，知道吊葡萄糖、鹽水毫無可能，並且『絕食』肯定是『絕』不成了，餓則絕對餓不死了。但是第一天從昏迷到剛醒不久，人還不感到太餓，第二天一合粥到肚子裏，人慢慢地一步步甦醒了過來，由於一天進入腸胃的僅只二、三兩糧食，饑餓的感覺會隨著時間的推移，越來越明顯，肚裏的蛔蟲、餓蟲、饞蟲搶粥粒吃，一時三刻就米盡粥絕，各種蟲兒便『英雄無用武之地』，因為米粒恍如秋風掃落葉，早已一搶而光了，到這種辰光刻骨銘心的饑餓感，就一分鐘比一分鐘難受了，這也是『革命人道主義』、『以餓治餓』的目的之一」。「四朝元老」在向我釋道解惑指點迷津。「你信不信，明天『老規矩』還是給他一合粥」。

「明天怎麼還會是一合粥？國家規定犯人即使不勞動，每月至少二十五斤糧食，不是個個一天都有三頓吃，怎麼可以刻扣囚糧呢」？我又喋喋不休繼續詢問。

「你是大智若愚，還是在裝瘋賣傻。難道『國家規定』犯人可以在牢監裏不認罪伏法，搞絕食搞搗亂？難道你不明白，每個犯人在政府隊長手裏都是糯米糰，他要你方是方，要你圓即圓，即使他指鹿為馬黑白顛倒，難道容得犯人半點異議？我們是共產黨抓進來的犯人，不是共產黨請來的客人。你想要吃就吃，要絕食就絕食，提籃橋不是飯店，政府隊長又不是服務員，無產階級專政不給他些『苗頭看看』，把妄圖絕食的犯人既不讓他餓死，又使他餓得死去活來，讓他吃足苦頭弄得服服帖帖才能真正懲一儆百，讓每一個妄圖準備絕食的犯人，從心底裏談虎色變心驚膽戰，政府隊長是決不會就此罷休的」。

「你倒好，像政府隊長訓話，對絕食的同犯沒有一點同情心，反倒過來幸災樂禍」。

「講得對，這番話確實就是政府隊長講的，我和他都是犯人，當然同情他，但泥菩薩過河自身難保，人微言輕又能起什麼作用呢，你好好用腦子想想，政府隊長能對階級敵人產生同情心？再有件事請你注意，憑我的經驗，明天繼續給他一合粥，以後肯定不會再『灌粥』了，不信你看」。

「你是諸葛亮，料事如神未卜先知，名副其實的萬寶全書」。我明知他所言所談有一定的根據，卻心服口不服地說。

「不是未卜先知，但也不是無中生有的毛估估瞎猜猜，僅僅是經驗之談，你來此不久，我在提籃橋時間長，看見、聽到的多了」。

變本加厲以餓治餓

灌粥第三天，勞動犯向各監房發早餐時，只聽到有氣無力的聲音問，為啥沒有我的合子。

勞動犯存心將聲音提高八度說，「你不是要『絕食』嗎，既然『絕食』了，當然不需要飯合子了，政府隊長指示不發給你飯合子是為了成全你，讓你餓肚皮『絕食』如願以償絕個夠」。

話音剛落，引來附近各個監房，犯人幸災樂禍的一陣譏笑聲。

近幾日，來得最勤的要數醫務犯，每天早晚給他作兩次常規檢查。

到了中午開飯時，勞動犯只給了他一合粥。但聽得略帶啞音的問：「大家全是飯，怎麼只有我吃粥」。

勞動犯有恃無恐「理直氣壯」地講，政府隊長指示只給你發粥合子，我只好照辦，其他我啥都不曉得。我想既然你要絕食，當然不會要吃飯了，你有本事可以連粥都不吃，堅持絕食到底。

又是臨近監房眾犯的嘲諷聲，而遠處監房的犯人不是不想湊熱鬧，唯是聽不清勞動犯與監房的對話。

「勞動犯，請您幫幫忙，我請求見政府隊長，要求吃飯」。前絕食者有氣無力帶哭音乞哀告憐的說。

勞動犯終究也是「犯」，聽到絕食犯人的此聲此音，眼見的此情此景，亦出現了少見的「強盜發善心」。說「早知今日何必當初，我們在此地看得多了，一開始勸你不要『絕食』，你不到黃河心不死，你有本事到了黃河游過去，也就算了；既然嘸沒本事游過黃河，何必搞小兒科的絕食。你以為能博取政府隊長同情，現在是自作自受了吧。你要求見政府隊長，就這麼便當隨叫隨到？監房又不是餐廳，政府隊長不是服務員，你想吃啥就啥，不要忘記自己的身份，先向政府隊長打報告吧，我可以幫你遞上去」。

「謝謝你」。哭音中帶有無助的悲嘆聲。儘管明曉得勞動犯冷嘲熱諷，閻王好見小鬼難纏。但事到如今人在屋檐下，哪能不低頭。

最難過日子才開始

「四朝元老」眉飛色舞瞭如指掌如數家珍地說：「這傢伙最難過的日子，其實現在剛剛才是個開始。前幾天『絕食』的時候，人有信念支持，橫豎橫想尋死，人臨到連死都置之度外，對一切亦無所畏懼了，外加絕食後人陷入昏迷狀態，也不知道肚皮饑餓。現在不同了，每天一合子粥落肚，有水有糧食明曉得死不成，絕食此路不通了，翻案的信念先已崩潰。每天三餐變成一頓，天天只給一合二、三兩的粥，日日二十四小時中，吃不飽更餓不死，又被『吊足胃口』。知覺慢慢恢復後，肚皮感覺就會越來越餓，而越餓就越想吃，政府隊長卻偏偏不給他多吃，以餓治餓這種情況長則六、七天，短則三、五天，讓他『餓餓透』吃足苦頭，這種苦是痛徹心扉的苦，絕望無奈的餓。啥叫『求生不得，求死不能』，很多辛酸苦痛事，只在牢監裏才會有。」話音一轉，又要「白相」我了，他說：「你聰明能幹、『本事』大得很，前幾天不是也想『絕食』嗎，蠻好讓你嚐嚐這種難熬的味道，讓我親眼目睹你的洋相」。

殺雞儆猴以儆效尤

「你這傢伙不識抬舉，是扶不起的劉阿斗，本來我真心誠意感激你，要謝謝你，你倒一而再三的譏笑諷刺我，現在我該謝都不謝你了」。大約過了半小時，不見他出聲，我隨即又以「禮賢下士虛懷若谷」的姿態，求教於他：「不過我還是要請問你，犯人已經停止絕食並且討饒了，為啥還要拖幾天才給他吃正常的三餐」？

他聽我一問，勁頭上來重新發聲了，說「你以為這是在家裏，小孩向爺娘討饒，爺娘心疼孩子見好就收放他一馬了。此地是提籃橋，是共產黨對階級敵人全面實施無產階級專政的監獄，政府隊長需要對犯人殺雞儆猴以儆效尤，一烙鐵把他『燙平』，讓其他也想絕食的犯人，從今開始心懷恐懼誰也不敢輕舉妄動，省得三天兩頭監房裏有人搞『絕食』，以免政府隊長經常興師動眾一次次搞『革命人道主義』。政府隊長存心將他放在樓面走廊『灌粥』，目的讓各監房大家看到聽得，再幫政府作口口相傳義務宣傳。在共產黨的牢監裏，用『絕食』、『尋死』來達到翻案或其他目的和要求，是自找『餓』路，政府隊長餓得絕食犯人昏頭落沖分不清南北西東，餓得你心驚肉跳半死不活吃足苦頭，才會俯首帖耳安下心來高唱『是我錯』，從今以後低頭改造再不敢搞『絕食』了，別的猴子亦會老老實實了」。「四朝元老」見多識廣富有經驗地為我解惑釋疑。

「那麼要幾天後，他才能恢復正常三餐」。我不由得不心悅誠服真情實意地討教。

「這沒有定規，所以講可能三、五天，或者六、七天，日子長短，要看看各個監房犯人的反應，及絕食犯人所受教訓的程度，更要憑政府隊長心情來定。醫務犯天天檢查絕食犯人，每天吃二、三兩粥後身體反應，十拿九穩人病不倒餓不死，又逃不走，沒啥好擔心，而且政府隊長對要絕食尋死的犯人，實施『革命人道主義』

措施，走到天邊也是理直氣壯。再說提籃橋裏是沒有王法的，政府隊長所做的一切就是王法，他想怎樣就怎樣」。

「你是政府隊長肚皮裏的蛔蟲，他心裏的想法你瞭如指掌一清二楚」。

「狗咬呂洞賓，勿識好人心，我怕你腦子進漿糊，不聽老人言，吃苦在眼前，鬼迷心竅也去搞『絕食』，所以才不厭其煩詳詳細細講給你聽聽」。

「皇恩浩蕩網開一面」

「絕食」的犯人寫了幾次報告，亦不見政府隊長出現，每天照常給他發一合粥，大約在最後一次「灌粥」的第六天，政府隊長才「皇恩浩蕩網開一面」，終算將「革命人道主義」措施告一段落，他才算開始了正常的牢獄三餐生活。整座監房那些準備搞絕食或者腦子裏動過絕食想法的犯人，見到聽得前車之覆，都老老實實「夾緊尾巴做人」，誰也不敢東施效顰以身試法了。

地方不同政策有別

提籃橋同一樓面的犯人，幾個月裏必然要調整一下，以免同監犯人關一起時間一長，容易「沆瀣一氣」抱成團伙旁生枝節圖謀不軌。在這種情況下，要在提籃橋成為欺凌同監犯的「獄頭監霸」簡實沒有可能。因為三個人一間監房即使「稱王稱霸」其實也油水缺缺，如果調換監房後，被人一紙檢舉書揭發，政府隊長為防微杜漸必然嚴懲不貸。

兩、三個月後，一位與「絕食」犯同監的，按常規調動監房，和我與「四朝元老」共處一室。當談起「絕食」犯引發絕食的前因後果時說，他初進監房，常常兩眼望頂大聲嘆氣，又沉默寡言少和大家交談，其他也沒有過份的異樣。有一天偶然聽到一位從廣東押解回提籃橋服刑的同監犯說，和他一起關在廣東惠州看守所犯人中，很多廣東人從海上游水、陸地偷渡去香港的，被邊防部隊、民兵生擒活捉後，一般是就地教育釋放，個別送到「廟裏」，少則三、五天，多則十天半個月，就放出去了，亦沒有任何處分。「二進宮」、「三進宮」的，也是上午捉下午放，沒有人因偷渡被判刑的；還聽說離香港最近的小漁村深圳，當地政府部門或民間人士主動在河岸邊放了鹹菜和大桶的白粥，讓要偷渡的百姓，吃飽了喝足了便於游水去香港，一次不行二次、三次再接再厲，偷渡成功就變為香港人了。對偷渡行為，政府和民兵大家眼開眼閉心照不宣，根本沒人被抓當成犯罪判刑。真所謂橘生南方則為橘，長於北方則成枳，水土異也；確實地方不同政策有別，有的人判刑勞改，有的人教育釋放。

講者無意聽者有心，誰知就是這幾句話，觸到了他的神經。從此以後他就情緒波動口口聲聲呼喊冤枉，要死要活要報告政府要平反，要絕食。當然，我們不像你是「法律專家」，孤陋寡聞第一次聽到真人真事版的實情，僅僅因做夢變成了現行反革命，當事人又確確實實同我們關在一隻籠子裏，看得到摸得著。人比人氣死人，他心裏有股冤氣，人之常理情有可原。大家勸他在提籃橋囚籠裏，個個有本難念的經，自稱冤枉和確實冤枉的人何止成百上千，但只好認命想開點，千萬別搞什麼絕食，前車之鑒已有例子駝子跌跟斗，兩頭不著落吃足苦頭了，可他似乎耳朵裏塞滿了豬毛，一意孤行什麼好話都聽不進去。

博隊長同情無異與虎謀皮

另一方面設身處地從他的身世細細思量，他的話也不是一點道理都沒有，同一個中華人民共和國的法律，對類似的事情，處理結果相差十萬八千里。廣東人用實際行動偷渡到英帝國主義統治下的香港「叛國投敵」，卻捉一次放一次，不僅沒有判處徒刑，有的甚至連行政處分都不給；他根本沒有付諸行動，只不過做夢到外國同親人團聚，同好朋友說說夢境，又沒做其他什麼壞事，反倒被判刑十年，人比人，你說冤枉不冤枉，委屈不委屈，阿要氣死人。再倒過來講，就算到了香港到了外國，大部份人是想投親靠友，經濟上改善生活而已，有幾個人會真正「叛國投敵」，去做特務、間諜，試問有這個本事嗎？他自以為絕食明志後，會引起政府隊長重視，幫他向上邊反映案情，讓他有機會平反昭雪，早日脫離囚籠苦海。還一廂情願天真地想當然認為，估計最壞打算，絕食後政府隊長怕他餓死而受牽累，會給他吊葡萄糖鹽水維持生命，實施「革命人道主義」，總不會見死不救讓他真的餓死。他不明白提籃橋的政府隊長，對犯人來講是「代表」政府，政府隊長的「革命人道主義」，同犯人心裏想的「革命人道主義」，相差十萬八千里。其實政府隊長與其他司法部門，就似「四朝元老」所講，也是「敲鑼賣糖，各幹一行」，「鐵路警察，各管一段」，分工不同而已，他們是同事，政府隊長一般比其他司法部門的官小，可能還是下級。「翻案不得人心」是「最高指示」，政府隊長同犯人非親非故，怎麼可能冒著丟掉「烏紗帽」的危險幫他翻案，被上級指責無產階級立場不穩，為階級敵人鳴冤叫屈。上級領導對他印象不好必定會影響政府隊長的前途！所以，犯人想博政府隊長同情，為犯人仗義執言，無異與虎謀皮。

啞巴吃黃蓮有苦說不出

當政府隊長對他實行大家看到此「革命人道主義」措施，非他天真想像的彼「革命人道主義」，吊葡萄糖、鹽水等種種行為時，你們沒有親眼看到他，真是目瞪口呆可憐兮兮，似啞巴吃黃連有苦說不出。我們同監犯人是兔死狐悲物傷其類，人人處境大同小異都在「吃官司」，看到了他的痛苦遭遇，馬上設身處地想起自己不幸遭遇。他第一天被灌了粥，人慢慢清醒有了知覺，方曉得犯人牢監裏「絕食」尋死是「死不了」的，這條路一被堵死，翻案必成泡影，他的美好想法，完全灰飛煙滅。第二天粥一進肚，人的餓、飽感覺漸漸有了，再想要吃，政府隊長存心教訓他，不給他多吃一口。這裏是提籃橋又不像在家裏，事情的發展不是以犯人的意志為轉移。政府隊長留難耍弄他，不給他吃，就沒有任何食品吃。此時此刻犯人能有啥辦法，只好低頭討饒，卻又沒人理他，政府隊長不睬他最兇。十幾個鐘頭沒有食物加進去，整整一天腸胃中僅僅灌了二、三兩粥，肚皮裏受盡折磨，不唱「空城計」才怪呢。他臉似苦瓜饑餓難忍，腸胃腹腔常常嘰裡咕嚕響個不停，我們看在眼裏聽在耳中，雖有同情之心，又泥菩薩過江自身難保，根本幫不上忙。每天我們吃三餐都不夠飽，他卻二十四小時只有一頓二、三兩米的粥，肯定餓得胃裏空空如也倒流酸水。特別在中午餐我們吃菜嗾飯時，他卻只能喝開水吞唾沫打發時間，看了都使人心痛難熬。今天少吃挨餓，明天照舊如此，日日只有二、三兩粥進肚。兩萬五千里長征，紅軍還有樹皮草根、皮帶好吃，提籃橋裏大家曉得，啥人有本事啃鐵桿咬牆壁，盼星星盼月亮苦海無邊，那天那日方是盡頭。他一天打幾次報告，政府隊長僅只作一次批示，要他接受教訓放棄翻案幻想，深刻反省認罪服法，其餘辰光用上海話講：勿（理）睬儂，最兇（厲害）。在隊長將他搞得像捏在手裏的糯米糰子，要你方就方，要你圓就圓，弄得他完完全全服服帖帖一次次高唱「是我錯」，「認罪服法」深刻檢查徹底投降。於是政府隊長高抬貴手皇恩浩蕩，落實另一種「革命人道主義」，開始按正常規定，恢復國家給予犯人最低的活命標準，原本該有的一日三餐囚糧。全部過程政府隊長「不打不罵，不兇不惡」，用軟刀子割肉，叫你啞巴吃黃蓮，有苦說不出，瞎子食餛飩，隻隻肚裏自有數；又如寒天飲冰水點點滴滴在心頭。通過「殺雞儆猴」讓他給大家樹立了前車之鑒的「反面榜樣」，從今以後那個犯人，還敢在共產黨無產階級專政的提籃橋裏，再夠膽搞「絕食」。

調來的同犯繼續說，那天他第一次重新拿到飯合子時，手發抖，人發顫，眼發直，激動得一口一聲，謝謝政府隊長寬大。他被人當猴子耍弄，忍飢挨餓吃足了苦頭，還要對隊長皇恩浩蕩表示感激涕零。他此時此刻從心底裏才深深領教，無產階級專政監獄的厲害，犯人不僅人身沒有自由，連絕食尋死的「權利」都完全剝奪了。真是經一事增一識，吃一塹長一智，不到高山不顯平地，蠟燭不點不亮。他早早聽大家一句勸，亦不至落得如此可悲的下場。

兔死狐悲物傷其類

他撞牆碰壁後，吃完了三餐，好幾天悶聲不響，對同監犯一句說話也沒有。表面上似乎老實接受教訓，然而把全部心事都憋在肚子裏，日積月累早晚有一天要爆炸，傷身損體。看著他一點點消瘦下去，大家都為他擔心，也為自己難受。他只曉得自己一個人無辜受冤枉關牢監，其實僅僅在「文化大革命」中，提籃橋裏到底多少人，蒙受不白之冤，想必只有老天才知道。將心比心大家有一句沒一句的，誠心誠意想方設法引他開牙說話，否則照他長時間悶聲大發財日晚沒有一句話，這樣一天天下去，不是神經病也變成神經病了。人心都是肉做的精誠所至金石為開，同監犯一次次不厭其煩地規勸下，滴水穿石他終於同大家開始講話了。

聽了上述一席話，俯首自問推己及人，實乃兔死狐悲物傷其類，同是天涯淪落人，相逢何必曾相識。在絕食同犯身上，如影隨形見到了自己。然而，人，不是蒙受無妄之災不白之冤，誰會愿意在人間地獄中再鋌而走險，步向「絕食」的獨木橋呢？結果又頭破血流落得雪上加霜百上加斤的可悲下場，使人不勝唏噓，無限感慨嘆絕食。

對付絕食犯人早有絕招

試想，無產階級專政的監獄，三、四十年前已掌握了對付絕食犯人，萬試萬靈百發百中的「革命人道主義」的「專利」「絕招」。三十年後，知名人士王炳章先生，能不能如眾多的媒體報導：在監獄裏「絕食」十多天；上海「首富」周正毅先生於提籃橋「絕食」三十八天，享受監獄當局，天天為他吊食鹽水維生的優渥待遇，可能嗎？

意料之中關押囚籠內的王炳章先生、周正毅先生，在無產階級專政的監獄裏進行過絕食行動，以我三十多年前所見所聞的前車之鑒，監獄看守是一定會輕車熟路如法炮製，實施上述「革命人道主義」措施。臺北當局在海峽兩岸交流了監所管理的經驗，特別是怎樣對付絕食犯人之作為，或讀了本文後，我相信陳前總統和其他「籠中人」，一定會接受教訓「明哲保身」趁勢落篷，何必再東施效顰自討絕食之苦吃呢！

一生難得一餐之「飽」

何謂「飽」？

饑餓的難忍是童叟皆曉，飽脹之痛楚卻鮮為人知。即使腰纏萬貫富堪敵國，終有虎落平陽龍困淺水之際；或因病魔折磨，千金買不來健康，一時三刻周身疼痛胃口不開有心無力滴米不入，深受饑腸轆轆苦楚。

而成語俚句中的「飽」字，有「飽食終日，無所用心」，「飽暖思淫慾」，「飽飫悶睡」，表面看來「飽」仿佛比「餓」好，似乎與痛苦是兩股道上跑的車，沾不上邊搭不上界。但從我親力親為所取得經驗，「飽」遠比「餓」難過。

假如問您一生中是否曾經有一餐吃『飽』，諒來您必定會瞪大眼睛將我從上到下前後左右仔細察看，以確認提問者精神抑或錯亂，思維是否正常！因為一日三餐之吃「飽」，對社會上大多數人而言，實在是平而常普與通之事，怎會提出如此這般小兒科、幼稚園式的問題，對人絕對欠尊重。

但我真心實意鄭重聲明，我之所以如此這般詢問，關鍵在于人們對「飽」的理解和「飽」的定義。

辭海和字典對「飽」字解釋：「吃足。與『饑』相對」；所謂「足」：充實、完備、足夠。故而，那些「飽食終日」每餐進食後自稱或自以為吃「飽」，口稱不能再吃的人，此時此刻您再勸他進一葉菜，一片肉，盛情難卻之下，十個中十個諒必都能嚥下肚去，諸如此類事例，在自助餐廳中屢見不鮮比比皆是。古人比喻美女云：增一分太肥，減一分太瘦，天造地設完美無雙。所以，人其時倘若還能吃、能喝，即使一星半點一絲一毫一片一葉，一言蔽之，誠如美人不再是美人，飽，不再是「飽」。

定居海外後，電視和媒體上常能看到「大胃王」的比賽。參賽者拿著漢堡包之類食品大口大口咬，拼著命往肚裏吞，比的是在一定的時間內，誰能吃得最快、最多，而且以嚥下喉嚨作標準，如果規定時間不同，賽果就有變化。這一切行為同我所謂的「飽」，南轅北轍不可同日而語。

百萬分之一人吃過一次「飽」

平心而論，以我孤陋寡聞井蛙之見，閣下從出娘胎至今，不太可能真正有一餐「飽」過，因為全世界六十億人中，一生中吃「飽」過一餐，沒有「撐死」又「平安無事」的人，充其量不會超過六千人，即平均一百萬人中最多一人，在一生中亦許吃過一次「飽」，此數字只有多算不會少計，因為真正的吃「飽」，需要獨特的「天時、地利、人和」，上述言論絕非睡語夢囈天方夜譚。

筆者年過七旬，以一日三餐計，已進餐八萬多次，但一生僅僅一次，才算真正碩果僅存絕無僅有一餐之「飽」，並且此所謂貨真價值不折不扣的「飽」，歷時只有區區三、二分鐘而已，但是就是這短短的三、二分鐘之「飽」，使我刻骨銘心永誌不忘，即使對我而言，它肯定屬「空前」，抑或乃「絕後」。

一九五九年到一九六二年，神州大地風調雨順，然而毛澤東為首的共產黨，謊稱三年「自然災害」及蘇聯修正主義逼債。歷史證明乃掌權當局違反自然規律製造人禍，以致各類食品、物品極度匱乏，造成千里無雞鳴餓殍遍野，三千多萬人民，「非正常死亡」。常言道：「物極必反」，全國人民處於年年月月半饑不飽之情景下，當時我同千千萬萬芸芸眾生凡夫俗子一樣，夢寐以求宏偉目標之一，就是一生中能放開肚皮，吃到一餐之「飽」。如此卑微的目標，幾年裏竟在社會上無法實現，唯令人拍案稱奇不堪回首的是，我這人生中獨一無二的一餐之「飽」，竟發生在萬家墨面人妖顛倒的「文化大革命」期間，身陷囹圄被羈押於日日三餐半饑半飽的看守所之時。我下定決心為了實現這一生中難忘的一餐之飽的多年「理想」，置生命懸於一線之危險而不顧；將極可能出現即時送命的腸梗阻、胃穿孔等病痛拋在九霄雲外；把實際上之後幾十年落下無法醫治的腸、胃嚴重疾病後遺癥，甘心情願苦痛半生。同時冒著被看守所所長、巡邏的解放軍班長的發現後，隨時隨地分分鐘會有一副手銬上身的威脅。因為倘若我因腸梗阻、胃穿孔而一命嗚呼，或患重病，所長會因看守失職而受處分，當然一定遷怒於我，一副手銬銬上十天半月還算從寬處理。

為此，有必要娓娓道來當年社會廣大人民忍饑挨餓之常態；囚籠內看守所粥薄菜稀的種種人間地獄的生涯，及我如何實現空前絕後一餐之「飽」的宏偉理想！

我被關進看守所

「文化大革命」中的一九六八年，我因傳佈江青同趙丹實事求是的緋聞，被勒令參加封閉式學習班（即不准回家，不准同外界接觸住在指定的地方，變相羈押）。幾個月後「學習班」結束了，我就到一家工廠看望朋友。當年中國任何一個單位，人民群眾都分裂成兩派，朋友的對立派以莫須有的「反革命串連」罪名將我扭送公安局。當天是星期六，經一個多小時台前幕後的交易，公安局宣佈對我「臨時收押」，屬於人民內部矛盾性質的行政拘留一類。星期一下午解放軍公、檢、法軍管會代表向我宣佈：經過調查，發現是誤會、誤會，立即教育釋放，同時希望我能正確對待「文化大革命」，正確對待群眾運動。當時公安局抓人關押毋需理由，放走一個人也不必說明原因。

當離開公安局走向公交車站途中約五、六分鐘，後面有警察快步流星追來，說我有物品遺留在公安局，要我回去拿。我想了一下說沒有拉下東西，他斬釘截鐵信誓旦旦地說，是領導千叮萬囑要我回去拿，否則領導會批評他辦事不力。看著他滿臉真誠的模樣，我就不虞有詐地跟他返回公安局。一進辦公室，誠如川劇演出的「變臉」藝術，一個科長級的警察臉孔鐵板命令我立正，拿出一張紙宣佈對我「依法拘留審查」，并要我在拘留證上簽名。

面對一百八十度大逆轉，我儘管出乎意料思緒萬千，憑著政法大學法律本科的專業知識，思想還沒有糊塗，指著拘留證問警察：既然是「依法拘留」為什麼最關鍵的「案由」一欄是空白的呢？請問我究竟犯了什麼罪，否則我不簽字。

科長料想不到我會提出此類問題，理屈氣壯態度也有所變化地說：為什麼拘留，你心裏明白。

我說：我不明白，想必你也不會知道。

科長了解我熟悉法律，就用商量的口氣說，他是奉命而為，希望我「相信群眾，相信共產黨，不要使他為難」。

見他坦誠到這個地步，我亦只能人在屋檐下，不得不低頭了。因為整個中國處於無法無天的無政府狀態，所有的公、檢、法已被「砸爛」，由解放軍軍事管制委員會軍管，「秀才碰到兵，有理講不清」，如果沒有「上面」的指示，他也不可能糊裡糊塗就拘留我，所以再講下去已無任何意義，我就在拘留證上簽了名。

「平反」後才知道，朋友廠裏把我送進公安局的這一派，得悉軍代表只同意關我一、二天，於是找到了「四人幫」王洪文小兄弟，「工總司」副主任葉昌明，他又請示了王洪文，開了「後門」才將我放了後，再升級「拘留審查」。一關二十個月，釋放時并戴「反革命帽子」。「四人幫」倒臺後，現行反革命份子、小兄弟葉昌明低頭站在法院的被告席上，他對我的迫害也列為一條罪名。

「廟裏」遇「故人」

牢門打開，我無可奈何不情不願地走向看守所監房。儘管此前看過不計其數的電影、電視、舞臺劇和中外小說書描寫監獄牢房的非人生活痛苦情景，政法大學學生時代也參觀過北京、上海等地監獄、看守所，我亦花過相當時間，浮光掠影空中樓閣式地「研究」過囚犯生活，然而與從今開始前後兩次六年八個月的現實牢獄囹圄生活相比，以往的「參觀」、「研究」簡直是「隔靴搔癢」「瞎子摸象」。正所謂不吃梨子，永遠也不會領略梨子的滋味。十年風水輪流轉，今日今時我已從參觀者，變成牢獄生活的「實踐者」，真正名副其實以犯人的「身份」，每時每刻身臨其境度過囚籠生涯。

從室外走進看守所的小小天井，抬頭遠眺藍天白雲陽光明媚，但從一聲瑺啷的開鎖聲後，身子驟然進入到陰沉晦澀昏昏暗暗通風不良的牢房，眼睛由明到暗，模模糊糊一時半時還適應不過來，只見三面石灰斑斑剝剝黃中帶灰的牆壁，環顧四周僅有一扇窗門。地上零零落落倚牆而坐一群衣衫不整，頭髮紛亂乾癟消瘦的人群，迎面撲來酸臭潮濕如霉若腥的怪味，說不清是從同監犯身上衣物或是碩大馬桶散發傳開的。我意識到這裏，就是從此每天二十四小時，日日夜夜生活的地方，他們就是朝夕相處的人們。我腦海有時似電影「蒙太奇」跳躍式思想，一時又空白一片，不知身在那方，今夕是何年；我無語問蒼天，卻又似過河卒子，唯能邁步向前，又不知路在何方該往那裏。此時只聽得牢房裏有人說話，打破我的千思萬慮：「『大模子』你怎麼進來了？在啥地方『豁散』被『條令』『銔牢』的，好傢伙，你知不知道，被你打成重傷的那個小子聽說搶救無效，已經兩腳一伸死了」！

我彷佛在異國他鄉耳邊響起聽不懂的外國話，使我莫名其妙猶如丈二和尚摸不著頭腦。由於我身長一米八十人高馬大，社會上有些人叫我為「大模子」，所以他好像明明白白地在向我發話，但是他一本正經講的內容，故而它卻彷佛似火星上的語言，我一句也聽不明搞不清，似乎與我遠離十萬八千里。一、二分鐘後，眼睛瞳孔慢慢恢復正常，我隱隱約約看見講話的是位似曾相識，但平素很少來往的「封閉式學習班」見到過的「同學」，即實際上都是需要交待罪行或錯誤的「難友」。「封閉式學習班」嚴禁「同學」間講話、來往，否則就犯下當時流行的名詞「進行反革命串連」，所以大家僅僅是點點頭泛泛之交的「熟人」，彼此都是天涯淪落人，相互均心照不宣。

吹出來的「反革命集團」

他是一位食品商店職工，傍晚下班以後喜歡同幾位氣味相投的朋友，打打撲克喝喝老酒，發發牢騷講講怪話，有時手腳不太乾淨，將店裏公家物品順手牽羊，占些小便宜。有一次他與同事和朋友玩笑說，我們這些人，白天不開花，夜開花。即指下班後已是傍晚時分，他們聚在一起「白相」玩樂。誰知一句玩笑話，就成了反革命集團的罪證。這幫「落後份子」，平時油嘴滑舌，工作吊兒郎當「磨洋工」，三天兩日交病假單，單位領導都看不上眼，也無從下手給予紀律處分。在「文化大革命」中，他們被檢舉曾在一起「偷聽敵臺」，「傳佈敵臺中的反革命謠言」。於是一幫人就被打成「現行反革命集團」，而且給按上個「所謂『夜開花』反革命集團」的名號。他是吹水吹出來的「夜開花」發明者，在窮追猛打、無限上綱上線下，他成了「『夜開花』反革命集團」主要人物，屬於「首惡必辦」者，「封閉式學習班」審查結束後，就上送交公安局刑事拘留。

三個月不見，他頭髮出現少量花白凌亂蓬散，鬍子參差不齊，因缺少太陽光照曬，毫無血色的白皙面龐，顯得黑白分明；眼睛深凹呆板遲鈍光澤盡失，尖尖的下巴青灰色的臉龐，消瘦得幾乎脫形。古人曰士別三載刮目相看；現在是分開三個月，驟一相見他已經面目全非失形變樣，我根本認不出他來，這明顯是看守所羈押的成果。江山易改本性難移，他唯一不變的是仍舊如常插科打諢口無遮攔，樂天知命故弄玄虛的性格依然固我。我倒吸了一口冷氣，心底裏驀地感覺，他的今天形像也就是我明天的寫實，不由得低下頭來沉思冥想，從今開始看守所人間煉獄的生活，從內心深處使人膽戰心驚不寒而慄。

我被說成「殺人犯」

他一本正經面孔對著我大聲問話，又一邊講一邊又同我擠眉毛夾眼睛歪嘴巴扮鬼臉，作出種種暗示，否則我真的會以為他認錯了人。至於他所說的內容，七里纏到八里，牛頭不對馬面，仿佛是太空語言，我一句話也聽不懂，但又暫時不宜多問：內心在思量，我是政治犯，又不是因打死人而「進宮」的，再說我雖長得高頭大馬，可是一介書生「手無縛雞之力」，我從來都沒有同人打過架，那來被打的人已經嗚呼哀哉一命西去的咄咄怪事！

在我目瞪口呆無詞以對還沒反應過來，「同學」老兄繪聲繪影如數家珍發佈「獨家新聞」，向著幾位牢房裏年輕力壯四肢發達頭腦簡單的小兄弟說：這位「大模子」你們不要看他外表斯斯文文，待人彬彬有禮客客氣氣，講話慢聲條理輕言細語，其實骨子裏性格剛毅嫉惡如仇乃性情中人也。他幼年就拜名師學藝，所以武功高強拳腳了得，為人豪放好打不平，上次他為了幫朋友，一個對三個，沒多少回合，兩個鼻青眼腫趴於地下，另外一個被他打了幾拳後送進醫院搶救，過不了三天傷重不治，命喪黃泉。「大模子」一看苗頭不好，曉得闖了窮禍，腳底擦油逃之夭夭亡命天涯，當地警方發全國通緝令捉拿，今天終於孫悟空跳不出如來佛手掌，被抓了進來，今後判刑諒必不是「打靶」就是「遙遙」（無期徒刑），可惜，可惜。幾位小兄弟邊聽他指手畫腳口沫亂飛繪聲繪影高談闊論；而他又似模似樣邊向我投送仰慕敬重欽佩不已的目光，又報以無限同情百般惋惜之意。使得小兄弟們瞠目結舌廣開眼界，大有惺惺惜惺惺、相見恨晚之心。立刻有一位小兄弟迎上前來，主動提出把我安排在「同學熟人」身旁，理所當然獲得大家一致同意。另外他們看我一身便裝沒有任何「行李」，更證明我是如假包換浪跡江湖亡命天涯後，一不小心露出馬腳被「當場生擒活捉」後關進廟裏。

假戲真做

我原本想，「進宮入廟」後，一定是「西出陽關無故人」，意料不到竟然「他鄉遇舊知」，給我遮風擋雨，減少了很多意想不到的麻煩！這位「同學熟人」出名的油嘴滑舌擅長亂話三千，他口若懸河有蘇秦張儀如簧之舌，能見人講人話，見鬼說鬼話，此時此刻他的所言所語，更使我腦子裏像似一把亂頭髮，理都理不明分都分不清。他講的人話不似人話，鬼話不像鬼話，我命交華蓋身陷囹圄，也沒有心思去尋根問底搞過明白，他卻傍若無人指手畫腳，依舊對小弟兄們加油添醬訴說我的「威風史」，背著人，又繼續屢屢不斷的向我扮鬼臉使眼色。

他利用同我座位「鄰居」的有利條件，在他喝水潤喉稍事休息乘人不備時，與我講起了「悄悄話」，他語重心長洋洋自得，擺出一付「先入廟門為大」的架勢說：「大模子」看在過去學習班上有緣相識一場，大家又都是「政治犯」的份上，我自始至終都在幫你，懂不懂？這裏是看守所，關押的大部份刑事犯，全是紅眉毛綠眼睛，罪惡累累的人渣，他們是「三等白相人，獨欺新犯人」，你乃新犯人也，雖說長得人高馬大身材魁梧，然而知識份子教書先生一個，文不會測字，武不能打拳，心無安邦定國之能，手又無縛雞之力，單打獨鬥絕對不是這些年輕刑事犯的對手。他們聽了我剛才一席話，對你產生崇敬仰慕好奇之心，本監房裏雖然沒有電影裏描寫的「獄霸牢頭」那樣拉幫結派兇橫恐怖，可以動輒欺凌打人任意胡作非為；但是所有新犯人「進宮」，「新開豆腐店」，沒有一個不被他們欺侮捉弄的，至少你要坐在臭馬桶旁，睡在臭馬桶邊，同時要煞煞你的威風，把你弄得服服帖帖低頭做人，那有新進來就可同我老犯人平起平坐，受人敬重！其次第一天三頓囚飯，全要「貢獻」出來，孝敬大家。再說，國有國法，家有家規，盜亦有道，每處地方有每處地方規矩。看守所犯人個個欺軟怕硬，特別是年輕的刑事犯，他們從心底裏最崇拜也最怕的是江洋大盜、殺人放火橫行不法強兇霸道的犯人。這類犯人罪行嚴重脾氣暴躁，秉性窮凶極惡蠻不講理怙惡不悛，明知今後會判死刑重刑，所以如受人欺負待慢，橫字當頭不怕再多打傷、打死幾個人，年輕犯人當然不會自討沒趣當墊背陪葬。我所以編得天花亂墜有鼻頭有眼睛，說你是殺人犯，目的是不讓他們來欺侮你。你切莫自己戳穿西洋景，狗咬呂洞賓不識好人心。到頭來自搬石頭自砸腳，一定會追悔莫及。

他一撥點我就通，心領神會之下，為求自保由當天起我就按照「同學熟人」，對我度身定做的劇本，盡力進入「殺人犯」角色，全身心地將它「扮演」得似模似樣惟妙惟肖活靈活現。少年時我就醉心于武俠小說，還珠樓主的《蜀山劍俠傳》，王度廬著《鐵騎銀瓶》、《藏龍臥虎》，鄭證因《十二金錢鏢》、《鷹爪王》等名家大作，熟讀銘記。武林江湖上的少林派、峨嵋派、昆崙派、崆峒派間恩怨情仇了然于胸對答如流。加上剛「進宮」時，我身高一米八十，體重一百八十斤的有利外形，於是我常常擺出一副京劇《打漁殺家》中教師爺的姿態，拳打豆腐架子，腳踢燈籠殼子，強兇霸道裝腔作勢，仿佛貨真價實如假包換的「殺人犯」。三不兩時的一驚一乍一顰一怒，使得那些小嘍囉同犯們信以為真，服服帖帖小心翼翼，唯恐惹惱了我，橫字當頭發起威來動起殺機吃眼前虧。

牢飯勝過法國大餐

在此際遇下總算初入「廟門」，沒有雪上加霜受到欺凌。為投桃報李，我將第一頓午餐，貢獻給「熟人」。他并沒有獨自享用，將一半飯菜分給監房中有實力和有影響的人士。說真話，我聞到第一頓午餐的似酸非酸似霉非霉異氣怪味，看到飯上放著幾根白水清煮毫無油星白菜老梗，除了厭惡的心緒外，根本就缺乏一絲半點的食慾。不要說吃，就是看看聞聞已倒盡胃口。而「熟人」等同監犯，似乎別有一番滋味在心頭，仿佛正在滿懷歡欣地享受著山珍海鮮美味佳餚。放下筷子後，「熟人」對我說，初來乍到人人都是這樣，認為「牢飯」難吃，但過不了幾天，你才能體會到「廟裏」的飯菜，勝過吃英國牛排法國大餐。

紙終是包不住火，時間一長，我還是露出了「書生本色」，但畢竟時過境遷，此一時非彼一時也，我已跨越初來乍到的門檻，也隨著「廟齡」的增長身份轉變，從「新開豆腐店」，真正成了「老吃老做的老犯人」了。特別是同監犯們，得悉我是政法大學畢業的，產生了另外一種尊敬，一口一聲「大律師」，悄悄地向我訴說自己的案情，希望我為他「指點迷津」預測未來。我也只能投其所好順水推舟，說一些大年初一大吉大利的話語，讓大家開心；或像測字算命先生，講幾句模棱兩可各個方面都可理解，又不著邊際似是而非永遠正確的廢話。萬變不離其宗，大結局一定要「從寬處理」。同監犯們把我當成「八仙過海」的鐵拐李，身揹葫蘆內的「靈丹妙藥」，可以「包醫百病」；而現實生活中的「鐵拐李」，連自己的拐腳都沒法醫治，與他們共處一室，天天敲著囚餐合子度光陰。

「廟情」簡介

「文革」期間，不管是關進監獄還是看守所，都統稱「犯人」，不同的是看守所押「未決犯」，監獄關「已決犯」，總而言之都屬「罪犯」。犯人間稱「同監犯」、「同犯」，絕對禁止互稱「難友」。當年所謂共產黨員、民主人士被關押在日本鬼子、國民黨監、所時，相互稱「難友」；共產黨經一事、長一智，在其有了經驗又執政後，將歷朝歷代管理牢監的獄卒、看守，作了改名換姓，規定尊稱為「政府隊長」，犯人間互稱「同監犯」、「同犯」或號碼；更在監、所內，社會上，特別禁止將「反革命犯」，及之後的「危害國家安全犯」稱為「政治犯」。

中國政府不止一次信誓旦旦向世界嚴正聲明，共產黨領導的社會主義中國，沒有「政治犯」，只有「反革命犯」或以後改名的「危害國家安全犯」。誠然，究竟六十多年來，中國有沒有「政治犯」，有沒有因「政治」而定為「犯罪」，因「言」因「文」才「坐牢」呢？可謂陌生人吊孝，只有死人肚裏自得知，總之這是阿Q頭上的瘌痢，只能看不能講的。

在看守所，員警都稱所長；巡邏的公安部隊戰士（解放軍公安部隊後改名武裝員警，簡稱武警）統統叫「班長」。老所長訓話口頭禪：你們是共產黨抓來的犯人；不是共產黨請來的客人，你們犯了罪，政府按國家定糧標準給你們吃三餐，已經仁至義盡了，所以不准對看守所吃喝好壞說三道四。

一九九七年三月，中国實行修訂後的新「刑法」，才從將近五十年實際上的「有罪推定」，改為「無罪推定」。從此，監獄中關犯人，看守所「未決犯」稱為：犯罪嫌疑人或被告人；「反革命罪」，改為「危害國家安全罪」。然而大家心知肚明，這一切只不過是「文字遊戲」，換湯不換藥罷了。

「文革」時期，犯人們將關進看守所的，叫「進宮」、「入廟」，兩次入看守所叫「二進宮」，以此類推；判刑後關押監獄、勞改場所的謂「上山」。犯人經刑事判決後，除極少數老弱病殘孕留在監獄服刑外，絕大多數犯人，押解到青海、新疆、寧夏等邊遠貧困地區的勞改農場「勞動改造」，監獄實際上是「中轉站」。刑滿釋放的，官方和社會上稱：勞改釋放犯，總之離不開一個「犯」字。他們中刑滿後，有的戴「反革命」帽子、「壞分子」帽子，除了極少數的「人民內部矛盾」的犯罪，如因車禍判刑而刑滿釋放的，可以不「戴帽子」。一般人刑滿後，上輩子燒足高香，或走了「後門」，留在勞動改造機關辦的勞改工廠，作「留場新人」，絕大多數都發配充軍到荒無人煙深山老林的勞改農場了卻餘生。即使刑滿后沒戴「帽子」，也是大部分人留勞改農場，政治、生活待遇略高于「勞改分子」及「戴帽的刑滿釋放分子」。極少數刑滿釋放僥倖回到社會，都一輩子入了「另冊」，一生一世陷入人民群眾的汪洋大海之中，政府規定，人民群眾即任何老幼婦孺二十四小時全天候的都有權對刑滿釋放犯監督改造。但任何事物都是一分為二，留在勞改工廠、勞改農場的刑滿釋放犯，除了再犯死罪外，犯一般罪行就不用去看守所、監獄服刑，判刑後直接回到原本已是人間地獄的勞改工廠、勞改農場。

對于「進宮入廟」、「上過梁山、游過太湖」的各方神聖，他們在「小流氓」心目中是「英雄」，「小流氓」特別喜歡聽「山上下來的」講「宮中、山上」的親身經歷。書本和報刊上是讀不到聽不見這些知識的。

公道不公道只有天知道

從生活待遇講，比起監獄、勞改農場之苦，看守所乃頂頂苦。首先看守所犯人，不管有罪無罪，誰也不明白根據那部「法律」那個條款，就可被「依法」關你三年五載十年八年沒商量。「有幸」進了看守所，無論有罪無罪，你每天的唯一任務就是「交待罪行」！「理由」是中國八億人，別人不抓，為啥抓你？你沒罪怎麼會關入看守所？其實這是對世界大多數國家，實行的刑事法律規定的「無罪推定」原則的「反其道而行之」，乃當年中國特立獨行的「有罪推定」刑事法律。更令犯人們百思不得其解的是，自己對自己未來的命運一無所知，究竟羈押若干年月，此後，是無罪釋放呢，抑或戴「帽子」受處分、判刑勞動改造，是判三年五載還是十個、二十個春秋，唯有「天知道」。盡人皆知，共產黨政策像月亮，初一、十五不一樣。同樣所謂的罪名和罪行，既可以從寬處理無罪釋放，亦可以判刑十年八載。就如京劇「蘇三起解」中老解差口頭禪：「你說你公道，我說我公道，公道不公道，只有天知道」。總而言之都是共產黨獨創的「無法無天」前提下的「依法處理」。然而，對具體一個關押的犯人來講，設身處地有關一生命運大事，能不絞盡腦汁苦思冥想自己的下場？所以被羈押的犯人，特別迷信，窗外飛過一隻鳥，地上爬動的一條蟲，都會問天買卦虔誠許願，一而再，再而三，樂此不疲。同犯中人，都講些大年初一大吉大利的廢話，但求一個心安。誠然最終的答案，往往只有在公、檢、法軍事管制委員會召開的公判大會上，才會揭曉。

人生最苦看守所

看守所對關押的犯人，基本上不安排勞動。當年全中國規定「定糧、定時、定點供應」，根據勞動或不勞動，不同的勞動工種、強度來確定每個人每個月可以吃多少斤糧食。由於看守所只關不給勞動，男女犯人除了極少數的充當勞動犯外，不論高矮胖瘦，一律是社會上的最低標準定糧每月二十五斤，伙食　是社會上最低的維持生命的標準：人民幣七元兩角。再加上鐵窗生涯，三餐缺油少菜比社會上更沒有其他任何食物可以入口，天天個個餓得頭輕腳重昏昏沉沉，腦子裏常常莫名其妙又無法控制地出現一片空白，不僅想不起今夕是何年，也不知道此身在何方，似乎整個世界整個時間都凝固了。幾秒鐘前想著的事情，仿佛發生於幾十年前，驀地裡往往又會突然間一絲一毫都無法憶及忘記得乾乾淨淨，在腹中空空饑腸轆轆下，看守所每個犯人猶似患了老年癡呆癥。

平時除了「放風」之外，犯人在「籠子裏」見不著藍天白雲亦看不到燦爛太陽，呼吸不著新鮮的空氣，天天日日，除了排排坐還是排排坐。「文革」期間看守所犯人沒有報紙看，沒有廣播聽，與外面世界完全隔絕，僅僅靠新犯人帶來支離破碎殘缺不全的新聞消息。

林彪墜機仍山呼他永遠健康

一九七一年九月十三日，中共黨章欽定接班人，副統帥林彪與夫人外逃墜機，魂斷蒙古國溫都爾汗，如此驚天動地的大事，共產黨毛澤東將全中國老百姓蒙在鼓裏幾個月後，中央文件才姍姍來遲，宣佈林彪叛國投敵機毀人亡，接著全國人民同仇敵愾義憤填膺批判反革命分子林彪。而看守所犯人因「剝奪政治權利」竟與世隔絕一無所知，仿佛生活在幾百里荒無一人的沙漠上。然而犯人畢竟是犯人，有特殊靈敏的政治嗅覺，只隱隱約約直覺感到這段時間奇奇怪怪一反往常。首先是幾個星期中，「新犯人」都沒有關進我們的監房或相鄰的牢籠，而是啟動平時備用的監房關押新犯人。其次，已經少得可憐的戶外「放風」突然取消了，即使豔陽高照天清气朗的日子，犯人也只准在監房內伸伸手彎彎腰活動十幾分鐘；再則，很長時間，亦不見有犯人所在單位來借犯人外出批鬥。與前相比，所長和「班長」們，監房走廊巡邏的次數增多了，個個臉孔鐵青一言不發。所長訓話莊嚴肅穆聲聲凝重，雖說一如既往，語言充滿陳腔濫調的「黨八股」模式，訓話開始先朗讀毛澤東「最高指示」，結束時高叫敬祝毛主席萬壽無疆；敬祝林副主席身體健康，永遠健康。但後一句「敬祝林副主席」，細心敏感的「反革命犯」，從所長語音語調之怪裏怪氣輕描淡寫漫不經心中，似乎品評出同以前的慷慨激昂豪情萬丈，飽含無產階級革命感情的聲線大不相同，仿佛期間有鮮為犯人所知的驚天秘事。誠然凡此種種，犯人們只可意會不可言傳，最多只能熟人間眉目傳意，誰亦不敢自作聰明吐露心聲，萬一判斷失誤，就會犯下「現行反革命防擴散罪」，罪加一等，更有可能自己將自己送上打靶場。

事後回顧，所長對叛國投敵的特大反革命林彪，客死異國外鄉後，還要對他山呼「敬祝身體健康，永遠健康」，肯定是上級領導指示。此類光怪陸離荒誕不經之現實，不過是「史無前例」「文化大革命」之九牛一毛。

共產黨政策像月亮

看守所犯人，因為是「未決犯」所以特別關心「國家大事」，國際形勢。這絕不是單純懷有八卦心理熱衷探聽「小道新聞」。歷史經驗告訴大家，共產黨政策和法律如月亮，初一、十五不一樣，毛澤東鼓吹的是「和尚打傘，無（髮）法無天」，中國法律猶同廢紙一張。當共產黨自認為國內外「形勢大好」，對犯人判刑就相對的輕，或者提早釋放、不予戴反革命或壞分子帽子；相反，「階級鬥爭形勢嚴峻」，就會小題大作加重刑期，甚至原本可殺可不殺的，按宣傳的政策，是一律不殺，結果為配合「形勢需要」就「依法」拉出去打靶了。儘管平時有些人嘴無遮攔信口雌黃，此時此刻個個都循規蹈矩謹言慎行，不敢以身試法，越雷池一步，唯恐不知不覺犯下「新」罪，特別是不知不覺下犯了「防擴散罪」，進入枉死城。在此特定的情況和條件下，我是北京政法學院的本科畢業生，熟悉共產黨的政策及運作，在監房同犯的心目中，雖不是一言九鼎，卻也具舉足輕重。同犯們早已把我入廟時的「殺人犯歷史」，忘得一乾二淨，背後尊稱我「大律師」，所以絕不能當遭槍打的「出頭鳥」。

當年毛澤東、共產黨年年講，月月講，日日講，反反復複向全國人民宣揚：第三次世界大戰是不可避免的；各國間，包括中國同各鄰國間的局部戰爭；解放臺灣的戰爭會隨時隨地發生的；要推翻帝國主義、資本主義的政權，只能是「槍桿子裏出政權」，「以革命的武裝打倒反革命的武裝」，這一切的一切都必須要「戰爭」！。德國希特勒手下的宣傳部長戈培爾「名句」，「謊言多次重覆，就成了真理」。人們對毛澤東的話勝過金科玉律，乃「一句頂一萬句」，它一次次重覆後，無不認為這是「放之四海而皆准的真理」。犯人們自然而然杞人憂天地相信「戰爭」一定會發生，更害怕在羈押期間，因發生戰爭而莫名其妙就走上了黃泉路。

年底方「真相大白」

至於深文周納嚴刑峻法「防擴散罪」，不少人因此被判重刑、死刑。它是「文化大革命」無產階級專政「發明創造」舉世無雙的罪名新品種：所謂任何攻擊、污蔑、惡意中傷偉大領袖毛主席、共產黨黨章規定的接班人、最親密的戰友林副主席和無產階級司令部成員的言論或行動，都是「現行反革命防擴散罪」。犯人即使在交待罪行時，也只准講三次。如果未經提審官員批准，講了第四次，就要增加一宗罪行。重覆別人上述言論，同樣定為犯罪。這一害人不淺出入人罪的嚴刑峻法「防擴散罪」，使無數無辜人民命喪黃泉或坐穿牢底。

即使聰明絕頂智商再高，關在「籠子裏」的犯人們，就是睡夢中，也不敢往無產階級司令部的偉大統帥和林副統帥身上想。平時社會上的玩笑話：要掉腦袋的事，在無產階級專政的看守所內，更是罪加一等如假包換真真實實掉腦袋的事。老犯人們反復猜測苦思冥想，社會上究竟發生了什麼大事了。相互間只能意會不得言傳，一個眼神一種異乎尋常的表情或動作，都屬膽大妄為，這是掉腦袋的「防擴散罪」呀，以身試法完全可能罪上加罪，被判死刑、重刑！

看守所比魯濱遜漂泊的孤島更遠離塵世，林彪死訊，比社會上實實足足晚了三個月後，到了年底方「真相大白」。犯人關心國家大事的真正原因，乃它確確實實牽涉到本人切身利益

饑餓終日無所事事

每年三百六十五天，看守所犯人一般不許勞動，其實這也是一種慢性折磨意志、健康的懲罰。常言道生命在於運動，犯人在社會上個個都是生龍活虎的人物，落入囚籠就似一隻荒山野地奔逐騰越的老虎、兔子，一旦關在鐵窗裏，日積月累慢慢地都會病魘魘地，喪失活動奔騰跳躍的能力。除了睡眠外，每天十六小時，坐呀坐呀坐呀坐，饑餓終日無所事事。

對犯人管理的寬嚴，完全根據共產黨對社會上「階級鬥爭新動向」的分析因時而異，所謂一切以時間、地點、條件為轉移。寬鬆辰光，犯人可以背靠牢牆而坐，地板上還可以放些被子、毯子充作坐墊，相對而言比

較「舒服」。所長認為社會上階級鬥爭嚴峻，首當其衝牢監裏的階級敵人就受池魚之殃，被加強專政。於是犯人每天直接坐在又冷又硬的地板上，不得墊任何東西，人的身體還不可依牆靠壁。要你排排坐好，個個橫裏對直，人人豎裏劃一，方方正正成為整齊的圖形。美其名曰美化環境，有助犯人認真思考罪行，徹底改造思想交待問題。但是「進宮」多年，像我這類熟能生巧擁有坐牢「基本功」的老犯人，非一般初入廟門的新丁可比，儘管管理再嚴條件再差，沒有墊子席地而坐時，左右前後四方全部懸空不著邊際，在硬硬的地板上這樣坐著坐著，低著頭幾分鐘後就可讓上下眼皮粘在一起，迷迷糊糊昏昏入睡，並且頭不會一晃一晃，人亦不會東倒西歪搖搖欲墜，此一絕招直使初來乍到的新丁們，望塵莫及嘖嘖稱羨。釋放後回到家中，我試過幾次，四面不著邊際無依無靠的，坐在乾淨地板的舒適墊子上，或柔軟的地毯上，無論如何坐法，就是再也無法安穩進入夢鄉，如此這般過了一、二分鐘後，不是向前「狗吃屎」，就是朝天「仰八叉」，跌倒在地。監房中練就的「基本功」，回到家中功力完全消失殆盡。

他從朝鮮監獄來

比中國更有「創意」，世界上坐牢不准靠牆壁，使犯人「望牆生畏」做得「最有效」，首屈一指當仁不讓的，可算是社會主義中國的兄弟友好鄰邦——朝鮮。

據「背叛祖國，偷渡朝鮮」後，押解回中國關在看守所的「同監犯」介紹：在朝鮮的專門關押外國人的監獄中，一天二十四小時，即使監獄看守人員整天不出現，也沒有犯人夠膽敢靠牢牆而坐！聽後實在感到是聞所未聞的「新鮮事」。

話說「文革」時，與中國相鄰的國家，一般是虎視眈眈保持高度警惕。但由於中國和朝鮮是「鮮血凝成的友誼」，所以兩國軍警邊境管理就與眾不同比較鬆懈。他風塵僕僕費盡心機，從中國偷渡到了朝鮮首都平壤，而且在一個月黑風高的深更半夜，成功翻越圍牆潛入蘇聯駐朝鮮大使館，尋求政治庇護。其時因中蘇交惡展開罵戰相互攻訐，蘇聯大使館居然同意接受他，中國不同政見者的政治避難。由於同行的一個伙伴還沒有進來，有福同享有難同當的義氣驅使他，走出蘇聯大使館，并在大使館門前屋後來回走動，伸頭探腦左顧右盼尋找同伙。這一切反常的行為，引起了駐守附近的朝鮮軍警懷疑，以為中國公民欲對反目成仇的蘇聯大使館圖謀不軌，於是當場把他擒獲。儘管他實事求是一五一十交待清楚，蘇聯大使館在此情況下裝聾作啞推得一乾二淨。他百口莫辯被關進監獄。因他是中國公民，相對朝鮮而言，屬於「外國犯人」，所以被關進了專門羈押「外國犯人」的監房。據說朝鮮亦同中國相仿，執行「內外有別」政策，「外國犯人」監牢的條件「矮子裏選高」，比羈押朝鮮本國老百姓的要好得多。

朝鮮監獄牆壁有玄機

他剛進牢房只見幾位各種膚色的犯人，個個在牢房中間席地而坐，沒有一人身靠牢牆，似乎表現得特別老實，他們認真遵守「監規」，真正做到所謂看守警察在和不在「一個樣」，老老實實自覺接受改造。他越看這些外國犯人夠傻夠笨，將「認罪服法」表演得像「真」的一樣，看守警察不在身邊的時候，如此裝模作樣豈非「俏媚眼做給瞎子看——多此一舉」。他卻不願「入鄉隨俗」向他們看齊學樣，等到看守警察前腳剛走，他「後腳」就立時三刻背靠著牢牆安坐，還有意顯露出舒舒服服稱心如意怡然自得的炫耀模樣。同監的外國犯人，向他操著不同的語言做著手勢連比帶畫，因語言不通，也不知這些外國犯人講點啥；手勢比比畫畫，他看不懂，也不想看懂，但是心裏明白是叫他不要靠牆壁坐。他暗地在想，看守警察不在，靠靠牢牆有啥關係，等到看守警察進來，聽到腳步聲，他自然而然會「老老實實」改弦易轍坐回到中間。這些外國犯人是「有福不會享，無福等天亮」。

也許是幾天來偷渡生涯提心吊膽東奔西走特別辛苦，關進朝鮮監獄後，人感到「安定」下來了，原想閉目養神先安心休息片刻，也不知過了多少時間，就在他半醒半睡漸入夢鄉之際，牢房牆壁內突然一股猛烈的電流，讓他昏頭六沖混身發麻心跳加速，把他像皮球似的，重重「彈了出去」。看著他被電流狠狠一擊後跌倒在地的狼狽相，監房內外國犯人幸災樂禍用各種語言證實自己的先見之明，有的以大聲嗤笑，印證了「不聽老（犯）人言，吃苦在眼前」的古訓。他吃一塹，長一智，此時此地才真正領教了，朝鮮的外國犯人監房的牆壁內暗藏玄機，舉一反三朝鮮對本國「階級敵人」專政的嚴酷對待可想而知。

儘管如此，有比較才有鑑別，他至今還念念不忘朝鮮的監獄的最大的「好處」，尤使他津津樂道留下念想的是，朝鮮雖讓本國人民勒緊褲帶半饑不飽，卻對「外國犯人」死要面子「照顧周到」。一日三餐頓頓是大米飯豬腳爪，豬腳爪大米飯，但要吃多少就給多少。「外國犯人」拿一合飯盒也好，兩合飯盒亦罷，總而言之餐餐管飽！

這一「新聞」立即使天天吃不飽餐的同監犯，對兄弟鄰邦朝鮮的「外國犯人」監房，情有獨鍾心向神往，民以食為天嘛。

「官門酒肉臭，路有餓死骨」

由於看守所的犯人，頓頓吃不飽餐餐餓不死，所以犯人喜歡談吃論喝，誠然這一切離不開社會上的「大氣候」。

五十年代起，共產黨就在全國農村中對糧食「統購統銷」，從源頭上控制了糧食供應的渠道；與此同時在所有的城鄉中，經毛澤東為首的中共中央批准，黨中央副主席陳雲發明創造了「定時、定點、定糧」供應糧食的國策，不論男女老幼，即對每一個公民的吃飯大事，實行「明碼實標」式的辦法，即按每個人從事輕重勞動不同工種，大、中學生及不勞動的老人小孩，分門別類決定每個人每個月政府供應多少斤糧食。除此之外，再想多要一兩糧食，也免開尊口。事實是所有類別的人，每月的定糧標準，都低於每個人的實際需要，并且整個社會又沒有其他可以進嘴果腹的平價食品。而市場出售少量的高價食品，像一隻雞蛋，「限量平價供應」，只要三、四分人民幣，但在「自由市場」中就要貴十倍至少是五角錢，一般的工薪階層市民百姓，囊中羞澀只能看，眼見手不能動。或者為種種原因，咬咬牙關偶而買之，誠如鳳毛麟角而已。

總而言之，一九五八年毛澤東提出「大躍進」以來，神州大地的九百六十萬平方公里內，不管定糧被定作什麼等級，人人腹內饑餓面帶菜色，很多人手腳浮腫有氣無力半死不活。大多數人只要在臉龐、小腿處輕輕揿一下，就會顯現一隻深深的凹癟，并且久久不能彈起恢復原狀，這是蛋白質等人體必須的營養成份嚴重匱乏的病態表現。在那幾載特殊的年月，親朋好友間可以來往，但無法留餐。因為給別人吃一頓，自己就得挨餓一餐。三年所謂的「自然災害」，其實乃真正的風調雨順年代，毛澤東製造的「人禍」，究竟餓死多少百姓，屬絕密級國家秘密，幾十年來都王顧左右而言他，秘而不宣。但據很多民間專家學者，幾百個省、市縣逐一統計，全國餓死三千多萬人，其中以前新華社高級記者所著《墓碑》，資料、數字等最為詳盡。當然共產黨內「特殊材料製成的」有權有勢之人上人，按官階高低職務大小另有肉蛋糖油「特殊照顧」外，還有酒樓餐廳「工作餐」享用，天天酒足飯飽，那管餓殍千里，二十世紀實足實的「官門酒肉臭，路有餓死骨」。

七元兩角伙食費

整個神州大地都食品奇缺，對「階級敵人」實行無產階級專政的看守所，更是人間地獄苦不堪言。犯人羈押看守所期間屬不勞動一類，每月定糧最低只有二十五斤，比起我大學生年代的三十六斤，每月要少十一斤，即百份之三十以上。另外吃的方面配給品：據說同社會上一樣，每十天為計算單位，新秤二市兩油票，二兩肉票，少量的豆製品票，實際上社會上定時供應的票證，如十天的二兩糖票，雞蛋票、幾個月或一年才發放一次的魚票、家禽票，有沒有給犯人食用，誰也說不清，道不明。伙食費是維持生命的最低標準，共計每月人民幣七元兩角。由於我在「平反」後，補發進廟時工資，要扣除牢飯伙食費時，就按每月七元兩角計算，所以數字絕對正確。

現今的人們，很難理解每月七元兩角的伙食標準的究竟相當多少；今天我亦很難將當年的實際情況說清楚道明白，此是因時易世移，當前市場上食品供應多種多樣比較豐富，人們無法體會和想像那時的困境。我一九五六年上大學時，伙食費統一規定是每月十二元五角，比一九六九年的犯人標準七元兩角高五元三角，近百分之七十。按其時最賤的米價每市斤一角五分計，僅米錢二十五斤就要三元七角五分，七元兩角予以相減，還剩三元四角五分。一個月配給的六市兩豬肉、六兩油、六兩糖的費用，共一元五角八分。與米價相加，是五元零三分；尚剩兩元一角七分。這兩元一角七分，是每月的煤柴、水、鹽、菜及吃粥的醬菜等全部費用，平均一天七分兩厘。一年中有五個月是三十天，才達到每天七分兩厘及（包括糧價）標準；另外七個月乃三十一天，每日還不到這個數字。所以大家最怕碰到大月三十一天，閏年三百六十六天；盼望月月都是二月份二十八天。成語「斤斤計較」在看守所根本行不通，「犯人」是「錢錢計較」。

廟粥薄過賑災粥

看守所早晚兩餐粥，各二兩半米，午餐三兩米飯。吃粥小菜幾年如一日，永遠是最最價廉的什錦醬菜，飄在白粥的上面，屈指可數，猶如魯迅筆下孔乙己的口頭禪：「多乎哉，不多也」。普偏的吃法是，粥歸粥菜歸菜，先吃完粥再吃預先放在一旁的什錦菜。大家頓頓一根一根如數家珍細細品味，仿佛進餐山珍海鮮美食佳餚；更為重要的是，醬菜中飽含鹽分，每日每時，看守所犯人整個身體所需要的鹽分，就是靠這區區幾根什錦醬菜，及中餐時的鹽水煮白菜。然而回到社會後很多年，我卻再也不吃什錦醬菜，一看到它，立馬引起「條件反射」，「憶」起了牢房中的「苦」，卻「思」不到現實之「甜」，似乎有些「忘恩負義」。十年浩劫，中國人民天天生活在水深火熱中，良民百姓都苦不堪言，頭戴反革命帽子的人更淪落最底層。

至於粥的厚薄，影、視裏大清王朝天災之年賑濟饑民的粥，以一根筷子插進去會不會倒下作標準；相較看守所的粥，以一斤米八斤水的標準煮成，所以插進筷子有一根倒一根，簡直不能相提并論。犯人吃粥根本毋需筷子，餐餐可將粥直接倒進口裏，而且合子四周滴米不沾。所以犯人稱它為「廣東廣西粥」，即水多米少稀薄的「晃東晃西粥」諧音，總之，「廟粥」薄過賑災粥。

中午一餐飯是眾人心頭之好，儘管頓頓多是白菜、白菜、大白菜，大家都風捲殘雲顆粒不留，大家明白，維持生命最低需要的營養，每天主要靠兩頓粥、這餐飯和可愛的大白菜，包括大白菜中的油水和鹽分。看守所犯人每十天有一個歡欣鼓舞的盛事，即有一次肉吃。《封神榜》的神仙有「千里眼、順風耳」，而犯人中個個都鼻子嗅覺超過警犬。特別是自我盤點計算出可能吃肉的日子，行將開午餐時，不少人微微輕閉雙眼，一聲不響，伸長了鼻子挺直了頸脖，細細從空氣中捕捉縷縷絲絲的美味。常言道：近水樓臺先得月，看守所前半部份監房是靠近伙房的，「春江水暖鴨先知」，但聽得一聲歡呼「開膘了」，看守所犯人把肉稱作「表」，所有監房的犯人，都似被「彈簧」從坐著的地板上彈了起來，齊聲大叫「開膘了」、「開膘了」。古代正月十五元宵佳節看花燈時，為讓全民同樂，官府有「金吾不禁」的規定；犯人十天一次為吃肉歡呼雀躍感恩戴德，足見「黨恩浩蕩」，依照古訓，所長、班長也「金吾不禁」，眼開眼閉放犯人一馬了。就像天氣預報可能成天氣亂報，當然亦有錯報「特大喜訊」之時，合子裏仍舊是鹽水煮白菜，希望越大失望越深，一聲聲嘆息此起彼伏發自每一個監房。

貪污腐化犯「愛共產黨」

「屋漏偏遭長夜雨」，當時全國都要響影毛澤東「深挖洞、廣積糧、不稱霸」，「備戰、備荒、為人民」號召，看守所犯人也要完成備戰為人民的「政治任務」去「深挖洞」。就是落實毛澤東念念不忘準備打的第三次世界大戰，或局部戰爭前，深挖的地下防禦工事。理所當然所長首選的都是年輕力壯，偷竊扒拿一般刑事犯，他們四肢發達頭腦簡單，刑期不長逃跑可能小，勞動效續高成果大。所長尤其青睞鍾意原來當「官」的貪污犯和腐化犯，對他們的管教和待遇，有別於反革命犯。原因是他們進看守所前，大都是共產黨員或「革命幹部」、「積極分子」，依靠共產黨的勢力才能貪污錢財、方可玩弄女子，所以他們就是犯了罪，也會從心裏擁護、熱愛共產黨，感激毛澤東的，而且特別聽話服從指揮，理所當然是外出充勞動犯的首選。政治犯稱謂反革命犯，從骨子裏反黨、反社會主義，思想複雜、反動，多數刑期長，逃跑可能大，千祈不能讓他們到監房外勞動。

「羊毛出在羊身上」

選上的「深挖洞」外勞動犯，每日工作八小時，屬於繁重類體力勞動，政府一天規定再增加五兩糧食，要吃到十三兩，每月三十九斤。這相差的幾十人每天五兩糧食，說是由政府另外補助，但在全國糧食普遍極端匱乏的情況下，絕對是十補九不足。「深挖洞」乃沉重的體力勞動，犯人們又想在勞動中表現積極，爭取早點放出去，再加上長時間沒有吃過「飽飯」，菜金食油也沒有增加，故而每天依舊少油少菜，僅只有糧食十三兩，「餓狼」們根本不夠填足肚皮。自古以來皇帝都不差餓兵，但是共產黨既要馬兒快快跑，又要馬兒少吃草，世界上哪有如此兩全其美的事。有幾個外勞動犯「深挖洞」時又餓又累昏倒工地後，內中情由不言自喻，看守所長看在眼裏，明白在心裏。但「巧婦難為無米之炊」，白白的大米天上不會掉下來，伸手向上級要，比登天還難，而且會落下辦事不力的印像。當年的中國做很多事情，人人要執行毛澤東的「最高指示」：「自力更生，豐衣足食」。所長們聰明智慧靈機一動，羊毛總歸出在羊身上，這是放諸四海而皆准的真理。外勞動犯若要糧食加，只能從監房內眾犯口中刮。於是說做就做雷厲風行立桿見影，第二天起，外勞動犯合子裏的飯菜明顯增加了，與此同時監房合子裏的糧食菜餚日見稀少了。關在「籠子」裏的犯人原本就因半饑半飽而叫天天不應，叫地地不靈，現在卻雪上加霜百上加斤，明知被「尅扣囚糧」違反黨的政策，卻連個「投訴」的門都沒有，否則就要以對抗「最高指示」，破壞「備戰、備荒、為人民」的政治任務論處。共產黨從來就把政治放在第一位，所長們為完成「偉大領袖」號召的「政治任務」，讓無產階級專政下的犯人每天少吃幾口，難道還怕階級敵人「翻天」。

盛極一時的「雞血療法」

看守所每天八兩或八兩不到的糧食，犯人們日日靠缺油少菜兩角四分錢的低標準伙食苦度光陰。即使在「自由幸福」的社會上，人民群眾天天絞盡腦汁挖空心思尋覓可吃的食品，在絕大多數人民無法填飽肚子，身體日現虛弱的情況下，五花八門莫名其妙「強身健體」的方法，稀奇百怪匪夷所思的旁門左道，就在無產階級文化大革命「破四舊、立四新」紅旗下，加以群眾運動、「革命」需要的名義，在神州大地粉墨登場應運而生，并「紅」遍全國。

當年盛極一時強身健體首選妙計有所謂「雞血療法」，五斤以上的大公雞，為難得的佳物珍品。人們將大公雞身上的鮮血，當作包醫百病的靈丹妙藥，又似中國的國粹「麻將牌」中的「百搭」，不論男女老幼高矮胖瘦，任何人毋需檢查血型，也沒有「繁瑣」的消毒手續，也不論患的是內科、外科，婦科、兒科、急性、慢性的疾病，或者是暫時沒有發現病癥的人，甚至是末期癌癥垂死病人。就將針筒刺進人們的血管，讓大公雞的鮮血緩緩地流入人體，同人的鮮血融合在一起。據說如此這般「靈丹妙藥」，可以有藥物不能達到的療效，生病治病無病健體，百毒不侵身強力壯萬試萬靈神乎其神。

眾所周知，人體輸血還分O型、A型、B型、AB型，除了O型血是萬能輸血者外，其他類型的血，只有同類型才能輸血，否則要出醫療事故。有的人體內注入雞血後，立時三刻臉紅脖粗，心跳加速，頭昏腦脹血壓升高，更有人「半夜雞叫」，像大公雞一樣，每天凌晨「喔、喔、喔」聲聲啼叫。因受「雞血療法」摧殘，身體留下各式各樣聞所未聞的後遺癥者，何止千百萬人。

「紅茶菌」、飲水療法

半年一載後，眼看「雞血療法」因留下莫名其妙的後遺癥而走入死胡同，被實踐而唾棄。另一荒誕不經的「新生事物」代之而起：全民培植「紅茶菌」又名「小球藻」。據說它原是河邊水中的一種天然藻類植物，人工繁殖時將它放在玻璃杯、玻璃瓶等器皿中，歷經幾天生長，就充當靈丹妙藥飲用。它喝進嘴裏有一種淡淡的酸味，吃下肚裏，據官方宣傳、民間言談可以「延年益壽」強身健體。於是神州大地又增添了一種可入口的「食品」兼「補品」。

「小球藻」紅紅火火風靡了全國一陣子，又「天長地久有時盡」，於是「改弦更張」，發明創造了「飲水療法」。每人每天要飲四、五公斤以上大量的水，而且是越多越好，保證『包醫百病』清身潔體，可以把腸胃及身體中一切污穢不潔之物，徹底排出。其時，無論婦幼老孺常常手持一杯杯清水，仰起脖子咕嘟咕嘟地喝個不停。

飲水療法「朱漆馬桶幾日香」後，從上到下又發揚五千年歷史文化，推陳出新開展了「甩手療法」，不論是清晨黃昏飯前午後，公園綠地大街小巷戶內室外，男男女女老老小小，邊走路邊甩開雙臂，前後左右東西南北的活動，又是號稱有病治病無病益身。

毛澤東違反科學瞎指揮下，全國食物極度匱乏的年代，人民「自力更生」殫精竭慮，挖空心思來度過「人禍」造成的難關。

社會上「自由幸福」的人民，都在絞盡腦汁掙扎求生，人間地獄看守所犯人的生涯，更為苦不堪言，凡此種種都堅定了我，不惜一切代價，務必實現一餐之飽的偉大理想。

身在虛無縹緲中

民以食為天，看守所裏日日缺油少米營養惡劣，人人萌生一種長期慢性形成的饑餓感。頭腦中日積月累潛移默化，仿佛時時刻刻在騰雲駕霧靈魂出竅，常常身處虛無縹緲之雲山霧海中，長長久久會思想空白一片，昏昏沉沉暈暈乎乎，渾渾噩噩仿佛記不起身在何方，甚至於會「不知今夕是何年」。天天的分分秒秒，都頭重腳輕胡思亂想，又常常會莫名其妙將一秒鐘前思考的事情，完全忘得一乾二盡，即使再繼續苦思冥想，又似斷線的風箏飄向天空，或遠飛的黃鶴一去永不返還。有時又會牛頭不對馬嘴地「跳躍式」的思維，根本前言不搭後語，一言蔽之無法集中考慮任何問題。尤令人難以忍受的是頭痛腦脹，思緒萬千卻又如一團亂麻，有時像無軌電車亂開，往往會「七里纏到八里」，個個簡直猶如智能低下之行屍走肉。有句笑話，腦子裏倒進了漿糊，似乎是長期處於嚴重饑餓狀態下，被羈押犯人真實寫照。

國民黨監獄產生《可愛的中國》

一年三百六十五天，尤其是提審前、提審時，提審後，想要集中精力有條有理的回憶問題，宛若蜀道之難，難於上青天。我無法遐思遙想後來任印度總理尼赫魯、南非總統曼德拉等外國政治家，在一、二十年漫長的監獄生涯中，如何能著書立說流傳塵世。共產黨大肆宣傳中央委員方志敏的著作《可愛的中國》，就是在國民黨監獄中完成。想必國民黨監獄的伙食和生活條件，肯定遠遠比共產黨時期的好，如果方志敏如賀龍、彭德懷一樣，關押于「文化大革命」無產階級專政的監獄中，活生生被餓死的類同條件下，世界上肯定是沒有《可愛的中國》這本書了。當然要共產黨承認國民黨監獄比共產黨監獄生活條件好，簡直在與虎謀皮。我更不能隨大流胡亂認同電影、電視監牢中羈押多時的犯人，此類英雄好漢們在越獄奔逃時，爬高走低翻牆越壁行步如飛，就越出高牆深院重獲自由。平心而論以我的親身經歷，真切的感覺，這些電視電影，是編劇、導演沒有真正「體驗牢監」生活，是在社會上無憂無慮自由自在酒足飯飽後，頭腦發熱胡思亂想七編八造的產品，騙騙奉公守法的善良百姓。

外借批鬥如中「六合彩」

真因為看守所餐餐半饑不飽，畫餅充飢望梅止渴，對犯人來講，也會是一種奢望，他們一天天只能「談」餅充飢，「想」梅止渴。一早睜開眼睛就講「吃」，一直到閉眼睡覺，常常夢中都是「吃」。看守所監規：同監犯平時是不准交談的，特別是不得講自己的案情。在所有違反監規的條例中，「談吃」也許是最輕的一種。

看守所所長和二十四小時巡邏的武裝警察，往往眼開眼閉，這只耳朵進那只耳朵出，聽見了只當沒有聽見，也不來找麻煩，法，不罰眾嘛。

「文革」期間，無論是機關、學校、工廠、農村三不兩時開批鬥會，所以經常要到看守所來提原單位的犯人，當批鬥對像。令常人難以想像的是，有幸輪到離開牢房外出批鬥，犯人們像中了六合彩一樣，滿心歡悅雀躍不已；同監犯們流露艷羨的眼光，更使他躊躇滿志自鳴得意。

批鬥會開始，當司儀大喝一聲，把反革命分子、壞分子押上來，只見工作人員開著「噴氣式飛機」，雄糾糾氣昂昂將反革命分子、壞分子兩手臂倒轉，前身幾乎同地面平行，頭被按低，拖拽到臺上。於是四面八方口號聲此起彼伏，臺上臺下的領導幹部、人民群眾對被打倒後留在本單位的「死老虎」，已不感興趣，對「吃官司」幾個月甚至幾年的「舊同事」乍一出現，三五成群指指點點竊竊私議，你看瘦得脫形了，面孔煞白一點血色都沒有，整個身體似稻草隨風飄，雙腿嚇得發抖像彈琵琶。

其實廣大群眾都被表面現像，善心好意地誤會了。看守所犯人，常年曬不著太陽光，臉色怎能不發白；天天半饑常餓營養奇缺，再加滿腹心事當然要瘦；批鬥會時間長低頭彎腰體力消耗浩大，當然站立不住。若以為被批鬥者心驚肉跳嚇得混身發抖，雙腳「彈琵琶」，實在是太不了解他們的內心世界。十之八九關押在看守所的犯人，對被外借批鬥，都歡欣鼓舞趨之若鶩，像久別舞臺的演員重新能夠登場，簡直是他人難逢百裏遇一的幸運好機會。外借批鬥對犯人言，不過是演場戲而已，挨罵被批鬥像在「聽唱歌」，低頭彎腰二、三小時，當然辛苦，但好處卻不勝枚舉一籮籮。

好處不勝枚舉一籮籮

首先，看守所一周「放風」兩次，每次二、三十分鐘，才能遇到久違的太陽。抬頭向天極目遠眺，四周高牆圍住，名副其實「站井觀天」；而且陰天下雨時，露天「放風」取消，只能在監房內稍稍活動。外借批鬥卻不同，有時坐囚車，有時坐單位卡車，可以重新呼吸社會上久別重逢的清新空氣，遠望藍天白雲，近看馬路上嶄新的建築及市容變化。眼前出現一張張陌生的面孔，以及社會上老幼婦孺各色人等現時的穿著裝扮；耳聽車輛駕駛、行人講話等各種各樣的聲音，一路上發生大事小件，一切的一切對於與世隔絕羈押囚籠多時的犯人而言，宛似劉姥姥進了大觀園，樣樣大開眼界，事事均屬新鮮。碰巧尚可在車上聽到押解者對最新社會動向的談話，這無疑是監房內個個盼望知悉的新聞。回到看守所後，同監會對他犯不約而同眾星捧月問長詢短，這時你儼如新聞記者發佈會主持，作報告的首長，口若懸河滔滔不絕發表獨家消息，聽得大家如癡如醉目瞪口呆新鮮事物心向神往。

把握機會吃餐「勁」的

當然，上述一切還屬「虛」的，最重要的還是如何把握機會實實在在吃一餐「勁」的，特別是力爭獲得看守所吃不到的食品。一般犯人回原單位被批鬥，押送者、主持者均是認識多年的「舊同事」，老朋友，老領導。精于此道的同監犯，所以先要向「革命領導」和「舊同事」，可憐兮兮「吐露真言」博取同情，由于看守所餐餐吃不飽，頓頓餓肚皮，如果批鬥會開得時間稍會長一點，身體必然力不從心站立不住，如果當場昏倒在地，請原諒，不是我不想配合，實在是心有餘力不足。自編自導拋出了「難題」後，隨即要自拉自唱自演自看，抓緊時機情真意切地提供「答案」：人是鐵，飯是鋼，一頓少吃餓得慌，希望照顧實際情況，讓我多吃一點吃好一點，有了力氣保證努力配合批鬥會，不出洋相。

造反派不怕兇只怕窮

常言道共產黨、造反派不怕兇只怕窮，明知這是「牛鬼蛇神」橫倒了耍胡賴，旁敲側擊的弦外之音在欺詐勒索，亦只能心照不宣難得糊塗順水推舟。萬一犯人真真假假，假戲真做昏倒在批鬥會場，一是批鬥會沒法再開下去，二是此時此刻將犯人送去醫院，還是帶回看守所，實乃左右為難進退維谷。送醫院的話，首先要層層上報審批，手續繁瑣，萬一犯人趁機逃跑，誰也負不了此天大的責任；如果逕入送回看守所，耽誤了犯人的病情，給看守所增添了麻煩，下次外借犯人批鬥就會敬謝不敏了。

「真相大白」後，「革命領導」、造反派頭頭心領神會，明知這是階級敵人搞名堂「耍花樣」，也只能多一事不如少一事，高抬貴手買個太平。好在吃官司的「舊同事」，要求也不高，加幾口飯多幾塊肉而已，費用反正由公家報銷，又無需自掏腰包，盡可能順水人情放一碼，讓他多吃一點，切不要在批鬥會上耍賴皮、出「洋相」。

「證據」務必帶回監房

相比外出看到聽得的新聞，同監犯尤其關心的是，他在外面到底吃到了什麼「勁」的。口說無憑，犯人們都懂得，若要使大家心服口服，一切都得讓「證據」說話。空口說白話無憑無證絕對沒人相信，就算你真的在外面，吃了龍肝鳳髓山珍海味，沒帶回證據，都會引起同監眾犯冷嘲熱諷嗤之以鼻。被外借的批鬥者，積長年累月「籠子裏」生活磨煉，潛移默化耳濡目染來之不易的親身經歷，想方設法八仙過海各顯神通，務必將「證據」帶回監房，作為炫耀的本錢。吃過肉，一定要有肉骨頭作證；食了魚，務必以魚骨頭為憑。若是吃了麵飽、麵餅、飽子、饅頭之類，看守所長年絕跡的食品，更要帶回「證據」，讓同監犯不約而同噏著口水流露艷羨的眼光，目不轉睛盯著你趾高氣揚不可一世的樣子，腦海裏齊齊「想餅充饑」，因為看守所三百六十五天都沒有麵食吃的。此情此景非身臨其境的人，無法意會想像。

勞動犯「猴臀」

看守所一日三餐的分配，也中規中矩盜亦有道。監房除有政府監規外，犯人也有約定俗成的規距，主要萬變不離其宗圍繞一個「吃」字。食堂職員稱管理員，每天用四十二吋的大鐵鍋熬粥蒸飯煮菜，一名監房改造表現好的輕刑犯當助手，叫勞動犯。他的長相像猴子嘴臉，因天天在廚房勞動，做下手，是老管理員唯一的幫工，「荒年餓不死飯司務」，他「近水樓臺先得月」，老管理員將每餐多下的殘羹剩飯，瞞上不瞞下的都賞賜給他了，以免他「饑寒起盜心」，所以他的雙頰與眾犯不同，略有紅暈。我就給他起了個綽號：「猴臀」，即猢猻屁股也！該勞動犯文化低性格隨和，由於「猴臀」與「後盾」諧音，我對他說，我們每天都靠你送餐開飯才能活下去，你是大家的「後盾」（即猴臀），他聽了亦開開心心地接受了。於是同監犯見到他來了，就有事無事「猴臀」「猴臀」叫，聽到他木頭木腦聲聲答應，大家心照不宣會心吃吃微笑，這只不過是黃蓮樹下拉胡琴，苦中作樂而已。

前已有述，犯人對吃食絕不是斤斤計較，而是斤、兩、錢的「錢錢計較」，但約定俗成的規矩，整個監房人人平等無一例外共同遵守。為杜絕「猴臀」之流濫用職權徇私舞弊，偏幫熟人或原在的監房，也為封悠悠之口，看守所規定由老管理員親自舀粥裝飯添菜，以示公平一視同仁。但人之手不可能是天平秤，合子裏粥飯菜肴，總歸會有多有少，有淺有滿有厚有薄。然而犯人個個火眼金睛，一瞄就知道每隻合子份量的輕重，那隻多那隻少。「猴臀」三餐發合（音GE）子，每次兩合一發，放上裝有鐵桿的水泥平臺，此前監房內每個人事先確定號數，天天輪轉以示公平。「猴臀」每次發進來的兩只合子，監房內按已經約定的左一右二或右二左一，由監房的值日犯人，從窗口臺階上取下合子，按照預定的一、二編排，將合子全部整齊列好，此時此刻大家目不轉睛全神貫注，盯住每一隻合子認真監督觀察，就像坐在體育場的看臺，注視一場精彩的足球比賽，高高在上說長論短任意評述；更是事必關己隨著合子的上落安放，看著值日犯井然有序「依法」執行任務。如果那個值日犯敢冒天下之大不韙做手腳作弊，存心把合子一、二調轉，將引起軒然大波成眾矢之的，遭受全監房同仇敵愾千夫所指，於是他必定會一失手成千古恨，惡名遠揚到每間監房，永遠被釘在遭人鄙視的恥辱柱，列入永世不得翻身的「黑名單」。

八九十度燙粥倒入喉嚨

三伏暑天攝字三十五度以上，剛剛燒開的滾燙冒熱氣，放入鋁製合子的粥，發到每個人手中，粥的熱燙高溫，不下攝字七、八十度。此時此刻全部監房鴉雀無聲，老犯人們喝粥從來不用筷子，用毛巾托著肉手無法承受的鋁合子，目不斜視旁若無人怡然自得地，一如既往將冒著騰騰熱氣滾燙的粥直接倒進喉嚨，於是一股暖流奔入腸胃，隨著托著合子的手慢慢提高，粥連續不斷地緩緩進到嘴裏，直至完全倒清為止，最終達到合子四壁乾乾淨淨，用手指摸不到流汁，裏裏外外沒有一顆粥粒為准。這個熱浪滔滔的舒服適意可口美味，沁人心扉盪氣迴腸，綽綽證實犯人珍惜賴以生存的「熱量」，尤使人難以理解奇哉怪也的是，七、八十度的滾粥，竟沒有一個犯人喉嚨會因此燙出泡來。非陷入樊籠身臨其境親自感受者，絕對無法享受箇中樂趣。謹鄭重忠告：沒有基本功者絕不可模仿，否則喉嚨燙傷後果自負。

一合子滾燙粥倒清後，接著就拿起預先放一邊的醬菜，一根一根數著放進嘴裏慢慢品味，大家明白，醬菜中的鹽份，對囚犯來講，實屬人體必需的營養珍品。

我回到社會後，在家中亦曾嘗試過將煮開的粥，舀了一碗想如監房生活，往喉嚨裏倒，誰知滾燙的熱粥剛剛進口，就燙得我嘴巴起泡，本能地條件反射把粥全部吐了出來，遑論它直接進入喉嚨流向肚腹，回過頭來暗自思量，真所謂此一時彼一時也，豈可同日而語。

體重銳減七十二斤

我第一次「進宮」，關押二十個月後釋放時，體重從一百八十斤銳減成一百零八斤；我苦中作樂地對親友們說，肉店的半片帶骨豬肉一般只有四、五十斤，我連血帶肉不含骨頭，卻瘦了七十二斤，比半片帶骨豬肉都多一半。釋放那天可能心情無比激動，我一出牢門，走向監房的天井，萬里晴空藍天白雲，卻使我頭昏腦脹睜不開眼睛，臉龐被陽光刺得熱辣辣作痛，儘管因「重獲自由」而滿心喜悅，但雙腳踩在水泥地面，仿若踏入層層厚厚的棉花上，軟綿綿飄飄然地面沒有足夠反彈力，我根本就無法似正常人一樣，隨心所欲抬腿提腳，任意舉步走路，似乎被戴著無形的腳鐐，頭輕腳重力不從心搖搖晃晃寸步難行。在看守所武警班長的厲聲吆喝下，我想尋回失去的人生尊嚴，抬頭挺胸前走，實在是心有餘而力不足，任憑我用盡吃奶的力氣，結果照樣也提不起多少勁，只能扶著牆壁踽踽緩慢拖行，分分鐘害怕膝蓋一軟而跌倒在地。三十歲出頭的我，當時所謂的走路，任何一位小腳老太太，行走時一搖三擺都會遠遠超過我，而使我望塵莫及。毫不誇張地說，當年被共產黨看守所關押一年半載的人，就是牢門大開，任讓犯人出逃，諒誰也無法走多遠。

看守所釋放回家，家人早在房門口擺好一隻火盆，第一件事就是進房入屋之前，先要跨過火盆，傳說是監所中的冤魂惡煞牛鬼蛇神，一遇火就落荒而逃，不能跟隨我進家門，并且從此遠離我而去。可是，這又給我出難題了，任何一位孩童都可略略抬腳跨過的火盆，我都望而生畏，唯恐力不從心提腿不高，一腳落入火中傷身損體。只得有勞兩位親人把我架起後，才使雙腿能越過火盆，回到了久別的家。

馬路上車子都在「跳」

令人難以想像無法理喻的是，「自由」後的好多天，每每我在馬路上看到的汽車和自行車等任何車輛，都眼花繚亂形像重疊，它們仿佛都是在不貼地面駛行，車輛像懸浮於空氣之中一跳一跳，似乎離開地面一尺左右前進，我猶似戴了專用眼鏡在看「立體電影」，汽車、自行車有時朝著我對面開過來，嚇得我膽戰心驚不知所措。釋放後好一陣子，我一個人戰戰兢兢謹小慎微，不敢隨便橫穿馬路，傻乎乎的待等左右兩邊都遠遠見不到車輛，方敢前行。十天八天後，才慢慢恢復正常，眼中的瞳孔漸漸的得以調正，腳，才像重新又長在自己身上，即便如此，我亦只能緩緩慢行，一個多月後才漸漸可以大步走路。可想而知人們遭受長時間饑餓，缺少應有的活動，對人體內在各種器官的戕害無以復加，幾十年過去了，至今惡果尚年復一年地顯現出來；并且牢獄生涯非人待遇永永印在腦海，至今都揮之不去。一旦被蛇咬十年怕井繩，來到澳洲悉尼，生活海外二十多年，常會在夢境中我突然又仿佛身陷囹圄，重現監獄中一幕幕慘境，衣衫襤褸坐在木頭地板上，捧著一合子粥往口中倒，莫名驚恐如影隨形。當惡夢醒來後的早晨，我面對窗外雲淡天青，一塵不染清新的空氣，慶幸自己身在自由民主的澳洲，但仍心有餘悸往事不堪回首，令人不勝惆悵唏噓。

眼如閃電喉像電梯筷若雨點

放監之初，由於腸胃中長年累月空空如也缺油少米，對久別重逢的種種食品，樣樣都想品嚐一下，件件均要咬它幾啖，以滿足口腹之慾，還多年之心願，嘴特別饞是人之常情可想而知。儘管社會上糧油食品，如天下烏鴉一般黑，亦十分匱乏稀缺，然而同看守所相比，必竟要「豐富得多」。父母、親人從心中可憐我這個，從人間煉獄中剛釋放的反革命分子，心甘情願每個人口下留情，勒緊褲帶省下嘴中賴以活命的一星半點口糧和食品，讓我可以有機會一償監獄中朝思暮想之夙願，可以放開肚皮大吃一頓。終於如盼星星盼月亮，盼到了這幸福的一天，面對著眾多的食品，我的眼睛如雷雨天的閃電，喉嚨像上上下下的電梯，手上的筷子似飛箭似雨點射向瓷碗，狼吞虎嚥風捲殘雲的把食物「堅決、徹底、全部、乾淨地消滅光」。我又仿佛似「豬八戒吃人參果」，美味佳餚衝進嘴唇後，牙齒尚未細細咀嚼，就一瀉千里囫圇吞棗式地湧進入了肚皮，吃食半天我卻絲毫沒有辨別出各種菜肴它們甜酸苦辣的不同滋味，只是機械、呆板的把食品連續不斷的推進嘴裏。在此想鄭重其事發表聲明如下：上述的狂吃猛喝，與我定義的「飽」，尚有一段距離；我一生難得的一餐之「飽」，是我「二進宮」時，在看守所完成目標。

當時我戀戀不捨地放下了筷子，但又心不甘情不願的還想再多吃上幾口時，家人已被我「餓狼」似的「吃相」驚訝莫名暗自神傷。我抬高了頭從他們的表情中，亦有所察覺眾人臉龐異乎常態的神色，我應有所收斂，不能自私自利只有自己罔顧親人感受，又一次傷害他們摯愛我的心，於是慢慢地從座位上站立起身。我仿佛像一位「孕婦」腆著肚子，不由自主怡然自得用手三不兩時，摸摸鼓鼓囊囊，腫腫脹脹的腹部，臉上堆起了滿足歡愉的笑容，心頭上飽含苦澀和難過。繼而又想，今日有酒今日醉，嗨，現在我雖未真正的達到「飽」，但終於能隨心所欲放開肚皮吃到了可口的一餐，足償「廟中」多年夢寐以求之心願。

獨門秘方油條香醋

曾幾何時，應了句老話香了嘴巴，苦了屁股。二十個月半饑半飽的缺葷少腥乏油水的腸胃，突然超負荷地塞進了「久違」的「老友」，肚腹根本無法熱情挽留，只能隨著它們如來也匆匆，去亦匆匆的過客，從腸胃中直落而下。真應了電影「少林寺」的一句台詞：「酒肉穿身過」，而且更是一瀉到底。其時家中并無衛生設備，我在馬桶上剛剛立起來，肚皮裏又嘰裡咕嚕掀風作浪屢起波瀾，如此這般反反復復大約有八九次之多，使原先不大的家居，臭氣無處不在。《三國演義》諸葛亮名言：一是「人無遠慮必有近憂」，又曰「山人自有妙計」。虧得我未雨綢繆，已備好那些多次「進宮」老犯人獨門經驗之「秘方」，預先請親人買來了「止瀉良藥」——油條和香醋。對「廟裏」初初回家的人士，貪口腹之慾，乃人之常情，暴飲暴食後必然消化不良水瀉不止。一般平民百姓行之有效的止瀉藥，對「初出牢籠」的人，毫無療效；而萬試萬靈對症下藥最好的「藥品」，就是油條加香醋，一兩根油條連同一小碗醋吃進肚皮，保證很快就「藥到病除」腹瀉停止。

鄭重聲明如下：本「秘方」版權所有不得轉載；若擅自使用後果自負，與本人無涉。

「二進宮」

由於我對「一進宮」後的判決不服，天真爛漫應用學到的法律知識，明知不可為，也要嚐試一下，於是向當時掌權的上海市公、檢、法軍管會，提出申訴要求平反。「文革」中全國貫徹執行毛澤東的最高指示：「翻案不得人心」，我是畫虎不成反類犬，再次受到更深的迫害，為此「二進宮」時，除了剛進看守所時有過兩次審訊，此後三年半不審不問，好像成了被遺忘一族。共產黨的導師馬克思，在其經典著作《法蘭西內戰》中嚴詞抨擊法國反動政府，將關押的人士長達半年不審不問，痛斥為極不人道的反動行為。而我在押看守所已超過七個半年被不理不睬，不知馬克思老人家如活到今天，對這些不肖的徒子徒孫，會作何評述。

長期饑餒餓極必反

哲學理論告訴人們，一切事物以時間、地點、條件為轉移。由於八、九年在社會上，都沒有機會隨心所欲稱心如意吃過幾次所謂像樣的「飽飯」，特別是兩次進廟關押四、五年之久，長期的餐餐饑餒，造成餓極必反的逆向心理，我朝思暮想崇高的意願和雄心壯志，乃一生一世無論如何要品嚐到一餐之「飽」的滋味，它可說是看守所犯人，人同此心，心同此理想。

為圓一餐飽竟送命一條

聽多位「前輩」介紹，有犯人為圓吃一餐「飽」之夢，竟然始料不及「樂極生悲」，嗚呼哀哉送了寶貴的生命一條。而且城門失火殃及池魚，與此事混身不搭界的同監犯們無一倖免，人人「808」手銬上身。

他也是一位進廟多年的老犯人，日日的半饑不飽，他於是餓則思變，要吃想一餐飽。監房裏天天就是手指頭數得清的幾隻合子及多少食品，你多吃一口，他則少食一啖。唯一的辦法，只能是物物交換同監房「調劑」。他用當時流行的話：「下定決心，不怕犧牲，排除萬難，去爭取勝利」。世上無難事只怕有心人，這星期天中午終於湊足了四合子，約一斤二兩米的飯。他躊躇滿志旁若無人，風捲殘雲餓虎撲羊，仿佛似餓死鬼投胎，張開血盆大口，手起筷落吃飯時根本毫無節制。第一、二合子，就像田徑比賽一百米中，自始至終雄糾糾氣昂昂拼盡全力健步如飛。但好景不常風光不再，結果吃到第三合子，速度就從百米衝刺，變成跑馬拉松起步，速度明顯慢下來了。但他絕對不可能「見好就收」鳴金收兵，誰都明白開弓沒有回頭箭，做了過河卒子，只能奮勇向前，錯過這次機會，必定遺憾終身。畢竟當局者迷旁觀者清，見他動筷進食的情景，同監中有人出聲，勸他量力而行適可而止，或者稍稍休息，再作戰鬥。他卻似犯了「人來瘋」，死要面子活受罪，像個明白酒鬼，越扶越醉，越勸反而越快將飯往嘴裏送。

心比天高命比紙薄

結果他「心比天高，命比紙薄」，當第四隻合子還剩大半合時，他已四肢無力筷子重得連飯也無法送進口中。他落得胃擴脹腸梗阻，腹中米飯撐得疼痛難忍，想吐又吐不出，此時此刻想用水把米飯往下送，誰知全部腸胃早已被三合多的米飯，塞得滿滿縫隙全無。越飲水，米粒經水浸泡後，更加膨脹百上加斤，駱駝身上的稻草越增越重。看守所犯人長年累月薄薄的胃壁餐餐只容納少量米粒，突然暴脹撐大三、四倍，有些地方很快造成破裂，痛得他雙眼圓睜滿面通紅額頭青筋突出，兩手捧住肚皮，人聲聲慘叫就地打滾。一開始，同監犯人為怕他上銬加鐐吃苦頭，本人「知情不報同流合污」也連帶受處分，考慮再三還是好拖就拖該瞞則瞞。後來越看苗頭越不對，實在無法瞞下去，經商量後一致同意，兩害相權取其輕，當機立斷大聲呼喊報告所長，請求送提籃橋監獄醫院搶救。

「吃素碰到月大」

看守所所長星期天、節假日名曰值班，實乃休息。逢此日子，對犯人既無提審也沒外調，不需要將牢門開開關關，只要循例擺擺樣子，威風凜凜在監房走廊溜二、三圈，就可完成整天任務。接著在所長椅上一坐，二郎腿翹翹，花生剝剝，報紙翻翻，電視看看，逍遙自在優哉游哉渡過八個鐘頭。待當他得意洋洋睜大眼睛對著電視機全神投入，隨著劇情發展口角微微露笑。就在此時，只聽得監房裏傳出一聲聲「報告所長」！掃興的感覺，油然而生，是誰不識抬舉，又沒有火燒死人，卻在監房裏大呼小叫，影響他的休閑時光，要狠狠的對肇事者給點苦頭吃吃。他拿起了牢房鑰匙，氣沖沖往監房裏跑，迎面見到巡邏的「班長」大步流星走來，并告訴他出事監房的情況。所長一聽又恨又惹火，犯人生病也不挑選時辰，早不病晚不病偏偏揀在休息天病，真所謂「吃素碰到月大」，好事多磨沒事找事令人討厭。

急驚風偏遇慢郎中

當所長從鐵窗外往裏邊一望，只見一名犯人頭冒冷汗，面色一陣白一陣青，雙手捧肚半身彎曲，在地上打滾，時時發出痛苦呻吟，諒必不像裝腔作勢的假病、小病。所長大喝一聲厲聲疾氣地問，到底是什麼事，何時發生的。他像在向空氣發威，監房裏鴉雀無聲沒一個敢做可能被槍打的出頭鳥，更不想眾目睽睽下當出賣同監犯的「咬狗」。所長見無一犯人說話，就自找臺階下臺，罵了一句，現在都變成死人啞巴了，等一陣再同你們算賬，有你們好果子吃！邊說邊開了監房，叫兩名勞動犯把他抬出監房。

與此同時所長腦海中打起「小九九」，仔細盤算思量後，決定還是送提籃橋監獄醫院為上策。但犯人離開看守所，這對看守所說來是件非同小可特別大事，須層層上報審批核准，缺一個領導簽名蓋章都不行。然而星期天、節假日，值班的領導，誰都希望這一天：「平安無事囉」，誰都希望不擔或少擔責任，好推就推好拖就拖，多一事不如少一事好，所以軍管會軍代表就將所長叫去細細詢問。患重病犯人分分秒秒痛得生不如死，真應了古話：急驚風偏偏碰到慢郎中。你在九死一生爭分奪秒打老虎，他卻慢慢悠悠篤篤定定游西湖。幾經周折，所長據理力爭陳情利害，軍代表終於點了頭。結果，找尋汽車司機又花了幾十分鐘，等到病犯抬到囚車上，已經過了三個鐘頭。

為什麼不早些送來

囚車閃著專用紅燈，嗚著警笛向提籃橋監獄醫院進發，待見病犯雙目緊閉，特別「老實」，連呻吟之聲都沒有。當七手八腳把他送進病房，提籃橋監獄醫院醫生隊長，用聽診器聽了心臟，接著量過血壓，試了脈搏，翻了眼皮，隨即問所長，將一個死人送到醫院做啥，為什麼不早些送來。早一、二小時送來或許有救。所長聽了大吃一驚，病犯已經死了？連忙回答：「我們是用最快速度把他送來」。他不是對階級敵人動了惻隱之心，腦子裏想的是，監房中正常情況下，死了一個年輕力壯的犯人，他將要承擔的責任！

豬八戒照鏡子

「目前社會上革命群眾，都在為黨分擔困難，每日三餐糧食定量供應。你們看守所倒好，竟然讓犯人吃飯吃到脹死，難道沒有定量規定，真是天方夜譚」！醫生隊長既是實話又含揶揄口吻。所長為怕因此事受處分，不想旁生枝節自尋煩惱，在口舌上再得罪醫生隊長，只問了句，「他是什麼病死的」？

「初步看來是腸梗阻，是飯吃得太多，腸胃被米粒撐破而死，但是正式結論要由法醫解剖後定」。在全民都嫌糧食不夠，而看守所犯人卻吃飯吃到撐死，豈非咄咄怪事！所長猛的聽說，初初一頭霧水丈二和尚摸不著頭腦，犯人天天叫餓嫌合子裏飯少、粥薄，每天三餐只有一合子飯怎麼會吃了撐死呢？肯定「其中必然有原因」，犯人做了手腳，回去要不惜代價迅速查清情況，狠狠向他們算賬。繼而再思再想，頭上冒出了點點滴滴冷汗，一個活人從看守所送到提籃橋監獄醫院，未經任何治療，馬上變成一具屍體，所有這一切如何向軍代表交待呢？倘若軍代表調查之後，發現他前言不搭後語，戳穿了西洋景，輕則處分，重必調職，政法幹部最必備的條件，是對領導忠誠不准謊報「軍情」！真乃豬八戒照鏡子，裡外不是人。但是，醜媳婦難免見公婆，只好將實際見到的情況，先行彙報接著再深入調查，不能一錯再錯。整個回程的路上所長就想的就這一件事。

軍代表聽了彙報也感到事態嚴重，罵了所長幾句後就指示他趕快把事實調查清楚，并立即向上海市公檢法軍管會報告和請求處分。

人人上銬

所長臉色鐵青疾言厲色開了肇事監房門，一次叫出了兩名剛才喊報告有人生病的老犯人。監房中犯人個個都是踏著尾巴頭會搖的傢伙，見此陣仗心知肚明東窗事發。前兩名犯人還沒有回監房，接著所長又帶出去三名犯人。過了十幾分鐘，就聽得哐啷哐啷腳鐐聲，由遠而近，三名後出去的犯人，在所長和班長押解下，人人上了腳鐐手銬；先出去的兩名犯人，各帶一副前銬，他們均低垂腦袋一言不發，進入監房。之後，十幾名同監犯，一個不留，進進出出人人有份，手上不是前銬就是後銬。城門失火殃及池魚，監房中人人戴銬，不僅見所未見聞所未聞，但今天卻身臨其境發生眼前。

強盜發善心

不知道是落實共產黨的「坦白從寬，抗拒從嚴」，區別對待的政策，還是「強盜發善心」，所長隔著監房鐵欄桿，將兩名先出去的犯人，開了銬。他們看似「解放」了一時輕鬆，其實是重任在肩，麻煩接踵而至。

犯人畢竟終是人，要吃飯、喝水要大小便。一間監房個個上銬，那末上了銬的人，特別上了後銬的人，怎麼解決上述人生實際問題！有鑑於此，所長才忽然醒悟，開了兩名犯人手銬，讓他們義不容辭地擔當起照顧監房內上銬犯人的責任。過了幾個鐘頭，所長厲聲訓斥後，自找臺階大部分犯人又被開了銬。

交換合子格銬不論

至於值班的軍代表和所長、班長各自遭受什麼處分，囚籠內無法得知。當天，所長開響了全部監房的廣播喇叭，殺氣騰騰聲嘶力竭大發雷霆的喊叫，立下新監規，誰再敢在牢房中交換合子，「格銬不論」！由於已有整隻監房犯人銬手銬的榜樣，其他監房犯人全部老老實實鴉雀無聲。但是犯人間心有靈犀一點通，猜估出所長肯定吃不了兜著走，挨了上級的批評甚至遭受處分；可是沒有一個人想到，上午坐在一起的「同犯」，已經

「脫離苦海昇上天國」！過了一個多月，因不見送監獄醫院的同犯回來，班長在無意中才流出消息。

反覆推敲權衡利弊

「進廟修行者」也是長江後浪推前浪，一批新犯換舊人。隨著時間「生倏忽，如白駒之過間隙」，幾年前發生的事，新犯人根本一無所知，就像今日之八零後、九零後不瞭解「文化大革命」和「六・四」事件一樣。當然熱衷「八卦」的我，耳熟能詳一清二楚。然而為孜孜以求一生中一餐之飽，性命、健康、手銬腳鐐，可以完全不屑一顧拋諸腦後。一，無法估量我這次「二進宮」將判刑幾年；就算「寬大處理」，頭上「反革命帽子」必定照戴不誤，回到社會仍是行屍走肉，不如今日有酒今日醉，哪管明日斷糧炊。

話雖如此說，也不是一定要將雞蛋去撞石頭。前車之覆後車之鑒，於是我反覆推敲權衡利弊後，絕不能重蹈覆轍作繭自縛，要明知山有虎，「不」向虎山行，一定要「在戰略上藐視困難，戰術上重視困難」，必須作好「科學分析」，吸取前人失敗教訓，另闢蹊徑重起炉灶。我反覆推敲仔細思量，將飯吃「飽」乃多種選擇之一，但是危機重重險像環生，此路不行必須轉而他就。抑或退而求次，將粥吃個「飽」，目的照樣達到，粥水份多最多吐光，危險機率小，大可平安無事，兩全其美何樂不為。方向明確決心下定，就未雨綢繆用螞蟻搬骨頭的方法，日積月累付諸行動。

討價還價軟磨硬泡

看守所生活非人待遇，社會上也十分清苦，物資稀少民不聊生，父母無法理解為什麼我每月都要肥皂、手紙、汗衫、短褲、牙刷、牙膏，而且數量倍增。可憐天下父母心，盡管囊中羞澀票證有限，也要節衣縮食左支右絀，滿足關在「籠子裏」可憐寶貝兒子的需求。看守所所長對敵鬥爭經驗豐富，特別像我這類「花崗巖腦袋」拒不認罪又「詭計多端」的反革命分子，要防而又防。于是看守所每月的家屬接濟日，所長同我母親就像在自由市場賣買商品討價還價一樣，所長是「就地壓價」，收下的物品越少越好；母親是挖空心思低聲下氣軟磨硬泡，擬將接濟物品「悉數推銷」。前後五年多，執行無產階級專政的所長與反革命家屬，即我的母親月月因送接濟品見面，日久天長人見面終有見面情，所長檢查後看到的都是日常生活用品，不屬違禁之類，有時亦會對「熟人」「放鬆警惕」，被反革命家屬「鑽了空子」，高抬貴手將接濟品多數放行。家母此中甘苦我在「籠子裏」是一無所知。

皇天不負苦心人

「資本」日積月累達到一定數量後，進而要認準時間，地點和條件，該出手時就出手。當然「以物換糧」首選對像是新犯人。新進廟的犯人，突然失去自由心煩意亂，前途茫茫顧慮重重，再加上監房伙食質量奇差，合子又有莫可名狀的異味，望之而卻步。而老犯人因久入鮑魚之肆，再加上肚皮餐餐半饑不飽，嗅覺早已失靈，看到合子就垂涎三尺，還以為進到芬芳馨香芝蘭之室。所以新犯人第一天，少數第二天，三餐基本不吃，或吃幾口就放下。沒有規矩不成方圓，為預防群起而搶新犯人留下之飯菜，同室操戈傷了彼此和氣，監房內按編號先後，由老犯人每餐輪流獲取新犯人合子，有條不紊童叟無欺。有進必有出，有取必有捨。吃了新犯人的合子，他的日常生活用品，如手紙、肥皂、牙刷、牙膏、汗衫、內褲等，甚至晚間睡覺的被子都要幫助解決。

監房內要辦成一件事，就像尼姑生孩子，要靠眾人幫忙，由于事先我一邊儲備物資，一邊向同監多時的老少哥們打過「招呼」，讓兄弟完成一生難得一餐之「飽」的心願。我「二進宮」在廟中資格老，人緣好，再加上我還有「真金白銀」即日常生活用品作交換，所以「生意」進展順利，同新犯人一談就成。如此這般皇天不負苦心人，終於盼星星盼月亮，盼到了朝思暮想夢寐以求，終生難忘的這非比尋常之一餐，即可以一生中一嚐「飽」的滋味。

「籠子」裏最幸福的犯人

這終生難忘的時刻，我選擇在星期天的早餐，因為星期天看守所按例不會有提審和外調，一般不開監房，值班的所長中有人休息，也不大來監房，武警班長巡邏次數也相應減少，可以避免旁生枝節誤我好事。當「猴臀」照常發進合子，值日取下合子整齊排好，立刻其中四隻合子集中放在我眼前。為防止被班長發現階級敵人的上述反常舉動，可能搞什麼陰謀詭計，我將三隻合子的粥，預先放進連蓋的兩隻特大搪瓷杯裏，經喬裝打扮讓它們與另一隻合子一起，整整齊齊像一眾士兵立正排列在我面前，這種從未有過的美好景象出現，使我目不暇接眼花繚亂氣浮心跳欣喜不已。我似君臨天下九五至尊的皇帝，在檢閱排列有序忠心耿耿的軍隊，憧憬著行將實現享受一生中難得的一餐之「飽」幸福，我情不自禁地感覺自己成了「籠子」裏最幸福的犯人。

兩隻眼睛已看飽了

說來奇哉怪也，仔細觀賞四隻合子裏的粥，歡欣鼓舞樂在其中之餘，抬頭所見三面牆壁一面鐵欄，與此同時又含蘊一絲淡淡的愁意。在對「粥」當歌，人生幾何的思想指導下，很快，憂患它宛若一縷輕煙裊裊逸去。

令人驚異莫名始料不及的是，儘管現在我一口未嚐，僅就眼前所見，腹中腸胃已具「半飽」的舒適狀態，是我前後兩次進宮四、五年的「籠子」生涯中，從未出現的奇特景像。據一位前輩用「監房心理學」解釋，異乎尋常之此情此景，即使腹內依然滴粥未進空空如也，而兩隻眼睛已經被「看飽」了。

現在每個「同監犯」口嘸吐沫眼帶仰慕，個個流露出艷羨的目光，望著四隻粥合子，行著「注目禮」，我心滿意足如醉如癡，仿佛成了受人尊崇的偶像，可以絕無僅有隨心所欲享受飽餐。

我一改平時用合子直接倒入口中，急不可待風馳電掣般地的將一合粥「全殲掉」，而是躊躇滿志溫文爾雅地摒棄往昔用合子逕入倒粥至喉嚨的常規，與眾不同別出心裁地使用筷子慢斯條理來吃粥。看守所按一斤米八斤水的比例煮粥，如果粥上插筷子，筷子必定會倒，它比電視劇裏清朝的賑災粥要薄得多，因為賑災粥規定插上筷子不會倒。怪事年年有，不及今日多。連我自己也無法理喻的是，僅僅大半合子薄粥到肚，居然胃裏發出有些「飽」的信號，這是幾年來看守所羈押中，從未有過的又一種怪現象。理智和「食慾」清晰告訴我，此乃水月鏡花海市蜃樓，絕不可讓「感覺」替代「現實」，致使一生難得的一餐之「飽」，功敗垂成棋錯一著滿盤全虧，要再接再厲排除干攪下定決心爭取在一生中的今天，爭取吃一餐「飽」的最後勝利！

半飽後又回到半餓狀態

說來連我自己都不大相信，當拿起搪瓷杯裝的第二合粥，大口大口地吃了兩口，非但沒有從「半飽」狀態向前進展，逐步邁向「飽」，相反，驅除了原先的「半飽」狀態，又回覆到「饑不擇食」「餓不堪言」的境地，肚皮裏的胃蟲、腸蟲、餓蟲、饞蟲，及一切我不知道名稱的蟲類，似乎經歷漫長的腹中「冬眠」後，在第一合子、第二合子粥的衝擊下，齊齊蘇醒過來，輕輕蠕動身子晃頭探腦，徐徐感受到一種老友「久別重逢」的景像，伸伸懶腰後蓄勢待發，個個如餓虎叼羊，直直撲向送上門來的粥粒，似乎再再多的粥粒也填不滿蟲蟲們的牙縫。所以我是越吃越餓，越餓越想吃，唯一只想用粥將胃全部塾滿，讓同我一起長年累月受苦挨餓的蟲蟲們，亦能「一飽方休」。

手如機器操作

同監犯們的直定定的眼光，仿如雷達罩住來犯的敵機，又像攝影機捕捉的鏡頭，對我一招一式緊盯不放。我猶像舞臺上的名角，一舉手一動筷，都有板有眼引人矚目。我依足自編自導自演的劇本，讓劇情順理順章跌宕起伏高潮疊現，而一切的一切我要慰勞慰勞肚腹中可憐可愛的蟲蟲們，讓它們也能不虛此生，一嚐人世間一餐之「飽」的滋味。

第三合粥漸漸按部就班進胃入腸，蟲蟲們好似名酒三杯下肚，暈暈昏昏糊糊塗塗老實許多。然而我的手就像如機器在操作似的，只會做一種機械的動作，將粥送進口中，喉嚨先是似壞了的升降機，在肚皮裏長驅直入一路向下，在一口一口粥連續不斷送入後，升降機漸漸向上緩慢一步步爬升，與此同時我手的動作頻率明顯減速了。

「心口不一」

「心口不一」，此時此地被賦予與眾不同的嶄新涵義，我彷彿瞎子吃餛飩，隻隻心中有數。心，明智的感覺是：一隻充氣袋袋，千癟幾年後，突然接二連三毫無節制地充氣充氣，到達一個臨界點，隨時隨地就會破裂，應該見好就收，快刀斬亂麻立即停止再吃；口，一種前所未有的直覺，今日有粥今日「飽」，蘇州過後無客船，一斤米八斤粥水，最多腸胃膨脹，人總不會被尿憋死，否則錯過監房裏千日難逢的機會，必然會功虧一簣遺恨終生，所以要再接再厲義無反顧繼續向前，不達吃一生中難得一餐之「飽」目的，決不停手。

似曾相識燕歸來

拿起裝著第四合粥的搪瓷杯，四、五年來已遠去他方久久被遺忘的「脹」，似曾相識燕歸來，內心產生無比的舒適滿足心曠神怡。升降機一點點地逐步向上，緩緩爬行，我的血液流通加快，血壓升高呼吸短促頭暈目眩，同監犯都說我此時面紅耳赤眼球突出，動作遲鈍神思恍惚，拿著粥合子的手在搖搖晃晃。關心我的同監犯誠意相勸，應該懸崖勒馬了，否則會「上氣不接下氣，半當中要斷氣」。我將所有人的規勸、好話，都當作耳邊風，一掠而過。唯一是深感內急，戀戀不捨放下盛粥的大杯，走到便桶如廁。此時我只能站著，不能按「監規」坐蹲，大家對我的事出有因特殊情況，都給予同情和理解。「放鬆」後，人是稍稍舒服了，但回到坐處，我已無法坐下，因為稍稍的變動或姿勢失當，胃裏的粥或水很可能會像噴泉一樣噴出來，我只得小心翼翼，靠著牆壁站立著。彷彿如雜技演員走著鋼絲，一步不慎就會跌得鼻青眼腫，甚至命喪黃泉。

「飽」比「餓」更苦楚

是繼續吃還是立刻停，在「籠子裏」這從來都毋需探討的問題，倘若我停滯不進鳴鑼收兵，必然前功盡棄，此生此世很難再有一餐吃「飽」的機會，因為在社會上絕對不可能有這樣的決心和條件。現在我若不能「再接再厲乘勝前進」，必然在「籠子裏」同監犯中，落下「孬種」、「笨蛋」的笑柄。好事不出門，醜事傳千里，毋庸一、二天，每間監房都會知道，幾年後在犯人中代代相傳全有聞說，大家會添油加醬津津樂道繪聲繪色冷諷熱潮將我數落恥笑。

我義無反顧，如象棋中，做了過河卒子，只能奮勇向前。於是繼續一小口一小口將粥往下嚥，升降機一格格向上提，多年來對「飽」的美好嚮往和迷信追求，隨著肚皮似鼓囊囊的青蛙那樣，腸胃過度的負荷腫脹，既是沉重不堪又倍覺痛楚。血液一反往常的涓涓細流，變成如奔騰的江河，心浮氣躁周身發燒，分分秒秒傳遞嘔吐的信號，今時今地多吃多食的結果，遠遠超過以往日日夜夜，曾經少吃少食半饑半餓遭受的痛楚十倍百倍。自作孽不可收，現時現刻分分秒秒之飽脹，猶似沉淪苦海無邊無際，大千世界何處尋覓芳草陸地或諾亞方舟。我神經緊繃瀕臨崩潰，根本已不能坐下或平躺，更無法直挺挺的站立，兩腿跨著小小馬步，身體微微下墜，四周懸空不可依牆，周身似櫥窗裏的模特，唯一證明我是活人的，是眼珠還會轉動，嘴裏仍在進食。我想方設法防微杜漸就怕胃中得來不易，粒粒皆辛苦的糧食，入而復出變成垃圾，一生宏願付諸東流。

真正粥到喉嚨口嘴唇邊

經常聽到人人都說過，大家均能諒解的「假話」，食物「我已吃到喉嚨口了」，表示「飽」得不能再吃了。而我此時此刻絕不是將粥僅僅吃到喉嚨口，大約在第四合粥只剩下一合的二份之一時，儘管大腦還繼續指揮手，機械地向嘴中倒粥，然而嘴裏已經滿滿含著的一口粥，即使再有美麗的心中所好，然而用盡吃奶的力氣，都不能繼續讓一粒米，一滴粥流入喉嚨，給我切切實實之感覺，嘴中含的粥和喉嚨口的粥已勝利「會師」，交融匯合一起抵達嘴唇，若不能「緊鎖唇門」，必定功虧一簣，粥水會從唇縫中奪門而出。

終於登上世界頂峰

一分鐘、兩分鐘大約接近三分鐘，這嘴裏千辛萬苦含著又無法嚥下的一口粥，要吐，完全於心不忍不捨得吐；想吃，實在竭盡全力無法再嚥；口絕對不能張開，鼻實在呼吸艱難，人兩腳叉開似蹲馬步，既不能站又不能坐更不能靠牆，此時此刻此情此景，我已歷盡千辛萬苦不屈不繞一步一步，事實上是一口一口，攀登到達了世界第一最高峰，八千八百八十一米喜瑪拉雅山的珠穆朗瑪峰頂端，莊嚴隆重豪情萬丈向全世界宣告：

我終於真正吃「飽」了！吃「飽」了！「飽」了！

其實我只能內心裏自己告訴自己，在當時情況下，我根本不可能發聲，因為若一張口，嘴裏的粥和水馬上就會似黃河缺堤，噴薄湧出。

這就是我訂立的「飽」的標準和定義！讀者諸君，您的一生中是否有過這樣的感覺，出現過如此這般的景像？

為求一飽不惜一命

兩、三分鐘後，嘴裏的粥好像臨近沙灘的「潮水」似乎稍稍的向下「退」了一點，于是我抓進戰機，奮不顧全身的痛楚，腸胃之沉重，切膚之傷感，我作為得勝的軍人，繼續拼命向前，將手中的粥似機器人的動作，再接再厲向嘴裏推進了一小口，一小口，直至抵達嘴唇。於是又回覆進到喜瑪拉雅山珠穆朗瑪峰「飽」的頂點。我直至今天方才領悟所謂「自討苦吃」、「自食其果」、「自作自受」的詞句含意。我為求一生一餐之「飽」，已不惜一己性命！

腹中「火山爆發」

「幹什麼」？武警班長見眾人均放下粥合，我鶴立雞群依舊「站立」在吃粥，這是他從來沒有見過的動作，立即隔了鐵窗大吼一聲，「坐好」！

同監犯幫我「打圓場」，「他身體不舒服，想站一會」。

「不行，有病還能吃早餐？坐下」！看守所「患病」的標準，犯人能吃能喝就不能算有病，唯有不吃不喝才可算生病。班長憑藉豐富的對敵鬥爭經驗，深知犯人花樣百出謊言繁多，拉高了八度音調，用步槍托敲著鐵欄桿威風凜凜喊叫：「坐下」！

我明白知道，平生一「飽」之宏偉目標既已勝利實現，現在應是曲終人散好戲收場的時候，該從喜馬拉雅山珠穆朗瑪峰上往下走了，如果不識抬舉硬頂硬撞，勢必「穿幫」前功盡棄原形畢露，一副手銬就會銬上，追根刨底還會累及同監犯。我像十月懷胎行將臨盆的孕婦，又似做著高難動作的雜技演員，一寸一寸慢慢向下移行，好不容易終於坐到地面。隨著身體姿勢的變更，腸胃肺腑中宛若火山岩漿蠢蠢欲動，還沒待我坐定，如迅雷不及掩耳之勢，隱忍多時的「火山」終於爆發了，「粥漿」從口腔、鼻孔噴薄而出，眼淚滴滴嗒嗒，五官中唯耳朵雖遭受猛烈衝擊，尚無「粥漿」流出。我絞盡腦汁想方設法都無能為力挽狂瀾于未然；胸腹沉痛身體苦楚，我可以毫不理會，令人痛心疾首的是已一口口進入嘴裏，抵達腹肚的寶貴米粥，似煮熟的鴨子飛走了，它們從緊閉雙唇的雄關中，「突圍」而出流向監房一地。屋漏偏逢長夜雨，破船更遭頂頭風。嘴內問題尚未解決，七斤多水進入腸胃後，小腹膨脹，接二連三要跑廁所，而我其時已雙腳沉重寸步難移，內外交困無可奈何，只能讓小便順流而下。

胃液酸水吐得天暈地轉

出現多種矛盾時，首先必須抓住主要矛盾。所以千條萬條千計萬計，封住「火山粥漿」第一計，我緊閉雙唇嚴守關隘，一次次打退「來犯之敵」，「粥漿」自然而然不以人的意志繼續向上冒，我用盡吃奶力氣往下壓。俗話說，按下葫蘆露出瓢，捉襟見肘七隻水桶五隻蓋，嘔吐稍稍阻住，小便又急不可耐。不幸中之大幸的是，班長見我慢慢坐下後，已去其他監房巡邏。同監犯如救險人員，將我嘔吐出的污穢酸臭，髒水殘粥干淨利索清理乾淨；他們想幫我換乾淨內褲，我知「劇情」遠未結束，婉言謝絕了。平靜了三、二分鐘後，「火山」又一次爆發了，儘管沒有第一次來勢洶洶，難受疼痛猶過之無不及。直吐得我一佛出世二佛升天，秋風掃落葉似地把將胃液酸水吐得天暈地轉。樹欲靜而風不止，一種習慣成自然的動作，三不兩時要乾吐幾口，我已不顧一切平躺地上，班長巡邏時向監房看了一眼，同監犯馬上代我報告，他因親自所見我狼狽不堪嘔吐的「洋相」，「班長」一言不發未置可否繼續巡邏行程，算是默認批准了請求。

在幾分鐘一輪，數不盡的乾嘔淨吐聲中，也不知過了多少時間，迎來了勞動犯「猴臀」發午餐的歡悅時刻。這時，同監犯們個個「江西人補碗自顧自」，盡情享受一天中最美好的午飯，於是我被大家暫時遺忘了，「斯人獨憔悴」地蹺曲一隅。

後遺癥禍害終生

從此開始，我回到社會及「平反昭雪」後相當長的一段時間裏，落下了常常反胃嘔吐的後遺癥，可能會禍害終生。據美國醫學專家研究，哪怕是短期的暴飲暴食帶來健康災害一生都難以彌補：可能會患胃病、腸道疾病、癌癥、骨質疏鬆、腎病、急性胰腺炎等多種嚴重疾病。然而，長年棲身樊籠之人士，可以說像一個「明白的酒鬼」，在自暴自棄明知故犯，只要不馬上嗚呼哀哉，任何傷身害體均在所不惜。對待生命，我兩害相權取其輕，靜思反省細作推敲，若當天我選擇吃飯，可能已經一命歸陰了；現在終算「留得青山在」，真可謂不幸中之大幸。我為求這一生中難得一餐之「飽」，竟然任性地拿生命作賭注；儘管上天保佑僥倖逃過一劫，畢竟已體質嚴損遺禍綿綿。然而當時卻還興奮莫名阿Q式地沾沾自喜，似乎我已排除萬難取得了勝利。

親愛的讀者諸君，我上述所說之「飽」，閣下一生中有否實際感受過！

實驗後不寒而慄

兩年多後，刑滿釋放。儘管我其時頭上還「戴著反革命帽子」，趁兩周休息一天回家的機會，就在家中類似作了一次「實驗」。按照一斤米八斤水的比例，我把自己每月的定糧中取出新市秤九兩米，同時將七斤二兩的水，一齊倒進了一隻鋼精鍋用來煮粥。事前我先將七斤二兩清水，倒入搪瓷臉盆。不試不知道，一試嚇一跳，七斤二兩的水，竟占據大半隻臉盆；或者是五百克即一市斤的礦泉水共九瓶的容量。我竟然不敢想像，這麼許多的粥或水，我在看守所是怎樣放進腸胃的！當時肚皮像脹得如鼓鼓的青蛙，怎麼會沒有爆破呢？撫今追昔思前想後不由得不寒而慄，後怕之心久久停留，揮之不去。

在「小紹興雞粥店」

粉碎「四人幫」，上海的法院正式對我宣佈「平反」，并補發了歷年的工資，當然同時扣去每月七元二角的牢飯錢。同時給了我半年休息期。為了「不忘過去苦」，也為了再嚐試一下「飽」的滋味，我跑到了上海人人都知的「大世界」旁邊的，雲南路上素負盛名的「小紹興雞粥店」，拿出了九兩糧票，點了九兩米的雞粥。

當服務員分三次，將九大碗雞粥放在我的面前，堆了整整一枱子。他隱忍不住，好奇地問了我一句：請問，這許多雞粥儂幾個人吃。

我淡淡地回答說，一個人，怎麼你以為我吃不下？

他像中醫郎中先生，仔細地端詳了我一會，說：不是，不是。對不起，我講錯了請你不要罵人，你大概是吃了冤枉官司，「上山」後平反的，今天是來「憶苦思甜」，體念一下以前受苦受難的生活？

我微微一笑，稱讚他好眼力，我說曾經「上過梁山，游過太湖」，確實幾天前已經「平反」了！今天想來重拾舊夢，確實是要再次體念一番以往生活。

服務員連聲：恭喜恭喜，請你不要見怪，像你這樣吃冤枉官司又平反的客人，在店裏，我已見到好幾位了。

我心存好奇地問：我又不像豹子頭林沖，臉頰上刺有金印，你是怎樣看出我「上過山」呢？

服務員滿臉堆笑地說：就憑你一個人點了九碗粥，猜出來的，因為此前有幾位客人情況同你相仿，也是到本店來「憶苦思甜」，一個人點了五、六碗雞粥，不過，最終都沒有一位吃得光的。點九碗的，只有您一位，不過我估計你是吃不光的，最多是五、六碗，請試試看慢慢用。吃不了我可以為你「打包」。邊說他邊走開了。

死要面子活受罪

我對服務員的話將信將疑一笑了之。同在看守所時一樣，先是滿心歡悅檢閱面前肅立的「軍隊」，隨手拿起了一碗，依照往昔監房的吃法，不用筷子往嘴裏倒。誰知雞粥面上有一層薄薄雞油蓋住，剛一大口進嘴，直燙得我舌頭發麻嘴唇起泡，在周圍顧客眾目睽睽之下，我是「死要面子活受罪」，寧可嘴裏被燙得滿頭冒汗口裏起煙，我堅持不讓雞粥吐出來，以免被人恥笑當話柄。令人無法理喻的是，看守所的粥似乎要比雞粥溫度高，我有六年多的吃燙粥的「基本功」，平時標榜越燙越舒服，怎麼今天會出這種不可思議的「洋相」。小紹興雞粥店畢竟是公眾場所，有些另外枱子顧客，已經對我指指點點竊竊私語，吃一塹長一智，於是我拿起筷子，同「平常人」一樣，用筷子將雞粥送進口中。

哲學中有一句名言：一切依時間、地點、條件而轉移。看守所的環境同小紹興雞粥店所處條件，真可謂此一時不同於彼一時。常年累月身陷囹圄饑饉日日許下宏願，夢寐以求有朝一日滿足一餐之飽，甚至可能不惜送掉賤命。

見好就收鳴金收兵

好在來日方長，過了今天還有明日，在眾目睽睽之下，何不鳴金收兵見好就收！

我自落帆篷訕訕地悄悄拿出預先準備好的鋼精鍋子，把無法下肚的三碗半雞粥倒了進去，遠處那位服務員，朝我頷首微笑，顯現一種未卜先知不出所料，怡然自得的勝利姿態。

從此以後，我一個人或同親朋好友進入小紹興雞粥店，總是「量力而行」，再也不敢多點雞粥，以免遺人笑柄。那位熟識的服務員亦沒翻出老賬舊事重提。有時僅對我淡淡一笑，盡在不言中。

常言道，蘇州過後無客船，離開了那道山，就再也沒有那條河。今生今世唯有在「往事不堪回首」的人間地獄「文化大革命」的看守所內，我冒著生命危險，刻骨銘心吃過這一生之中獨一無二的一餐之「飽」，尊敬的讀者諸君，您同不同意我對「飽」的定義？您一世中，有沒有類似的「一餐之飽」！

《英國間諜》

木訥呆板的「香港佬」

原以為充當外國間諜者，人人身懷絕技個個都能左右開弓雙手打槍，格鬥擒拿空手道無所不精膂力過人，或不能飛檐走壁身輕如燕，但必可竄上跳下如履平地；機敏超常反應敏捷口齒伶俐，精通幾國語言，上知天文地理，下識雞毛蒜皮。長相普通一般與常人無異，雖不是「紅眉毛綠眼睛」，但目光如炬炯炯有神又與眾不同，只要眼珠稍稍骨溜溜地一轉就計上心來主意即定。聰明伶俐「踏著尾巴頭會搖」，常言道大隱隱於市，置身在芸芸眾生中，不顯山不露水，每天的行縱是神龍見首不見尾；執行的「任務」往往是驚天地泣鬼神，搜集的情報資料均是關乎國計民生絕密級的重大秘密，勝過十萬雄師的軍政要事。

誰知面前的「英國間諜」，卻是個一問三不知好似耳朵患「傷風感冒」，眼睛生白內障迷迷糊糊看不清鼻子前面東西，常常定漾漾目不斜視心遲眼鈍，亦不曉得每天每時想啥看啥，膽小怕事似乎一片葉子落下來都會砸破頭。他年近「花甲」之秩，卻長相慈眉善目面色滋潤，塌塌的鼻樑厚厚的嘴唇，開啟口來結結巴巴木訥呆板笨嘴拙舌。身材矮胖一米六十四、五，走起路來像個小腳老太太一步三搖，看書時戴一副深度的老花眼鏡，鼻頭幾乎碰著紙，三不兩時的輕聲細氣自說自話自怨自艾，想著想著悲從中來淚水如珠，一串串往下落。操一口半生不熟的廣東話，夾著明顯的「浦東」音，講起粵語來「捉襟見肘」五音不全詞不達意，時時露出「馬腳」。為扮作「唔識聽」普通話和上海話，初來幾天無論同他講什麼內容，他一臉無奈說「唔識聽」；既然聽不懂，旁人也不知道他「廣東話」說點啥，其實正宗道地的廣東人，也未必聽得懂他的浦東音「廣東話」。他因「語言不通」，於是順理成章地可以少與同監犯講話，以免禍從口出旁生枝節惹是生非，事實證明可謂用心之良苦。

初來乍到之時，我以為他有間諜的「職業特點」，故意裝瘋賣傻故弄玄虛扮無辜遭冤枉，所以我也不想在他身上浪費時間，尤其是破壞人家好事，并懶得戳穿他的西洋景。既然他當我們是戇頭戇腦的「阿木林」，我索性篤定泰山冷眼旁觀他扮戲扮到那一天才收場，眾所周知提籃橋裏「特級演員」不勝枚舉。再說犯人人身自由雖被剝奪，只要不是侵犯他人利益，這點做戲扮演的「自由」，還是允許「保留」。

他來自香港，同監犯起先稱為「香港佬」。

「日久見人心」

提籃橋一間監房關三名犯人。「路遙知馬力，日久見人心」，同監時間一長，慢慢的熟悉了我的處世為人，知道我又學的是共產黨法律，他就「返璞歸真」放下面具主動用浦東上海話與我搭講，背著人尊稱我為「大律師」，我亦改口按他以前的職業，稱他為「老廚師」。話是大家講了，我故意不提及案情，免談「間諜」兩字，為的是怕觸到他神經。

另一位同監犯是位四川老表，乃國民黨的中級軍官，國共內戰期間，曾任雜牌軍反共救國軍上校團長，被俘後判刑「遙遙」。因為成語：「遙遙無期」之故，提籃橋中犯人「創造發明」，把被判無期徒刑，都稱作「遙遙」。就因為他是雜牌軍上校團長，屬於「京劇樣板戲」《智取威虎山》裏，「座山雕」張口封楊子榮為「上校團副、威虎山老九」一樣，可惜的是國民黨國防部的檔案花名冊內，沒有他的尊姓大名，所以在一九七五年冬季毛澤東決定對在押的國民黨縣、團級以上黨政軍特人員全部釋放時，他就沒有份，累他多吃了幾年官司，不過那是後話而已。

老表說起話來字字句句濃重的川音川腔，我自詡懂得南腔北調，生來有聽各地方言的「天賦才能」，但對老表的絮絮叨叨含含糊糊的五音不全，也往往頗感技不如人「力不從心」，充其量頂多「一知半解」，常常都「搞勿清爽」他說些「啥玩意兒」。除了小組學習會，他鄉遇故知，四川老表才與一般同聲同氣，可以「暢所欲言」講十人九不懂的蜀地土話，平時在監房多是喃喃細語自說自話。

於是老廚師曠日持久幾經探索，旁敲側擊探明真相摸清底牌後，就肆無忌憚脫去偽裝，露出廬山真面目。他「吃准」四川老表對上海話、浦東音的語言「障礙」，就當他是「聾子的耳朵」——面前的擺飾，明目張膽用浦東音的上海話，向我一五一十「諮詢」起他的「案情」來。

一五一十「諮詢」案情

無論在看守所，或是在提籃橋，監獄當局三令五申訂作監規：犯人間不得交流「案情」，一經發現上銬、加刑從嚴懲處。可見老廚師對我已放下心來，信任有加了。常言道：人前背後瞞上不瞞下，又說是人無遠慮必有近憂，故而他預先與我統一口徑訂好「攻守同盟」。萬一政府隊長突然分別叫去，問起我倆講點啥，就說我在向他討教如何煎煮炸炒，各種牛排西菜和美味佳餚的烹調技藝。凡獄中之犯人個個通病嘴饞，人人歡喜「談肉充饑」，講吃論喝雖也屬「資產階級思想」，但并不列在「反黨反社會主義、反無產階級專政」的範疇內。小狗小貓餓肚皮時，也不知要叫多少聲，三個人在三點三平方米的「籠子裏」，一年三百六十五天，每天二十四小時，時時處在半饑不飽的狀態，想吃想喝乃人之常情，總不能嘴巴縫上針每個人都一言不發。就是聽到犯人間「談吃談喝」，政府隊長也只好一隻耳朵進一隻耳朵出，或者乾脆當沒有聽見，以免自找麻煩。老廚師在安全系數增加，無「後顧之憂」篤定泰山，放下一百二十四個心的情況時，真心誠意信誓旦旦表示要向我，將「案情」「一五一十」「和盤托出」，主要想聽聽我對案情的分析。

「七折八扣攔腰砍」

憑我多年牢獄生涯的經驗，犯人中十之八、九，對自己所犯罪錯，往往會「隱惡言善，揚長避短」，「講小瞞大，留有一手」。尤其案情主要情節與涉及人品操守生死攸關等方面情節，為防遭同監犯所不齒今後難做人，抑或怕被檢舉揭發，十之八九會留中不發避而不談；特別屬尚未向政府交待的關鍵事實，提籃橋叫「餘罪」，更是「逢人只說三分話，未可全拋一片心」。因此談及案情時，宛若蘇州人買東西歡喜「殺半價」，甚至「七折八扣攔腰砍」，一百元的商品經七折成七十元，再予八扣變作五十六元，攔腰砍後的一半實際價為二十八元，這就是所謂的漫天要價和就地還價的經典橋段。所以我對他擬將案情一五一十「竹筒倒豆子」「和盤托出」，抱著對江湖上的算命、測字先生一樣，不可不信亦不可全信的態度，我暗自思量他有百份之三、四十真情實事告訴我，已經接近「殺半價」，超過「七折八扣攔腰砍」，屬於很好的品級了。如果碰到他「性命交關」的大事，我亦不會強人所難，也不希望他如實攤清爽。有的人向我訴說了重大「隱情」，過了幾天產生「後怕」，一言既出潑水難收，儘管我一而再三人格保證，甚至對天發咒以明心跡，他還會提心吊膽惶惶不可終日，生怕我當面一套背後一套，或者說不定那一天，為了意想不到的原因，翻起毛臉勿認人，向政府隊長「檢舉揭發」。同監犯人間一有疑心，容易生暗鬼，你防我我防你，防來防去結果雙方貌合神離，內心中視同陌路，大家弄得不開心，朋友變冤家。

提籃橋裏「咬狗」多

外加現實環境是，提籃橋裏的確不少犯人歡喜做「咬狗」，指望如政府隊長大聲疾呼反覆宣傳的那樣，檢舉揭發後立功受獎減改刑期。「咬狗者」結果十之八九上當受騙損人不利己，就像讓驢子推磨時，主人在驢子的頭頸上，吊了一隻蘿蔔，驢子為了吃到蘿蔔一直推磨向前走，然而永遠可望不可及，似能吃到又永遠吃不到。前車之覆後車之鑑，真因為提籃橋裏「咬狗」多，歷史經驗值得注意，所以犯人不得不提高警惕，個個懷有「防人之心不可無」之情結。

面對監房現實，因此任何人向我討教「諮詢案情」，我都會察言觀色細細傾聽，然後將每個情節去偽存真去蕪存菁，才能棄其糟粕取其精華，沙裏淘金發掘事實真相；同時要在他談話過程中推敲每個細節，密切注意他的情態和眼神變化，包括他的習慣動作及下意識的行為。眼睛是人類心靈的窗戶，往往最能提供內心真情實況；莫名其妙改變常用動作或者一種下意識的態勢，很可能正在編織謊言。我必須高屋建瓴棋高一著通掌全局，才可弄得他心服口服五體投地。

百裡挑一的國際間諜

「文化大革命」期間，上海大大小小的工廠、學校、商店等各行各業；長長短短的馬路、街道、里弄，三不兩時貼出大字報，以聳人聽聞極盡語不驚人死不休的詞句，「報導」挖掘出隱藏幾十年的老特務、外國老間諜、老反革命分子。常時我也去湊湊熱鬧遐想沙裡淘金，親力親為聚精會神仔細閱讀大字報；盡可能參加批鬥所謂老特務、外國老間諜、老反革命的大會。每次都因雷聲大雨點小「貨不對辦」，乘興而去敗興而歸。尤其是所謂的外國「老間諜」的人，只不過同他們在外國、在香港、臺灣的至親戚誼，亦即當年稱作的「海外關係」有交往聯繫；所謂從事的「間諜活動」：有的是收到海外親友來信，掌權者即可把它作為「帝國主義、反動派」的間諜機關破壞中國的指示；若向海外親友寫封普通書信，談談家長里短，個人情況就可作為向帝國主義敵特機關洩露國家秘密，「提供國家秘密情報」，凡此種種欲加之罪何患無辭。誰都心裏明白，這是雞蛋裡挑骨頭，象牙筷上扳雀絲，無限上綱上線出入人罪。所謂的幾十年潛伏的老特務，隱藏幾十年的外國大間諜，十個幾乎九個半屬「冤、假、錯案」。「貨真價值」的為美、英帝國主義，蘇聯修正主義賣命效勞的「國際間諜」，可謂大海撈針水月鏡花，幾年中都難得見到百裡挑一的國際間諜。

他撩起神秘面紗

老廚師是提籃橋名聞遐邇的「英國間諜」，所以我對了解老廚師的間諜生涯心向神往仰慕已久。歷經六年多的看守所和監獄鐵窗生涯，成百名殺人放火、江洋大盜、流竄慣竊、歷史或現行的反革命先後與我同監，聆聽了不勝枚舉驚心動魄及纏綿悱惻類似小說電影情節的真人真事；也見識到不少卑鄙齷齪低賤下流十惡不赦令人齒冷心寒的人渣敗類；還接觸了為數可觀的如「水滸」中豹子頭林沖，遭受權高勢重諸似高俅父子精心設局蓄意陷害誤闖白虎堂，落入陷阱蒙受不白之冤的「同是天涯淪落人」。

監所的歲月造就我可謂「閱犯無數」，但是卻從來沒有與帝國主義反動派，派到中國的「國際間諜」打過交道，即使在人稱「遠東第一監獄」的提籃橋，幾千名在押犯中，「國際間諜」亦屬「鳳毛麟角」「稀世珍品」似「國寶級熊貓」，更何況是英國派出的間諜。我從小喜歡閱讀福爾摩斯、霍桑探案，中央情報局內幕、007等偵探、間諜小說、電影電視；英國軍情五處，軍情六處近三、五百年來如水銀瀉地無孔不入，派遣到世界各地的間諜特工，神出鬼沒機智勇敢驚心動魄扣人心弦的情節，是英國影視界和好萊塢取之不盡用之不竭的創作源泉，使包括我在內多少凡夫俗子芸芸眾生，張口結舌拍案稱奇讚嘆不已。現今三生有幸與活靈活現真人真事的英國間諜同監，而且他主動願意將親力親為的案情「第一手資料」向我傾訴交談，心甘情願地撩起神奇面紗，「露出了廬山真面目」，綽綽填滿我搜珍獵奇之心，我仿佛接獲到天上掉下的餡餅，吃到了豐盛免費的午餐。

談案情似求醫訴病情

我按捺住滿懷的喜悅，誠心誠意地向他訴說，先要謝謝你對我的信任，我向天明誓，絕對不會做「咬狗」出賣你。但從我多年研究法律，累積聆聽同監犯訴說案情的經驗，我實踐出真知，得出的金玉良言是，任何人談「案情」如像向醫生訴「病情」，病人亂講病諱疾忌醫，結果容易看錯毛病吃錯藥，是要出「人性命」的。預先向你聲明，如要「亂講三千」，自欺欺人還不如不講。還需要提醒，有些事實你認為小小的芝麻綠豆不屑一提，我可能覺得是大大的西瓜冬瓜性命攸關，所以儘量還原真相按照事實一五一十，最好連得前因後果周圍環境都講得清清楚楚。好在提籃橋裏少的是食品，多的就是辰光，不用急慢慢來。我「一句進一句出」，其實「一句出」是為了「一句進」，我既作開導，又略施欲擒故縱欲取姑予之小技，使他毫無保留和盤托出。

他一本正經滿臉真摯地說，怎麼會呢，你肯聽我講事實，幫我「看毛病」，真正求之不得，我想講的話爛在肚皮裏好幾年了，悶在心上差勿多要悶出神精病了，所謂骨鯁在喉早想一吐為快。主要原因長時間一是沒有人敢隨便相信，牢監中你比我清楚，「人心難測隔肚皮」，很多人當面一套肯後一套，人前講人話鬼前講鬼話，歡喜充「金手指」「做咬狗」、靠「觸壁腳打小報告來求減刑」，其實是水月鏡花看得見，摸勿著，注定是竹籃打水一場空；二是「交關」人根本對共產黨的法律「搞勿清爽弄勿懂」，最多只是「半瓶水」晃來晃去，或「一知半解」半瓶水都不到，同他講了也是日裏白講夜裏瞎講，根本沒有辦法幫忙解開心中的「結」；倘若他「瞎七搭八」的像測字先生，「關亡討口氣」亂講三千，一定會失之毫釐差之千里，似像你所說看錯毛病吃錯藥，要「闖窮禍」後患無窮。

只會揚勺子敲鍋子

老廚師說儘管天天口口聲聲自稱「認罪服法」「罪有應得」，但發自肺腑之言：做夢也想不到自己會被公安警察當成了英帝國主義派到上海的「英國間諜、現行反革命」。他感慨地說，「間諜」是啥等樣人做的，像我這種小角式「胚子」，從小到大只會揚勺子敲鍋子，是獨做一門烹飪餐飲的飯司務。我在一位英國女老闆手裏，從上海一直到香港都做廚房，怎麼配是間諜的「料」？我幾十年前除了跟師父學廚藝就是學英文，隨師父在上海的英國怡和洋行的二把手，英國「女大班」家裏打廚房工，屬下等人「飯司務」，是共產黨所謂真正的「勞動人民」。幾年後師父「走」了，我「慢慢交」才升為獨當一面的大廚。我除了會烹調西餐中餐，悉心服侍好「女大班」外，其他事體啥也不懂得。這位英國女老闆脾氣怪來西，做起生意「門檻精到九十六」，鈔票多得數勿清，至今七十來歲還是老姑娘一個，無兒無女嘸沒老公，叫「獨身主義」者。我下班落來，鍾情十二圈「衛生麻將」，香港叫「小賭怡情」，大陸叫「賭博亂性」，政府是勿許老百姓搓麻將的。我從來對政治不關心，報紙頂歡喜看八卦消息、娛樂新聞，另外專看跑馬的馬經，奉公守法膽小怕事，開汽車連黃燈都勿敢亂闖。在香港人人張開眼睛只想賺鈔票，啥人會像大陸這麼許多人歡喜搞政治，管閑事。

大陸稱作的解放前，「女大班」住在南京西路哈同花園（現在的上海展覽館）對面的花園洋房裏，四十九年五月共產黨將要打進上海，她的洋行提前撤回香港，她帶我夫妻和小女兒一同去香港繼續服侍她，住在山頂上。女大班在香港人傑地靈如魚得水，親朋故舊非富即貴，上至香港總督、布政司，下有英美各國的董事長、總經理，可謂「出入無白丁」。我在浦東的家，留下一個大女兒由爺爺奶奶照顧。女大班在香港依舊做二「大班」，我照樣當廚師，她還給我們夫妻買了房子，配了汽車，汽車說是專門用來買菜買物品，連汽油費、泊車費、保養費統統都不要我出，二十四小時歸我用，像我自備汽車一式一樣。當然女大班進出另外有高檔房車請了汽車夫。

我是自己要來上海

不管別人相信不相信，我這趟來上海是自己要來，根本沒有人『派』我來上海，憑天地良心講，起初老闆還不肯讓我回來，說是上海在搞「文化大革命」亂糟糟一塌糊塗嚇死人，等到中國「太平點」再回去，何必去湊「熱鬧」，所以我怎麼可以昧著良心去冤枉她，說她有任務『派』我到上海來。我同公安警察一而再三「實事求是」像留聲機講了好幾遍，公安警察面孔一板聲音提高了八度，窮凶極惡罵我「瞎三話四」避重就輕裝糊塗不老實保庇壞人間諜頭頭，如果再胡說八道不「老實交待」要加重判刑。幾次審訊下來，我心裏像螢火蟲一樣明白，公安警察早就先入為主畫好圈圈，他們一定要我往他們設計好的框框裏鑽。你講真話，公安警察輕的是拍枱打凳喉嚨叫得震耳朵，重的就要我餓肚皮不給飯吃，拳打腳踢傷身損體。常常強光燈對著眼睛一次照射幾個鐘頭，疲勞轟炸不許睡眠，總而言之除了沒有用老虎凳，灌辣椒水，可以說無所不用其極。我說真話他們根本不聽，說我頑固不化垂死掙扎，千方百計要你按照他們既定的想法講假話。老廚師咳嗽了幾聲後，繼續說：嚇得我混身發抖滿頭大汗，到後來，我肚皮餓，上面眼睛皮黏牢下面眼睛皮；我越餓，越不給我飯吃；越睏越是用強光燈照著你。害得我只好「橫豎橫拆牛棚」，我知道自己已成了他們砧板上的肉，他們喜歡怎麼斬就怎麼斬。我只能夠自己冤枉自己，按照他們規定的、喜歡聽的講。你說，我自己在香港的事我自己倒弄不明白，他在上海卻比我清楚，你說怪勿怪。大陸聽說老早就取消了律師，所以碰到官司又沒有地方請律師，香港警察有律師在場不敢這樣兇，律師可以投訴警察，在這裏對大陸這一套東西，我一竅不通，有理不敢說，又沒人幫我講！難道講真話反倒不老實，說假話的算認罪服法？

我先是勸他不要太激動，慢慢講，同時對他說：「到底是你自己要來，還是女大班派你到上海，這裏邊就大有文章好講了。假若真的是你自己要來上海，那麼，公安警察定下的框框，英帝國主義派間諜到上海，就變得有些『玄』了，所以公安警察一定要『釘死』你，是英國間諜頭子女大班派你來上海」。

女兒說我們害了她

他眼睛白瞪白瞪朝我看，突然間似乎「恍然大悟」又有些不明不白。停頓了幾分鐘，才微微搖頭，長嘆了一口氣說：實話跟你講這次到上海，是因為我留在浦東鄉下的大女兒，來信說要去支援新疆建設。新疆遠在天涯海角窮鄉僻壤，又冷又熱苦得九十六，她從小嬌生慣養去了新疆日子怎麼過得來。她娘急得要死要活的，寫信叫她無論如何勿要去新疆，要想方設法到香港來。女兒像吃了「迷魂湯」一樣，說她情願去社會主義的新疆，也不會到資本主義的香港。你想阿要氣死人。我們亦搞不清爽，新疆有啥好，香港到底有啥不好？但是她有一次來信，初初我們也看勿懂，她講她做啥去新疆的原因要問我們爺娘。儂想她問我們，我們去問啥人，你說阿要急煞人。最無法理解的是，女兒說是我們害了她，我們做爺娘愛她都來不及，怎麼會去害她，你說傷心勿傷心。

「海外關係比傳染病還可怕」

聽了他長篇大論的「開場白」，在他喝口水潤潤喉歇歇氣的時候，我想是插話的機會了。我說：你離開上海十幾年辰光長了，就是回上海探親，也不過似蜻蜓點水一樣，住十天半個月就走了，又沒在共產黨手裏過過日子，所以好多事體你絞盡腦汁，想得頭髮發白也弄不清楚一個所以然。共產黨從一九四九年進上海到現在，認為有香港和外國「海外關係」的，人人全有做特務、間諜、現行反革命的嫌疑，時時刻刻對他們每個人都拿著放大鏡、望遠鏡在看，像三國演義裏的司馬懿一樣脾氣，橫直不順眼疑心生暗鬼。生來有「海外關係」的人要想加入共青團、共產黨、參軍、當幹部比登天還難。攤著「海外關係」的人，比生「瘟疫」傳染病還可怕十倍百倍。你雖然生在上海的浦東，但是十幾年生活於香港，香港屬英帝國主義統治，你又在英國女大班家裏工作，為帝國主義份子買辦資產階級服務，就算以前是勞動人民出身，共產黨認為你老早就「受到腐蝕」「蛻化變質」；你上海女兒「家庭出身」，由於直系親屬生活在香港的「海外關係」，一樣被人稱作「狗崽子」，比起「根紅苗正」的工農子弟來，屬於低人一等的「可以教育好的子女」行列，讓她到新疆去是落實毛澤東的「不給出路的政策，不是無產階級的政策」，是在對家庭出身不好，或者有海外關係，所謂可以教育好的子女「給出路」對她「再教育」。

共產黨的「給出路」政策

老廚師面孔上寫滿了「聽不懂，弄勿清」，他講：「我每個月都給她寄錢寄吃的東西，她不上班亦比上班的人鈔票都多，不愁吃不愁穿，家裏又不是窮得揭不開鍋，她循規蹈矩安分守己過日子，啥人要伊拉瞎起勁『給出路』，共產黨管得也太多了」。

「這是你的想法，現在的上海不是單靠鈔票就好解決問題，共產黨政策是要對資產階級實行全面專政，要求大陸『可以教育好的』小青年『要求進步』，要同剝削家庭、反動家庭、海外關係劃清界限。啥人勿聽話，就叫你日子永遠不好過。別的地方不用說，在提籃橋就有不少人，『家賊難防』被自己親生的子女檢舉揭發『大義滅親』弄得吃官司。這種事體現在中國多來西，子女檢舉揭發了爹媽，受政府稱讚報紙表揚，好像十分「時髦」，於是像傳染病一樣廣為蔓延。話又要說回來，不管在提籃橋裏提籃橋外，我只聽見看到子女檢舉揭發爺娘，沒有碰到過爺娘檢舉子女『大義滅親』的，老古話講『虎毒不食子』，但現在常常是『虎子食父母』」。我試著用通俗易懂的話開導他。

鑼鼓一敲心驚肉跳

「我是飯司務，是勞動人民，她是我女兒，我是她爺，憑啥要同勞動人民的爺劃清界限；我又沒有做壞事體，我有啥格地方需要女兒對我『大義滅親』」。老廚師越說越不服氣，但不知這氣「沖」我，是「沖」他的女兒，還是「沖」共產黨公安警察的。

我心知肚明，他說話中已經「忘記」自己的「英國間諜」身份。在公安警察眼裏，那一個間諜不是頭頂生瘡腳底流膿，根根汗毛散毒氣。「教育」間諜子女同爺娘劃清界限大義滅親，碉堡從內部攻破，是公安警察的「職責所在」，共產黨賦予的「神聖任務」。

「你是勞動人民不假，然而共產黨認為你在香港已經『蛻化變質』了。對不起先聲明一下，這不是我的看法，而是時下共產黨流行的觀點。再說，有多少年青人不想留在大上海，而『自願』去新疆？其實是政府要你去就只能去，不想去也得去，共產黨所謂的『號召』不是在同你商量，而是命令！一批人敲鑼打鼓提著『大紅喜報』在你家門口一貼，口口聲聲稱黨需要你去邊疆建設，恭喜你『光榮』被『選中』。大家心裏像有燈照著一樣，明明白白。所謂鑼鼓一敲心驚肉跳，有幾個不在人背後哭得死去活來，不過這些話同你也講不明白」。我盡量用他懂得的話，向他解說，大陸人與香港人講共產黨的政策和作為，雖還不是「雞同鴨講」，總感覺「秀才碰到兵，有理講勿清」。

第一位向我提「人權」的人

「儘管有些話我聽勿懂，我明白你說的是真話不會騙我的。伊拉公安警察審我的辰光，也講我為帝國主義買辦『賣命』做走狗當間諜。你說為人在世，勤力工作理所當然，再說在香港能打一份長期工作談何容易，啥人不想保牢飯碗頭，這怎麼叫『賣命』，算『走狗』，難道大陸歡喜偷懶磨洋工的人？女大班雖然是老闆，但英國人有紳士風度，尊重人權，從來勿對我們兇來西發脾氣，待我們下人相當好，逢年過節發雙薪，生病請假照樣發工錢，有一次我菜燒得勿好，心裏別別跳，但英國女老闆……」。

「剎車，剎車，無軌電車不要亂開了，你是香港人，好多共產黨的規矩你不懂，剛才的話同我講過就到此為止，我也沒有聽見，其他人聽見會批判你在為帝國主義、資產階級塗脂抹粉歌功頌德，馬上召開批鬥大會，把你批倒批臭，弄得勿好將你一頓打，叫你『吃不了兜著走』」。我嘴上這樣講，心裏另有想。雖說當時我學習研究中國法律二十年，在英、美、法國的《國家與法的歷史》專業書刊中，看到過「人權」的詞匯，而離開大學後第一位向我講「人權」二字的，竟是胸中墨水不多的香港老廚師。當年的中國，「人權」二字從來與「資產階級反動思想」掛上鉤，是個貶義詞，但她的內涵和外延，我誠如霧裡看花越看越花，山東人吃麥冬，我似懂又非懂，按照字面理解，可能是人的權利。轉而一想，在這人妖顛倒皂白混淆的年代，同統治者談「人權」，不啻與妓女談貞操。

警察逼人講假話

老廚師當然不知道我腦海翻騰思考什麼，在聽了我上述講話後，馬上將手遮住嘴，彷佛想把說出去的聲音推回喉嚨口。接著輕身細氣地是講，「我講的全是真話，為啥公安警察聽都不要聽，共產黨不是喜歡『實事求是』的嗎？公安警察千方百計逼我講了假話後，反倒讚不絕口照單全收？你是好人，我只是講給你一個人聽，別人，殺掉我的頭也不會講。還有好多事，像幾年前公安警察講的話我一直弄不明，今朝有機會我想請教你，你有學問，人又好……」

「謝謝你一家門，不要給我戴『高帽子』了，捧得越高將來跌得更重。我剛剛已經說了，你有些講話我左耳朵進右耳朵出，一陣風吹過，我好像什麼都沒有聽見」。我見他膽小怕事可憐兮兮的樣子，就有意寬慰他，否則他會單人獨自苦思冥想越想越怕，嚇得幾個晚上都會睡不著覺。

送佛要送到西天

「我心裏壓抑了幾年的話，今朝開始終於有機會統統講給你聽，你救人要救到底，送佛要送到西天，不要做『半吊子』說了一半就不說了。我同你有緣關在一隻『籠子裏』，是我前世修來的福氣。你是『大律師』是好人，共產黨的道理你教教我，女大班又沒做官，而且我這次來上海前她已經退休，連剝削都不剝削了，怎麼還算是『帝國主義』，你說給我聽，我嘴巴緊來西，打死我也不會出賣你」。他臉色虔誠真心實意的要我解開他多年的心結。

「共產黨把英國、美國都當作帝國主義，是頭號敵人你曉得嗎」？我被他的鍥而不捨追求事實真相的韌勁而感動了，索盡枯腸希望用他聽得明白的話為他釋疑解惑。

「這我有點『懂』，又似懂非懂，香港報紙上常常看到過」。他總算點了點頭。

「女大班是英國人，雖說她現在退休了，就如退休的資本家還是資本家。女大班交往的，很多是英國官府中高級人士，包括可能有從事情治系統、搜集情報真正做特務、間諜的官員，這類官員，世界每一個國家都有，女大班將中國國內情況向英國官員談論，就是提供情報。再說，在共產黨的詞典裏，做間諜當特務的人個個到死也是間諜、特務，一生一世沒有退休不退休的問題。再加上她任職的洋行是英國著名大公司，幾十年來從經濟上侵略中國……」

護主心切

凡是我說的話，同他的想法有抵觸，尤其是涉及香港女老闆的事，老廚師就「護主心切」迫不及待立刻打斷我的話，他說：「女大班信耶穌基督的，她公司是做生意的，又不是像日本鬼子到中國來殺人放火，她怎麼也算『侵略』呢」？

「我再與你說一遍，我上面講的是屬於共產黨的看法，小日本殺人放火發動侵略戰爭，是用戰爭全面侵略中國；英國大洋行到中國搜刮民脂民膏是在經濟上剝削中國」。我尋詞覓句將侵略改成剝削，以防他「反感」。

「共產黨說做老闆剝削人民，我也聽到過，但是女大班待我這樣好，出的工錢比人家多，福利又好，如果一定算她剝削我，我也甘心情願給她剝削，沒有她剝削，我不是失業了嗎，你不曉得在香港尋個穩定的工作有多難，她若不剝削我，到那個時侯，一家老小不是去喝西北風了嗎。憑天地良心講，英國人派頭大出手闊，是我額角頭高，碰到了她這樣的好老闆，就算換個老闆，待遇也不會這樣好」。他似懂非懂又真心實意的說。

「真是周瑜打黃蓋，一個願打，一個願挨，旁邊看熱鬧的人也嘸沒話頭。共產黨認為，你在英帝國主義的女老闆處做工二、三十年，潛移默化受她的『毒害』，日積月累慢慢從『好人』變成『壞人』，落到今朝為她當走狗做英國間諜，吃官司坐牢監，還從內心中對他感恩載德。我再聲明一下，我是按照共產黨的邏輯幫你分析，你的具體『案情』，我現在還沒有完全清楚」。我仿佛在「對牛彈琴」，看來是「牛」仍不知「音」。

「牛」終於有些知音了

「你講得十分有道理，公安警察也講我『受英帝國主義資產階級毒害十分深』，是『代人受過』，當了走狗做了間諜自己還不清楚，公安警察一口咬定是女大班害我吃官司」。

千辛萬苦「牛」終於有些「知音」了，我馬上見好就收，言歸正傳請他重新再談女兒，聽說他這次吃官司，同新疆的女兒有關聯，萬事先要由根刨底，才能弄得清清楚楚。提籃橋犯人擁有的東西有限，獨多的是時間。今朝講不完還有明天，明天下來還有後天，儘量讓他把案情從頭到底一乾二淨地「竹筒倒豆子」講清楚。

「人質」

「我同老太婆很長時間想不明白，女兒她為啥不肯到香港一家人團聚，反而要跑到老老遠的新疆」。

「你女兒申請過去香港嗎」。我若有所思地問。

「申請過兩次沒有批准，她就心灰意懶了。直系親屬爺娘在香港，她完全可以繼續再申請的你說是嗎？在香港很多大陸人偷渡去香港時，游水的辰光可能沉到水裏溺死，被公安警察捉牢要吃官司，趟趟都會有性命危險。面對上述種種險境，他們一次不行兩次、三次，不達目的誓不罷休，不少人最後終於成功了，有的現在是千萬、億萬富翁；她多申請幾次有啥關係，又嘸沒性命危險。再說阿爺、奶奶相繼「走」了後，她上海就沒有親人，只剩下她孤孤單單一個人了，到香港父母身邊那是最好的結果了」。

「這是你一廂情願，實際上是不可能實現的。我明白了為啥你女兒申請去香港不被批准的原因」。我有所醒悟地說。

「為啥」？他急著問原因。

「因為你女兒變成『人質』了，『人質』你懂不懂？現在全中國都搞「文化大革命」，許許多多地方工廠停產，農民不種田，商品出口銳減，外匯更為奇缺，於是靠外國和香港親友匯款到中國，就成了政府收取外匯的最重要渠道。如果一家人全部出國了，像你女兒到了香港，你在上海就沒有直系親人，就不會再寄港幣到上海。所以要把你女兒『留下來』，做『人質』，有親人在國內不怕你外匯不寄回來！這不是針對你一家，我幾個親朋好友都是家裏『留』一、兩個人，當『人質』，他們再申請也不會批准。當然這僅僅是『參考消息』，我個人總結許多所見所聞後，形成的一種看法而已」。

他聽了低頭尋思了一番，說：「你現在一講，我就想起來了，我在香港的同鄉、朋友當中，老家裏總歸有幾個親人出不來，原來他們都成了『人質』」。隨即他話鋒一轉：「不給她來香港，但要她去新疆手段也太辣了，公安警察審問我的辰光，還像煞有介事說讓我女兒去新疆，是共產黨對我女兒的關心和愛護，是無產階級同資產階級爭奪接班人。上海人有句閑話叫：大舞臺對面『天曉得』，公安警察講的話我實在聽不懂，不曉得」。講到他女兒去新疆，他忿忿不平怨氣沖天。

我平心靜氣地勸他：「消消氣慢慢說，『籠子裏』有的是時間。公安警察的話我等一會再分析給你聽」。

女大班在上海的「閨蜜」

「不過閑話講回來，時間一長反覆思量女兒到新疆這件事，也許多少同我們有點關係。你不知道，女大班上海有個老同學，後來是個英國孤老太，幾十年前她倆就是閨中密友，兩人分開多年後，又一起在異國他鄉上海萬里遇故知，於是三不兩時你來我往，更加親如姐妹莫逆知交。那位英國老太的先生是個大學教授，畢生研究包括的中國繪畫藝術，十分熱愛中國，跑遍了神州大地的山山水水名勝古跡，一路上畫了不少作品，在英國倫敦和香港、上海開過幾次畫展。解放前病死在上海，遺囑規定要將他埋葬在多年工作，終生熱愛的上海。國共內戰後，國民黨節節敗退時，女大班勸她，共產黨馬上要在北平建立國家，他們把英國看作帝國主義，是要推翻的『三座大山』中的第一座大山，共產黨如果過些辰光打進上海，會不會像日本鬼子偷襲珍珠港後一樣？太平洋戰爭一開始，日本鬼子佔領下的上海，就將英國、美國僑民全部關進集中營。這種事已有前車之鑒，共產黨打進上海後，他對視作敵人的英、美帝國主義的僑民，將會採取什麼動作，啥人也不會曉得。所以一再勸孤老太還是將她丈夫的遺體送回英國，至少葬在英國人統治的香港，沒有後顧之憂，可以放心安全得多。但是英國老太腦袋像進了漿糊再勸也不醒。她說常聽無線電短波廣播，共產黨電臺一再講在解放區共產黨對外國僑民相當優待客客氣氣，並且她的先生一生熱愛中國，從來沒有做過對不起中國老百姓的事情，大可放一百二十四顆心，她倒過來反而勸女大班勿要相信謠言。

老太也是個虔誠的基督教徒，先生臨終時遺囑要安葬在上海，她也答應了先生的最後的遺願，今生今世怎麼能出爾反爾，欺騙在天之靈最心愛的丈夫呢！正因為先生落葬在上海虹橋路萬國公墓，所以後來女大班去香港，要她同行，說什麼她都不肯聽，她說先生『在』上海，她可以三日兩天去照顧他看望他，與他講講話。她無兒無女，英國并沒有近親，香港熟人也不多，於是她堅持要一個人留了下來」。

老廚師如河水決了堤滔滔不絕一瀉千里，話開了頭就收不了口。他清了清嗓子繼續說：「她的英國朋友基本上先後離開上海，只剩下她孤苦伶仃形單影只，無親少友生活在異國他鄉。誠然，她境況富有，在上海幾處高檔地段有房地產，存款多得一生一世吃勿光。然而錢財終究是身外之物，常言道沒錢萬萬不能，但有錢也不是萬能，鈔票也不一定能給人帶來幸福。她現在人生中頭等大事乃掃墓，逢年過節及先生的誕辰冥忌，無論刮風下雨嚴冬盛暑，她即使病痛纏身亦要千方百計去『看望』丈夫。中國人恩愛夫妻行『生同床死同穴』，想不到英國老太伉儷也興這一套，所以她們倆老裏百早在虹橋路萬國公墓，買定「雙穴」，她唯一的願望是『蒙主寵召』後，與她先生共墳同碑。她將這個最為重大的願望，告訴了去香港，我的女老闆，及留在上海的英國人老朋友，務請他們幫她辦最後的一件大事。她之所以不敢回英國，甚至連香港都不敢去，心怕萬一離開了中國，中國政府若不予入境簽證，她就回不了上海，她不僅再也去不到先生安葬之處，並且多年來夫妻同葬的願望，都會全部『泡湯』。」老廚師對英國孤老太的愿望，充滿同情和欽佩。

女兒常探望英國孤老太

「她的寓所坐落現在叫淮海中路，上海頂頂高級的蓋司康公寓裏。女大班想念老同學，到香港後常常要我寫信給上海的女兒，叫她抽空去看看老太太，陪她蕩蕩馬路，曬曬太陽，老太一口流利的上海話，可以與她說說笑笑講講話，或者代老太太到友誼商店去買上海普通老百姓買不到的物品。儂要曉得即使在「三年自然災害」期間，中國老百姓很多人缺乏食品和營養，生「浮腫病」，大腿上多肉的地方，一揿一個癟凹，半天也彈不回來。但是政府對外國僑民，日常食品還是有所「照顧」供應，生活上比上海市民要好得多。當然女大班也『皇帝不差餓兵』，常常送鈔票和東西謝謝我女兒，我回上海時英國女老闆亦每次托我帶禮品給我女兒」。

聽著聽著我嘆了口氣說：「唉，我亦勿曉得如何講你才好，你為女大班做廚師，是在香港求生存過日腳，你為啥要把上海的女兒拖進『混水』裏去，你叫她去英國孤老太家，常同老太在一起，香港女大班和英國老太又多次給鈔票和禮品你女兒，曉不曉得已引起公安警察對你女兒的注意和懷疑，確實是你『害』了女兒」！

他急得結結巴巴辯白說；「中國人有中國人的一套思路，外國人有外國人的規矩，特別是有身價的英國人，請下人做點事體，不是給錢就是送禮品，不想欠人情債的。況且女大班同我又沒有叫女兒做壞事體，只不過叫她有空去看望和陪陪一位英國孤老太，女大班和老太送點東西，人之常情又犯了什麼法……」。

在中國人人怕有「海外關係」

我平心靜氣的對他說：「香港是香港，上海歸上海，共產黨最忌大陸老百姓與外國人來往，包括同外國人講話、寫信，一天到晚疑神疑鬼怕老百姓會『裡通外國』『出賣情報』『向外國泄露、提供國家秘密』。你曉得，上海懂英文的人不少，有些上了年紀英文好的人，與素昧平生從不相識的外國人在馬路上講幾句話，等到外國人一走開，便衣警察就把講話的中國人帶到公安局。請問你，如何來「證明」你同這個外國人以往是不是認得的？同外國人講話，特別兩個人講英文，警察雖說一般聽不懂，卻懷疑你在出賣情報或間諜秘密接頭，你就是跳進黃浦江裏也洗不乾淨。為這種講不清道不明的事，吃官司、被勞動教養的不是三個、五個，而是大有人在。你女兒去看望英國老太，若在香港是普而通之家常便飯，而大陸公安局肯定會神經緊繃草木皆兵，把它當作偵破國際間諜大案，可以立大功及升官發財的好機會，必定當階級鬥爭頭等大事進行調查。有懷疑又沒有確實證據的情況下，所謂「事出有因查無實據」，他們照樣「膽大勿放心」，柿子揀軟的吃，他不敢去麻煩外國人，只好拿中國人『開刀』。啥人碰到這種事，一輩子也『交待』不清，即使不吃官司，沒去勞動教養，每次『運動』來了，就趟趟變成『老運動員』。因為『魂靈袋』，大陸人將個人檔案袋叫做魂靈袋，裏面早已寫好：間諜嫌疑待查。從此在單位裏永遠也抬勿起頭來，就像一個生了麻風病的患者，自已在等死，個個怕傳染，遠遠避退三舍。所以中國人，人人都怕有海外關係，更加怕同外國人來往，儂倒好，嘸沒事體弄一把老白蚤放在你女兒頭上搔搔，英國老太贈禮品，女大班給你女兒寄錢送東西，公安警察沒有把它當作間諜『情報費』『服務費』，她已經是該燒高香，『額角頭高得碰到天花板了』。現在分析你女兒的話，她去新疆的原因要問你，她的意思是不是在說同看望英國老太有關，你可以自己仔細思量？她被送到新疆後，公安警察就『掐斷』了她再與英國老太可能存在的「間諜聯繫」，你女兒『錯誤』『罪行』就勿會再犯下去，所以他們說是『關心你女兒』就是這個意思」。

我的確害了女兒

我的「分析」，猶如當頭棒喝使他「大夢初醒」，他連聲說道：「你好像親眼看見一樣，說的話與公安警察講得一式一樣，公安講的辰光當時我聽不懂，現在你講得淺近明白我就聽懂了。思前想後我們真的木頭木腦不開竅，現在看來的確是害了她。她一個人孤苦伶仃在上海，我們做爺娘的寶貝她都來不及，怎麼捨得存心去害親生女兒」。他邊講淚水如珠滴滴嗒嗒落下來，他抬起左手用袖子管抹眼淚，停了一歇後又抽抽泣泣地講：「我們在香港做夢亦不會曉得這麼許多道理，一個七十來歲的孤老太在香港，另一個近八十歲的英國寡老太在上海，這兩個人，鈔票多得數不清，憑啥再會去做壞事體，你要明白，做特務當間諜，像女老闆那種身份的人，根本看不起，她的朋友是英國大臣，香港總督、司憲、名人大亨，她自己怎麼肯去做這類起碼的事，有身份的人是看不起特務、間諜的。我同你這樣的明白人講都不相信，怪不得公安警察連聽都不想聽。再講女大班是我老闆，關照我做的事又不繁難，我不見得能夠拒絕她，香港啥人敢勿聽老闆話，馬上要停生意，炒魷魚的。當然，如果早曉得會害女兒去新疆，我寧可讓女老闆『炒魷魚』。

「就像你對中國大陸許多事體不瞭解一樣，我對香港真實情況也不懂得，而共產黨的公安警察又有自己的一套想法。他們的理論，帝國主義就像屋檐下的洋蔥，根焦葉爛心不死，永遠希望共產黨中國滅亡，因此世界上的剝削階級全部是敵人。至於兩個老太做勿做壞事體，你也勿會曉得，何況是非曲直不由你說了算，而是公安局說了算。你泥菩薩過江自身難保，自己已被當作間諜關進提籃橋，還要幫人家『打保票』，我相信你是人老實，但公安警察當你是在做戲，揣著明白裝糊塗。」我推心置腹對他講。

女兒要我們上海見面

他聽後輕輕的點了點頭，沉思了一會，說：「女兒去新疆後，看望上海老太的事，我們就幫不上忙了，老闆只好自己同英國老太通信聯繫」。

「這樣，公安警察的目的就達到了。你們曉勿曉得，外國和香港寫到中國的信；從大陸寄去國外和香港的信，公安局等機關，封封信全要拆開來檢查」。我實事求是的說。

「香港的報紙倒是多次講起過，但是我們總歸不大相信。每天海外同大陸進進出出多少信，要養多少人查，阿拉又不做壞事體，他要檢查就檢查」。他將信將疑地說。「女兒去了新疆，很長一段時間不來信，我們在香港又勿曉得她的地址，真把人急煞了，特別她的娘真急得像發神經病。過了幾個月女兒突然來信了，講想爺娘要我們在上海見面，我同老婆開心得不得了，女兒這樣說想必氣已經消了，於是我們倆夫妻准備帶小女兒一起拿『回鄉證』回上海，可以一家大團圓。女大班聽見我要請假去上海，她苦口婆心勸我不要去，說現在中國亂得不得了，自殺、抄家、批鬥日日有報導，連國家主席劉少奇都關起來了，英國政府在北京的代辦處也被『暴民』一把火燒了。她有位中國朋友而且已經加入英國國籍，進了中國後被扣起來，也不知道關在啥地方，音信都沒有，到現在都沒有回香港，英國駐華代辦處因為不知道人在何方，都沒有辦法提供保護。你們還是中國國籍所以能不去盡量勿要去，等中國太平一點再去。我講我們是普通老百姓、勞動人民，從來勿搞政治不參加政黨團體，再說上海又是『老土地』了，不怕人家欺負，回去又是看女兒，因為很長辰光沒有見到女兒，而且她專門從新疆趕回上海，見一次不容易。老闆看我去意堅決，就關照我要一切自己小心早去早回，同時先要請好替工，并且送我一筆錢做盤纏，這筆錢遠遠超過來回車費和在上海的生活費」。他一口氣將他如何從香港回上海前因後果儘量「事無巨細」告訴我。

燒香看和尚，一事兩幹當

「女大班托你辦啥事體嗎」？我試著啟發他。

歇了一口氣他又說：「當然有，所謂是燒香看和尚，一事兩幹當。女大班要我到上海後，順便去蓋司康公寓看望她的老同學英國老太太。早在去香港前，我也奉女大班之命常到她家去，她老早就認識我。外加每次我回上海時，女大班都會關照我去看望她，詳細詢問她在上海的情況，同時給她帶點香港吃的用的東西。上海雖說有專門為外國人開設的友誼商店，貨色畢竟有限，而且價錢貴。然而自從上海抄家、批鬥搞『文化大革命』後，女老闆寄上海的信，像肉飽子打狗一去不回頭；英國孤老太也有相當時間沒有寫信給女大班了。故而她特別牽掛英國老太在『文化大革命』中有沒有吃苦頭，有沒有被人打，財產是否被沒收，日常開銷夠不夠，身體狀況怎麼樣，所以要我親眼看一看她身體好勿好，當面問問『文化大革命』以來，紅衛兵有沒有對她抄家、批鬥；她現在各個方面處境到底怎樣，為啥一直不回信！同時，代女大班問候，因為她也不便來上海，女大班怕我講得不清不楚，所以又附了一封信，裏面寫得相當詳細，要我把這封信和相片親手交給她，最好我回香港時，讓她親筆寫封信及將最近的相片給女大班。此外，女大班在香港最高級的店家，吃的、用的、穿的大包小件買了一大堆，加上我自己準備帶給女兒和鄉鄰的物品，真像『跑單幫』一樣，幸虧我們是夫妻及小女兒共三個人，否則真無法拿」。

聽著聽著我腦子裏立刻映現出法國大仲馬名著《基度山恩仇記》中的情節，愛德蒙・鄧蒂斯大副，因奉臨終的船長之命，帶一封信給流放在小島上的廢帝拿破侖；愛德蒙・鄧蒂斯將信送到後，拿破侖又請他帶封信去巴黎，結果愛德蒙・鄧蒂斯遭受十幾年「牢獄之災」家破人亡。我怕影響他的情緒，儘管腦子裏無軌電車亂開，臉上保持若無其事不動聲色，一門心思準備聽他娓娓道來。

放長線吊大魚

「飛機到上海過海關時，我們的行李，查得辰光最長，特別是放信的那隻包，海關的人專門拿到辦公室裏檢查後，再拿出來。」他說。

「那封信扣下了」？我急切地問。

「沒有，仍舊在包裏」。他若無其事地講。

「我估計他們對信一定做了『手腳』」。我頗有自信地說，「肯定是照了相後再還給你的，政府既掌握『真憑實據』又避免『打草驚蛇』，放長線吊大魚嘛。這一切徵兆反映出，你還沒有進大陸，公安警察已經把你上了『黑名單』，列作重大的間諜嫌疑犯了」。

「我上面說的情況，完全老老實實沒有一句假話，也沒有漏掉主要內容。你幫我分析分析，這種家常瑣事，怎麼能同『間諜活動』掛上鉤，『秘密情報』搭上線。兩個七、八十歲的英國老太太通通信，談談家常憶憶往昔，有啥格『大不了』呢，這也要做『手腳』，不是沒事找事小題大做嗎」？他好像覺得我有點「無事生非」，天馬行空想像太豐富了。他自顧自地繼續說下去：

「到了浦東家裏，啥人曉得新疆的女兒根本沒回上海來，寄了封信說臨時有事，要過些天才能回上海。我在香港興師動眾專門請了假，假期只有兩個星期，她勿是在『尋開心』沒事找事嗎。但是做爺娘的怎麼會同子女計較，何況是我們特別惦記她感到虧待她，只要回上海來見見面，晚兩日早幾天亦沒啥關係」。老廚師同天下所有父母一樣，千方百計為子女尋找「理由」。

上門不見土地

「請刹車、刹車」，我直覺「味道不對」，當機立斷請他馬上暫停講下去：「你女兒寫信叫你們千里迢迢，一家門從香港趕到上海，她卻『上門不見土地』，你有沒有覺得裏面『毛裏有病』，其中必然有原因呢？弄清這一點非常重要，究竟是在香港的英國女大班，也就是公安局認為英國間諜派你到上海，還是女兒叫你來上海！這個重要事實須先弄清楚，對你案件的定性，也就是說，你是不是英國間諜機關派來上海從事間諜活動，是相當有力的證據之一」。

老廚師眼睛一動不動地盯著我，半天都沒有出一句聲，絞盡腦汁在思考問題，但一把亂頭髮，理不清一個所以然。他輕輕又慢慢地說「我哪裡有你做大律師的本事，心水清明能想到這麼多的問題，能講清講楚這麼多道理」。老廚師咳嗽了幾聲，清了清喉嚨，繼續道：「當時我心裏是感到相當奇怪，也有點不開心，儘管可憐天下父母心，總是用最好的可能和理由，千方百計地原諒子女，當然有時也覺得女兒有些過了份。既然女兒沒有回上海，第二天，我就一個人去蓋司康公寓見英國老太」。

在劫不在數，在數終難逃

「慢慢，慢慢，你如果沒有看到女兒，直接打道回府返香港，又不去見英國老太，亦許就可能躲過『牢獄之災』了，真所謂『黃巢殺人八百萬，在劫不在數，在數終難逃』。當然，我們都是凡夫俗子，誰又能未卜先知」。我像茶館酒樓的說書先生，說完這幾句後，長長的嘆了口氣。

「這怎麼可能呢，女老闆交待的事還沒辦，受人之託忠人之事，到了上海過門不入，回去如何向女老闆報告！再說啥人想得到去看望英國孤老太，卻會揹上做間諜的『殺頭罪名』，吃官司坐牢監」。他有些往事不堪回首，再則世界上又買不到後悔藥，牢獄之災乃前世一劫天注定。他略為喝了口水，又說了下去：「一到公寓門口，門房間裏坐著的門衛，先問長問短，繼而要查看我的證件，并需在本子上登記。接著他打電話給英國老太，向她詢問是否同意讓香港訪客上門。你想想看，我是受人之託來看望一位熟識的老太太，到公寓又不是進衙門，手續怎麼如此繁多。其實這個管門房間的人，以前是專職開電梯的，他好像已經勿認得我，但我倒還認得他。我說，以前我到公寓看望老太從來不要登記、查證件，今天怎麼這樣多規矩，我們香港從來沒有這些手續。他一本正經講現在是無產階級文化大革命時期，大家要提高警惕，以階級鬥爭為綱，注意階級鬥爭新動向，所以上面規定，來訪者都要憑證件登記。我虧得帶了回鄉證給他登記，否則就進勿去」。

我插了句話，「儂進勿去倒運道好了，可以勿要到提籃橋來了，命也，運也，你說是嗎，當然這不過是事後諸葛亮而已，誰也不可能預知未來」。

「儂講得非常有道理，當時不是我疑心生暗鬼，總覺得有些異乎尋常。他走出門房開電梯前後，自始至終面孔鐵板九十六，像欠他多少錢似的，對我冷冰冰，在電梯裏不僅一句話都沒同我說，並且連眼睛也不朝我瞄一下。等到電梯停在英國老太的樓層，我向他說『再會』走出電梯，他仿佛聽都沒聽見，依舊一聲勿響，他站在電梯門不走，等到我揿了電鈴，過了幾分鐘老太家開啟了房門，有人領我進去後，他才關上電梯門下去了。

落入預先設計好的陷阱

「一個四十歲左右的陌生的中國女人開了半扇房門，從頭到腳把我打量一遍，用正宗的上海話說：你是香港來的先生……」，由於我事先按照香港規矩打過電話，告訴英國老太我啥辰光來看望她，所以開門的女人曉得我從香港來。我回答道，是的，我專門來看望老太太。她一邊開門讓我進去似笑非笑地一邊說，謝謝儂「專門」來望望伊，老太等儂交關（很多的意思）辰光了。另一方面，她像看西洋鏡似的，眼光對我從上到下由左往右掃來掃去。當時我一門心思，只想早點看到老太，戇頭戇腦漫不經意跟著她往客廳，一點點也嘸沒看到蛛絲馬跡，聽出弦外之音。後來在牢監裏定下心來，把回到上海後發生的大大小小一幕幕情景，像過電影一樣在腦海裏過了幾遍，無論是開電梯的門衛先生，還是開房門的女士一舉一動、一言一行、說話口氣、眼神變化、看人樣子，樁樁事體表面上似乎都普通平常完全毫無關係，其實我已經落入預先設好的「陷阱」內。

門庭冷落車馬稀

英國老太近幾年一個人孤獨慣了，那時上海很多外國人看到「文化大革命」批鬥、抄家、打人都嚇慌了，腳底一抹油就離開中國了。英國老太本來就朋友很少，現在是雪上加霜更加門庭冷落車馬稀，似乎「斷六親」了。所以看見我從香港奉女老闆之命，專程來看望她，以及看到她遠在香港的老同學，大包小裹給她帶在上海有錢也買不到香港的吃用物品，顯得十分開心，忘乎所以罕有地想從坐椅上站起來照呼我，但是力不從心又重新跌回座椅。她曉得我懂「洋涇浜」英文，及有些話不想別人知道，興高彩烈同我講起了英文。

她說，這位是你以前認得的張媽的女兒，張媽年紀大了，退休後由她女兒來照顧我，其實應該是小張媽，因為習慣了比較順口，我亦仍舊叫她張媽。老張媽聽得懂我講英文，可以同我講幾句，她可連聽也聽不懂了，現在上海很少人以英文會話，就是能講的人都嚇得不敢講，怕被批判「崇洋媚外」「懷念帝國主義」。所以我天天只好講上海話，今朝你老遠從香港來看我，我又可以講英文，覺得特別開心，你是我老同學派來的，有好長辰光沒見她了，你們在香港諒必都好。

日薄西山風燭殘年

我仔細觀察端詳老太，幾年分離她是越看越老。滿頭銀髮稀稀疏疏，眼睛似開未開眼袋下垂，鼻上架著一副白金絲邊的老光眼鏡，青春年華風光旖旎的神采已不復存在。陽光透過窗櫺散落在她爬滿了皺紋消瘦的臉龐上，額角邊曝有幾絲青筋，烙上暮年殘月的印記，講話時嘴唇微微顫抖，明顯地伴隨著喉嚨絲絲啞啞的喘音，她端坐在一隻能前後搖動的靠椅上，有時不經意的把座椅搖動一下，雙手外加撐著一支手杖。她以往輕聲細氣溫文爾雅的發音吐字，現在顯得哆哆嗦嗦混濁難辨詞不達意，幾句話中會連著一陣陣咳嗽，人生可謂已臨日薄西山氣息奄奄朝不保夕的風燭殘年。唯一令人欣慰的是老太思路尚算清晰，還沒有老年癡呆癥現像。她從開始見到我時，皙白的雙頰上泛起一恍而過的紅暈，隨即用手杖指著面前座椅請我坐下，張媽即時將一杯清茗放在我座前的茶几上。

千穿萬穿馬屁不穿

我按照做下人的職業習慣，首先是言不由衷斟字酌句，揀人人歡喜聽的「年初一」大吉大利閑話作開場白，我講幾年沒見，想不到老太太容貌依舊身健體康越活越年青了，如果女老闆親眼看見肯定會高興得不得了，我的女老闆非常想念您，特為關照我來望望您。

千穿萬穿，馬屁不穿，英國老太行動蹣跚病痛纏身，真乃「自病自得知」，但腦子完全「拎得清」，明察秋毫曉得我「言過其實」討其歡心。就像大年初一，人人聽了「恭喜發財」都期望如願以償承其吉言，嘸沒人會吃飽了飯，撐得難過去追究這句「恭喜發財」是真是假。老太是經歷大場面的過來人，自然不會當面戳穿西洋鏡，讓我下不了臺，她笑瞇瞇順水推舟首先連聲說：謝謝，謝謝，接著又說言過其實，言過其實了，嘸沒像你講得介好，人老珠黃身體是一年不如一年了。然即詢問女大班的近況，問起我們在香港的詳細生活情況，女大班步入老年後飲食起居有啥變化，其他在香港的老朋友有啥新聞或情況。

「毀滅性抄家」

我按照在香港所見所聞盡可能一一照直回答，又遵照女老闆的吩咐詢問她「文化大革命」開始後，紅衛兵有沒有來抄過她家找過麻煩，意思是有沒有批鬥她或者打過她，有沒有拿走他的金銀財寶或者破壞她的物品。在香港聽說上海與全國一樣，抄家的種類不勝枚舉，最殘酷的是「毀滅性抄家」。紅衛兵或造反隊，不僅將被抄對像家中，能拿走的財物用品全部拿走，其實是全部搶走；搶不走的物品，如門窗，把窗上的玻璃一塊一塊敲得粉碎；木質地板戳大大小小的洞；廚房裏的瓷碗、調羹如數砸壞，筷子一根一根折斷，鋁、鐵製和鋼精的鍋盆隻隻踩扁；床單撕成一條一條不規則的布幔，被子裏的棉花絮滿房飛舞；衛生間的便桶、浴缸、面盆統統破損裂紋。紅衛兵、造反隊的所作所為，除了沒有殺光燒光，簡直可以同日本鬼子進村相比擬。此情此景下當被批鬥的人士、親人家屬見到支離破碎面目全非一無長物的「家」，叫天天不應叫地地不靈，情何以堪，人人腦海中會湧起世界末日的感覺。我眼睛掃射了英國老太的住房，上帝保佑基本完好平安無事，總算沒有遭受到「無產階級文化大革命」「毀滅性抄家的革命行動」。

英國老太當然不曉得我腦子裏在想什麼，完全按照自己的思路講起了話，她說開頭辰光，門前的淮海路上天天有成百上千紅衛兵、造反隊游行喊口號、抄家、打人、組織批鬥，也常常聽到有人跳樓自殺。因為淮海路上「走資本主義道路當權派」、「三名、三高、反動學術權威」、「資本家」特別多。

老太不出門能知天下事

我說，想不到老太太端坐家中不出門，卻能盡知天下事。

她聽我這樣一說也笑了起來，說：她因為懂中文，有時也叫張媽幫忙去買些紅衛兵的報紙，和在路上拿些傳單、宣傳品，它們對社會上發生大事小情寫得很詳細。有一次紅衛兵敲鑼打鼓喊著口號唱著歌，橫衝直撞窮凶極惡跑到家裏來了，而我只說英文，裝做聽勿懂中文，紅衛兵們到每個房間裏轉了一遭，看到只有一個外國老太婆和中國傭工，也沒有第三個人，他們不准張媽插嘴，又不會同英國老太說英文，真是「雞同鴨講」大家聽勿懂大家講點啥，鬧下去亦自感沒趣，估計是搞錯了地方，於是叫叫口號也就走了。

我講，女老闆頂擔心您被抄家挨打，被搶走財物，碰到這類倒霉事，您介老年紀您肯定吃不消。

政府要我們少上街

英國老太說，自己還算不幸之中的大幸，沒多久中國政府最高當局出佈告關照紅衛兵、造反隊，外國僑民不參加中國的「文化大革命」，也不准紅衛兵、造反隊到外國僑民家裏去抄家、批鬥，及搞所謂的「破四舊、立四新」革命行動。公寓門口也派了專人守候，碰到紅衛兵、造反隊來就叫他們看政府的告示，請他們到別地方去搞「文化大革命」。從此之後就沒有人再到家裏來找麻煩；上海市革命委員會外事部門，也派人關照我們，沒有必要的事，最近街上少出去，否則出了事體，後果自負。這段辰光全中國人人像泥菩薩過江，自身難保；個個都是過了今朝勿曉得明朝。上半天還神氣活現彈眼落睛，五斤狠六斤氣勢洶洶，像隻猢猻跳上跳落去批鬥人家；吃夜飯辰光，別人又衝到他屋裏去揪鬥混入革命隊伍的叛徒、特務、走資本主義當權派。總而言之，啥人是好人、啥人是壞人，搞成一把亂頭髮，分都分不清。中國不是有句古話：朝為座上客，暮作階下囚嗎？用在今時今日是再確切勿過了。

我說，錢財是身外物，只要您平平安安，嘸沒受到打、罵、抄家批鬥、身體毫髮無損才是上上大吉，女老闆就放心了。回到香港會將您的話及實際情況，一五一十詳詳細細馬上告訴她，我相信她知道了也會很高興的。

張媽態度熱絡一點了

接著老太馬上換個話題，向我介紹說，現在的傭人是張媽的女兒，張媽你老早認得的，在我這裏做了十幾年。其實，我一到她家，上述情況英國老太已介紹過了，我心想，老年人前講後忘記，倒蘿蔔順蘿蔔乃人之常情，人生七十已經古來稀，老太畢竟八十高齡。我回過頭對張媽說，怪勿得儂臉孔有點面熟陌生，以前老太家裏我常來常往，你姆媽我蠻熟的，現在身體好嗎，代我望望伊。老太同我講英文時，她眼睛白瞪白瞪想聽也聽勿懂，現在聽到我用浦東上海話同她講話，并且聽見我認得她姆媽，對我的態度如寒暑表的水銀柱，向上升了幾格，熱絡一點了。板著的臉開始笑了笑地回答：蠻好蠻好謝謝儂，她接著又問：老太與你講英文她一句聽勿懂，你能聽得懂？我說：馬馬虎虎三腳貓，跟了英國女老闆幾十年，女老闆到香港後，又專門出鈔票要我去學英文，所以洋涇浜英文懂得一點點。

盜墓鞭尸

我對老太說：女老闆還非常關心老太的先生墓地近況，香港電視、報紙報導中國許多名人、有錢人的墳地被挖掉，亡靈受到騷擾，所以特別關照要詢問老太先生的墳墓和老太掃墓有否影響。

提到先生的墓地，觸到了她的痛處，英國老太臉色霎時驟變，流露既滿腔氣憤又無奈乏助的樣子說，現在每次去「看望」先生時，公墓裏的路越來越難走，一切的一切越來越不方便。一是隨著年齡越來越大，她身體一天不如一天，二來先生是安葬在虹橋路的萬國公墓，也厄運難逃被「破四舊立四新」。萬國公墓原來環境清靜，又近市中心區，離老太住的公寓不算太遠，是上海外國僑民和中國達官貴人聞人名士，入土為安的良好歸宿之處。先生生前，我們在那裏買的是雙穴位，共產黨進上海後，儘管整個上海翻天覆地運動一個接一個，不過待外國僑民，十幾年來還算相安無事，當然先生的墓地也一如既往。

但從「文化大革命」開始起，紅衛兵和造反派，將很多墳地包括萬國公墓裏的棺材挖出來，一面對死人開批鬥會，另一方面棺材裏陪葬的金銀財寶首飾鑽石，幾乎都空空如也不翼而飛；這那裏是「破四舊立四新」，簡直是光天化日明目張膽公開「盜墓」搶劫。是用一個美麗「革命」的名義，所謂無產階級革命行動，掩蓋其醜陋、反動、掠奪的罪行。共產黨進上海已經近二十年了，如果死者真所謂是罪大惡極危害人民，怎麼可能近二十年安葬在上海而不予動作呢。共產黨過去將這些活著的人及其家屬當作統戰對像，共產革命的同路人，禮賢下士優渥有加尊作座上客。現在勝利了二十年位置坐穩了，就要對他們一腳踢開，毀屍滅跡使其死無葬身之地。更使人悲憤莫名，傷人心肺的是將過世不久的死者，拿出來「鞭屍」；「過世」辰光長的，就抽打棺材，口口聲聲是「不忘階級苦，牢記血淚仇」，要向帝國主義反動派鬥爭到底，實施「無產階級紅色恐怖」。這些死者中究竟有多少人，犯了傷天害理血債累累的罪行；蓋棺尚且論無定，死後多年蒙受如此的奇恥大辱，在九泉之下都不得安寧。誰無祖先，誰無兒女，看到、聽得親生父母「走」了好多年，還被「鞭屍」、「抽打」、批鬥，被焚屍毀骨，孝子賢孫和活著的人們，將在心靈上留下永不磨滅的烙印。這究竟是什麼國家，什麼法律，什麼道理，什麼行為？

親者痛仇者快

老太訴述現實情況，滿心不解地越說越激動，中國有五千年光輝文明的歷史，以禮義之邦聞名遐邇。中國人不是最恨最忌挖祖墳嗎！為什麼已入土為安的人士，有的過了幾十年，竟對他們還懷有如此刻骨銘心之深仇大恨，都不肯高抬貴手放死人一馬；可想而知對活著的人們，能和睦共處平等相待嗎？和顏悅色甜言蜜語的多年宣傳，不如實際行動挖墓鞭屍一件事給人真切感受。耶穌教導我們對人要愛，要寬恕，為啥今日之中國，共產黨一定要喋喋不休年復一年日復一日向人民宣揚恨，鼓吹仇；而將愛心、善待，和睦相處棄之如敝屣？挖人祖墳不過是神州大地荒誕不經的縮影，萬國公墓裏本來整齊寬廣走步方便的行人路，以往規定只有親友安葬在內的人士，才可入公墓，要知道這是私人所有的地方。現在幾乎日日人人毋需任何理由，拿著紅旗喊幾聲口號，不僅能任意進出公墓，并可以隨心所欲東挖一個洞，西掘一個坑，將與世無爭平靜安寧的墓地墳穴，搞得亂七八糟面目全非。大風一起，灰沙塵土飛揚，人眼都睜勿開，呼吸都勿通暢，路面一腳高一腳低，根本無法行路。出租汽車頂多開到公墓大門口，裏面全要靠兩隻腳自己走，老人家雖有手推車，過去可以推著走，現在到處坑坑窪窪，更是寸步難行苦不堪言。據說，先生雖然是外國人，在中國沒有一個冤家，但今時今日也沒有任何保障。城門失火跟著遭池魚之殃。據管理公墓的人員講，所有萬國公墓的墳地，不論是外國人、中國人，包括先生的墓穴早晚要被挖走。聽說會搬出上海市區，而且搬去很遠很遠的地方，搬到她不僅沒有去過，甚至連聽也沒聽過的上海遠郊區。英國老太向上海市革命委員會外事官員詢問，中國政府規定保護外國人在華財產，為什麼外國僑民出錢買下的墳地，屬於私人財產，未經業主同意就隨便開挖？官員講，這是史無前例的「文化大革命」，破四舊立四新，大家要支持紅衛兵小將、革命造反派的無產階級革命行動。其實他自己亦是今朝勿曉得明朝，第二天我再去看他的辰光，他也被掛上牌子彎腰九十度，在市革命委員會辦公室門口示眾，變成遭批鬥的牛鬼蛇神。

英國老太咳了幾聲，清一清嗓子接著說，早知今日我真後悔沒有聽你老闆話，當時將先生靈柩搬到香港或者直接遷回英國故鄉，就沒有今朝的煩惱，我也不用天天提心吊膽為先生墓地究竟會被搬遷到何方，而寢食勿寧坐立不安。報紙講，這樣的「文化大革命」現在是第一次，每隔幾年，中國還要搞三、五次「文化大革命」，就算現在先生安葬好一個新地方，不知道那一天又給挖出來了搬遷到更遠更遠的地方。想到此種種不可思議，又分分鐘眼前可能發生的事實，我心亂如麻一夜夜失眠，想啊想啊想到大天亮，始終想勿出一個合適可行的方案。我雖然活著也只剩半條命了，現在不要說我們是英國人，無法預料中國政局的發展，中國的「老革命劉少奇主席，都說碰到意想不到的新問題」。中國不是一直宣傳：「我們的朋友遍天下嗎」，我和先生雖然是英國人，我們幾十年愛中國，是中國人民的朋友。我們又沒有做過任何對不起中國人民的事，但現在的中國不僅不把我們當朋友，相反莫名其妙仇恨我們，讓我們天天如坐針氈朝不保夕沒有一絲一毫安全感，甚至連死去多年的亡靈都不放過，凡此種種悖天理反倫常的作為，怎麼不使人感到「親者痛、仇者快呢」！

我全神貫注仔細傾聽她的每一句發自肺腑而又客觀真實的講話，我很想勸勸他，但笨嘴拙舌再加上「蹩腳」的英文，我聽得懂她講話的意思，但我心裏想說的事卻用英文表達勿清，一時三刻竟想勿出一句話來安慰她。

托付千斤重擔

英國老太緩過口氣後，她一字一句有板有眼繼續說：「這件大事我已反復推敲仔細考慮了好幾個月，你這趟來得正是時候，現在我鄭重其事將千斤重擔托付於你，讓你明白這件事，我已經寫了幾封信給你香港老闆，但不見一封回信。據說目前共產黨對郵寄海外的信函，封封作檢查，認為有問題的就『留中不發』，所以我寄的信估計你老闆收不到，就像她近來從香港寄給我的信，都石沉大海一樣。現在你幫我帶口信給你老闆，就安全保險得多了。憑你老闆在香港、在英國熟識來往的達官貴人，代我轉呈英國政府，向中國政府提出要求，我要將先生的遺體和靈柩，從上海遷移到香港或者英國我們的家鄉。如果有英國政府出面，以正式外交途徑提出，中國政府感到有壓力，估計有可能會同意。我是英國公民，人在中國遇到困難，找英國政府幫助是理所當然的事。批准移靈後，我才能放心離開中國，我將此頭等大事托付給你，你切切要銘記於心，千萬千萬要幫我大忙」！

我心思明白，真乃茲事體大，托付的事確屬對她很重要，是英國老太對我的極大信任；但就我而論，以自己的身份地位，不過是向我女老闆如實報告一聲，正確傳遞信息而已。之後請人托人幫忙大量工作，我完全無能為力，全要靠女老闆憑藉廣博人脈獨力承擔。我一邊點頭一邊說，「謝謝您對我信任有加，我回香港後馬上第一時間報告女老闆，無論如何一定請她想辦法玉成其事，您放心好了」。

英國老太聽我說話後，臉含感激之情，十分滿意地點頭致謝，說：中國古話，大恩不言報，我等待你的佳音。

中國版的「愛德蒙・鄧蒂斯」

「請你稍會停一下，」我打斷了老廚師的話頭，說：「果不盡然，你完全符合我預先的猜想，成了中國版的『愛德蒙・鄧蒂斯』」。

老廚師眼睛白瞪白瞪望著我，聽我講的外國人名字，他根本不認識，流露出一臉不解的表情。

我懷著十分同情的心態，說：「初初，我聽了你開始講的案情，也以為你是英國女老闆派到上海，還是你自己要回上海，是個重要情節。現在聽你深入講了事實後，就感到你為何來上海，并非整個案件關鍵。公安警察難道會「忘記」是他們逼你女兒寫信，把你們騙回上海這段情節嗎？假如你承認是女老闆派你來的，對公安警察而言，是個意外收獲，同時可以消除他們『設局』的痕跡。你不承認女老闆派你到上海，他們可以說這是『陽謀』、『主動出擊』、『引蛇出洞』，總之會編出個理由來，掩蓋他們是『釣魚執法』。我細細思量後認為，女老闆要你傳達英國老太的話語；你們在英國老太家的談話內容，特別是你答應回香港向女老闆匯報，由英國政府提出為老太亡夫遷墳，才是案情關鍵的關鍵！」接著，繼續說：「我是從公安警察的角度談論問題，你到英國老太家中，為香港女老闆與她互傳信息，她倆都是英帝國主義的人，現在是『文化大革命』非常時期，你已經犯了共產黨大忌，認為你『裡通外國』，在參與『英國間諜』活動。開始你同英國老太談的都是中國進行『文化大革命』運動的情況；以及外國僑民的遭遇等事實，你們意想這一切都是普通平常之事，公安警察卻認定你們在交流『間諜情報』。現在的中國，把任何雞毛蒜皮芝蔴綠豆的事，全部『上綱上線』『無限放大』，因此成千上萬的無辜百姓，莫名其妙的成了現行反革命，吃官司坐牢監，有冤都無處伸，要想申冤，毛澤東一句『聖旨』：『翻案不得人心』，無數含冤負屈的人士，只要一提申冤，輕則批鬥重則吃官司、加刑。我還熟悉共產黨法律，不服戴反革命帽子，提出申訴，馬上判刑關進提籃橋。承蒙你的信任，要我看『病』，我就實事求是將你最『要命』的病情告訴你，英國老太要你帶口信到香港，你怎麼腦筋動都勿動，一口答應幫她帶到呢？這絕不單純是自搬石頭自砸腳，沒事找事，並且還涉及中英兩國可能發生的外交事件，這是『殺頭』的罪名。所以我才提起『愛德蒙・鄧蒂斯』，他是法國著名大作家大仲馬《基度山恩仇記》中主角人物，他為下臺流放荒島的前法國皇帝拿破侖帶了一封信到巴黎，交給他的同黨，結果糊裡糊塗犯了『叛逆罪』坐了十幾年的監牢。但他比你幸運，遇到了睿智聰慧又擁有寶藏的法利亞長老，結果逃出了監獄，并獲得了天文數字的財富及無與倫比的知識，對誣害他的壞人一一報了仇。你前半部份很像他！怪不得你莫名其妙就成了『間諜』，由於你給香港上海兩地英國人帶口信，將香港消息帶到上海，把上海情況傳到香港，所以公安警察定你『英國間諜』把這算作理由」。

他眼睛緊緊地盯著我，長時間一言不發，搜盡枯腸苦苦回憶，既有後悔、自責，又深感無可奈何。然而他橫過來豎過去都想不明白，一位孤立無援行將入木的英國老太，托帶個口信到香港，希望將亡夫遺體遷出上海送回英國，純屬個人家事，完全同政治無關。況且對他來說，這不過乃一舉手之勞，助人為樂是做人起碼的道德標準，怎麼可能充耳不聞熟視無睹，缺乏絲毫同情心，而予婉言相拒呢？退一步言，若女老闆發現隱瞞不告訴此事，肯定認為我人品不好，必然會被「抄魷魚」。老廚師只能責怪自己，長年生活在香港，對大陸情況「政治雷區」一無所知。現在意識到「醫生」已切實找到他的病根子，這一切的一切，拍落門牙只能和著血，嚥到肚皮裏去。

我實事求是勸慰他，不應該把責任都拉到自己頭上，如果公安警察沒有「放倒鉤」老廚師亦不會回上海；共產黨沒有此類荒誕不經皂白不分的嚴刑峻法，他更不能變成『英國間諜、現行反革命』！

我的話還沒說完，老廚師早已淚流滿面泣不成聲。

老太珍惜忘年之交

第二天繼續話頭，老廚師說，講起我女兒時，英國老太向我「打招呼對勿起」，說是我女兒要去新疆時，她已準備好禮品，我女兒說好會去辭行，可能因為忙結果沒去成，她請張媽送禮品到我女兒家時，誰知她已動身走了。老太十分感謝我女兒多年來對她的照顧和探望，特別是她孤獨伶仃舉目無親在上海，我女兒關心她愛護她，經常陪她說話解悶及購物辦事，有這樣一個忘年之交女伴，極其珍惜難能可貴，但對她堅決要去新疆，又覺得既勿理解和感到非常可惜。聽說如果她結婚有了家庭，新疆就可不去了，真是這樣，蠻好讓她早點結婚。

我說，現在大陸的孩子，爺娘養得了她的人，養不了她的心。前幾年我早該帶她去香港，只是我的爺娘勿捨得，叫我晚幾年再讓她去香港，啥人曉得共產黨政策像月亮，初一、十五勿一樣，後來老人相繼走了，她也想去香港了，卻幾次申請都沒批准，結果反倒去了新疆。這是她的命也是她的運。

英國老太聽了反而倒過來勸我說，好在來日方長，她年紀輕輕今後總歸會有機會去香港的。

她有「潔癖」

英國老太示意要上洗手間，張媽把老太攙扶到洗手間門口，隨手關上了門，站立在門外。我問為啥不在裏邊幫助她？她告訴我，英國老太關照過，她勿歡喜這樣，生活上她能自行料理的就堅持自己解決；若一切事體依賴人，少活動，少思考容易得老年癡呆癥。她目前身體勿大好，患有心臟擴大、高血壓、糖尿病，一天兩針胰島素，每個月要去幾次醫院。腦子也差了，經常丟三拉四前講後忘記，但是只要講起她過世先生的事，不論大大小小通通記得清清爽爽，而且越講越起勁也勿曉得吃力。

我問：是不是有老年癡呆癥預兆。她講，醫生說畢竟上了年紀，而且上海的英國朋友又少，沒人講知心話。一個老年外國女人獨自一人生活在異國他鄉，鈔票再多又有啥用場。她現在還不完全是老年癡呆癥，與眾不同的是老裏八早幾十年前的事體，倒能記得清清楚楚，然而眼面前發生的，常常忘得一乾二淨，這也許是預兆，不過啥辰光會發作，啥人亦勿曉得。我問她，上年紀的老人容易大小便失禁，老太有沒有。她回答說，有時會有，老太特別要乾淨，一發生就要裏裏外外換乾淨。我說外國人尤其是外國老太，交關人有「潔癖」，清爽得要命，是這種怪脾氣。

老太按例送紅包

等老太出來後，我在手提包裏將女大班托帶的信和物品交給了老太，一面也用「洋涇浜」英文說：您曉得我老闆現在不便到上海看望您，您又不想去香港，所以只好帶些相片給您，詳細內容信裏寫了，一點點吃、用的東西，是千里送鵝毛，略表她心意。同時，最要緊的是女大班想問您討些近日的照片，及您的回信讓我一道拿回去。接著我謝謝老太關心我在新疆的女兒，并說，估計她很快就要回上海，等她回來後一定與她一起看望老太太，我們這次請兩個星期假到上海來，主要是與她團聚。

之後我們又東家長西家短，七搭八搭講了她在香港的熟人，及女老闆和香港一些新聞；老太談起了她日常起居的一些事體。大概坐了一、二個多鐘頭，我看老太面色已相當疲乏，說話已詞不達意含糊不清，上眼皮同下眼皮開始在「打相打」，很快會粘在一起要「打瞌睡」了。我的職業習慣之一是要「鑒貌辨色」，見到眼前情境，於是自家「識相」起身告辭，約好過幾天再來看望她時，並且一定燒幾樣「拿手好菜」讓老太嚐嚐味道。老太頗高興的說了聲謝謝，隨即叫張媽送送我，說時已將一封預先就準備好的「紅包」塞到我手裏，說是一眼眼小意思，當作在上海的零用錢。我推辭了一下後，說聲謝謝就放進口袋。臨走時老太又鄭重其事地說，一切拜託你了，我靜候佳音。

「講到這裏，我想起了一件事，」老廚師若有所思地回憶：「老太講這番話時，張媽叫我等一下，她走進自己的房間，幾分鐘後才出來……」。

「是嗎」？我也在品味張媽的動作。

「多多保重」

老廚師說，從直覺上感到，張媽從她自己的房裏出來後，講話就與前不同，比較隨便。張媽邊送邊走邊告訴我，今早老太看見儂，心裏特別開心，從來都嘸沒聽她講過介許多話。畢竟現在老太年高人虛，隨時隨地想瞌覺，並且立時三刻就會瞌著，身體非常勿好，儂勿要見怪。我連聲說怎麼會呢，老人家們都大同小異，她與幾年前相比，不可同日而語，歲月不饒人嘛！我稱讚她的話，你一定領會其用意。張媽一邊點頭一邊開門送我時，意味深長地說了句：一路小心，多多保重，多多保重。然即關好房門。我離開老太處，行程匆匆只想早些回家，當時并沒有留意張媽「多多保重」的話，到底什麼意思。

幾天後，我又一次去拜訪老太，由於事前約好，就沒先打電話。到蓋司康公寓前，我去附近的五原路農貿市場，買了點魚腥蝦蟹和活雞瘦肉，準備以我在香港作大廚的高超手藝，使老太重新品嚐英國菜餚特有的家鄉風味。

來到了蓋司康公寓，門口的待遇同上次一式一樣。完成證件登記，他打電話落實後，就開電梯送我到老太的樓層，我按了門鈴，張媽開了門，讓我進了房間後。開門時我已聽見老太連續的咳嗽及喉嚨乾咳聲，張媽對我說了句：對勿起，三步併兩腳進入老太臥室，接著聽到老太吐痰、喘氣的聲音。我只能在客廳等候，幫不了一點點忙。外國人，特別是英國婦女的臥房，未經主人同意，男賓是不可擅入的，何況我還是個下人。

等了幾分鐘，張媽終於出來了，說：「老太向儂『打招呼』對不起，今朝實在勿巧，她在生毛病，所以不便見客了。好在還有一個多星期，儂才回香港，只能過兩天再見面了，為免空跑，最好先來個電話。老太寫給香港老太的信，已經寫好，叫我交給儂；照片等儂下次來再給儂」。

我講：「嘸沒關係，該講的話上次基本上都講了，現在老太的身體頂要緊，下次來了再好見伊，我本來今朝想燒幾隻英國西菜給她吃，讓他換換口味，所以專門到五原路農貿市場買了點菜來，現在只好交給你了，等老太身體恢復了再燒給她吃。另外，儂看要我幫點啥忙，譬如跑跑腿出出力的粗事」。

張媽說：「老太身體勿好，這幾天肯定不能吃，菜儂還是帶回去自己吃罷。她說，拜托你的事，已經講過了，其他也沒有什麼事麻煩你，你多多保重」。

「我住在浦東不是在香港，家中沒有冰箱，回家要擺渡過黃浦江再要走一大段路，買的菜帶回去實在勿方便，你們家裏有冰箱，老太勿好吃儂好吃，她要吃啥以後可以再買」。

張媽看推托勿掉，就收了下來，她說：「今朝老太身邊離勿開人，所以勿留儂了，也不遠送了」。

原本我想趁老太勿在邊上，有些關於老太身體情況的話，想問問張媽，回香港後可以詳詳細細報告女老闆。現在既然她要照顧老太忙裏忙外，還是識相點先走吧，不要給張媽添麻煩，好在隔兩天會再來。我講：「請向老太打個招呼，我過兩天再來望望伊」。

張媽送我到門口，關上房門前，眼睛看著我又重覆了上次的說：「路上小心，多多保重」。說完就把門關上了。

張媽口口聲聲說要小心，要「多多保重」，我心想，上海人都被「文化大革命」嚇怕了。這幾天親眼所見馬路上走的不少行人，有的是一邊走一邊輕聲自言自語自說自話，有的人對周圍事物彷彿提不起絲毫興趣，傻乎乎呆卜卜活像行屍走肉朝前走；再有的人面孔像「火車脫班」時一樣難看，眼睛筆筆直似機器人殭硬地直線行，似乎周圍世界的一切均不復存在似的；有些人心事重重埋首低頭走路，仿佛在地上尋找什麼東西；總而言之，除了一小部份紅衛兵或造反隊，邊喊口號邊唱歌外，馬路上看勿到昂頭挺胸充滿自信的人。剛剛張媽講話時也心神勿定，又一次都要我小心，要我保重，而且是「多多保重」。我是香港來的，過幾天就要回自由的香港，香港人同大陸「文化大革命」完全「勿搭界」，她完全可以放一百二十四個心。

後來關在看守所，我將到上海後幾天來發生的事體，一件件像過電影一樣，一幕幕再放一遍，我才覺察張媽的「一切小心」「多多保重」乃話裏有話音外有音，向我「忍令子」（提醒），可惜我戆頭戆腦糊裡糊塗嘸沒「接令子」。

戶籍警來查戶口

這次回家後的第二天上午，戶籍警就來尋我了，問我為啥到了上海沒有報戶口。我感到很奇怪，我講我是中國人，生勒此地養勒此地，隔壁鄉鄰全認得我，現在回的是老家，而且以前回浦東家裏從來嘸沒報過戶口。戶籍警說，儂生勒此地不假，但儂現在是英帝國主義統治下的香港人。中國在搞「文化大革命」，人人要提高警惕，儂帶好家裏的戶口簿，跟著一道去派出所報戶口。我說實在對不起，女兒去新疆後勿曉得戶口簿放勒啥地方，我只有港澳居民回鄉證。他說算了算了，有回鄉證也行，跟我一起去吧。

到派出所後，叫我先在一間房子裏坐一歇，戶籍警就再也沒有提報戶口的事，他到另外房間打電話。歇了十幾分鐘只聽到外面有汽車停靠聲，隨即進來了兩個公安警察，面孔鐵板問了我姓名、年齡、為啥來上海後，隨即命令我立正，雙手放好。其中一名警察隨即拿出預先準備好的一張紙，鄭重其事口音嚴肅向我宣讀：以英國間諜、現行反革命罪對我刑事拘留！由於事出突然完全在意料之外，再則他宣讀的內容大都聽不懂，所以一時三刻我還嘸沒反應過來究竟發生了啥事體。等到公安警察拿出一副銬子在枱子上一拍，我茫然失措才想起了人已在公安派出所，被當作「英國間諜、現行反革命」了。我心猶不干，結結巴巴的問，我犯了那條法要把我關進去？

公安警察說，你沒聽清爽？是英國間諜、現行反革命！你不要裝腔作勢扮糊塗，像儂格（這）種人我們見得多了，你犯了啥格法自己心裏完全有數，共產黨的政策「坦白從寬抗拒從嚴」，現在勿要囉裏囉嗦，先按上手指印簽了名跟我們走，以後審問你的時候，有大把機會讓你講。

關進第一看守所

公安警察講完了話，我腦子裏空白一片，糊裡糊塗好像似做夢一樣，坐上囚車依舊稀裡糊塗，囚車經黃浦江輪船擺渡到了浦西，又七轉八彎開了近半小時，結果我被關到了南市的上海市第一看守所。電影電視裏人一上銬子，就混身發抖，面孔轉白嚇得魂靈出竅，其實當場銬上手銬，我并嘸沒覺得怕，只是像機械人或者似戲臺上的演員那樣，木頭木腦跟著公安警察走罷了。真正的怕是「後怕」，當夜闌人靜我一個人同幾個陌生人一道睏在看守所的地板上，我才想到自己已經是「英國間諜、現行反革命分子」了，我想起了老婆及女兒，她們曉不曉得我已經關在「籠子裏」吃官司了，思前想後悲從中來我欲哭無淚，無語問蒼天。

第二天早上聽同監的老犯人講，普通犯人關在各區看守所，只有上一定「檔子」的重案犯才關進市級看守所。由於在囚車開行的路上，公安警察再三關照我，牢房中絕對不能談案情及犯罪手法，否則罪加一等。故而我亦不敢把案情同他們講。聽老犯人說，據他們猜測，我這次犯的事體必定非常麻煩，所以我更加不敢說是因為英國間諜、現行反革命罪被關進來的。他敘說當時的情景心態，就像丈二和尚，摸不著頭腦，又心有餘悸往事不堪回首。後來判刑二十年後到了提籃橋，每月一次老婆接見時才得知，自己到派出所及進看守所的辰光，家中同時由派出所警察帶了一批人，裏裏外外翻箱倒櫃在抄家，抄出的主要罪證，就是英國老太寫給香港女老闆的私人信件。

「政府是在挽救你」

他說，關進上海第一看守所隔天，兩名公安警察就來提審，第一句話就嚇了我一跳，公安問我，「英國老太上海話介靈光（精通的意思），你是浦東人，什麼道理不同你講上海話或中文，兩個人卻要講英文，到底有啥見不得光的話怕人聽見」。

我第一個反應，公安警察不可能直接去問英國老太，所以看來是張媽告的密，因為當天只有她在場，但我還是似問似答的說：「你們怎麼曉得老太同我講英文」？

公安警察聽了笑嘻嘻又一臉神秘地說：「『無產階級文化大革命』是要對資產階級、帝國主義全面專政，現在中國八億人民已經充分發動起來了，到處都是人民群眾的天羅地網，你們在房間裏講英文這些區區小事怎麼能瞞過我們，老實告訴你，你為英國人做間諜的骯髒勾當，我們都掌握得一清二楚。你出身是勞動人民，政府現在是在挽救你，給你機會讓你走坦白從寬的光明大道，如果心存幻想抗拒到底必然從嚴懲處，只能是死路一條」。

要反戈一擊爭取立功

他剛講完，我急不可待說：「我是勞動人民做飯司務的，從來嘸沒做過英國間諜，也做勿來英國間諜」。

「你的所作所為，已經構成了英國間諜罪，還講做勿來英國間諜，你倒很『謙虛』。然而，透過現像看本質，你這隻狐狸再狡猾，也鬥不過毛澤東思想武裝的好獵手，你必須放棄幻想端正態度」。接著公安警察話中藏話弦外有音地說：「你是不是英國間諜機關派來的，英國女老闆派你到上海來究竟做啥？」

我回答：「不是她派我來的，是我新疆的女兒叫我們到上海來」。

公安說：「這還要你說，我們老早就掌握你女兒寫信，這是表面現象，實際你是在順水推舟，想掩蓋英國老闆派你到上海的事實，這種『障眼法』也太低級了」，他大聲呼喝地問：「究竟英國老間諜叫你到上海做什麼間諜勾當」。

「嘸沒叫我做啥，真是新疆的女兒要我們到上海團聚」。我戰戰兢兢重覆回答，怎麼女老闆變成英國老間諜了。

「你倒是經驗豐富『老吃老做』，確確實實是英帝國主義精心培養的走狗間諜，你是勿到黃河心勿死，不見棺材不落淚，我問你同英國老太婆究竟交流了多少間諜情報」？

被他一口一聲的「間諜」、「情報」，我懂得這是個「殺頭」的罪名，已嚇得我魂靈出竅手腳冰冷方寸大亂語無倫次。我說：「我到蓋司康公寓，看望七十多歲的英國老太太，我們談的都是普普通通的家常」。

「她是你的朋友」？公安警察故弄玄虛有意地問。

「我是個飯司務，哪能高攀得上這種身家的英國老太，她是我香港女老闆的同學，她叫我到上海後，去望望伊，」我還沒講完，公安警察就接上來說：「還叫你帶封信給她，是嗎，好了這變成我們在幫你交待了，」

我馬上搶著說，「除了信我并交給她好幾張老闆的照片。女老闆關照讓伊回封信和向她要些照片」。

「你現在的態度比剛才好一點了，這說明你已經承認是英國女老闆，派你到大陸後同上海的英國老太婆聯絡，將一封重要的『密信』和照片交給她；至於重要的口信，為防止別人聽見，存心用英文同老太婆講。其實所有一切我們全部清清爽爽明明白白，主要看你老不老實，走不走坦白從寬的光明大道。你既然要交待問題，就勿能像擠牙膏擠一點講一點，要竹筒到豆子，乾淨、徹底地交待清爽，更重要是反戈一擊爭取檢舉立功。打開天窗講亮話，你在這場英國間諜案中不過是小八臘子小嘍囉，你們香港人叫『馬仔』，案子主角是兩個英國老太婆和她們的英國間諜組織。現在是看你想勿想立功，要勿要接受祖國人民的挽救」。

「好話」比打罵更可怕

天啊！聽了公安警察這番「好心好意」為我好的「好話」，真比他拍枱敲凳，兇神惡煞似地打我罵我，不給吃飯餓我，用大光燈照我更可怕。兩個七、八十歲，快將「蒙主寵召」去見上帝的英國老太太，都莫名其妙成了英國間諜組織的間諜，連我這種下人飯司務，聽主人吩咐，去望望她的老同學帶封信及照片，也糊裡糊塗「變成」了英國間諜。「官」字兩個口，我就是混身長嘴巴，也是秀才碰到兵，有理講勿清。但是有一點，我心裏像吃了螢火蟲，完全「拎得清」，只要伊不像電影電視，給我灌辣椒水，讓我坐老虎凳，用烙鐵燙身體，我是死也勿會自己冤枉自己是英國間諜，更加勿會違背良心像瘋狗亂咬人，公安警察設下圈套指鹿為馬以黑作白，硬要將我冤枉成「英國間諜」，人在做天在看，老天一定會懲罰這些壞人的。香港電視、報紙常常講，在大陸坦白就等于自殺；何況我是個清清白白的好人，終有一天會真相大白，如果自家勿爭氣，損人不利己亂咬亂講，等于弄一把老白虱放在頭上搔搔，永永遠遠也水洗勿清。說話聽聲鑼鼓聽音，公安警察的意思叫我像老木匠硬裝斧頭柄，要拼命「敲」，將兩位英國老太硬勁「敲」成英國間諜。我信佛祖，絕不會做這種絕子絕孫傷天害理的壞事。戲文裹有《楊乃武小白菜》、《六月雪》，好人總有一天會沉冤得雪。再說，吃冤枉官司是我前世作孽，害我的人將來一定有報應。

人為刀俎我為魚肉

公安警察看我一聲不響，以為我在思想鬥爭準備交待「間諜罪行」，等了一歇我想自家現在是砧板上的肉，他們要橫過來砍直過來斬，歡喜怎樣斬就怎樣斬，哪有我一星半點討價還價的餘地。我下定決心豁出去了：「我是個飯司務，也不會講話，這次是我新疆的女兒寫信叫我們來上海團聚，根本勿是香港女老闆『派』我來的，天地良心講，女老闆還叫我勿要到上海，是我勿聽她的話，硬勁要回來，自家來尋死，勿相信你們好去調查。女老闆叫我去望望英國老太，問問她近來情況；給她帶封信，信裏寫點啥我一點點也勿曉得，還交給她女老闆的幾張照片。全部事體就是這樣，其他的情況我就真的勿曉得了」。

「倒看勿出，你受英國間諜機關的茶毒如此之深，祖國人民對你的耐心挽救苦口婆心，你錯估形勢以為我們軟弱可欺」！公安警察一聽我「拒不交待」，勃然大怒翻起了貓臉，聲音提高了八度。「你不僅自己頑固不化，而且還為你的英國間諜主子塗脂抹粉打掩護。你英國老闆的怡和洋行，是出名的強盜公司、間諜公司，早於一八四〇年鴉片戰爭前，在印度就專門為英國政府巧取豪奪及收集情報，難道他們現在就會『放下屠刀立地成佛』？偉大領袖毛主席教導我們，英美帝國主義亡我中華之心不死，它們也絕不會放下屠刀，亦永遠成不了佛。我們有大量證據證實，你的英國間諜主子為啥早勿派晚勿派，偏偏現在『文化大革命』辰光派你到上海來聯絡潛伏多年的老間諜。英國主子自家不敢來，所以派『馬仔』當『替死鬼』來上海，現在我們一樁樁一件件與你落實。第一，你的女老闆以前在上海，後來在香港的英國有名的怡和洋行裏任二『大班』，你在上海和香港充當廚師」。

我點點頭，表示承認。

公安警察說：「你搖頭擺腦可不行，要用嘴說，我們好記錄」。

我說：「是事實」。

公安警察說：「你不承認英國老闆『派』你到上海，我們共產黨的政策是重證據，不輕信口供。你可以抗拒交待，一切以證據為重，照樣可以定你的罪，判你的刑。我再問你，你為啥要到英國老太婆家裏」。

「是我老闆叫我去望望她」。我小心翼翼一字一句回答。

「你只是去望望她」？公安問。

「女老闆叫我帶封信和照片給她，要我回香港辰光，上海的老太回封信及給幾張最近的照片」。

公安警察胸有成竹地問：「信和照片為啥不從郵局寄，要你隨身帶？裏邊究竟有多少偷偷摸摸見不得光的『秘密』，你說你不知道，我們知道。你硬要把頭往牆撞，牆是勿會撞出個洞，唯一結果是你自己頭破血流」。

「聽說女老闆寫過幾封信給上海老太，但沒有收到她的回信」。

「香港女老闆沒有收到回信」？公安警察洋洋得意暗暗自喜，又明知故問：「你怎麼知道的」。

「來上海前聽女老闆講的」。我如實回答。

「再問你，你向英國老太婆問了什麼」。

我說：「問她身體情況……」，

公安警察打斷我的交待，說：「不要避重就輕」。

一時間我嗡嗡直響的頭腦，沒有反應過來，目瞪口呆不知所措。

「文革」情況就是「情報」

「關於『文化大革命』的情報，你收集了多少」？公安警察聲色俱厲地問。

「女老闆要我問問老太『文化大革命』開始後有沒有被抄家及批鬥」，我看著兩名公安的臉，我像猜謎似的，不知「謎」猜得對勿對。

公安警察面孔鐵板，說：「『文化大革命』黨中央規定，對在中國的外國人現在實行特殊的政策，你們在香港就不清楚了吧，所以你老闆專門叫你來收集『文化大革命』的各種情報，這方面你既然開始承認了，應該爭取主動，徹底交待」。

公安警察講的是中國話，我怎麼越聽越像外國話聽勿「懂」，越聽腦子越糊塗。停了一下讓自己回過神後，我說：「我不過問問英國老太自身的情況，沒有收集『文化大革命』情報，我一個飯司務每天燒飯煮菜，我要『情報』做啥」！

「你收集『文革』情況，就是收集『情報』。收集『情報』做啥，這要問你和你的英國間諜主子。你剛剛開始交待，怎麼又來裝糊塗了？你到上海後靠問、靠聽、靠看收集間諜情報，然即你回到香港向英國主子報告邀功求賞，面臨鐵證如山你抵賴不了」。公安警察像煞有介事一本正經地說。

我看著他們的面孔，好像勿是在尋開心，雖然還不算「雞同鴨講」，總歸是秀才碰到兵，有理講勿清，我講的是城門東造反，公安警察想曉得的是城門西逃難。

公安警察說，「你把去英國老太婆家雙方的對話，從頭到底交待清楚，你先要丟掉幻想，不要以為講英文我們不掌握，若要人不知除非己莫為」。

我實在經不住成日成夜的疲勞轟炸饑餓折磨，無窮無盡的威脅恐嚇，只能將從進蓋司康公寓到離開後回家前，同英國老太的對話由頭到尾從實交待一清。其中，我已經記不清爽公安有多少次面孔板板六十四，窮凶極惡的樣子，或者自稱是「刀子嘴菩薩心」拍枱拍凳青筋勃起聲嘶力竭，要將我從懸崖邊「挽救」過來。但是我清楚記得，當我提到英國老太已經風燭殘年燈枯油乾快要「熄火」（死的意思），勿可能做間諜的辰光，公安就環眼圓睜怒髮衝冠說：「英國是老牌間諜國家，做間諜的人一直要做到死，沒有退休的，英國老太婆只要有一口氣，總歸是間諜，而且很多還是全家老小一齊做」。

聽他這種張著眼睛講瞎話，我心裏不服帖，開始發戇經了，我實事求是地說：「英國老太的先生，是個畫畫的教授，跑遍了中國，因為歡喜中國，所以葬在上海……」。

「典型的間諜手法」

「這種就是典型的英國間諜手法」，公安警察的臉像是黃梅天，說晴就晴，說雨就雨，有時東邊日出西邊雨，變化莫測不可捉摸。公安警察自我感覺良好地繼續說：「他打著到各地畫畫的幌子跑遍中國，目的是要去各地收集情報；世界上沒有無緣無故的愛，也沒有無緣無故的恨。一個英國間諜能愛共產黨領導的新中國？他死了還要侵占中國土地，葬在上海萬國公墓是為老婆打掩護，給她留在上海繼續潛伏找藉口，以便進一步收集情報」。

天啊，他們將熱愛中國已故的英國教授，也算作間諜，怎能指望他們放過活人。我的戇勁越發越癲，說：「既然英國老太是間諜，為啥只關我，也應該把她關起來」！

這一下似乎觸痛了公安的神經，他猛的一拍枱子，連枱上的茶杯亦跳了起來，把水潑到枱面上。他咆哮的說：「你做間諜做到公安局了，想刺探我們公安局的對敵鬥爭戰略部署，如何處理英國老間諜，真是白日做夢，警告你，只許老老實實坦白罪行，不準亂說亂動抗拒交待」。

當時我嚇得要命，勿怕坍臺講，嚇得雙腳「彈琵琶」，小便都流出來了。看到他們這種腔調，從心底裏怕，惹毛了他惱羞成怒，弄得勿巧真的叫我坐老虎凳灌辣椒水，至少會被打得鼻青眼腫混身傷痕。我這種歲數哪能吃得消。還算菩薩保佑，公安警察發過脾氣，又狠狠教訓了我一頓後，似乎不再追究下去，我也稍稍放下心來。

單刀直入遷墳問題

誰知風雲驟變一波未平一波又起，重新提審時，公安警察開門見山單刀直入，訊問英國老太亡夫遷墳問題。我深知被它打中了要害，但又心存僥倖故作鎮靜，主要是猜想張媽聽不懂英文，可以避重就輕朦混過關，所以只承認老太非常擔心亡夫的棺木越遷越遠，有遷墳的念頭。

「那麼，這件事同你沒啥關係了」？公安警察不露聲色，彷彿隨口一問。

我以為避過難關，順水推舟說：「同我確實沒有關係」。

公安警察勃然大怒滿臉通紅青筋暴起，語音提高八度說：「你死到臨頭還在負隅頑抗，真是訓練有素的間諜特務，英國老太婆都願意將千斤重擔託付給你，若你不是間諜組織成員，英國老間諜能如此信任你？還想狡賴」！

天啊，我混身坍如一堆泥，差一些從椅子上跌下來。張媽聽不懂英文，不可能聽到老太所說『將千斤重擔託付給你』，公安警察怎麼會知道得如此詳盡，難道他們錄了音？繼又想彷彿不太可能，大陸技術比香港落後，我去看望老太這類小事，怎麼可能大動干戈興師動眾，安裝錄音設備呢！

「快講」，他們見我目瞪口呆靈魂出竅，仍舊加大音量志在必得，不讓我有絲毫考慮時間。

「老太想將先生的遺體遷回英國，要我回香港後對女老闆講」。我斟字酌句有點口吃的說。

「政府再一次警告你，懸崖勒馬丟掉幻想，頑抗到底死路一條。老實交待才有出路。你要繼續交待老太婆要你老闆做點啥」。公安警察厲聲疾言乘勝追擊。

「她要女老闆請香港官員幫忙，轉告中國政府，讓她將亡夫遺體遷回英國」。我戰戰兢兢又察言觀色地說。

「老實告訴你，你所有犯罪事實，我們全部掌握。要你老實交待，是給你坦白從寬爭取從寬處理的機會。然而你，不是拒不交待，就是擠牙膏，妄圖矇混過關。老太婆是英國公民，香港官員能幫她遷亡夫的墳，你在騙誰？」公安警察暴跳如雷繼續拍臺打凳。

我耳聽眼觀面前情景，知道避重就輕已此路不通，只能束手就縛，說：「是要女老闆向英國政府和香港總督反映，要求將遺體遷回英國或香港。老太說，英國公民在上海遇到困難事，請英國政府幫助是理所當然的。不過，我現在沒有回香港，所以也沒有向女老闆說」。

「這兩個老間諜居心叵測惡毒透頂，竟然要製造中英兩國的外交事件，是可忍孰不可忍！嚴正警告英國老太婆、你在香港的主子及你，不要錯誤估計形勢，現在不是鴉片戰爭的年代，更不是八國聯軍的時期，偉大領袖毛主席一九四九年向世界宣告，中國人民已經站起來了，美、英帝國主義早已夾入尾巴逃跑了。你接受了間諜任務，被毛澤東思想武裝起來，火眼金睛的人民警察識破了鬼蜮伎倆，才斬斷魔爪使英國間諜的陰謀詭計沒有得逞。所以說把你抓捕歸案，你就不能繼續進行犯罪行為，這是黨和人民對你當頭打擊，也是對你的的挽救，現在你明白了嗎」？

把我關進囚籠，莫名其妙成了英國間諜和現行反革命，還算對我的「挽救」，我怎麼想也搞不明白。但人在屋檐下，不得不低頭。我只能揣著糊塗裝明白！口口聲聲感謝共產黨的挽救，要重新做人。

有關遷墳的審訊，反反復複幾天，常時是倒過去順過來問了又問，據說公安警察老辦法，一是把案子辦成鐵證如山，二是看看有沒有漏洞和缺口，以便擴大戰果。每次結束審訊，就叫我看審訊筆錄，不明白的地方就唸給我聽，似乎一切實事求是，沒有實施逼、供、信，完全符合共產黨宣傳的政策規定。最後命我再在一張張筆錄上簽字畫押，在一疊紙的「騎縫」處按上手印。

又過了一個月，換了兩個穿軍服的人來提審，他們不是來問「新情況」，像是來「走過場」，核實我口供上的話是不是我講的。問我，公安警察有沒有打我，給你用過刑，逼供過。我說打倒并不算重，也沒有用過刑，但是不交待問題就不給吃飯，十幾個鐘頭用強光燈照著我。一個軍人臉孔鐵板講，問你有沒有挨打，不是問你吃不吃飯，照不照燈。你們是共產黨抓進來的犯人，不是共產黨請來的客人。問你啥就回答啥，要端正態度，不要東拉西扯。我一聽心裏就明白了，他們不是來「做包公」為民伸冤的，他們都是一伙的，再多講也是白講。於是我就說材料中的話，是我講的，但是說我是英國間諜、現行反革命，我想勿通。穿軍服的說，想勿通就多多想細細想，最後又問了一句，以前的提審員有沒有違反政策的地方，及有沒有新罪行需補充交待。

儂曉得我是香港來的，許多大陸的話我聽勿懂，看到我一言不發悶聲大發財，他們立起來準備走，我問了一句，我的案子啥辰光開庭。他們聽了有些好笑，問，你說開什麼庭？我說法院什麼時候開庭。他們弄明白後笑得更厲害了說，你還是「花崗岩」頑固不化的老腦筋，現在是「文化大革命」時期，打破一切條條框框，剛才不是已經「開」過庭了嗎。他們的話我像丈二和尚摸不著頭腦，我滿腹疑慮地說，怎麼沒有看見法官、書記官。穿軍服的說，我們就是「法官」、書記員。全中國在搞文化大革命，毛主席一聲令下砸爛公、檢、法，由解放軍成立公、檢、法軍管會，破舊立新公、檢、法合成一家，不再用老皇曆了，不需要形式主義由法院開庭了。至於對你犯罪的判決，將在公判大會上宣佈。

老廚師說到此地，我請他休息片刻，以便作些解釋。我說，文化大革命剛開始，毛澤東就發出「最高指示」：「和尚打傘，無法（髮）無天」，提出砸爛公（安局）、檢（察院）、法（院），由解放軍成立公檢法軍管會將三家併成一家，實行軍事管制。從此，中國依據《憲法》制訂的《刑法》、《刑事訴訟法》就被掃進了歷史的垃圾堆。所以很多官司都是「內定」的，現在已經沒有法院開庭了，犯人的生、死，判刑輕重，「上級」已經判定了，宣佈判決結果像唱戲過過場，弄個形式，大家騙騙大家。全中國整個公安局、檢察院、法院的成員，基本上都是沒有學過法律，或者根本不懂法律，文化不高的工人、農民、解放軍擔任。他們唯一的特點，熱愛共產黨，甘願做共產黨的馴服工具，并因此深受「上級」信任；他們以「大老粗」不懂法律為榮，以「科班出身」知識份子為恥。少數「科班出身」的大學生，大都是「接受改造世界觀」的低級幹部，根本沒有決策權。此就是共產黨津津樂道的「黨管司法」、「外行領導內行」，并鼓吹這是社會發展的必然規律。除了中國體制的原因，不懂法律的人執掌公安局、檢察院、法院的大權，糊塗官判糊塗案，這也是中國「冤、假、錯案」遍地存在的一大原因。中國從一九五七年反右鬥爭後，就悍然取消律師制度，法官開庭更可隨心所欲，連最後的一塊「依法辦事」遮羞布，都撕下了。你的案子，前面兩個人主要審案，後來的兩個人管複核，如此這般就草率輕慢「依法」對人的生死予奪，坐牢吃官司算定案了。并大言不慚褒之曰「破舊立新」。同時還取消了「上訴」制度，任何人不服「判決」，就是「翻案不得人心」，輕則批鬥，重則加刑，泱泱中國，一次「判決」就蓋棺論定，根本沒有說「理」的地方。他們所說的公判大會，這是又一次殺雞儆猴的演出會，把你當「演員」而已。

五花大綁參加公判大會

老廚師似懂非懂地點了點頭，心有餘悸談起了公判大會的情況。說道：「這日凌晨大約四點多鐘，天剛朦朦亮陰絲絲昏沉沉，寒氣逼人透骨心涼。看守所開亮了所有電燈，廣場上異乎尋常添設了探照燈，解放軍加崗增哨增加巡邏，監房內外一片肅殺景像。一陣不規則的忙亂腳步聲後，所長一邊喊犯人號碼，一邊開牢門。聽到喊聲、開門聲，老犯人馬上講，今天要開公判大會了，勿曉得啥人要被打靶（槍斃）了。」老廚師回憶當時情景，歷歷在目不寒而慄說：「你想，格種辰光還有心思尋開心，真不知天多高地多厚。我聽到他講「打靶」兩字，心想自己是英國間諜、現行反革命，馬上嚇得渾身發抖根根汗毛直起來，人呆卜卜魂靈出竅。此時，所長先喊了個殺人犯出監，隨即喊我號碼，後面又緊挨著一個殺人犯，更觸到了我的神經，我覺得人昏頓頓迷糊糊混身發冷，只感到天旋地轉兩眼一黑，人騰雲駕霧兩隻腳像在「彈琵琶」，膝蓋一軟人已經攤倒在地下，腳再也嘸沒力氣立起來。心想，喊我出監房的次序，前一個是殺人犯，後一個是殺人犯，我被一前一後殺人犯夾在當中，今早完結了，肯定是同殺人犯一道拉出去「打靶」了。一個勞動犯把我拖出監房，可能力氣勿夠，隨即又來了一個勞動犯，把我抬出監房。所長問我，要勿要大小便，勿要在以後找麻煩。其實小便早已撒在褲襠裏，點點滴滴流在地上。勞動犯過來叫我面向墻壁雙手抱頭蹲好，我那裏還能蹲，一屁股坐在地下，這天顯得特別冷，既寒又嚇人，我像生病「打罷子」刮刮抖，眼淚一顆顆直落下。我前世究竟作了啥個孽，今生受這種罪，好好交的香港勿住，到上海來「尋死」，害得老太婆為我收屍，兩個女兒分別受罪。

過了一歇辰光發早餐粥合子，啥人料到居然裏邊的東西同以往差勿多，我心裏稍會平靜點。唱戲演出自古以來要「上路」的犯人，最後一餐有酒有肉，吃的食品比平常日腳終要豐盛點，免得下世投胎做餓死鬼。後來我橫過頭去一看，我前後的殺人犯也是吃粥合子，大家全一樣，才想起共產黨是不信鬼神的，我的心裏又翻江倒海無法平靜。剛收去合子，馬上有人拿著麻繩熟手熟腳將我嚴嚴密密地「五花大綁」，而且在頭頸喉嚨口，套了一根細細的麻繩，他一邊試著拉了一下，我頭頸喉嚨口就像「上吊」一樣被勒得滿臉通紅，連眼烏珠都突出，氣都透勿過來。他警告我說，要老老實實不許亂說亂動，否則這根麻繩要勿客氣的。儘管我對這個傢伙，心裏恨得要命，但是好漢不吃眼前虧，免得在「上路」之前多「吃苦頭」，所以嘴上講：一定老老實實。

戲文裏頭的殺頭犯，是在身背後插一條牌子，押赴刑場時關在人推或馬拉的囚車裏，像一隻猴子游街示眾，到了刑場行刑官驗明正身，將身後牌子上的名字，用朱筆圈圈，午時三刻一到，行刑官令簽一落地，劊子手拔掉牌子，手起刀落身首異處。不過老法辰光，除了「凌遲處死」外，犯人犯的是一刀之罪，如果劊子手一刀殺不死犯人，就不能砍第二刀，刑場上的群眾就會一擁而上搶下犯人。此時，劊子手就被殺。現在共產黨將我胸前掛著「打倒英國間諜、現行反革命」牌子，拉上大卡車一路游街，因為天天這種節目，馬路上要「演出」好幾場，人們見多不怪，幾乎沒有多少人願意停留下來看熱鬧。儘管人員冷落車馬稀，車上的「演出」照樣要「完成任務」從頭演到底，電喇叭一路口號聲，伴隨著麥克風的嘶嘶聲，將犯人送進「公判大會」的後臺。經過一路「噴氣飛機式」的游街，冷空氣陣陣吹來，頭腦亦似乎清醒一點，伸頭一刀，縮頭也是一刀，已經到了這步田地，再怕也沒有用了。我仿佛是病人臨死前的「迴光返照」，將生死置之腦後，除了人感到極度的「吃力」外，最要命的是肚皮裏餓腸轆轆，從清晨四、五點鐘吃的早餐，一路游街到下半天，滴水未進粒米沒食，肚皮裏正唱著全本「空城計」，想必是要餓了肚皮上法場，以後做個餓死鬼去投胎。待等公判大會喊到了我的名字，全場只聽到一聲聲此起彼伏響徹雲霄的口號，我還嘸沒聽清爽判刑的結果，就被拖了下去，唯有一點頭腦清醒，我被拖到人多的一堆裏，同兩個殺人犯分開了，之後才曉得被判刑二十年。

同「打靶」相比，徒刑再重還是輕的，好死不如惡活。但回過頭來想想，舊社會江洋大盜，只判刑三年零六個月，我僅僅是奉主人之命，看望一位七、八十歲的英國老太太，談談家常，卻要坐五、六個三年零六個月牢監，我已年過半百，肯定是老死監獄，而且還要害老婆、害兩個女兒。你講講看，我如何想得明白！悶在心裏的話，今朝總算碰到你這樣的好人明白人，讓我有機會一吐為快，并請你為我譬解。

老廚師邊說邊嗚嗚哭泣不止。

看著他在流淚，我在心中也流著淚，囹圄中雷同的命運，相逢何必曾相識。然而我并不想即時勸慰他，讓他壓抑多年之鬱鬱不樂，今天盡情發洩一下，這樣對身體也許有好處。

他的案情似白開水

聽完老廚師全部案情的敘述，我陷入了深深沉思，同情之心油然而生，真乃欲加之罪何患無辭，令人無語問蒼天。他的整個「間諜」生涯簡直似一杯白開水淡而無味，平鋪直敘味同嚼蠟；既無刀光劍影命懸一線，驚心動魄跌宕起伏之橋段；更無曲折離奇鬥智鬥勇扣人心弦的情節。僅有的是老廚師與英國老太家長里短的一次談話，和兩位七、八十歲老太個人私事的往來書信。倘若英國軍情六處將如此這般低能的「間諜」派往中國，必定授世人話柄貽笑大方。而他遭受無妄之災的刑罰是最高有期徒刑的二十年，及全家株連。人的一生僅有幾個「二十年」，何況是一位年過半百，不識大陸政治的香港同胞，被「釣魚執法」騙回大陸，判處重刑「二十年」。老廚師所謂的「英國間諜罪」，同街頭巷尾大小單位大字報中「揭發」的間諜、特務「罪行」大同小異比比皆是。他們中又有幾個是名副其實，經得起推敲真價實貨的「間諜、特務」。公安警察為了邀功求賞升官發財，採用卑劣「釣魚」手段致使老廚師全家均落入網內，淪入無邊苦海。

就事論事勸慰他

我心裏這樣想，嘴上卻不能這樣講，否則不啻在老廚師血淋淋的傷口抹鹽，火上加油。加上旁觀者清當局者迷，我只能就事論事儘量不碰到他的傷口，來勸慰譬解他。我說，「為了使你對情況有全面的理解，有些話可能有重覆。你的故事開始是去了新疆的大女兒，寫信叫你們從香港回來，你們到了上海她卻沒有返還，明顯是公安警察叫她寫信，放『倒鉤』，設『圈套』，讓你們上了『鉤』回上海」。

「不可能，不可能，我女兒非常孝順，怎麼會存心不良害爹害娘」。他連續不斷辯解著，真是可憐天下父母心。

「我勿是講你女兒昧著良心『放倒鉤』，而是說公安警察逼她『放倒鉤』、設圈套，強迫她寫信叫你們回來，對她威脅說，若不寫就被關進去，儂講她敢勿寫」？

「你說得有道理，逼她寫就只好寫了，啥人敢拿雞蛋去碰石頭。香港的電視、報紙上三不兩時常常有類似報導，我只把它當新聞看，還有些將信將疑，政府怎麼可以拿老百姓的兒女作釣餌、『放倒鉤』，天底下怎麼會有如此這般悖天理違人情的事。但做夢也想不到，竟然會發生在自己身上。其實，從她沒有於新疆回來，我們兩夫妻就覺得奇怪，等我關進去後，也想到過這點的，到今天，我絕對肯定女兒是被逼寫信的」。

他這番話，我聽了特別高興，真所謂精誠所至金石為開，他和我終於又找到了一處「共同語言」。

全部講話內容被錄音

「據我分析，你女兒寫信讓你們回上海後，她不是不想回來，而是公安警察關照新疆方面不讓她回上海。從你香港到上海，應該說進大陸起，就一直在公安警察掌控之中，因此海關對你的檢查特別嚴，時間特別長，這就是最好的例證。你第一次去英國老太家，英國老太同你講的是英文，張媽是山東人吃麥冬，一句也聽勿懂。但為啥公安警察對你們談話的全部內容，甚至不起眼的細節都一清二楚呢？主要是他們將你定性『英國間諜』，這是罕有的大案、要案。於是公安警察對你到老太家可能發生的情況，事先作了棋盤推演，反復研究仔細分析，肯定估計到你們兩人可能講英文這一點。為了拿到確鑿的證據，使你不得不低頭認罪，老太同你所講的全部內容被錄了音。在英國老太家中安放錄音設備，這一切老太至今都不會知道，但是張媽肯定會曉得，在今日中國「文化大革命」運動下，公安警察為破案，要老百姓幫著做事，嘸沒人敢拒絕，張媽為求自保，就是知道了也一個字不敢對人講。可想而知，公安警察要到英國老太家裏安放錄音設備，沒有張媽配合是絕對辦不成的；再外加你到了老太家裏，只有張媽才有機會開錄音機及關錄音機。所以公安警察對你的主要案情，每個細節和過程都了如指掌，這一些雖然是我『毛估估』猜測分析而已，但看來是十之八九符合事實。張媽開始對你冷待，因為公安警察事先關照過她，你是英國間諜、反革命分子，要對你密切注意劃清界限。後來聽說你認識她媽媽，態度有轉變，特別是她送你離開前，專門到自己的房中去，估計是要關錄音機。錄音機關了後，張媽說話就比較隨便，因為已不可能錄音了，於是叫你小心叫你多多保重，是暗中『忽令子』（上海話『暗示』的意思）給你，但又不敢堂而皇之直來直去對儂講，她也怕你如實交待，公安警察必定要對她『算賬』。可惜儂又木頭木腦『拎勿清』，勿接『令子』；也可能自以為賊不做心不虛，嘸沒從壞處想，沒有感覺已經落入圈套大禍臨頭。至於老太，她年逾八十體弱多病，如果將她關進牢監，過不了幾天，就可能有生命危險，倘若監獄中一病不起，公安警察吃不了兜著走，會引起外交事件。再則，她是英國公民，事先要上報公安部和外交部批准後才能關押，估計上面亦不會批准」。我前後左右南北西東，抽絲剝繭由淺入深用老廚師能消化、接受的詞句，將「法律、政策」分析一通。

你在指點迷津還原真相

他聽後首先感到恍然大悟如夢初醒，又一次將當時發生的一切，包括公安警察幾次審訊的過程咀嚼回味，沉默了數分鐘後，滿懷感激之情連連點頭說：「儂講得合情合理入木三分，我所經歷的事情，你好像親眼所見親耳所聞一樣，知道得比我當事人還要清楚，你在向我指點迷津還原真相，我真勿曉得用什麼話來謝謝儂。從公安警察對我審訊來看，那天英國老太同我全部講話內容，確實連普普通通一件小事，一個不惹人注目的細節，公安警察都知道得清清楚楚明明白白。我真是糊塗到頂，僅僅感覺不可思議，卻做夢都沒有想到公安警察可能在英國老太家中安裝錄音設備！我初初自以為是，因張媽聽不懂英文，我可以隨意編造輕而易舉矇混過關。一直以為大陸比香港落後科技不發達，卻沒有想到公安警察把我當作天大案件來辦，所以將老太同我的講話已經全部被錄了音。然而我有些不明白，英國老太同我講的，全部是她經歷和發生的一切，沒有半句假話，都是實事求是大家都曉得的私人家事，又沒有半點國家大事軍事機密，我做人堂堂正正光明磊落一世勿怕半夜敲門，在上海難道同英國老太談談家常，她想把亡夫的靈柩遷回英國或者運到香港，就算我真的帶口信到香港，這也算犯法？我想得頭髮發白也想勿通，回到上海莫名其妙就成了英國間諜，現行反革命，這一切的一切教我如何『心服口服』『認罪服法』」！

牛津詞典對間諜的定義

「據我以前書本上學到的知識，如英國牛津詞典對間諜的定義：間諜指的是受雇於一個政府或組織，秘密獲取敵對國或競爭對手情報的人，但是……」。我引經據典的說。

「慢，慢，請你停一停，」老廚師迫不及待的急於打斷我的話，說：「我既沒有受雇於英國政府或組織，又沒有秘密獲取中國情報，我是中國人，中國怎麼可能變成我的敵對國呢，公安警察把我當作英國間諜判刑吃官司，實在讓人想不通，想不通」！他的淚水奪眶而出，情緒也激動不已。

我心情也被他感染，一時不知用什麼言詞，可以讓一位深受其害的當事人，思潮漸漸平復，唯一的辦法只有求助於時間。冷場了十幾分鐘後，老廚師的眼淚也乾了，情緒也平復一些，他不好意思地向我打招呼說：「對不起，實在對不起，我真的太激動了」，講著講著，眼睛又紅了。

共產黨定間諜的標準

「不要緊，不要緊，你的心情和處境，我完全可以理解，你的事情放在誰的身上都會想不通。剛才你只聽了我講的上半段，那是牛津詞典的定義和英國政府的政策或者規定，與共產黨定下的間諜標準，風馬牛不相及也。共產黨把美、英帝國主義和蘇聯修正主義等等都當作敵人，也把同它們有關係的人，當作間諜、特務。官字兩個口，嘴巴兩層皮翻來覆去都是它的理。你到上海馬路上去跑一跑，看一看有多少地方貼出的大字報，多少人因為有外國包括香港有親戚朋友的人，被說成是裡通外國、出賣祖國的間諜、特務、現行反革命。這裏邊有多少人屬『真材實料』，其中絕大多數都是被無限上綱上線後含冤負屈關進牢監。共產黨的牢監『進來容易出去難』，幾乎從來沒有聽到有人犯了間諜罪後『平反昭雪』的，因為共產黨一直都自認為是『偉大的、光榮的、正確的』，所以犯了錯誤也往往不肯承認」。

老廚師一言不發聽我講，牙齒緊咬內嘴唇皮，既是義憤填膺又是無可奈何。

案情關鍵是遷墳

「依我看，你的案子中最要命的是你要給英國老太帶口信。」我說到這裏，老廚師滿臉疑惑如墜五里霧中，張著口睜大著眼睛看著我，等待我繼續講下去。

「儘管老太目的是想將亡夫的遺體遷出中國，可是要通過你帶口信，由香港女大班轉達英國政府向中國政府交涉，來完成英國老太的願望，這就不是一件簡單的個人行為，而是提升為外交事件。所以說是你的全部犯罪情節中，這是最關鍵的情節。聲明一下，這是共產黨的看法」。我鄭重其事又不疾不徐地向他講述。

「英國老太是英國人，她在中國碰到不能解決的私事，如要將亡夫遺體遷回英國，所以要請英國政府幫幫忙，向中國政府提出要求，這在香港、在海外是十分正常不稀奇的事。我不過同情老太的遭遇，願意給她帶口信，而且并沒有帶到，卻判刑二十年！這是什麼法律？剛才我已講過，你說得完全正確，怪不得公安警察提審時，對這件事特別重視，反反復複問，並且五斤狠六斤，兇得像要把我吃下去架勢，當時我真不懂，不知道這件事的嚴重性」。老廚師回憶審訊的情景，似乎還「心有餘悸」。他接著說：「英國老太的托付，是嘴上說說，我答應稟告女大班，也是嘴上講講，況且事實上我又沒有回香港，更沒有告訴過女大班，證明沒有產生任何行動，在香港這怎麼算是犯罪，並且犯的是嚇人倒怪，人見人厭的現行反革命、間諜罪」！他眼定定的看著我，亟不可待地等著我的「法律意見」。

犯罪未遂也構成犯罪

「香港的法律，你的事算不算犯罪，我是門外漢一竅不通。現今你是在中國大陸，任何人構成不構成犯罪，犯的是什麼罪名，罪輕罪重，全部是掌權的公、檢、法軍管會及共產黨說了算。大陸現在已經砸爛了公安局、檢察院、法院，根本沒有什麼法律，掌權者的說話就是法律。你的事，按照共產黨的『法律』，至少是

『犯罪未遂』亦是犯罪。再說你之所以『犯罪未遂』，并不是你主觀願望不想進一步犯罪，而是公安警察把你關進第一看守所，你回不了香港，才從客觀事實上使你終止繼續犯罪的行為。至於定你英國間諜罪，因為兩位老太都是英國人。在中國，凡是間諜罪，都是現行反革命罪。我再次重申，這不是我的想法，同你談的是中國現行的政策」。

聽了我長篇的敘說，從事實上身陷囹圄，老廚師相信我所言所談，都是其言不虛「有理有據」；我也沒有不符原則地，為了讓他寬心，挑一些好聽的話來敷衍他。然而要他甘心情願把英國間諜、現行反革命的帽子，同自己所作所為對號入座，差距十萬八千里之遙。

我明白他內心的苦楚，唯能讓時間慢慢減少痛苦。停了一歇後，我繼續話題：「就公安警察逼使你女兒寫信，再從香港『引蛇出洞』『長線釣大魚』讓你到大陸『自投羅網』『請君入甕』，使公安警察能抓到一個『真材實料』『為兩名英國人效勞』的英國間諜，這是千載難逢的曠世奇功。報到他們的上級處，必然會立大功受嘉獎，踏著你的肩膀爬上去，達到升官發財目的。今日之中國，指鹿為馬出入人罪比比皆是，至於什麼是『外國間諜』，什麼是『現行反革命』，當權者可以口含天憲隨心所欲給人定罪」。

老廚師當我是「法官」

他又氣又恨又憂心忡忡地說：「公安警察為了自己「立大功受嘉獎」，昧著良心不管是非黑白設下圈套誣良為盜，這是什麼世界？我被關進籠子經過幾次審訊後，現實情況教育了我，秀才碰到兵，有理講不清。他們要的不是事實，而是要符合他們早就定下條條框框，硬把你往裏邊套。當時我已把自己的安危置之度外，唯一頂頂放不下的憂心忡忡是，老婆和兩個女兒會不會，因為我的事也被關進來」？

我眼見他情緒稍稍平復，說：「從之後的事實來看，你老婆、小女兒總算『平安無事』，因為公安警察主要吊你這條『大魚』。你老婆和小女兒，一是沒有直接給香港女大班打工，二是沒有受香港女大班派遣到上海，最關鍵的是她們沒有同你一起到英國老太家，答應帶口信。要將『英國間諜』罪名加到她倆頭上，就是公安警察想這樣做，他們的上級也不是這樣容易騙，上海話說，死人邊上總還有活人！公、檢、法軍管會中，總還會有些『明白的活人』，雖然他們不是政策的最終決定者，但是『明白的活人』專業意見，當權的人，有時亦會採納的，畢竟他們是不懂政法業務的」。

「但願如此，菩薩保佑」。老廚師把我這個階下囚，當成了「法官」。

全家株連

「我現在問你的話，請千萬別多心！你在香港到底有沒有參加過英國間諜組織」？

「沒有，沒有，絕對沒有。我在香港小市民一個，啥都勿參加，連工會及民間團體全部不參加」。老廚師斬釘截鐵地答。

「女大班信上寫點啥你曉得嗎」？

「英國女大班寫的是英文。我雖懂得幾句『洋涇浜』英文，她也知道我只會聽講一些普通的英文，卻不大會看英文字。退一步講就是看得懂內容，做人也要有規矩，別人的信不可以偷來看，我的為人處世經歷二十多年，女大班絕對相信我」。

「她有沒有告訴你信的內容」。

「她只講寫封信望望老同學，再說她是老闆，英國人規矩大來西，她是主人，她勿講我也勿好隨便問。你想，兩個七、八十歲老太太，信裏會有啥大不了的花頭經（大問題）」。

「你替英國女大班，傳話、帶信給上海的英國老太太，共產黨叫為英國間諜頭子傳遞『情報』，又收了她一筆錢，這算作『間諜經費』或者算充當『英國間諜』的報酬，看來你是跳到黃浦江裏也洗不清了，不是『間諜』亦是『間諜』了。按現在的『行情』，英國『間諜』罪判你二十年，還算『輕』的了，槍斃、『遙遙』，多的是」。我像《基度山恩仇記》中的法利亞長老在向「天真爛漫」的愛德蒙・鄧蒂斯，醍醐灌頂指點迷津。

他彷彿像書中描述涉世未深純正無邪的愛德蒙・鄧蒂斯，「如夢初醒」「恍然大悟」又口服心不服地說，

「真會這樣嗎？但是公安警察也這樣講，同你說得差勿多。講我做英國間諜，真是天大的冤枉。我在香港做大廚，有工做有房住有車開，憑什麼肯去做英國間諜，在香港做間諜當特務，人人看勿起，背後遭人罵。再講，女大班的怡和洋行在世界上大有名氣，在香港數一數二，專門做大生意，她在香港十分有錢，又有地位，同香港總督老老熟，怎麼會去做『間諜』，大陸公安警察在瞎三話四，像一部戲編出來的」？

我言不由衷故意說：「人不可貌相，海水不可斗量。人只曉得自己，保勿了別人，『人心隔肚皮』嘛」。

他重重地嘆了一口氣，眼圈紅紅的說：「我不知道你是存心這樣講，還是『口是心非』怕惹是生非。你是大好人，我絕對不會害你的。再說我吃官司『自作自受』自討苦吃，就算我犯了法坐了牢，我老婆、小女兒又沒有犯法，公安警察卻連她們的「回鄉證」都沒收了，亦不給回香港，這算啥個一齣（戲）。我小女兒在香港有工作，有男朋友多年，已經進行到談婚論嫁的階段，不給她回香港，彷彿棒打鴛鴦兩分離。再說是人都要吃飯要生活，老婆和她沒有經濟收入，只好在老家浦東種田，小女兒歲數一天天大起來，人長得再漂亮，聽說老爸在吃官司，而且是英國間諜、現行反革命，連累她在上海找不到對像尋不著工作更嫁不出去。回上海吃了官司我才慢慢懂得，大陸做人最要緊是「階級成份」清白，任何人只要聽到老爸是做『英國間諜、現行反革命』的，嚇都嚇死了啥人敢要伊，沒辦法找了一個鄉下人，據說成份也很差，陌陌生生勿情勿愿就成了夫妻。所以小女兒恨死我了，是我一定要她到上海來看看姐姐，才帶給她災難。她問媽媽，老爸為啥要去做英國人間諜，做了英國間諜為啥要到上海自投羅網。你說，我該怎麼講，天曉得連我自己都不知道，怎麼已經做了『英國間諜』？我關了好幾年，她一次亦沒有來看過我，我亦勿怪伊，是我害了伊」。

大女兒命苦如黃蓮

老廚師說到這裏悲從中來老淚縱橫越哭越傷心：「勿瞞儂講，最命苦如黃蓮的是去新疆的女兒，前幾個月提籃橋家屬『接見』的辰光，我老婆瞞了我幾年才講，女兒到了新疆嘸沒多少辰光，上面介紹對像，硬把她許配給比她大二、三十歲的老兵，是個營長。新疆解放的辰光，共產黨將國民黨在新疆的軍隊全部接收下來，十幾年過去，年紀輕輕的兵，也要四、五十歲，何況當年的班、排長。他們在新疆邊遠地區，男多女少根本討勿到老婆，一看到上海大城市裏來的大姑娘，年紀輕輕漂漂亮亮，儂想想看，就像蒼蠅見血餓虎撲羊。老兵這種歲數同我差不多，做她的爺也可以，而且又是陌陌生生做夫妻，會有什麼感情，不是在害她一生一世嗎？香港人講，男怕入錯行，女怕嫁錯郎。共產黨勿是提倡男女結婚要自由戀愛，我二十幾歲的女兒嫁給五十幾歲的老頭子，阿可能會自由戀愛，老夫少妻叫她下半世怎麼過日子。我們爺娘從小把她當寶貝一樣養大，結果落到如此田地，我聽了後越思越想越難過，心好比一寸寸如刀割，真想一頭撞死了此餘生，我前世勿曉得作了啥格孽，今世害老婆天天提心吊膽，害兩個女兒受苦受難！我女兒說是去建設邊疆，實際上是發配充軍到新疆，在叫天天不應叫地地不靈的苦地方，硬逼著她嫁給老兵，這一切全是我害了她」。

老廚師眼淚一把，鼻涕一把邊哭邊訴說他的痛徹肺腑的傷心事，我仿佛三冬臘月喝了冰水，從頭冷到了腳心裏寒絲絲。早有傳聞:新疆生產建設兵團的老兵，大部份是國民黨的所謂「起義、投誠」的官兵，留在新疆十幾年，所以四、五十歲，五、六十歲都大把未成家立業，新疆地廣人稀又是少數民族地區，更使婚姻問題雪上加霜無法解決。為了穩住這班老兵駐守新疆，共產黨一次次動員全國各地青年，特別是女青年，表面上講得比唱的還好聽：支援新疆、建設新疆。實際上是為老兵們解決婚姻問題。那些遠離親人遠離城市，滿腔熱血一心一意響應共產黨號召，到了新疆的女青年，有的被巧取豪奪，有的由共產黨組織安排，成了這些老兵的池中之魚囊中之物。

外孫當「人質」

老廚師眼圈通紅抽抽泣泣地說，「上兩個月我女兒死活要從新疆回上海看看老娘，將幾年前寫信的前因後果及處境向娘親說清楚，同時問問我的情況。那個老兵生怕女兒一去不復返，就堅持要將外孫留下來當『人質』才讓她回上海。儂想想看，養了外孫，外公外婆都不給看，阿要傷心。所以她只好一個人回上海，向她娘講，對勿起爺娘，實在嘸沒面孔見爹爹。我老婆勸她，做爺娘的勿會怪她的，心知肚明她是被逼無奈寫信騙爺娘回上海的，老爸更是不會怪她的，叫她在每月『接見』時一道去看看我。她說勿是她勿想去看爺，因為上面關照過，之前嘸沒拿她一道關起來，主要考慮到她年幼無知，糊裡糊塗不知不覺被英國間諜利用，所以對她伸手挽救從寬處理。由於我女兒同我案子有牽連，一定要劃清界限，不准她到提籃橋看我，否則回去後從嚴處理。我真搞勿懂，我已經判刑二十年，現在已吃了幾年官司，事體勿是早就結案了嗎，為啥女兒千里迢迢從新疆來到上海，見一次面都勿可以？我心裏又非常想念兩個女兒，做夢也想看看她倆」。說著，說著老廚師又嗚嗚哭個不停。

在這萬家墨面人妖顛倒苛政暴行指鹿為馬的無產階級「文化大革命」中，幾千萬及上億善良的平常百姓，遭受妻離子散家破人亡冤獄遍地株連禍害。連國家主席劉少奇都含冤而亡，兵馬大元帥彭德懷、賀龍遺恨終身活活餓死在牢中，芸芸眾生草芥蟻民攤上個「冤、假、錯」案，家常便飯比比皆是，老廚師和我同為天涯淪落人，相逢何必曾相識。看著他激動、悲憤、自責、悔恨的情緒，我希望馬上結束今天的談話，我從內心深處很想勸勸他，但一時半刻卻找不到合適的詞語。我嘆了口長氣說：提籃橋裏幾乎人人都有一本難唸的經，個個都有一段苦如黃蓮的血淚史。

該選那一個

他講完案情，有一吐為快之感，聽了我的分析，總算明白了一大半。出于「防人之心不可無」，一再叮嚀我「法不傳六耳」務請「保密」，我一口應承了。但在三十多年後的今時，我將此事公諸於世，確實是「違約」了，然而，相信他「在天之靈」一定會原諒的。

毛澤東歸西，粉碎「四人幫」後，中共十一屆三中全會決議，徹底否定「文化大革命」，并對所有「文革」中的案件，重新審理。估計老廚師也會受惠，有望「翻案」或「改判」，可能已同老婆、小女兒回到香港。

記得我行將刑滿出獄時，老廚師還向我提出一個當時選擇性的問題：你還有半個月就可以「自由」了，但出去後有「反革命帽子」，勞動苦工錢少，被人看不起；我在香港有房產，有汽車，有存款，可是還要關十幾年，給你選的話，你該選那一個？

嚴刑峻法「防擴散罪」

五花八門的批鬥會

十年浩劫的「文化大革命」中，我參加了無數次林林總總大大小小，各式各樣名目繁多五花八門莫名其妙的批鬥會。與會的「觀眾」少則三五人，或則幾十人、幾百人、幾千人，更則幾萬、幾十萬、甚至上百萬人。批鬥對像有所謂叛徒、特務、「死不悔改的走資本主義道路當權派」；也有「地、富、反、壞、右」五類份子；還有「三名、三高」、資產階級反動學術權威，以及對立兩派的批鬥對像等等。從年齡層面看，上到七、八十歲，小到十二、三歲，甚至五、六歲的幼童。當然，待到一九七六年九月，毛澤東撒手西去晉見馬克思，接班人華國鋒會同葉劍英等一舉粉碎了王洪文、張春橋、江青、姚文元「四人幫」，之後二、三年時間裏，又參加了上述尚活著、或已死去，曾被批鬥、打倒、定性階級敵人、坐牢、勞教人士的「平反會」、「昭雪會」、「追悼會」；包括不少人參加本人的「平反會」。

總之「文革」十年間，神州域中天天「內耗」、「窩裏鬥」，可謂「無人沒挨批，無人沒批人」，今日是臺下的「觀眾」，明天會是臺上的「演員」，你批我，我鬥你，像走馬燈似的，十年內三日兩時這派上臺，那派掌權，似驢子推磨「革命風水輪流轉」。其中除了批鬥活人外，尚批判死人、洋人、古人；古人中有現今中國大陸最推崇備至無限敬仰，還遠涉重洋行銷海外的「至聖先師」孔老夫子，因其排行第二，其時蔑稱「孔老二」。舉國轟轟烈烈搞了一場「批林批孔」政治運動，所謂「批林」即批判折戟沉沙魂斷蒙古國溫都爾汗的林彪副統帥；其中「批孔」，重點批判「孔老二」儒家經典學說「克己復禮」，號稱「克己復禮就是復辟」。其實是項莊舞劍意在沛公，毛澤東號召「批孔」，目的是批「周公」，想批倒批臭時任國務院總理周恩來。後來只是「投鼠忌器」顧慮打倒「深得民心」的周恩來，會引起全國的公憤，進而惹火燒身才心不甘情不願的收了手。

「小小反革命」批鬥會

數不勝數的批鬥會，如像人們記不住每天平平常常吃飯、睡覺的情況那樣，宛若過眼雲煙杳如黃鶴，腦海實在難以留下些微回憶；然而唯獨這一次風塵僕僕到農村「人民公社」生產隊，參加對三位年僅五、六歲的髫齡幼兒的「小小現行反革命批鬥會」，業經幾十年之今時今日，都歷歷在目記憶猶新恍於眼前，它在我內心深處鐫刻下不可磨滅之烙印。孩童們所犯的罪行，即不久後人人膽戰心驚談虎色變的嚴刑峻法「現行反革命防擴散罪」。

那是一個夏秋之交光天化日朗朗乾坤的下午，事先，單位造反派領導鄭重其事通知大家，今天有一場觸目驚心發人深省，與眾不同別開生面的階級鬥爭批鬥會，每個人必須准時參加不可缺席。名目繁多的批鬥會，事先造反派領導動員大家時，極盡嘩眾取寵言過其實渲染之能事，但是每次結果總是十有八九大同小異，老生常談了無新意，所謂床底下放紙鷂，飛不高。人說「好曲子不唱三遍」，批鬥會的發言「倒蘿蔔順蘿蔔」、「一隻襪，襪一隻」翻來覆去就是這幾句話，多聽了日久生厭「耳朵裏也長起了老繭」，此次還要路遠迢迢跑到十幾里外農村郊縣，參加似曾相識的批鬥會，你說煩人不煩人！

「文革」培養大量「兩面派」

然而，十年「文革」，也是神州大地十年大量培養、製作「兩面派」的歲月，工、農、兵、學、商，特別當官的人士及所謂的造反派、紅衛兵，都學而精之習而慣之，當面一套背後又一套，表裡不一口是心非；連位高權重，一人之下萬萬人之上「黨章欽定接班人」，林彪副統帥立下的座右銘：「不說假話，辦不成大事」，他是玩「當面叫萬歲，背後下毒手」的兩面派頂級高手。所以平民百姓芸芸眾生對去參加「批鬥會」，儘管很多人心不甘情不願，可是又似像看著皇帝的新衣，嘴上卻不敢講眼前所見的皇上一無所有赤身裸體，臉上還要裝模作樣畢恭畢敬，顯露出趨之若鶩心悅誠服積極參與的神情，為的是可以套上革命造反派的桂冠。

臨近會場，但見民兵們有的拿著老掉牙的三八式步槍，誠不知槍膛裏有沒有安裝子彈；有的手持長矛、木棍，這些所謂的「文攻武衛」造反隊，威風凜凜目光如炬一本正經地零零落落站崗放哨。會場上主標語：「誓死保衛偉大領袖毛主席」、「誓死捍衛毛澤東思想」、「誰反對偉大領袖毛主席就打倒誰」！

開會前群眾五音不全參差不齊的，按照例行公事先大唱歌頌毛澤東、共產黨的讚美曲，接著批鬥會主持人帶著大家和尚唸經有口無心地讀「最高指示」即「毛澤東語錄」後，只聽得他用盡吃奶力氣，氣急敗壞拉開嗓門大喊一聲：「把忘恩負義十惡不赦，反對偉大領袖毛主席的三個現行反革命份子，押上臺來」！

「小小反革命」粉墨登場

「誰反對偉大領袖毛主席就打倒誰」，「砸爛它的狗頭」，「把它們打翻在地，再踏上一隻腳，讓它永世不得翻身」。

伴隨著此起彼伏的例牌口號吆喝聲，六位雄糾糾氣昂昂的彪形大漢，似老鷹抓小雞模樣，把三個「現行反革命份子」，押到臺前。就像戲臺上名角兒甫出場，抬手舉足一「亮相」，立時三刻整個會場引起滿堂彩式的一陣騷動，緊接著七嘴八舌說三道四評頭品足。坐在前面地上的普通群眾，不約而同一齊站立起來，一邊驚奇的喊道：今天怎麼是介小年紀的幾個小傢伙？更有甚者大聲議論紛紛三位小主角，看上去似乎只有五、六歲，全部是穿開襠褲進幼兒院的年紀。五、六歲小孩都成了現行反革命，真是共產黨領導下的新時代、新社會、文化大革命的「新生事物」。幼童的身後一排站著三對農村夫婦，參加「陪鬥」，看他們哭喪著臉，一副無可奈何心痛不已又無能為力的樣子，毋須介紹就知道是「小小反革命」的親生父母。

我們一行值得慶幸總算來得早，席地而坐在比較前排，再加上自己身高一米八十公分，隨著大流拔地而起後，放眼仰望就將批鬥臺上出現的一幕幕場景，可以看得仔仔細細一清二楚。這三位小不丁點的黃毛豎子乳臭未乾，都是學齡前幼兒班的小朋友，低矮的個子瘦弱的身材，顯現出農村兒童普遍的先天不足後天失調營養欠佳，再加被麻繩從上到腰牢牢地「五花大綁」，又被強按低著頭彎了腰，與身後高頭大馬碩壯雄偉的民兵大哥相映襯，顯得尤為渺小可憐微不足道。實際上，在這樣的場合中，三位「小小反革命」被綑綁成像一隻端午節常見的「粽子」，周身難受不言而喻；但六個押解批鬥對象的民兵，時時刻刻揪著三位「小反革命」，既不能用力太猛，防止小孩體力不支站立不住跌倒在地；又不能手下留情，被革命群眾指責對階級敵人手下留情喪失革命立場。為了緊緊抓住三位「小反革命」，不讓他們裝腔作勢就地躺倒在臺上或腳底擦油滑腳溜掉，只好「捨命陪君子」矮下身段，也同樣照式照樣半蹲半立低頭彎腰與三位「小反革命」保持高低一致，可想而知民兵大哥同樣受罪，自然也是日子不好過。

上綱上線高射炮打蚊子

批鬥會剛開始，三位「小反革命」表演得尚算中規中矩老老實實，似模似樣洗耳恭聽臺上革命群眾慷慨激昂口沫橫飛，高射炮打蚊子無限上綱上線的批判詞。據照本宣科者介紹，三位五歲、六歲的「現行小反革命」，家庭出身都是苦大仇深根紅苗正的貧農後代，是偉大領袖毛主席、共產黨讓他們全家脫離苦海獲得解放，理應「翻身不忘毛主席，幸福永記共產黨」。然而在驚心動魄腥風血雨的無產階級與資產階級你死我活爭奪接班人的殘酷鬥爭中，三個原先是無產階級革命事業接班人的貧農子弟，小小年紀就被日暮途窮垂死掙扎的資產階級拉下水，當了可恥的殉葬品，墮落成罪大惡極反對偉大領袖毛主席的現行反革命分子，所以大家一定要牢記毛主席教導，「千萬不要忘記階級鬥爭」！

毛澤東畫像當活靶

上述「文革八股」式「套話」、「空話」，乃放諸各類批鬥會皆准的「真理」，誠如「說書先生」常用語，「酒過三巡，言歸正傳」一般。「套話」後總算直截了當進入揭露三位「罪惡滔天」「現行小反革命」具體「罪行」。原來這三位五、六歲的幼兒，於當年鋪天蓋地無處不在的「毛澤東畫像」上動了手腳，有的將「毛澤東畫像」的眼睛上加畫了一副大大的老花眼鏡；有的是在「畫像」的嘴唇上添了兩撇黑黑的鬍子；更有甚者將「毛澤東畫像」的臉上，似平而常之屢見不鮮的對反革命批鬥對象那樣，打上了大大的叉叉。最要命的是，把「毛澤東畫像」作為「靶子」，用孩子們手中常見的玩具彈皮弓，一顆顆小碎磚爛瓦、小石子作為子彈射向「畫像」上的臉孔各個部位，包括眼、耳、鼻、口、額。「毛澤東畫像」頃刻間變成「鼻青眼腫」殘缺不全，「千瘡百孔面目全非」「慘不成睹」，還有的「毛澤東畫像」「頃刻間灰飛煙滅」，似殘絮敗葉隨風飄去散落大地！發言者痛心疾首咬牙切齒聲嘶力竭地喊叫：可見這些「小反革命」喪心病狂對偉大領袖毛主席刻骨仇恨百般凌辱，是可忍，孰不可忍！

臺下聽眾隔岸觀火

儘管臺上粉墨登場的發言人，手舞足蹈裝模作樣如喪考妣，大聲疾呼歇斯底裡的揭發批判，臺下「聽眾看客」表面上個個顯得義憤填膺滿腔仇恨，實際是多數人抱著隔岸觀火事不關己見怪不怪心態，有的更是幸災樂禍竊竊自喜，然而不管是誰，表面上都一定要扮演得同仇敵愾，「出自內心」與發言者革命立場保持一致。其實個個心裏像吃了螢火蟲一樣明明白白，揭發批判涉及的一切所作所為，乃五、六歲頑童調皮搗蛋，少不更事年幼無知惡作劇的表現，憑孩子的智能而言，哪能無限上綱上線，仿佛世界末日天下大亂已經來臨，變成無產階級與資產階級你死我活的階級鬥爭。

人們心裏如此想，嘴上卻不敢講，千口一辭按照臺上人聲嘶力竭有板有眼的統一行動統一指揮，有氣無力附和著叫喊革命口號。

「長病無孝子」

批鬥會沒完沒了，像懶婆娘的纏腳布又臭又長，為了爭取在人前「亮相」，表演「誓死保衛毛澤東」的革命激情，發言者一個接一個登臺，讀著「搶手」代筆書寫的說詞，仿佛電唱機裏放出來的聲音，全部乃共產黨專利產品「黨八股」，千篇一律如出一轍。臺下的聽眾看客，原先見到臺上出現的幾位「小小反革命」，還有一星半點兒新鮮刺激味，然而「革命大批判」的臺詞，換湯不換藥似的，倒蘿蔔順蘿蔔，四四十六，二八十六，講過來道過去穿了新鞋，走的老路，就是這幾句話。「長病無孝子」，從一鼓作氣開始，再而衰三而竭，隨著時間的拖延，臺下三五成群七八作堆，思想已開起了「小差」，談論著各人自己關心的事情；臺上押解三位「小反革命」的民兵大哥，慢慢地不知不覺跟隨大流，緊抓「小反革命」的大手，漸漸地放開了，五花大綁的繩索，隨著「小反革命」上臺「亮相」後不久，體力不支要癱倒在地，出於「革命人道主義」，在批鬥會主持者的一個眼神手勢示意下，給「小反革命」們鬆開了綁。

主辦單位，因為今天批鬥對象是「小反革命」，為自幼培養孩子「千萬不要忘記階級鬥爭」，進行階級鬥爭的傳統教育，所以參加批鬥會的「觀眾」內，包括了一些平時少見的小朋友，他們中有幾位與三位「小反革命」是同一個生產隊日常玩耍戲鬧的小伙伴。

好戲就在這裡開始。

虎落平陽被犬欺

常言道，虎落平陽被犬欺，龍遊淺水遭蝦戲。平時在小朋友中稱王稱霸欺凌弱幼的孩子頭，今天落難變成敵人、壞蛋、現行反革命分子，被眾人批大家鬥。以往受盡委屈常遭打罵欺負的小朋友，看准了今天的反革命批鬥會，有參加的領導，革命群眾、家長撐腰充後臺，這個千載難逢的好機會，機不可失時不再來，抓緊大好時光一吐怨氣，「有冤報冤有仇報仇」。農村中的批鬥臺，往往先天帶有「土氣」，所謂的「臺」連一米高都不到，它卻為小朋友們提供了方便。於是這個孩子奔上臺去刮刮「小反革命」鼻子，拍幾下腦袋，叫他「老老實實」接受革命群眾的批鬥；那個三步兩腳跳到臺前搧了他幾下耳光，把已經低下的頭再往下揿，讓他額角頭碰到地板，喝令他向革命群眾「低頭認罪」。平時當慣「老大」的孩童，看到往日唯唯諾諾低聲下氣的手下敗將，現在竟敢一反常態耀武揚威動手動腳囂張到如此地步，但身後有民兵大哥押著，不得不強忍無名怒火，任憑他們盡興打罵，卻不能動口還手，敢怒又不敢言的流露滿臉窘相。屢屢得手的小朋友們見昔日的「老大」，如今打不還手罵不還口，真乃天賜良機時不待我，更是再接再勵得寸進尺，跳上落下找准機會就敲一記打一下罵兩聲，既可出氣又能夠尋尋開心，如此這般的批鬥會，千載難逢實在好白相。「小反革命」身後「陪鬥」的家長，可憐天下父母心，此時此刻人在屋檐下不得不低頭，眼睜睜看著心肝寶貝，無端遭受野蠻小鬼打罵欺凌，有道是「打在兒身，痛在爹娘心」，但在強大的無產階級專政的批鬥會上，既不能又不敢挺身而出，施以援手保護自己的孩子。他們滿臉痛苦，牙齒緊咬著內嘴唇，幾乎要咬出血來。其中一位母親實在忍無可忍，要沖上前去以身護兒，卻被旁邊同樣是滿腔怒火，但尚未失去理智「陪鬥」的父親，強行欄住。

有道是，過了這個村，就沒有那家店。那些上不了臺或不敢上臺拋頭露面的小朋友，就「以其人之道，還治其人之身」，使用彈皮弓，向臺上三個「小反革命」，發射出一顆顆美其名曰「保衛偉大領袖毛澤東的復仇子彈」。小朋友當然不可能有漢朝李廣「百步穿楊」百發百中的本領，再加彈皮弓畢竟是土製武器「射程」有限，可說是「十發九不中」。但是，瞎貓有時也會拖到死老鼠。

「打在兒身痛在娘心」

「拍」的一聲，一顆小石子做成的「子彈」，剛好射中了一位「小反革命」的頭頸，一陣紅印馬上顯現出來，痛得哇哇直叫，慢慢殷紅的熱血從傷處滲透開了，一滴滴落在地下。身後的父母，更是心中泊泊地流著血，一位母親終於大聲疾呼：「要文鬥，不要武鬥，不准打人，救救我家孩子呀」。母親的撕心裂肺的聲音還在迴響，臺上正襟危坐的「頭頭們」卻紋風不動熟視無睹。誰料其他兩位「小反革命」也因被子彈射痛而叫了起來，臺下的小朋友看到此情此景，又喊又叫拍手稱快，多位持彈皮弓的孩子們，眼見子彈中「的」後增強了信心，看到臺上的「小壞蛋」由於身邊民兵大哥押著，只有招架躲避喊痛之功，無行動報復還手之力，於是得寸進尺一步步走近臺前再接再勵拉開彈弓，於是三位「小反革命」臉孔頭頸傷痕累累。畢竟只是五、六歲的幼兒，哪能懂得多少政治鬥爭的「利害關係」及已經淪落的「反革命身份」，實在被欺負得忍無可忍時，就要想方設法自衛反擊了。

「自衛反擊戰」

說時遲那時快，冷不防突如其來，但見臺上頸部滴血的那位「小反革命」，趁民兵大哥懶懶散散放鬆了「革命警惕性」的瞬間，迅雷不及掩耳一個箭步，從批鬥會臺上，縱身跳躍到臺下，開始了「自衛反擊戰」。他們的父母想拉也沒法拉，其實也不想拉。內心深處希望自己的孩子，「好漢不吃眼前虧」，能跑多遠就跑多遠。

「文化大革命」期間有句時髦的口號，「榜樣的力量是無窮的」。臺上另外兩位「小反革命」有樣學樣，跟著前一位「小反革命」，一個箭步亦跳下了臺。反客為主用足吃奶力氣放開大步，他們并不想「一走了之，逃之夭夭」，而是要飛奔向前去「算賬」，追打欺凌他們的小朋友。

與此同時，原在臺下幾個年歲相仿的小朋友，一看事態迅速變化，風水輪流轉苗頭對自己不利，好漢不吃眼前虧馬上作鳥獸散，抱頭鼠竄從會場四面八方狂奔亂跑。然而三位「小反革命」橫字當頭「報仇心切」，卻沒有見好就收，不依不饒三步變兩步，飛奔向前乘勝追擊，大有不達目的，誓不罷休之決心。

主席臺上原本似模似樣正襟危坐的大大小小人物，及押解「小反革命」的民兵大哥，被眼前「反革命分子翻天」瞬息萬變的事態發展所震驚，瞠目結舌傻乎乎地一時三刻沒有反應過來。幾秒鐘冷場後，突然似像一鍋開滾的粥，批鬥會場上上下下，前後左右四面八方，暴發震耳欲聾雜亂無章的嬉笑怒罵聲、讚嘆聲。

怪事年年有那及今天多

怪事年年有，那及今天多。根據成年累月每個人參加各式各樣大大小小批鬥會的豐富革命經驗，那些遭受批鬥的萬萬千千「牛鬼蛇神」，無論男女老少高矮胖瘦，不管過去是高官厚祿還是平民百姓，專家學者文盲無賴，儘管戲法人人會變，巧妙各有不同，他們採用各師各法，但大致離不開以下幾種：無論批鬥者、革命群眾窮凶極惡出言不遜，被批鬥者耳朵這隻進那隻出，一言不發眼睛半合半開似睡非睡，乾脆「悶聲大發財」；有的忍無可忍據理力爭對不實之詞高聲反駁；有被拳打腳踢不堪忍受，當場癱倒在地下的；抑或被「革命行動」「文攻武衛」落下終身殘疾，甚至即時命喪黃泉的。為了保持人格尊嚴，「士可殺，不可辱」，新中國第一位中共授予「人民藝術家」崇高榮譽的著名作家老舍等幾十萬人士，走上自殺的絕路。總而言之沒見過批鬥對象「狗膽包天」跳下批鬥臺，拔腳飛奔逃離批鬥現場，用實際行動反客為主「階級報復」去追打參加批鬥會的革命群眾。如此這般史無前例之奇聞怪事又乃真人真事，不僅見所未見也屬聞所未聞，今日躬逢其盛可謂增見長識不虛此行。

「老鷹抓小雞」

在批鬥會主持者回過神來後一聲令下：「快把三個小反革命捉回來」。一場「老鷹抓小雞」別開生面的鬧劇就上演了。按理說三位小朋友從臺上跳下後，應該陷入批鬥會場革命群眾的「汪洋大海」之中，只要誰願意施一舉手之勞，就可立時三刻將他們生擒活抓捉拿歸案。但是在那個歲月裏大多數人們的座右銘乃:「飯吃三碗，閑事少管」，各人自掃門前雪，休管他人瓦上霜，不求有功但求無過。明明他們在自己面前奔逃而過，僅僅是口惠實不至，只聽得嘴上哇哇大叫「抓住他，抓住他」，實際行動卻是避避遠遠讓讓開，仿佛似關雲長氣勢洶洶在華容道上，擺開了威風凜凜的「一字長蛇陣」，卻是存心有意給曹操放開一條生路，讓曹操從從容容逃之夭夭。他們是有心睜大眼睛，看著三位小朋友在鼻子底下走掉。

費不了多久，彈彈皮弓及上臺動手的二、三位小朋友，被「小反革命」追到了，但見兩個一雙扭作一團，邊哭邊罵邊喊邊叫既動口又動手的打了起來。三、五分鐘後，民兵大哥趕來了，不管三七二十一，先將拳來腳去的小朋友分開，抓住三位「小反革命」後，一上去就左右開弓打了耳光，接著六個民兵大哥分別用手臂攔腰將三位又哭又叫手揮腳動的「小反革命」，押解回批鬥臺上。

橫豎橫拆牛棚

經此一役的三位「小反革命」，就一反批鬥會開始時的「老老實實」，因為人身安全沒有保障，乾脆橫豎橫拆牛棚，雙手亂舞兩腳猛踢，整個身體扭過去翻過來，又哭又鬧又喊又叫，躺倒在地再也不肯「彎腰屈背」低頭認罪，繼續接受革命群眾批鬥，使大會按部就班開下去。任憑批鬥會領導及民兵大哥怎樣使用軟的哄騙硬的恐嚇，以及身邊的父母含著熱淚好言相勸，三位「小反革命」就是橫下心來躺在地上，就地十八滾，翻來翻去哭哭叫叫。民兵大哥一次次把他們拖起來，他們一次次癱倒在地；要想動手打人狠狠教訓他們，實在是孩子歲數太小身材太矮眾目睽睽之下，會被眾人批評指責不以理服人不執行毛澤東「要文鬥，不要武鬥」的最高指示。臺上史無前例異乎尋常別開生面的鬧劇表演，臺下群眾嬉笑怒罵說三道四七嘴八舌各抒己見，亦忙得不亦樂乎。可以毫不諱言地說，一場批鬥會臺上臺下互動交流得如此水乳交融頻繁緊密，確實難能可貴。十年浩劫神州大地八億中國人民，天天倒過來順過去只能看八臺「樣板戲」，聽「紅歌」頌揚一個毛澤東，今天演出的一齣驚世駭俗使人耳目一新反映社會現實的「新戲」，總算令我大開眼界大飽耳福。然而，令人不勝感歎的是「演戲主角」竟是三位年幼無知天真爛漫的小朋友，五、六歲小小年紀已經被「無產階級文化大革命」及其當權者，定性為現行反革命分子。假如當年中國人民知道世界上有個「尼吉斯」記錄的話，三位五、六歲幼童就成了「小小現行反革命」，肯定獲得「尼吉斯」世界之最的殊榮，記錄在案流芳百世。

會議主持者，面臨此情此景，只能宣佈批鬥會不了了之偃旗息鼓。

現行反革命防擴散罪

這場荒誕不經荒腔走板的「小小反革命」批鬥會，終於成了前無古人後無來者，又成為神州大地的絕唱終響。這并不是由於「文革」掌權當局「強盜發了善心」，對「祖國的花朵」放下屠刀存憐憫之情惻隱之心，主因是毛澤東為首的無產階級司令部，又創造發明了嚴刑峻法：「現行反革命防擴散罪」，簡稱「防擴散罪」。即所謂對涉及「無產階級司令部」及其成員的言論、行為，不論真假，都不准再次「傳佈、重覆、擴散」，否則以同樣的「現行反革命防擴散罪」定性判刑。其簡稱曰：「防擴散罪」。三位「小小反革命」罪行涉及「現行反革命防擴散罪」，所以絕不可再「擴散」開來，讓廣大人民知道，包括防止用批鬥大會來「擴散」。

相逢何必曾相識

在我關進看守所不久，一位木訥呆板目光遲鈍的老實巴交的農民也「進宮」了，剛好與我同監房。不經意間我看了他一眼，仿佛「似曾相識燕歸來」，卻又憶及不起那裏見過，繼而再思「相逢何必曾相識」，儘管如此他卻在我的腦海中留下印像。

他平常一言不發，多時悲從中來老淚縱橫。他緘口不語進宮入廟的案情，同監犯稍會談起，馬上驚恐莫名坐立不安，顯得仿佛樹葉子掉下來，都怕被砸壞腦袋。同犯們感到他土裏土氣傻子一個，所以亦懶得理他。他因為目不識丁，認的字還不及手上老繭多，看我平時待他比較友善，就求我幫忙代筆書信，請家屬「接濟」被子毛巾汗衫汗褲，牙刷牙膏手紙肥皂等監房內日常用品，才破天荒的開了「金口」。他講到住家地址時，我初初反應有些「面熟陌生」，猛然憶及它就是我曾參加三位「小小現行反革命」批鬥會的生產隊，於是我抱著八卦心態，好奇問起了三位小朋友的近況。誰知老農民不聽尤已，一聽之後觸到神經，即刻淚如雨水從面龐上一滴一滴落了下來，這突如其來的景像，倒出乎意外弄得我手足無措目瞪口呆於心不忍。在我一再勸說安慰下，接著老農民似乎「他鄉遇親人」，一把眼淚一把鼻涕的，輕聲細氣斷斷續續向我訴說了案情的緣由。

長鬍子搖鵝毛扇的軍師

他是三位小朋友中的一位父親，那天夫婦倆都站在臺上「陪鬥」，所以我對他有「一面之緣」。自從孩子「闖禍後」，人民公社和生產大隊會同公安機關，以現行反革命罪立案偵查。如果三位小朋友家庭出身是地主、富農，這倒符合當年流行的共產黨的理論：「階級敵人，人還在，心不死，與無產階級爭奪接班人」。據說反動階級出身的孩子們，基於對毛澤東、共產黨懷有刻骨的階級仇恨，而實施反革命犯罪行為。然而三位小朋友偏偏生長在「苦大仇深」「根紅苗正」理應對共產黨感恩戴德的貧農家庭，同這套流行的八股式理論對不上號入不了座。於是轉而從「資產階級與無產階級爭奪接班人」，內外勾結的「實際情況」入手，從「內部」深究猛挖查尋「長鬍子，搖鵝毛扇」出謀劃策的軍師、「幕後黑手」和「教唆者」。嚴查密察後樁樁件件證據列明，它只不過是三位五、六歲頑皮孩童惡作劇無聊搗蛋的自發行為，并沒有壞人教唆指使。儘管共產黨一貫聲稱遵循唯物主義「實事求是」，其實乃事事都預先已定好條條框框，確定好答案和結論再將現實生活的人和事對號入座，即使牽強附會象牙筷上扳雀絲，也在所不惜；又像老木匠硬裝斧頭柄，想方設法將榫頭重打猛敲進去，務必找出「替罪羊」向上級交差，向毛澤東、共產黨表「忠心」。

火燒「毛像」

一個傍晚，老農民尋找孩子回家吃夜飯，偶然發現自己的孩子同另外兩位小朋友，即另兩位被批鬥的小朋友，用彈皮弓彈射毛澤東畫像玩耍，此時此刻畫像已被射得千瘡百孔支離破碎不忍卒睹，直嚇得老農民心跳氣喘血壓升高手冰冷。成年人在那個年代，即使胸無點墨目不識丁，誰都明白這是要株連九族抄家吃官司的現行反革命罪名。然而五、六歲的孩子們，已經「犯下滔天罪行」，還嘻嘻哈哈無動於衷勸誰都勸不聽。彷彿「初生之犢不怕虎」，餘興未了繼續你追我逃，依舊瞄准七零八碎的毛澤東畫像，從各個角度發射出子彈。老農民實在忍無可忍，終於抓住了自己的孩子，原本想狠狠打他一頓，結果是把手「高高舉起，輕輕落下，打在兒身，痛在爺心」，常言道：虎毒不食兒，何況是人類父親對兒子。十年浩劫中，毛澤東最大的本領之一，就是挑動群眾鬥群眾，提倡檢舉揭發反戈一擊、窩裏鬥。數量不少的為人子女、孫子女，檢舉揭發父母、祖父母的「罪行」或表示「劃清界限」站穩立場或邀功求賞，比比皆是不勝枚舉；卻從未見過、聽說父母長輩告發晚輩以求取「減輕罪行」。老農民愛子心切趁沒人發現前，迅速地將破破爛爛殘缺不堪的，以及打上大叉叉和加了眼鏡、鬍鬚的毛澤東畫像，放進破籮筐裏集中起來，直等到了半夜三更夜闌人靜，周圍鄉鄰進入夢鄉之時，膽戰心驚偷偷摸摸將這些毛澤東畫像一把火燒成灰燼，毀滅了孩子們闖禍證據。

公安和公社、大隊的聯合專案組，經過曠日持久明查暗訪，從三位幼童嘴裏挖出了「線索」，所謂犯罪的罪證，即破爛不堪支離破碎的毛澤東畫像，是由這位老農民用火毀滅。現在看來一件完全普通平常之事，可在當年老農民就被打成犯有兩項「現行反革命罪」。罪名之一，包庇三名年僅五、六歲的「現行反革命分子」；罪名之二，對毛澤東、共產黨恩將仇報刻骨仇恨，用火燒毀八億人民無限敬仰、無限崇拜的毛澤東「寶像」，構成十足典型的「現行反革命罪」。老農民先是變相關押在「封閉式學習班」內勒令交待罪行；「屋漏偏逢連夜雨」，毛澤東為首的「無產階級司令部」與此同時新發明了，前無古人後無來者，中外世界絕無僅有的新罪名，嚴刑峻法深文周納的「防擴散現行反革命罪」，老農民剛好撞到風頂浪尖，罪名加碼為「現行反革命防擴散罪」，并以當地第一批「典型樣板」，被關進看守所。

他講完事情經過後，我立即鄭重其事的向他說，除了政府要他講之外，今後對任何人，包括對我都一個字不能再提此事，這是共產黨最新規定的罪名：「現行反革命防擴散罪」，可厲害呢。不管你有心或無意地重覆說一遍，就加重刑罰一次，切記切記不要再講這件事了。

他像小雞啄米似地頻頻點頭，還自己煽了自己幾記耳光，說：政府叫我不准再講，你看我的嘴這麼賤！你是好人，不會檢舉揭發我吧，不會報告政府吧！我一再點頭示意，甚至向天發誓叫他放心，可想而知老農民驚怕到心靈深處了。

從此之後，他更是沉默寡言，而且緊張地看著我的一舉一動，生怕我對他檢舉揭發，害他加刑重罰；平時又對我裝出比哭還難看的「笑臉」，目的是要我「放他一馬」。我真不知道如何勸說他才能讓他放下心來！

過了大半年，我在提籃橋監獄中見到老農民時，他因出身貧農，認罪態度好，而從寬處理，但還是以「現行反革命防擴散罪」，被判十年徒刑。此時此刻他才相信，我真正「高抬貴手」遵守諾言。

嚴刑峻法深文周納的「防擴散罪」

從毛澤東歸西，打倒「四人幫」，中共「徹底否定毛澤東發動的『無產階級文化大革命』」，現今中國的《刑法》裏已沒有「現行反革命防擴散罪」，所以很多年輕朋友已無法為此想像，甚至連這個名詞都未曾聽說，更不可能領略它對廣大中國人民敲骨吸髓式的戕害。

一九四九年十月一日建國後，共產黨的政策法律中，原本已訂定：以言論、文字或行動漫罵、攻擊、污蔑毛澤東、江青等所謂「無產階級司令部」成員，就犯下「現行反革命罪」，并動輒處以重罪，甚至判成死刑。

犯罪對象不論男女老幼不分性別年齡，即使九旬老翁，五、六歲孩童，都列其中。至於謾罵、攻擊、污蔑的定義，當權者可以「欲加之罪，何患無辭」，隨心所欲予以定作如山的「鐵案」。

然而在「文化大革命」十年浩劫中，共產黨窮凶極惡變本加厲泡制了，名目繁多株連家族殘酷無比的嚴刑峻法、深文周納迫害人民，「現行反革命防擴散罪」，就是其眾多政治罪名中，又一大「創新發明」。是人們「聞虎色變」膽戰心驚的新罪名之一。它是「現行反革命罪」中的重大罪行。

「無產階級司令部」斑斑劣跡

在「文革」進行二、三年後，道貌岸然一貫偉大、光榮、正確所謂的「無產階級司令部」成員中，不少人歷史或現行的斑斑劣跡醜惡嘴臉，逐步曝露於光天化日之下：他們中有的曾是漢奸、叛徒、特務如張春橋、江青、陳永貴；有的殺人如麻，甚至對眾多「同志戰友」羅織罪名炮製冤、假、錯案，置之死地如毛澤東、康生、張春橋；有的生活糜爛腐朽墮落如毛澤東、江青、王洪文等；有的公然貪污巨款或巧取豪奪國寶文物如康生等；有的為掩蓋罪行及見不得光的歷史，把知情者投入監獄或殺人滅口如張春橋、江青、王洪文等。一件件一樁樁歷史和現實，隨著「文化大革命」的進展，各式人等打著「革命造反」的旗號，衝進以往警衛森嚴閑人莫入，重門厚鎖的人事檔案機關內，搶出了種種隱藏多年不見天日的絕密材料，包括「無產階級司令部」成員的個人歷史檔案；還有日長時久從共產黨內不同山頭派別的殊死鬥爭中，從領導層堡壘內部出現的裂痕越大越深，於是鐵幕紅墻中透露出所謂的「無產階級司令部」成員，歷史上和現實中，種種鮮為人知駭人聽聞令人髮指的「絕密事實」。它們有的被共產黨內不同的派別，故意「拋出材料」在全國各地公諸於世而廣泛流散，引發人民大眾或竊竊私語或公開議論，認識到「無產階級司令部」成員兩面派的醜惡嘴臉。更有甚者「打著紅旗反紅旗」，利用毛澤東提倡的「大鳴、大放、大辯論、大字報」，或者用「革命大批判」的形式，名曰批判，實則將「無產階級司令部」成員中歷史和現今，見不得光醜陋不堪十惡不赦的鐵定事實公諸與世。那些手握大權尚在臺上的「無產階級司令部」成員，為堵億萬人民悠悠之口，絞盡腦汁後，利用手中掌握的權力，在原有攻擊、污蔑「無產階級司令部」現行反革命罪的基礎上，發展成為「現行反革命防擴散罪」，簡稱「防擴散罪」。即任何人不管是否有心或無意，只要在文字、語言上，傳布、重覆謾罵、攻擊、污蔑毛澤東、江青等所謂「無產階級司令部」成員的內容，即構成「現行反革命防擴散罪」。新訂的「重覆」就將定罪範圍無限擴大，即使是看到或聽見相關內容，就算是無意間口耳相傳或竊竊私語，都構成「現行反革命防擴散罪」，使得人人側目而視提心吊膽防不勝防。審訊此類犯罪的口供、卷宗作為絕密級國家秘密存檔，一經定罪永無出頭之日，不是死罪就是重刑。犯人交待「防擴散罪行」時，必須要經審訊人員批准，而且最多只能講三遍，多講一遍就罪上加罪；任何人未經批准，不論存心或無意予以重覆，也定作犯了「防擴散罪」，罪上加罪。所以，凡屬「現行反革命防擴散罪」公開的批鬥會，從此之後全部停止，類似「小小反革命批鬥會」，涉及「防擴散罪」，從此一律銷聲匿跡。

中國的法律公開宣稱：新法律生效前不溯既往，而《文革》期間，打著「保衛毛澤東，保衛無產階級司令部」的名義，凡屬「現行反革命防擴散罪」，一律「新賬老賬一齊算」。

「文革」將毛澤東造成神

「文化大革命」的整整十年浩劫中，八億人民八億病，萬里江山萬里瘖。幾萬萬中國人民，在共產黨、毛澤東「教導」下，像看錯了病，吃錯了藥，喝高了酒；成千上萬的群眾，人性中卑劣醜陋損人利己的一面，暴露得淋漓盡致，發展到登峰造極無以復加地步。他們蓄意利用「現行反革命防擴散罪」，來整肅異己陷害對立派不同觀點的人士；打擊報復平時有「過節」心存芥蒂的普通百姓，還有的出賣靈魂作為邀功求賞的敲門磚。於是就挖空心思編網羅織，誠如木匠師傅裝榫頭硬敲猛打斧頭柄一樣，將無辜人士硬敲成「現行反革命防擴散罪」。

「文革」十年，十年每一天的報章雜誌，都無一例外刊載「毛澤東畫像」、「毛澤東語錄」；每個人胸前都要佩帶「毛澤東頭像」；文藝舞臺上人稱八億人民八個「革命樣板戲」；此外，就是跳向毛澤東表忠心的「忠字舞」；人人天天均要臉帶激情高唱「東方紅」等紅歌。作曲家還選擇將毛澤東幾十年來的文章、講話、語錄、詩詞，譜上樂曲編成朗朗上口的「毛澤東語錄歌、詩詞歌」，供億萬人民頌唱。逢到開會、遊行等等，除了高聲宣讀「毛澤東語錄」外，個個還要隨著拍子有節奏整齊劃一地揮動高舉過頭的「紅寶書」。每一個家庭、單位都像供奉「神祇牌位」一樣，牆上懸掛毛澤東像，枱上擺放著瓷器、金屬的「毛澤東座像」。許多馬路上的外牆用紅色的油漆塗成「紅海洋」，千篇一律的寫著謳歌毛澤東和毛澤東思想的標語；一些工廠、學校還豎立有大小高低不等的毛澤東塑像，供人瞻仰。不管是月黑風高深更半夜，抑或大雨滂沱朔風刺骨，只要毛澤東有一句新的言論發表，神州大地從最上到底下，一級一級將「最高指示」傳達。人們接到消息後，整個中國的城市或農村必須立即行動，都得從睡夢中驚醒，以最快速度從被窩裏爬起來，敲鑼打鼓激情洋溢載歌載舞喊著口號去參加遊行，把「最高指示」迅速傳佈到四面八方每個角落。這類遊行并不是阿貓阿狗個個都能參加，而是經過一定政治標準選擇的「革命群眾」，輪到遊行的無可奈何非去不可，輪不到的還會大哭小叫深感委屈，它明白顯示該人已被入了「另冊」。

「文革」初期，在所謂的「清理階級隊伍」運動前，我「有幸」躬逢其盛，涉跡於革命群眾的遊行隊伍裏。當年上海的市郊到了夜晚，大部份地區烏涯涯漆黑一片，遠處黑燈黑火昏昏暗暗，頭上霏霏細雨飄飄忽忽，陣陣寒風從面頰頸項穿過衣衫直逼全身，手上打著電筒照著前面的行程，一腳高一腳低踏著泥濘潮濕的土地，心裏是一千個不情，一萬個不願，嘴巴還要隨著遊行的大流，聲嘶力竭地叫喊口號。唯一令人欣慰的是，臉上不用堆著裝模作樣的虔敬神情，因為昏暗中誰也看不清誰面部的表情。共產黨在九百六十萬平方公里土地上，大樹特樹毛澤東的絕對權威，對毛澤東的個人崇拜個人迷信達到了無以復加登峰造極的地步，將毛澤東從人，推上了祭壇，製造成高高在上遠離人民的神。

「惶惶不可終日」

當年人們使用過期的報紙要特別特別小心，假若把印有「毛澤東寶像」的報紙，來包用物品，或不經意隨手一動造成「毛澤東寶像」些微損壞的話，就犯下了不可饒恕之「現行反革命防擴散」「彌天大罪」。「誰反對毛主席，就打倒誰」，「要將他打倒在地，再踏上一隻腳，讓他永世不得翻身」，淪落為被天下共誅之，人人共討之的可悲下場。如果不當心打碎或碰破了毛的「畫像」、「頭像」、「座像」，即使人不知鬼不曉，亦必然茶飯無心坐臥不安，似熱鍋上的螞蟻，膽戰心驚「惶惶不可終日」，「防擴散罪」是高懸在人人頭上的達摩克利斯劍，它隨時隨地可以置人於死地。更有甚者，由於白天黑夜無休無止地參加「批鬥會」喊口號，難免忙中有錯，將「流行」的口號：「打倒劉少奇」，誤喊成「打倒毛主席」。這一下可不得了了不得，不少人因一句口誤而終身陷入囹圄，充軍發配幾千里外人跡罕至的邊疆，判處重刑，結果往往客死異鄉。

貓也蒙受聖恩

寵物中與毛澤東「毛」諧音的「貓」，也雨露均霑蒙受聖恩。中國尤其是廣東地區，有一道名菜：「龍虎鬥」，所謂龍實際乃蛇，虎即貓也，將蛇、貓一起煮，美其名曰「龍虎鬥」。「文革」十年，全國各地人人天天大搞特搞「窩裏鬥」，只「抓革命」，不搞生產，工人不開工，農民不種地，學生不讀書，造成糧油食品極其匱乏的嚴重惡果。特別在農村，人們為了生存求活，無可奈何下挖野菜、嚥糠團、抓老鼠、捉野貓、烹野狗、捕蟒蛇，網羅天上飛的麻雀、大小鳥兒，深逮水中游的各類生物，充饑果腹填進肚內。往年常見的魚腥蝦蜆，簡直變成鳳毛麟角，長年難得一遇。但是，如果誰被發現吃了貓，就踩著了地雷。因為吃「貓」就是吃「毛」，是對「毛」懷有刻骨仇恨！倘若在毛澤東生日的那天吃貓，更是犯了「天條」，其罪當誅，即使不死，也要剝去一層皮。

越劇《紅樓夢》林黛玉初到賈府外婆家，有兩句唱詞：「不可多說一句話，不可多走一步路」。活生生道出了當時「萬馬齊瘖猶可哀」的真實寫照。

「毛像」成了誣陷工具

有位相識的老太太，一生一世謹言慎行從不過問政治。因為家中的小保姆做錯了事，批評了幾句，小保姆就懷恨在心伺機報復。她拿了老太太的鞋子，故意踩在印有當年流行的稱謂：「毛主席寶像」的臉上，留下明顯的鞋印作證據。接著，三步併兩腳的快跑到公安派出所，檢舉揭發老太太對偉大領袖毛主席的刻骨仇恨，將腳上的鞋子惡毒地踩在「寶像」的臉上。公安警察一聽事涉保衛「偉大領袖」和「無產階級司令部」的頭等大事，風風火火叫了一批「造反隊」，馬不停蹄趕到老太太家中，毋需任何手續，就進行了抄家。由於小保姆事先已設下圈套保存好「證據」，公安輕而易舉信手拈來，就拿到了「罪證」鞋子。僅僅肉眼一看，就「對號入座」認定罪證確鑿，根本亦不聽老太太任何解釋或說明，還口口聲聲洋洋得意稱，這是貫徹共產黨的「重證據，不輕信口供」政策，毋需當事人任何口供，將老太太立即以「惡毒攻擊偉大領袖毛主席」的「現行反革命防擴散罪」，刑事拘留看守所後，不久，被判刑五年。

如此這般的例子，在中國比比皆是，上述事實僅乃冰山之一角。

早請示、晚彙報、中對照

「怪事年年有，那及文革多」。中國共產黨自詡信奉馬克思列寧主義，馬克思經典名言：宗教是人民的精神鴉片。共產黨黨歌《國際歌》，高唱：從來就沒有神仙和救世主。可是在那瘋狂的漫漫十年，說一套、唱一套、做的又是一套。「文革」中有相當長的時間裏，在神州九百六十萬平方公里，共產黨制訂了一套比基督教、天主教、佛教、伊斯蘭教、道教等等所有的宗教更宗教的儀式：全國各地無論是城市、農村，工廠、商店、學校、軍營每個人無一例外每一天都要參加履行共產黨制訂的繁瑣宗教儀式，對「偉大領袖毛主席」搞「早請示、晚彙報、中對照」。

比宗教更宗教的「儀式」

不論你是工人、農民、幹部、學生、軍人，不論你甘心情願，或者是不情不願，甚至內心深處深惡痛絕，每天早晨進入工廠、學校、商店等單位後，第一件「頭等大事」，就是造反派頭頭將大家集中起來，此時此刻人人右手高擎尊稱為「紅寶書」的「毛澤東語錄」，個個至少要在表面上誠惶誠恐滿臉虔誠地面對毛澤東「寶像」，由造反派頭頭領著大家，首先放開喉嚨引頸聲高唱歌頌毛澤東的「東方紅」、「大海航行靠舵手」和「毛澤東語錄歌」，隨即齊聲山呼偉大導師、偉大領袖、偉大統帥、偉大舵手毛主席萬歲、萬歲、萬萬歲。儀式規定此時此刻，要一邊高聲大喊一邊拿著「紅寶書」的右手，朝著「毛澤東寶像」有節奏地一遍遍劃一揮舞，以表對毛的無限崇拜、無限敬仰、無限忠心、無限愛戴。接著朗讀選定的幾段「毛主席語錄」後，於是每個人莊嚴肅穆微微低頭念念有詞，默默地用「心靈溝通」，類似基督徒對上帝，佛教徒向菩薩祈禱那樣，一對一「直接」向偉大領袖毛主席許愿、請示，每個人表示當天準備以毛澤東思想為指針，去完成工作或學習。這就是風靡全國，人人早上必不可少的首要大事，進行向毛澤東「早請示」的儀式。

假若在單位集體食堂裏進三餐，就似有些宗教就餐前，先要祈禱一番。每次動筷子前都要虔敬誠心地喃喃自語表示對偉大領袖毛主席感恩戴德，是毛澤東、共產黨比天高比海深的大恩大德，才使大家當家作主有口飯吃。不少人即使在家中，也會像演戲一樣，做給別人看，「自覺」地進行諸如此類的宗教儀式，目的是有意讓人看到他對毛澤東發自肺腑的「赤子之心」。

每當我半低著頭微微閉著眼隨著大流，面向毛澤東像念念有詞默默自語時，我的腦海洶湧澎湃，內心深處總在遐想，所謂的馬克思列寧主義、毛澤東思想怎麼配稱「理論」，簡直比宗教還宗教，圖騰更圖騰。西方國家的基督教、天主教傳教士，倘若此時此刻來到中國看到此情此景，一定會甘拜下風自歎不如。世界已經步入二十世紀年代，那一種宗教，能夠動用國家機器，使得九百六十平方公里的中國，實行徹頭徹尾的「政教合一」。共產黨天天日日採用如此繁瑣複雜愚民政策的儀式，實施高壓強制有形無形的手段，驅使幾億老幼婦孺走火入魔，有口無心一日多次地「唸經」、「感恩」、頂禮膜拜歌功頌德，與其說億萬人民群眾對毛澤東宗教式的無限崇拜，無限敬仰，倒不如講共產黨在全中國培養和教育了無數說一套、做一套表裡不一的「兩面派」「變色龍」。

事實是大部份人彼此心照不宣自欺欺人，樂此不彼帶著面具演出一場場大戲，聲聲在讚美「皇帝的新衣」。這口是心非表裡不一的一切的一切，為將所謂的馬克思列寧主義、毛澤東思想昇華成宗教，把毛澤東推向虛無縹緲之神壇，成為高高在上遠離人民的孤家寡人，把好端端的中國，蛻變成世界上極少數「政教合一」的國家。

每當中午，又要面對無處不在的「毛主席寶像」，人人要把上午做過的事、想過些什麼，同「毛澤東選集」、「毛澤東語錄」作比較，所謂堅持真理改正錯誤，以利下午更好工作或學習，此第二宗儀式，美其名曰「中對照」。

傍晚下班、放工、放課前，大家又要集合在一起，同上午「早請示」相仿，唱讚美歌、讀毛語錄、揮舞「紅寶書」等，完成一系列枯燥無味似同嚼蠟的宗教儀式後，每個人仰頭望著毛澤東畫像，或低聲細氣唸唸有詞，或只動嘴唇沒有聲音，眼睛半開半闔裝模作樣，活脫活像著名作家趙樹理名作「小二黑結婚」中「二諸葛」、「三仙姑」，神漢巫婆裝神弄鬼時的情態，向毛澤東畫像默默地「彙報」一天工作、學習的情況，并請求給予指示和力量。

說話要先讀「毛語錄」

除此之外，人們日常生活說話交談時，都先要讀一節「毛澤東語錄」，然後才可以進入正題，否則就是犯下對毛澤東之「大不敬」。

譬如，人們到雜貨小店去買一包香煙。

走進小店，點頭同職員打招呼後需要隨口背誦：「最高指示」：「『我們來自五湖四海，為了同一個革命目標走到一齊來了』，我想買一包香煙」。

職員回答：「偉大領袖毛主席教導我們：『為人民服務』。你要買什麼牌子的」？

「『最高指示』：『發展經濟，保障供給』。我要生產牌香煙，多少錢一包」。

「毛主席教導我們：『備戰、備荒、為人民』。八分錢一包」。

「『最高指示』：『抓革命、促生產、促工作、促戰備』。給你一角錢」。

「毛主席教導我們：『要鬥私批修』。這是生產牌香煙和找你的二分錢」。

每天人們都口是心非表裡不一，依葫蘆畫瓢製造木偶式的「新八股」，似小和尚有口無心地唸著經，八億人民按照劃一的毛澤東語錄劇本，演著戲。戲如人生，人生如戲的度過一天天的「幸福生活」。

著名的相聲表演藝術家姜昆創作和演出膾炙人口之作品：「照相」，就源自「文革」期間真實的生活。

趙丹「累」我吃官司

一九六九年我在「文革」的「清理階級隊伍」運動中，由推心置腹莫逆之交的大學同窗，揭發我「惡毒攻擊無產階級司令部」，「造謠污蔑無產階級文化大革命旗手江青」，犯下了「現行反革命防擴散罪」，簡稱「防擴散罪」。於是被勒令參加單位封閉式的「毛澤東思想學習班」。這也是「文革」的「新產品」，實際上任何一個單位對屬下任何人，可以不經任何司法程序，就限制他人身自由，與外界隔絕，對公民變相的關押一年半載或更長時間，同時可以二十四小時內，隨時隨地進行審訊。半年多的封閉式學習班結束後，領導宣佈，先放我回去，對我交待的問題，呈報上級後再決定處理。於是我就到一所工廠看望多時不見的朋友，被朋友對立派走了「四人幫」王洪文小兄弟，「工總司」副主任葉昌明「後門」，進而請示了王洪文後，將我關進了公安局看守所。

儘管我完全理解最要好的大學同窗，所作所為是形勢所逼迫於無奈，但我因而身陷囹圄，他卻逃過一劫。面對鐵窗高牆，我才深切領會到當年流行的至理名言：「最好的朋友，也許就是最壞的敵人」。

至於我所犯的「現行反革命防擴散罪行」，頗具戲劇性。事緣六六年「文化大革命」開始不久，我參加了一次上海電影局系統，造反派、紅衛兵批鬥著名電影明星趙丹先生的群眾大會。

影帝趙丹解放前主演《十字街頭》、《馬路天使》、《烏鴉與麻雀》等驚世駭俗的經典名作，解放後，領銜《武訓傳》、《林則徐》、《聶耳》、《在烈火中永生》等膾炙人口的傳世佳品。他是當代中國當仁不讓首屈一指享譽國際的電影藝術表演大師。

我不幸參加趙丹批鬥會

該晚但見趙丹先生雙臂被紅衛兵扭成「噴氣式飛機」，彎腰九十度，額頭幾乎貼近地面，紅衛兵、造反派三不兩時對他「採取革命行動」，亦即拳打腳踢動粗打人代名詞。他們氣勢洶洶聲嘶力竭勒令中華影帝趙丹交待同那些女明星、名女人搞過「腐化關係」。我時年二十幾歲，抱著一種小市民對明星紅伶，緋聞逸事趨之若鶩的「八卦心態」，想親耳聆聽「文革」中人稱「混世魔王」趙丹，親口交待拈花惹草亂七八糟的桃色新聞。趙丹在紅衛兵小將輪番拳打腳踢的「無產階級革命行動」的肉刑侍候下，身體不堪忍受，只得可憐巴巴擠牙膏式的，將與一個一個女明星、名女人「腐化關係」予以交待。他每講一個女星名伶名字，全場哄笑聲嘖嘖稱羨聲，說三道四聲喜怒笑罵聲此起彼伏不絕于耳，口號聲批判聲震天動地響徹雲宵，熱烈氣氛幾乎接近沸點。紅衛兵、造反隊像喝高了醇酒，觸動了神經，似乎取得累累戰果，要乘勝追擊，決心不獲全勝絕不收兵。

趙丹欲擒故縱

趙丹交待了十幾個名字後，突然滿臉凝重低下頭來，即使「革命行動」層層加碼，趙丹先生飽受皮肉之苦，也不再出聲。紅衛兵、造反隊此時此刻像似酒性發作，雙眼通紅熱血沸騰，「醉意朦朧」越來越濃，聯續不斷一而再三聲聲催促趙丹繼續交待。「還有沒有同你搞過腐化的」？紅衛兵變本加厲拳腳相向的問。

趙丹有氣無力，似乎實在無法隱瞞地回答：「有還是有，但是不能講」。

「為什麼不能老實交待」？紅衛兵提高了責問聲分貝，同時陪伴著此起彼伏的陣陣口號聲。

「有顧慮不敢交待」。趙丹拖長了話音聲如游絲地說，但通過擴音器揚聲，人人都聽得一清二楚。

「有紅衛兵小將有革命造反派在這裏，你老實交待，保證給你從寬處理」。

「大庭廣眾下這件事是不能交待的，要闖窮禍的。我實在是有顧慮，思前想後不敢交待，求你們放一條生路，不要再逼我了，否則你們也會有麻煩的」。趙丹可憐兮兮低聲下氣地一再「討饒」，實際上是欲擒故縱，又像在放長線釣大魚，故意吊足紅衛兵的胃口，成年旁觀者大都明白這肯定是弦外之音話中有話。

「我們紅衛兵、造反派，革命無罪造反有理，有偉大領袖毛主席和革命人民撐腰，不怕惹麻煩。你倒底有什麼顧慮，老實講出來，紅衛兵、造反派給你作主」！

「我不是不想交待，實在是不敢交待，求求你們不要再問了，放我一馬，饒我一命吧」。趙丹慢斯條理聲帶哭音似在乞哀告憐，實乃步步為營放下魚餌，想方設法引涉世未深的「紅衛兵小將」上鉤。

「老實交待，怕什麼？有天大責任我們紅衛兵小將、造反派來承擔」。紅衛兵氣勢磅礴聲震山河，音量保持高八度。

「大家都聽見了，我老實交待後，紅衛兵小將保證不關我事，由他們承擔責任」。趙丹又敲定了一下。

「快老實講」！紅衛兵們彷彿勝券在握，洋洋得意。

趙丹緊皺眉頭，幾十秒鐘一言不發彷彿在絞盡腦汁反復斟酌說：「我思前想後仔細掂量，還是不講為妙。

我不愿給紅衛兵小將、造反派大家添麻煩，更不想給自己增加殺頭罪名，求求你們不要再逼我了」。趙丹邊說邊抽抽泣泣眼中流淚，實際上又一次設圈套佈陷阱。

「你搞腐化犯錯誤，怎麼會給紅衛兵小將添麻煩，簡直胡說八道，快老實交待，再不交待就要加強無產階級專政，馬上對你這類死不悔改的牛鬼蛇神，採取更加激烈的革命行動，到時叫你追悔莫及」。

趙丹說同藍蘋……

「你們不依不饒拳打腳踢，一而再三硬逼我老實交待，我沒有辦法只好講了，紅衛兵、造反派說話要算數，我交待了要落實政策從寬處理。我解放前還與上海一個女戲子藍蘋有過腐化關係」。儘管趙丹的說話細得像蚊子飛過的聲音，但通過「麥克風」現場直播，仿佛從天而降一枚原子炸彈，「轟隆隆」一聲巨響，一朵蘑菇雲冉冉上天，在全場炸開了。人人先是目瞪口呆漲紅著臉，簡直不相信自己的耳朵而驚詫莫名半晌冷場；很快大家在睡夢中猛然蘇醒了過來，個個滔滔不絕口若懸河都成了「評論家」，有的年歲稍長者，明白箇中利害關係，個個面龐上表現出義憤填膺，繼而假戲真做破口漫罵趙丹惡毒攻擊無產階級司令部；更多的是幸災樂禍隔岸觀火，知道紅衛兵、造反隊捅了馬蜂窩，看今天的批鬥會如何收場。有一點是共同想法，大家始料不及做夢也沒估到，趙丹竟敢在幾千人參加的公開批鬥大會上，明目張膽「交待」出與中共中央主席毛澤東的妻子，所謂無產階級文化大革命的旗手，中共中央文革小組第一副組長，三十年代，上海三流女演員藍蘋即現名江青有腐化關係。

說時遲，那時快，電影界內上了年紀的造反派，明白年幼無知的紅衛兵上了圈套，被牛鬼蛇神趙丹賣掉了，還喜笑顏開高高興興幫他數鈔票，造成今天潑水難收，這場彌天窮禍闖大了，於是不管三七二十一先行衝了上去，七手八腳先把趙丹拖下批鬥臺再講。與此同時隱隱約約聽到趙丹委屈地說，我說不能講，不能講，是紅衛兵、造反派說承擔責任，硬逼我講，你們不是存心在害我，要我老命嗎？

那些不知道天高地厚涉世未深初出茅廬的紅衛兵小將，面對眼前發生的一切，臉上寫滿了不解及疑惑，「藍蘋是誰？誰是藍蘋？為什麼把混世魔王趙丹拉下去，為什麼把批鬥大會腰斬了，怕啥呢？毛主席教導我們：革命無罪造反有理嘛」！小將們急不可待想尋找答案，知情者像吃了螢火蟲，肚裏明明白白，就是誰也不想解釋不敢回答，怕引火燒身。

藍蘋即江青也

當年確實很多年輕人不知道藍蘋何須人也，藍蘋乃江青三十年代在上海充當三流演員時的藝名，曾幾何時她投奔延安，現在搖身一變成了毛澤東的妻子，時任中共中央文化革命領導小組第一副組長，無產階級文化大革命的「旗手」。偉大領袖的夫人，三十年代在上海桃色新聞一籮籮，同多位演藝界名人結婚、離婚，同居、分手，甚至有人為她鬧自殺，緋聞韻事比小說、電影都稀奇古怪豐富多彩。然而「數風流人物，還看今朝」，今天混世魔王趙丹居然在大庭廣眾幾千人參與的批鬥大會上，親口「交待」同藍蘋有關係，解開了二十多年來，萬千「老上海」心頭之「謎」，這要比西方新聞學所標榜的，「人咬狗才是新聞」的新聞，價值高千倍萬倍。

禍從口出

第二天我向最最至交前同窗好友，眉飛色舞繪聲繪色一五一十如實報導了我親力親為「採訪」的新聞，引來了他一陣陣讚嘆和評論，其實我應了句老話：病從口入禍從口出。這位最要好的朋友，聲聲婉惋惜錯失良機，沒有同我一起參加對趙丹的批鬥會。塞翁失馬焉知非福，他結果逃過了一劫；我有幸躬逢其盛，親身見證盡享耳目之娛，卻在這位最最要好的朋友，在共產黨感召下，對我檢舉揭發「劃清界限」，「反戈一擊有功」，被從寬處理；我被處以惡毒攻擊無產階級司令部，污蔑無產階級文化大革命旗手江青的「現行反革命防擴散罪」，即用言論或文字重覆現行反革命分子對「無產階級司令部」成員污蔑或攻擊，就同罪論處構成「防擴散罪」。贏來兩次「進宮」，五年多看守所，一年餘提籃橋監獄，共計六年八個月的牢獄災難，刑滿釋放後，繼續帶「現行反革命帽子，留在勞動教養的工廠裏監督勞動，歷盡人間煉獄無日無時折磨之苦，這一切之一切冥冥中莫非前定。

提籃橋監房的口號聲

共產黨將所有判刑的犯人，都稱為勞改犯，「只許他們規規矩矩，不准他們亂說亂動。若要亂說亂動，立即取締予以制裁」；政府對犯人實施所謂強迫勞動改造與政治思想教育相結合的政策。

上海提籃橋監獄裏的犯人，每天勞動主要是「拆紗頭」，將一團團亂七八糟的紗頭，變為成品，就是工廠裏揩機器的一根根鬆散的各種顏色「回絲」。儘管勞動強度并不高，但是每天規定的指標倒不低，而且關鍵是不准有「老鼠尾巴」，即沒有拆乾淨的形狀像蝌蚪或老鼠尾巴的小股紗頭，濫竽充數混入成品。完不成指標，表示「勞動態度不好」，重則要扣每天已經有限的口糧；倘若產品中故意混入「老鼠尾巴」，則說明弄虛作假，欺騙政府對抗改造，屢教不改者甚至上手銬。由於每天都有專人檢查成品質量、數量，大家也戰戰兢兢不敢掉以輕心。

下午五時晚餐前就收工，此後吃好了夜飯，收完了合子就基本上可以有一段空閑時間，讓犯人「自由活動」。除了少數沒有完成勞動指標的，以及更少數想在勞動中表現「積極」，爭取減刑或政府隊長留下好感的犯人，繼續在「偷偷摸摸」拆著「回絲」。誠然亦有個別犯人，一本正經裝模作樣讀「紅寶書」，目的如「蔣干盜書為的是「讓政府隊長看見」，落個「積極改造」的好印象。當年凡毛澤東著作，尊稱為「紅寶書」。這晚餐後到睡覺尚有三、四個鐘頭，大部份人在走廊射入監房昏暗半明的燈光下，想想家人理理心事，有的甩手抬腳練練身體，有的運用氣功閉目養神，有的相互間輕聲細氣，天南海北回首往事，最多談論的是「吃、喝」，緬懷往昔歲月享用大魚大肉的美好時光，昨日、今朝、明天的牢獄生活周而復始大同小異。待等一聲叫子響，結束一天苦難生涯，可以攤鋪睡覺。所以說夜飯後的監房，風平浪靜比起白天要安寧平和得多。

突然，不遠處傳來有人用盡全身吃奶力氣，連續多次叫喊的口號聲：「共產黨把好人當壞人，把壞人當好人」，「打倒毛主席」，「打倒共產黨」。它似無聲處爆響的驚雷，引起了整幢五層樓每間監房的「地震」。此乃我除了看守所外，進提籃橋幾個月來第一次聽見的所謂反革命口號聲。犯人們多年「強迫勞改生涯」，被共產黨「政治教育、思想改造」得個個「嗅覺靈敏」，識得利害輕重，明白茲事體大。此類口號的內容，乃當局最忌諱、憎恨的聲音，它屬於所謂貨真價值不折不扣的「現行反革命防擴散罪」。

共產黨將所謂的反革命罪分為兩類：一九四九年十月一日前犯的，列作「歷史反革命罪」；此後犯的稱為「現行反革命罪」。《文革》結束後的一九七九年新《刑法》將「反革命罪」改稱為「危害國家安全罪」，一直沿襲至今。

聽到口號聲後，不少人本能地紛紛擁向牢門鐵欄杆處，伸頭探腦似乎想湊湊熱鬧看出一個所以然來，奈何鐵窗間隔狹小視角有限，只能僅聞其聲，根本不可能目睹其事其人，無可奈何下訕訕自落篷帆退回坐處，七嘴八舌指手畫腳，表示對惡毒攻擊偉大領袖的「義憤填膺」，「同仇敵愾」以證明自己同共產黨政治立場上站在一起「保持一致」，已經敵我分明重新回到人民的隊伍。

兩位同監犯

其時我所關押的牢房中的另兩位同監犯，一位已年逾七旬，原國民黨雜牌軍隊「反共救國軍」，上校團長之類的中級軍官，事後才得知，他是屬於《智取威虎山》中座山雕封楊志榮，上校團副、威虎山老九一樣，當年國民黨國防部花名冊上沒有其名。他被解放軍從「剿匪」戰場上俘虜後，歷經二十多載鐵窗生涯，更使他老邁體衰耳聾眼花，他操一口濃重的川音川調，連普通話及稍為輕一些的聲音都聽不見弄不懂。還有一位人稱「四朝元老」，乃提籃橋無人不知那個不曉的著名人士。他為便於和我交談時，不容他人置喙，又謹防「四川佬」隔「座」有耳，所以講蘇北口音的上海話。這樣我們就算講一些「私房話」或「出軌」的語言，「四川佬」充其量只能聽見一些莫名其妙的聲音，至於內容宛如山東人吃麥冬，一懂亦不懂。我倆平素萬不得已必須同「四川佬」交流時，主要靠打「手勢」作比劃，再輔之於「國語」，單憑口語常常會是「雞同鴨講」，搞了半天出了一身大汗還吃力不討好，往往雙方都聽不懂對方講的啥玩意。

「四朝元老」從幼年起就「名師教導」，「勤學苦練」妙手空空奇功，日積月累幾十年樑上君子「職業」生涯的實踐及經驗，耳聰目明超越常人。即使一般人察覺不到的些微聲音，他不僅能明白聽見，而且其含意，都可以丁是丁卯是卯，分辨得一清二楚。譬如走廊響起的腳步聲，他次次可以分毫不差精確說准，來者是勞動犯還是政府隊長。剛才遠方響起了口號呼叫聲後，他坐落的地板像是安裝了彈簧，人飛快地被彈了起來，洋洋得意又帶些炫耀的口吻朝我說：「你聽見沒有，聽見沒有，有人在喊反動口號，『打倒毛主席』『打倒共產黨』，真是反動透頂，反動透頂，不想活了……」

「我什麼都沒聽見」

「你在胡說八道什麼，我怎麼沒聽見，什麼聲音都沒聽見！難道偏偏你耳朵尖聽到了？無事生非瞎起勁，老老實實給我坐好」！我用上海話又提高了八度音調打斷他的說話，聲響之大幾近喊叫，一邊義正詞嚴凜然不可侵地拉下了臉，用眼神狠狠地盯了「四朝元老」一下，又朝「四川佬」瞄了一眼，再次重覆一句：「我什麼聲音都沒有聽見，啥都沒聽見！就是你本事大，喜歡胡說八道多管閒事，無中生有自作聰明」。

他看著我一反往昔玩世不恭慢斯條理，對百樣事物常常愛理不理的神態，突然變成嚴肅認真面孔鐵板凜然不可侵犯的模樣，一時回不過神來反應似乎慢了一拍，初初顯出滿臉疑惑不可名狀；等品味到我重覆講「我什麼聲音都沒有聽見」後，他像睡夢中驀地裏被人驚醒，又如當頭棒喝醍醐灌頂讓他恍然大悟，立時三刻意識到，他不顧身在樊籠中的現實，忘乎所以不計後果的炫耀聰明多嘴多舌，「四川佬」是聽不明搞不清，萬一鄰近牢房裏「隔墻有耳」，這是囚犯們檢舉立功千載難逢的好機會。

他似洩氣的皮球

眾所周知監房中邀功求賞，踏著別人的肩膀冀望減刑提前釋放的「積極分子」大有人在。只要有一個「金手指」，向政府隊長打「小報告」，「四朝元老」馬上就會禍從天降，除加刑重罰外，并改變他犯罪的性質，從普通刑事犯變成現行反革命犯。一種驚恐後怕懊悔不已的表情流露整個臉龐，他用手捂著嘴，似乎想將說出口的話，就勢可以推回到嘴裏去那樣。緊接著為補漏洞，此地無銀三百兩地自說自話：「我也啥個聲音都聽不清楚，也沒說過什麼話」。同時用眼角掃了「四川佬」一下。但見老先生翻著「白眼」一頭霧水，外面監房的潑天大事，他都聽不懂啥玩意，本監房裏曾經發生過什麼事情，更加弄不清搞不明。

看著「四朝元老」從一隻鼓鼓的皮球，突然洩漏了氣灰溜溜變成乾癟模樣，像一個犯了錯誤生怕被父母責罰的孩童那樣，低下了頭扮裝老實，我心中卻在竊竊暗笑。原本想敲敲警鐘，提醒他兩句後為他解圍，放他一馬給他一個臺階。轉而一想應該讓他吸取教訓引以為戒，多一點時間從內心深處怕怕夠，以免今後在魚龍混雜危機四伏，咬狗眾多人心隔肚皮的高牆鐵窗中，不知道天高地厚，不曉得利害輕重自以為是而禍從口出。於是我故意一言不出「悶聲大發財」，不理不睬不看不聞，把他當作透明一樣，似乎面前并不存在。我心中思量，「四朝元老」總算運道好額角頭高，「四川佬」和隔壁監房聽不清他講點啥，否則飛出一張「小報告」，他鐵板釘釘難逃一劫！

不言而語，「四朝元老」此次即使是拾人牙慧無心「衝口而出」重覆了「打倒毛主席」「打倒共產黨」的反革命口號，就算不是故意攻擊污蔑，但卻已經落入重覆「防擴散」的反革命口號，即「現行反革命防擴散罪」的羅網之中，亦犯下了嚴重罪行。這能不令人莫名驚恐混身冷汗嗎！

喊口號者其人其事

曾幾何時，只聽得由遠及近雜亂無章急促匆忙眾多的皮鞋聲，一、二分鐘後就先後停了下來，隨即響起了銅鑰匙開牢門的「咣噹」音響。而呼喊口號的人，似乎依舊心無旁騖，仿佛對世界及周圍發生的一切，視而不見聽而不聞，大有「泰山崩於前而色不變，麋鹿興於左而目不瞬」之氣派態勢，一如既往旁若無人連續不斷「唸著經」：「共產黨把好人當壞人，把壞人當好人」，「打倒毛主席」、「打倒共產黨」。基於監房外來了多位政府隊長，他的口號音量隨著腳步聲凌亂人多音嘈雜，亦由強而弱從高到低。

「把這個死不悔改的現行反革命份子的狗嘴堵住，拖出來」！儘管無法親眼看見，憑高八度的怒不可遏氣急敗壞的聲音，似乎是主管關押反革命犯和重刑犯整棟監房的政府大隊長之叫喊。除了逢年過節，監獄加強保衛工作視察監房時，政府大隊長才會偶而露個臉，在監房走廊前呼後擁下跑一圈，今日能大駕光臨親自出馬，可見發生的事情非比尋常。

牢門打開後，原本已經模糊不清、詞句含混的口號聲，完全在空氣中消失，估計犯人被拖出了監房，堵住了嘴巴，整個監獄樓層同犯都無師自通心知肚明，非常時期必須屏聲息氣鴉雀無聲。但聽政府大隊長又喊了：

「把他銬起來，帶走」。一陣雜亂無章零零落落的腳步聲逐漸遠去，各個監房的「未卜先知」者、「過後方知」者，馬上抓緊時機各抒高見議論紛紛。

聽了上述呼喊「反革命口號」的字字句句，從口號的全部內容分析，同我在看守所時的完全一樣，呼喊口號的時間與在看守所時又相差無幾，我雖但聞其聲未見其人，實際上已鎖定肇事對象孰誰。因為他和我曾關在同一看守所，雖羈押不同的樊籠，在「放風」中我對他亦似曾相識，案情亦早有耳聞。

涉世未深的毛頭小伙子

他是位二十剛過的毛頭小伙子，文革前的一九六五年秋，畢業于師範學校，分配任職小學的一位老師。平時單純、熱情、涉世未深，對生活充滿遐想憧憬又不拘小節。儘管他出身在「根紅苗正」「苦大仇深」的工人階級家庭，但是對當時最流行的詞彙：你死我活的無產階級與資產階級政治鬥爭，從內心厭煩不感興趣。「文革」中名目繁多的造反組織誠如牛毛，三個人就可組成一支造反戰鬥隊、五個人法定成立一個司令部，大家都想爭取發展他擴充實力，以便人多勢眾後就可「鳥槍換成炮」，大大擴展用武之地。但他一一敬謝不敏，什麼「派」都不參加；對所謂的「革命無罪、造反有理」的「文革」活動，往往是能推則推，能躲就躲能避就避，是位典型的「不要求進步」不關心政治運動十足十的「逍遙派」。然而，正因為他的家庭出身「過硬」，歷史清白，掌權或在野的「造反派」也奈何他不得。

一擦鑄成千古恨

「文革」一開始，毛澤東為首的「無產階級司令部」公開聲稱，要將全國搞亂，天下大亂，而且越亂越好，以便亂中奪權取勝。全國長時間的無政府狀態下，廣大人民對工人不做工，農民不種地，幹部不上班，學生不上學的行為大為不滿，嚴重影響原本已少得可憐的食品、物品正常及時供應。毛澤東於是就提出最新指示：「抓革命，促生產、促工作、促戰備」；在教學系統，提出「復課鬧革命」，於是他奉命給小朋友上課。小學每節課四十分鐘，那個特殊年代裏，任何一節課開始時，第一件要事就是要向毛澤東表忠心，個個拿出「紅寶書」即「毛澤東語錄」，由老師帶領學生一齊朗讀幾分鐘其中的語錄，然後再可進入講授教學的內容。每天上幾節課，就朗讀幾次「毛澤東語錄」，那位老師不照辦，就是對毛澤東不忠，馬上被打倒在地，再踏上一隻腳，讓他永世不得翻身。久而久之老師、學生都對倒蘿蔔順蘿蔔，兜來兜去就是這幾句「語錄」感覺不勝其煩，然而沒有一個人敢在口頭或行動中表現出來，沒有一個人敢對「皇帝的新衣」說句真話，否則必然是禍從天降，成為現行反革命。

上有政策下有對策，小學生們在特定的年代中，培養出特定的「性格」和「才能」，他們乾脆效法寺廟裹的小師父，似「小和尚唸經，有口無心」，沒勁打彩拖長著聲調，像唱山歌一樣，讀著一句句「毛澤東語錄」，瞞上不瞞下的「完成任務」。

讀完「毛澤東語錄」後，這位小學老師開始講述課文內容，接著在教室的黑板上寫了當年最流行的兩句口號，上句：打倒劉少奇；下句：毛主席萬歲。當他對講課告一段落後，使用黑板擦，隨手擦掉黑板上的字。無巧不成書，適逢此時響起了下課鈴聲，他就和平時一樣，放下黑板擦按時宣佈下課，與往常相仿拿著教具離開了教室，但茫然不知剛才黑板上的一擦，已鑄成千古恨，闖下彌天橫禍。據六親不認立場堅定的「火眼金睛」「紅小兵」向學校領導檢舉揭發：披著老師外衣的壞人，在教室的黑板上，寫了現行反革命標語。校方領導深知「防擴散罪」包羅萬象無處不在嚴禁重覆的厲害，立即全部出動不敢怠慢，也不敢向「紅小兵」問一句內容，否則學校領導也同樣犯下「防擴散罪」。領導們三步併兩腳匆匆忙忙去教室察看，黑板上粉筆白字，罪證確鑿毋庸置疑。因小伙子老師匆忙下課前漫不經心隨手黑板擦一擦，將上句：打倒劉少奇中的「劉少奇」三個字擦掉；下句：毛主席萬歲中的「萬歲」兩字擦了，上面剩下「打倒」，下面只有「毛主席」，上下一聯結就成了「打倒毛主席」。在當年是非顛倒皂白莫辨的瘋狂世界中，號稱「重災區」的大、中、小學校，老師們幾乎人人成了「牛鬼蛇神」，或「被火燒」、大批判的對像，大都遭受過批鬥、抄家、打罵等等迫害；在共產黨「劃清界限檢舉揭發」、「認清形勢反戈一擊」的號召下，使整個社會許多人，包括莘莘小學子都像發了酒瘋吃了蠱藥一樣，六親不認友朋成仇。許多原來受盡「文革」極左思潮迫害的人士，好了傷疤忘了痛，搖身一變又樂此不疲熱衷打「小報告」檢舉揭發，變本加厲窮凶極惡，損人不利己地去加害「無心之失」或「不同觀點」的人。

十幾分鐘後，一輛呼嘯而至的警車停靠近小學校，幾名警察伙同教師造反派和「紅小兵」，把這位「惡毒攻擊偉大領袖」「毒害無產階級革命接班人」的防擴散現行反革命分子，送進了看守所。

人人心中明白，這是一宗無心之過，但就像看到皇帝一絲不掛，卻要滿口稱頌皇帝的新衣美輪美奐無以倫比，誰也不敢秉持事實，講一句真話，以免被人指責為「喪失革命立場，同情反革命」。卻讓小學老師從「朝為座上客，暮作階下囚」，淪落成「牛鬼蛇神」、「不齒於人類的狗屎堆」。人生剛剛開始的花樣年華青枝綠葉，已被殘酷鬥爭的政治風暴，打落成殘缺不全的枯枝敗葉；沉淪於無邊苦海，永世不得超生，犯下「現行反革命防擴散罪」。真可謂：「一擦鑄成千古恨，若要回首百年身」。以往儘管他的座右銘是不問政治遠離政治，然而無產階級政治之夢魘，卻無時無刻無處不在地似蜘蛛網那樣，牢牢粘附糾纏住他，他想不清思不明，欲哭無淚無語問蒼天。

驚恐過度嚇成精神病

經此一劫，小學老師精神突如其來猛遭刺激，心靈深受沉重打擊，像一隻振翅天空自由翱翔的飛鳥，一剎那間被關進了樊籠，日日夜夜在看守所中面對鐵窗高牆，他的目光慢慢呆滯，神思漸漸恍惚，時時刻刻像放錄音機似的反反復複喃喃自語：共產黨把好人當壞人，把壞人當好人。這句話類同老和尚唸經，從老清老早在被頭窩裏唸起，一直到夜闌人靜睡夢裏頭還唸個不停。同監犯大都說他驚恐過度嚇成精神病了，應該送到監獄醫院檢查是否患了精神病，如果確有其病，就應該送到上海市江灣殷高路五號，上海市精神病犯收容所，那裡羈押中國、外國籍犯罪的精神病犯；另一部份更多表面上經共產黨多年改造後，成了犯人中的「積極分子」，義正詞嚴指責他所謂的「精神病」，是階級敵人「偽裝出來」騙人的，目的是為了逃避無產階級專政，所以一定要嚴厲鎮壓，決不可心慈手軟，喪失無產階級革命警惕性。

小學老師的案情既嚴重又單純，對他審訊兩次後，因事實清楚「罪證確鑿」就快快定案，無須再審訊，然而卻又一關年餘，也未宣判。小學老師天天單相思地引頸而待，自以為工人階級家庭出身，成份好，所犯錯誤乃無心之過，所以日日在等候軍管會對他，宣佈無罪而「教育釋放」。天天總以希望開始，失望告終。在監房他越思越想越糊塗，又孤芳自賞地自以為出身好與眾不同，平時既不屑與偷竊扒拿的刑事犯講話；更不願與反黨、反革命分子為伍，每天只悶悶不樂地輕輕地「自說自話」。同監犯見他傻呼呼，並且所犯的「現行反革命防擴散罪」案情嚴重，大家也懶得理他。

「火山」終於在一天爆發了。

看守所的下午四點鐘之後，提審、外調的時間差不多結束，是最安靜的時分，大家翹首以待等候發放晚餐的合子聲響。冷不防傳來了大家意想不到的喊音：「共產黨把好人當壞人，把壞人當好人」；「打倒毛主席」、「打倒共產黨」。它像一塊石子，劃破了平靜的一泓湖水，激起了陣陣的漣漪。僅僅過了幾分鐘後，由遠而近傳來了一陣雜亂無章急匆匆的腳步聲。

「坐好，坐好，你們想造反嗎」？厲聲的警告外加陣陣責罵，伴隨著步槍的槍托，敲擊牢房的鐵欄桿發出的重重響聲：解放軍「班長」如臨大敵聲嘶力竭地發出喊話：「誰要再敢站起身，妄想渾水摸魚與現行反革命分子遙向呼應，立刻上銬、加刑」。

隨之而來的是打開鐵門的音響，幾名所長和解放軍「班長」，用一塊骯髒不堪的破布，堵住了喊口號犯人的嘴，并進入監房將他從牢房中架了出去。巡邏的「班長」在此非常時期馬上增加人員，由一人巡邏，增加成雙崗同行。

威風凜凜虎視眈眈的「班長」緊握手中鋼槍，面孔鐵板挺胸凸肚，雄糾糾氣昂昂一前一後，行走在監房的走廊上，所有監房此時此刻鴉雀無聲悄然失音，只聽得走廊上「班長」仿如「七塊八角、七塊八角」軍用皮鞋聲響個不停。犯人個個鑒貌辨色「懂經」、「拎得清」。監房出現了「重大突發事件」，如果不是尾巴夾緊，烏龜頭縮進，無產階級專政擅長「槍打出頭鳥」，倘若被「選中」作為渾水摸魚蠢蠢欲動的「典型」，立即殺雞給猢猻看，輕則上銬，重則加刑，這是性命交關的大事。

看守所真可謂「廟小妖風大、池淺王八多」，污泥濁水沉渣泛起，一波未平一波又現。

「四眼」當咬狗

「報告」，隔壁監房傳來陰陽怪氣，如破竹筒的嘶啞嗓音大聲喊叫。

只聽「班長」不急不慢地跑了過去，氣勢洶洶厲聲問了句：「什麼事，想趁機搗亂」？

「我有重大事情要報告」。再次響起了破竹筒嘶啞聲。

不到一分鐘，就聽到「班長」加快步伐跑出監房區的一陣急促皮鞋聲，大家不約而同預感到，監房中又有什麼出人意表的大事發生了。果不盡然僅僅過了幾分鐘，兩位所長親自出馬，匆匆忙忙隨「班長」一道進入監房區，所長邊喊犯人的號碼邊開牢門。大家一聽是在叫花名「四眼」的犯人出監房。「四眼」這個壞蛋說有大事報告，十之八九是充當檢舉揭發同監犯的「咬狗」。

「四眼」其人

「四眼」，乃「四眼狗」之簡稱，對其人的輕蔑貶意可想而知。他曾與我們同監房，此人平時有事無事面帶三分笑，鼻子上架著一副玳瑁邊的眼鏡，裝模作樣扮成斯文，但給人印象，總有點矯揉造作別別拗拗，大家輕而易舉就能被看穿他是在豬鼻子上插蔥——裝象。他剛進牢房時，對誰都點頭哈腰獻殷勤，不打自招「自報家門」是做「三隻手」「進宮入廟」的，這一切都顯得異乎尋常。所謂三教九流中，再要分三等六檔，「三隻手」在廟裏的「檔次」較低，很多「三隻手」是能不讓人知道，就儘量不讓人曉得，那像「四眼」還「將此為榮」以「三隻手」向人炫耀。

同監的一位資深樑上君子告誡我：這個小賊，無事獻殷勤非奸即盜，笑嘻嘻笑嘻嘻，肯定不是個好東西，但是他瞎了眼睛，騙人竟騙到賊爺爺頭上了。他說，有道是三百六十行，行行有行規，同道中都定有暗號。聽他自稱「三隻手」後，馬上就搭過他的「脈」，同他講最大路常用，頂普通的「切口」，掂掂他的「斤兩」，量量他的尺寸，證明他是否「同行中人」。他根本像傻子一樣，「木而擱之」目瞪口呆一問三不知，一點都不「懂經」，所以肯定不會是「同行中人」。他自稱「三隻手」，必然是想用來掩蓋他真正犯下見不得人的勾當。對這種空口講大話滿嘴謊言心懷鬼胎的傢伙，要特別當心，不要被他老實巴交笑口常開的表面現象，騙得頭腦昏頓頓糊裡糊塗，結果在陰溝裏翻船，小河浜裏淹死。所以大家對他最好不理不睬當他「透明」。在「四眼」自稱「三隻手」的西洋景被人戳穿幫後，他倒也「識相」不作任何分辯，裝得不聲不響仿佛半個「啞巴」，於是彼此相安無事。

過了一段時日，他調到隔壁監房，有新進我們監房他的熟人把他的「底牌」，一五一十攤在光天化日之下，原來他是個毫無人性的摧殘幼兒犯。儘管大家都因犯各種各樣罪名「進廟入宮」，然而犯人間也有「道德標準」，最鄙視的罪行之一，就是摧殘幼兒犯；能對天真爛漫年幼無知的兒童，施魔爪狼牙的，其卑鄙無恥可想而知。另一種是「咬狗」，為求減輕自身罪行，出賣至愛親朋，甚至犧牲親生父母。由于他已調走，不在同一監房生活，辰光一長大家也將他淡忘了。但在這非常時刻他要求見所長，而且所長立刻見他，肯定是這個傢伙挖空心思，搞出非同小可十惡不赦的『花樣經』了，估計是有人中招，落入圈套。

司機誤落陷阱

十幾分鐘後，所長把「四眼」帶回監房，隔著鐵窗看他行路似乎春風得意馬蹄疾，滿臉喜氣洋洋。與此同時所長又將一位犯了交通事故的司機，叫了出去。從司機的滿臉驚慌步履維艱，眾人預感司機大事不好，凶多吉少。又過了十多分鐘，司機果然垂頭喪氣眼帶淚花，滿腹心事跌跌衝衝戴上手銬回來了。隔著鐵欄桿，看到如此情景，大家像丈二和尚摸不著頭腦，猶若霧裡看花越看越花，出了什麼大事會把這位屬於人民內部矛盾的汽車司機上了手銬？

儘管「文化大革命」，將全中國搞得瘋狂世界亂七八糟，然而毛澤東提出正確處理的兩類不同性質的矛盾，即敵我矛盾及人民內部矛盾，在專政機關看守所中，有時還是認真區別對待。這位司機是在斜坡上停車時，忘了拉手剎車，結果離開車位後，汽車被其他車輛碰了一下慣性倒退，撞到一輛手扶拖拉機，拖拉機順勢再向下滑行，碾死了一位孩童。如此這般交通事故雖後果嚴重，畢竟主觀上無犯罪意圖，乃無心之過，雖說也需坐牢監，但屬于人們內部矛盾。所長平時見他也和顏悅色客客氣氣，與對我們這些「敵我矛盾」橫眉冷對天壤有別，而且再過二、三天，司機就可釋放回家，怎麼「臨別記念」的時刻，給戴上一副後銬呢？事後大家才知道司機上當受騙，落入陷阱中了「四眼」精心設置的圈套！

就在監房響起呼喊口號聲之際，「四眼」裝模作樣扮得像真的一樣，明知故問同監犯人，「外面哇啦哇啦這麼吵，發生了什麼事」？

由於事出突然，離「四眼」最近的司機毫無防備的講：「你沒聽見」？

「四眼」好像是若無其事隨口一問：「你聽見了什麼」？

司機似乎為了炫耀耳聰目明，沖口而出說：「有人喊反革命口號『打倒毛主席，打倒共產黨』」。

「是嗎，簡直狗膽包天反動透頂」。「四眼」裝腔作勢仿佛義憤填膺，隨即言不由衷冷笑一聲，不動聲色的敷衍司機幾句，幾分鐘後口喊「報告」，并將一張檢舉揭發司機犯了重覆「現行反革命防擴散罪」的「小報告」，通過「班長」送到了所長面前。由于看守所出現事關保衛無產階級司令部的重大反革命事件，所長一邊用電話向上級報告，一邊立即請專司其事的「防擴散組」提審員審訊司機。只因事發現場同監犯多人聽見司機的重覆「防擴散」口號，聽見者為求自保，在所長的訊問下，只能「實事求是劃清界限」，以便撇清自己置身事外不受牽連。這時的司機在鐵證如山下有口難辯，只得低頭認罪。於此同時他犯罪性質，馬上從人民內部矛盾，轉化為「現行反革命防擴散罪」敵我矛盾，做完審訊筆錄後，一副手銬將司機送回監房。原本以交通事故人民內部矛盾犯法，已經羈押一個多月，所長曾說再過二、三天後就要釋放的司機，結果變成判刑五年，犯有惡毒攻擊無產階級司令部的「現行反革命防擴散罪」份子。

口惠實不至損人不利己

所長事後在看守所的廣播中，首先警告犯人要改惡從善，不得繼續犯新的罪行；同時「鄭重其事」向所有監房犯人，表揚「四眼」主動積極「靠攏政府」，「能同惡毒攻擊無產階級司令部的防擴散現行反革命分子劃清界限」。然而，所謂的檢舉揭發立功受獎，卻是口惠而實不至，所長僅僅是嘴上「表揚」而已。「四眼」用盡心機設局害人，損人不利己的結果，竹籃打水一場空。

當壞到骨子裏的「四眼」故意設置陷阱，陷害司機的傷天害理卑劣行徑，曝露在光天化日之後，大家同仇敵愾義憤填膺。同是罪犯，盜亦有道。監房中人最憎惡不齒的是「咬狗」，特別是下陷阱落圈套當面叫哥哥，背後下毒手的「咬狗」；另一種是「孵小雞」的歹徒，即摧殘幼兒的罪犯。現在「四眼」身兼二惡，更是神憎鬼厭賤上加賤。大家都當他是身染瘟疫惡疾的帶菌者，誰接近他，誰就倒霉。「四眼」名副其實成了「不齒於人類的狗屎堆」！同時大家，對嚴刑峻法「現行反革命防擴散罪」中重覆即犯同罪，血的教訓務必深深引以為戒，似「四眼」這類損人不利己的壞料，既非空前也不會絕後，一定要警惕又警惕，關在樊籠的囚徒容不得半點失誤。這亦是我為「四朝元老」擔心的因由。

提籃橋放風遇故知

後來我在提籃橋「放風」時，遇到了「故知」，就是那位小學老師，但見他已今非昔比變得傻裏傻氣，神情惶惑目光呆滯，面頰消瘦口裏一直唸唸有詞，嘴動而音不清。我故意一本正經裝作「跑步」，走到他身邊才在近距離看清了「廬山真面目」，然而我知道他，他卻不認識我。聽說他是「從寬處理」，按「現行反革命防擴散罪」判刑十五年。傳聞在定罪量刑時，有與會者提出他「狗膽包天」，不僅在學校寫反革命口號，攻擊「無產階級司令部」；拘留審查後變本加厲竟在無產階級專政的看守所，呼喊反革命口號，這種死不悔改的反革命，罪行特別嚴重，性質特別惡劣，不殺不足以平民憤，要把他判處死刑，立即執行。其中一個當官的大頭頭，看他戇兮兮傻乎乎的模樣，嘴裏倒蘿卜順蘿卜就是共產黨把好人當壞人，把壞人當好人，心裏明白他已嚇成了神志不清的精神病患，但在研究決定定罪量刑的會場上，又不能把心中話照實講，怕說出了內心的思想，被人懷疑立場不堅定，因為「對敵人仁慈，就是對人民殘忍」。大頭頭畢竟是大頭頭，先從小學教師的家庭出身做文章，說他是響噹噹的三代工人階級子弟，與剝削階級出身對共產黨懷有刻骨仇恨的敵人有區別。接著轉回正題，口含天憲一極定音說：這是資產階級同無產階級爭奪接班人，他出身工人家庭，被階級敵人拉向反革命，所以無產階級革命人民要把他從敵人手裏再拉回來。黨的政策「可殺可不殺的，就一個不殺」，要將失足落水的人，從寬處理再拉他一把，從強迫勞動中將他改造成「新人」。

有道是：「共產黨政策像月亮，初一、十五不一樣；共產黨法律似橡皮筋要寬就寬，想嚴就嚴」。對罪犯定罪量刑討論時，大小「法官」們像煞有介事正襟危坐，然而兩隻眼睛骨碌碌全神貫注盯著領導的一舉一動一言一行，鑒貌辨色揣摩上意，因為緊跟領導，就是靠攏組織緊跟黨緊跟毛主席。既然領導已經發話了，大家立時三刻見風轉舵，一致「同意」拉他一把，把他從枉死城中拉了出來，從寬處理以「現行反革命防擴散罪」判處十五年徒刑。

「皇帝不急急太監」

正因為看守所有司機活生生血淋淋的前車之鑒，我為「四朝元老」剛才頭腦發熱忘乎所以，可能糊裡糊塗重蹈看守所司機覆轍，淪落「現行反革命防擴散罪」泥沼，而「皇帝不急急太監」，我想，他終究會明白我之用心良苦。

「四朝元老」真不愧為見風使舵，「踏著尾巴頭會搖」的機靈鬼。他立時三刻變得膽怯怯心慌意亂，以一位知道自己犯錯孩童似的眼神望著我，欲言又止仿佛不知說什麼才好。而我故意不給他臺階下，只當一切都嘸沒看見。

喊口號的小學老師，被押出監房後，大家屏息以待在等候他的歸來，更想得悉他在監獄中可能遭受的處分。

共產黨制止喊口號辦法多多

等了好一陣大半天，鐵窗外毫無動靜，「四朝元老」有意打破寧靜，自言自語訕訕地說：「這個傢伙肯定要加刑上銬，也許會將他一個人獨自關押，讓他吃足苦頭」。

他的話引起我探討推敲和興趣，繼而又想：凡事均要有個分寸不為已甚，花花轎子人抬人，不論何時何地順風順水旗不能扯得太足，他已經知錯後怕了，我應該趁勢落篷見好就收了。猶如「四朝元老」口頭禪：光棍打九九，不打加一。任何事做過了頭，過猶不及，所謂真理再向前走一步，亦成為謬誤。我口氣緩和地說：「請教『萬寶全書缺隻角』，他除了加刑吃銬子，換監房，總不見得為了不讓他叫反動口號，把他的嘴縫起來」。

聽到我重新同他講話，「四朝元老」一掃滿臉陰霾，彷彿感到已獲我原諒，受寵若驚向我獻殷勤說：「吃銬子、加刑他是肯定逃亦逃不脫了，縫嘴唇是不可能的。對付犯人喊反動口號，據我所知，提籃橋政府隊長積幾十年監房管理經驗，真所謂小菜一碟辦法多多的是。

「大頭娃娃」也成刑具

「四朝元老」手舞足蹈眉飛色舞地說：我想你以前總看過一種舞蹈叫『大頭娃娃』舞，表演者人人頭上套一隻道具：『大頭』。『大頭』形象多種笑容可掬，千姿百態戇直敦厚人見人愛，演出時給觀眾一種吉祥喜慶春滿大地的感覺。估計政府隊長看了這種舞蹈，受到啟迪取得靈感，於是就活學活用到管理犯人身上。如果有犯人『膽大妄為反動透頂』，敢在無產階級專政的監房裏，亂叫反動口號，把嘴用針線縫住，給人感覺太殘酷了，不可行。現在新發明一種最簡單又行之有效的辦法，是先把犯人銬了反銬，然後再在頭上套一隻像大頭娃娃的頭罩，戴了反銬後，大頭娃娃的頭罩就沒有辦法自己脫下來，即使再想叫口號，聲音也悶在頭罩裏面出不去，估計連自己也聽不清叫啥，這是最輕的一種處理辦法」。

我倒吸了一口冷氣，簡直不相信自己的耳朵，普通平常的一齣人們喜聞樂見歡樂祥和的大頭娃娃舞蹈道具，竟不可思議的獲專政機關監獄管理人員的青睞，舉一反三發揮創造，用作對付犯人的刑具和手段。

為啥死刑犯法場不喊口號

多年來我內心隱藏著一件嘴上不便講，腦裏一直在想的「謎團」。每次電影、電視和書籍中，凡描述共產黨員面對日本鬼子、國民黨揚起的屠刀，射出的槍彈，在敵人的刑場上壯烈就義前，共產黨的電影、電視中都會千篇一律似同一個模版鐫刻出來，他們顯現從容不迫引頸高呼：「共產黨萬歲、毛主席萬歲」，作為臨終前最後的抗爭，及對毛澤東、共產黨最後的忠誠。此類慷慨激昂的口號聲，共產黨作為階級鬥爭、對共產黨、毛澤東無限忠心的教材，大義凜然扣人心絃，使人們留下難以忘懷的印像。為什麼四九年後，共產黨在全國開展大張旗鼓鎮壓反革命以來，列經數不清的政治運動，幾十年中僅槍斃處死的人數，何止數百萬計，從共產黨自己承認的上百萬「冤、假、錯」案「平反」的人們中，從沒有聽說有被處死刑的國民黨員及含冤負屈，包括

「冤、假、錯」案被處死的共產黨員和堅貞不屈之士，法場臨刑時呼喊口號的！難道他們沒有自己的信念；或遭受冤屈後默默忍受，不想喊口號嗎？

頭頸套上麻繩

它給我的第一個答案，是身臨其境，在對我公判大會那天，我們十五位成員，每個人全身上下嚴嚴實實被「五花大綁」得像一隻粽子；更耐人尋味的是，個個頭頸上還另外套了一根打成圈圈的麻繩。初時我甚為不解，有點莫名其妙。電影電視中看到過外國處死犯人，如使用絞刑時，犯人頭上的絞刑架上懸著繩套，從沒有看到事先將麻繩套在犯人頸前。眼見我的滿臉疑惑，押解我的人洋洋得意對我解惑釋疑說，這根繩套用處大得很。上級領導再三指示，如果那個反革命份子、壞份子不識相，膽敢亂說亂動，特別是垂死掙扎帶著花崗巖腦袋見上帝時，呼喊反革命口號，對抗無產階級專政，他就會立時三刻不客氣，將麻繩勒緊，讓他喊不成反動口號。如果押犯人者手腳重了，人被勒死了，也沒有任何責任，不要怪他手下不留情。是反革命分子對抗無產階級專政，自討苦吃死了活該，革命造反派嚴正警告你不要自找死路。不聽則已，一聽之後我才恍然大悟，原來這根麻繩就為了防止我喊「反動口號」，採取的防患於未然之辦法。在犯人剛想大聲喊叫時，押犯人者就猛拉麻繩，使犯人發不出聲，根本喊不了口號，即使把人勒死也在所不惜。用當時流行的革命語言，呼喊反革命口號者，死了喂狗，狗還嫌臭。

而上述大頭娃娃道具的效用，是第二個答案。

「老鼠夾」放進嘴中

「四朝元老」見我全神貫注認真聆聽，於是既想炫耀又有些討好的口吻，手舞足蹈如數家珍越講越有勁：「重一點的處理，就是要給喊反動口號的犯人在肉體上吃點苦頭了。你家裏有老鼠嗎，用沒用過捉老鼠的老鼠夾？老百姓常用一種老鼠夾，一塊木板上裝著一副彈簧夾，人們在夾子機關上放了香味四溢的食品作餌，誘使老鼠上鉤。當老鼠吃機關上的食品時，夾子上的彈簧就會在老鼠的嘴裏自動撐開，使老鼠嘴只能一直張著，再想閉也閉不攏，在彈簧夾上要逃也逃不脫，到了白天由人生擒活捉。政府隊長採用老鼠夾同樣原理，通知勞改工廠的工程技術人員，設計和製造了一種專門給喊口號犯人用的新型『老鼠夾子』。萬變不離其宗，先是一副反銬，勞動犯把叫口號的犯人，先是捏住鼻頭，嘴巴必然乖乖地張開，於是就把新型『老鼠夾子』放進他的嘴裏，按照需要大小，擰上螺絲固定。人，嘴裏撐了『老鼠夾子』，嘴雖微微張開，就是想發聲音再叫口號，只能發出嗚嗚嗚嗚，毫無規則的響音，任憑誰也聽不清。你想想看，政府隊長『聰明不聰明』，連抓老鼠的『老鼠夾』，都創造發明給犯人用上了，成為無產階級專政的一種工具。」

此是我聽到的第三個答案。

使嘴關節脫臼

他邊說邊觀察我的面部表情起伏變化，看我神色凝重專心一志地聽著他的講話，他不勝自喜眉飛色舞地繼續說著：「更重一點的方法，是由懂功夫的政府隊長或犯人，把喊口號的犯人嘴下方只要輕輕一敲，嘴巴的關節隨之脫臼，不需要任何工具，而且其他人肉眼也絕對看不出此中破綻，就可以使犯人只能發一種單音而講不了話，更不可能喊什麼口號。據說這種禁止說話、發音的辦法，一般不輕易使用，多數只對死刑犯人，臨執行死刑時才採用，因為嘴巴關節脫臼時間較長，會永遠合不上，從此再也講不清話了。對付你認識的小學老師，政府隊長到底用啥辦法，我猜不出，但不會採用這種方法。」。他略微停了一下說。

這應該是他給我的第四種解答。

「文革」中我曾聽說上海有個著名的「抓流氓」司令部，其中不少人本身就是流氓。他們將年輕漂亮的女郎，以「抓流氓」的名義抓來後，予以強姦，為防止女孩們喊叫，就事先將女孩的嘴旁的關節脫臼，使她們發不出聲音。做夢也想不到監獄當局無所不用其極，以「革命的名義」對所謂的犯人，也實施極不人道的卑劣行徑。

我聽了「四朝元老」的種種「經驗之談」，混身不寒而栗，像三九嚴寒時節，在貼身處從頭到腳澆了一桶冰水，背脊一陣陣透涼直刺入骨中。我枉為在中國政法大學的前身北京政法學院法律本科畢業，我的母校蘊藏著全中國最多的各類法律學科頂級權威，我想這些法律界專才誰也不會料到在無產階級專政機關基層的牢監、看守所裏，還有這麼許多聞所未聞創造發明「領先」世界整蠱折磨犯人的辦法。

今天，多少年我百思不得其解的問題，沒有受過正規學校教育的「四朝元老」，憑藉歷經「四朝」監獄生活的「所見所聞」，使我茅塞頓開，真可謂「聽君一席話，勝讀十年書。它使我真正的明白，共產黨的犯人臨死前，之所以沒有人喊口號，非不為也，實不能也，共產黨的無產階級專政機關，未雨綢繆事先已做好了手腳！「四朝元老」之敘說，或許這亦屬問題答案的「一家之言」。上述種種預防喊口號的辦法，追根究底是共產黨「創新發明」的『專利』，還是其他朝代早已有之，我才疏學淺不得而知。

張志新被割喉管

聽完他的敘說後，我話題一轉，非常誠懇地對「四朝元老」說：「剛剛我態度勿太好，其實我在為你好，上次同你講起司機加刑的事，你總能記得，前事不忘後事之師，監牢裏咬狗壞種臉孔上勿寫字，人渣們知人知面不知心，是典型的『三等白相人，獨吃自己人』，我們害人之心不可有，防人之心不可無。今朝虧得四川老表聽不懂你講的話，否則你可能要吃足苦頭。劉少奇說他是『老革命碰到新問題』，結果還難逃一劫，你勿要『老犯人碰到新問題』自找麻煩」。

「四朝元老」連聲感謝，說：「我曉得你提醒我是好心，實在是事體來得太突然，的確我是太大意了，沖口而出」。他表示了少有的虛心。

「文化大革命」被徹底否定，我被「平反」後回到了社會方知道，除了上面的幾種慘無人道的手法外，當年東北警方，為了不讓革命志士張志新女士呼喊正義的口號，竟施行比縫嘴唇、使嘴巴關節脫開等，更加窮兇極惡殘忍至頂的酷刑，活生生將張志新女士的喉管，血淋淋的割斷。事後各地揭露，割喉管的酷刑，很多地方都有樣學樣。我想，對監獄生涯自以為瞭如指掌的「萬寶全書」，聰明如「四朝元老」，都沒有估到「文化大革命」的共產黨，還有割斷喉管防止喊口號的「高招」，他面對不勝枚舉罄竹難書的件件事實，一定會自嘆孤陋寡聞缺乏想像，所謂的「萬寶全書」何止「缺隻角」而已。

他關進精神病犯收容所

小學老師自從被押走後，大家左等右盼，仿佛在等待親人的歸來，其實是要滿足八卦心態，想知道究竟他受到了什麼刑罰。每次大家出監房進行小組學習討論時，走在牢房的走廊上，都會伸長著頭頸，眼睛像探照燈那樣，掃過來瞄過去，尋找著他。

事實是，他就再也沒有回到提籃橋監房。

有人猜測他可能被拉出去打靶，就地正法。因為他不可能調到其他監房，更不可能一個人關押。江山易改本性難移，他已經變得神經兮兮了，他在看守所高喊口號，到提籃橋仍舊大喊口號，換個地方還會繼續呼喊口號。再說他上了手銬後，一個人日常生活吃喝拉撒已無法自理，所以不可能一個人關押。

答案，是在兩年後我的冤案獲得「平反」，方才知道。小學老師當時被送到了上海市江灣地區殷高路五號，上海市精神病犯收容所羈押。一個神秘莫測的地方，傳說有些到了中國後「失蹤」的外國人，或者因政治觀點、派別不同的中國人，都被送進殷高路五號上海市精神病犯收容所，也許它似德國但丁「神曲」中只進不出之地獄。

儘管今日之中國，仍是共產黨領導一切，然而，深文周納的嚴刑峻法「現行反革命防擴散罪」，終究已被掃入歷史的垃圾堆！

獵海人

「文革」牢獄之拍案驚奇錄

作　　者　項德寶
圖文排版　周妤靜
封面設計　蔡瑋筠
出版策劃　獵海人
114 台北市內湖區瑞光路76巷69號2樓
電話：+886-2-2796-3638
製作發行　獵海人
114 台北市內湖區瑞光路76巷69號2樓
電話：+886-2-2518-0207
傳真：+886-2-2518-0778
服務信箱：s.seahunter@gmail.com
展售門市　**國家書店【松江門市】**
10485 台北市中山區松江路209號1樓
電話：+886-2-2518-0207
三民書局【復北門市】
10476 台北市復興北路386號
電話：+886-2-2500-6600
三民書局【重南門市】
10045 台北市重慶南路一段61號
電話：+886-2-2361-7511
網路訂購　博客來網路書店：http://www.books.com.tw
三 民 網 路 書 店：http://www.m.sanmin.com.tw
金石堂網路書店：http://www.kingstone.com.tw
學思行網路書店：http://www.taaze.tw
法律顧問　毛國樑　律師

出版日期：2015年11月
定　　價：520元

國家圖書館出版品預行編目

「文革」牢獄拍案驚奇錄 / 項德寶著. -- 臺北市 :
獵海人, 2015.11
面； 公分
ISBN 978-986-92202-7-9(平裝)

1. 文化大革命 2. 報導文學

628.75 104025486